发布台

王勇平 著

中国传媒大学出版社
·北京·

目 录

绪 论 /1

第一章 尽担当之责
一、敢于担当是新闻发言人的职责所在 /11
二、敢于担当是新闻发言人的价值体现 /29
三、敢于担当是新闻发言人的素质要求 /38
四、营造有利于新闻发言人担当的良好环境 /46
五、在困境中不熄灭担当精神 /66

第二章 领传播之先
一、先声就是引领 /95
二、先声必须精准 /102
三、先声还需后语 /105

第三章 打有备之仗
一、准备是成功之母 /118
二、带着"四张单"走向发布台 /127
三、充分发挥团队的力量和智慧 /136
四、做好实际工作是最根本的发布准备 /149

第四章 告真实之情
一、新闻发言人口中只有真相 /155

二、说假话是无法弥补的灾难 /160
三、巧妙地表达"难言之隐" /170
四、以信息对称保证信息真实 /176

第五章 绷机敏之弦
一、不回避挑战性的问题 /188
二、化"陷阱"为"坦途" /192
三、理直更要气"和" /194

第六章 显同理之心
一、新闻发言人是有血有肉有情感的人 /200
二、冷漠永远不会有热情的回应 /207
三、用同理心传递政府的关切 /211

第七章 表真诚之意
一、真诚是新闻发言人最重要的品质 /214
二、真诚地把记者当朋友 /226
三、真诚的道歉能获得真诚的谅解 /239

第八章 扬正义之气
一、让发布台弘扬正能量 /247
二、原则问题决不让步 /263
三、在逆境中保持自信 /275

第九章 怀宽容之胸
一、有理也要让人 /289
二、给媒体留下理性思考的时间和空间 /296
三、在批评声中进步和成熟 /300

第十章　站大局之位
一、政治站位要高　/304
二、大局观念要强　/312
三、文化张力要大　/314
四、国际视野要宽　/331

第十一章　做正大之人
一、知责任而不断完善自己　/353
二、知不足而不断充实自己　/357
三、知授权而不断约束自己　/361
四、知负重而努力磨砺自己　/368

第十二章　扎深厚之根
一、从职工群众中吸取养料　/374
二、为职工群众忠实代言　/382
三、支持媒体走进职工队伍　/407
四、赢得职工群众由衷认可　/424

第十三章　塑良好之形
一、保持良好的颜值与气质　/435
二、选择得体的服装与首饰　/438
三、展露合适的表情与肢体动作　/440
四、增强广博的学识与才华　/442

后　记　/460

绪 论

作为一名曾经的政府部门新闻发言人,我已离新闻发布台渐行渐远。可是,2003年至2011年,八年的铁道部新闻发言人经历还时常在我心头萦绕,挥之不去,成为我一生最重要的职业经历,也成为我关注新闻发言、投身新闻发言研究的初衷与动力。

庚子之春,新冠肺炎疫情发生以来,以习近平同志为核心的党中央高度重视,始终把人民群众生命安全和身体健康放在第一位,重点支持湖北和武汉疫情防控工作,采取最全面、最严格、最彻底的防控举措,坚决遏制疫情扩散蔓延势头。习近平总书记在湖北省考察新冠肺炎疫情防控工作时的讲话中强调,要加强舆论引导,强化正面宣传,及时回应社会关切,广泛普及疫情防控知识,纾解公众疑虑,营造强信心、暖人心、聚民心的舆论氛围。

我们看到,今天的新闻发言已成常态化、规范化,人民大众的知情权、参与权得到了越来越多的保障。作为一名曾经的政府新闻发言人,我的内心感到特别欣慰。毕竟,随着我国政治、经济、文化的发展,新闻发言事业也在与时俱进。

曾经有人说:中国政府新闻发言人制度经历了"七年之痒",作为中国政府首期新闻发言人,王勇平有幸伴随了整个过程。如果说2003年的"非典"危机是中国政府新闻发布制度建设的起点,那么2011年的甬温线动车事故应该是中国政府新闻制度建设的重要拐点。从这个意义上来说,王勇平从新闻发言人岗位上离去,应该成为一个时代的背景。

把我作为一个时代的背景,我是诚惶诚恐的。但平心而论,在那群具有开拓意义的一代中国新闻发言人的背影中,我的确曾跻身其中。那群背影远去了,人们并未完全忘记。当那群背影在人们视线中逐渐淡出时,也会催生出一些怀旧、梳理、反观与思考以及相关的文化现象,而这些现象引起了业内和社会的关注。

2018年6月24日,在一次论坛上,我朗诵了自己创作的一首诗——《发布台》:

这是一张普普通通的发布台
却又那样的令人关注、令人期待
有人说,它是传播信息的平台
有人说,它是联系民众的纽带
有人说,它是吸引眼球的焦点
有人说,它是唇枪舌剑的要塞
而我们说啊,发布台
就是发言人的阵地
我们使命光荣责任重大
我们全力以赴严阵以待

站在发布台前
国旗与我们同在
政府的授权
人民的重托
让我们有了厚实的底气博大的胸怀
翻腾的心浪豪迈的气概
有如黄河之水天上来

我们发布——
金山银山铺锦绣

青山绿水花盛开
我们发布——
大地飞驰"复兴"号
一路温馨一路爱
我们发布——
北斗卫星导航准
科技强国创品牌
我们发布——
"神舟"飞船游苍穹
中华利器喜归来
我们发布——
"一带一路"架金桥
丝路漫漫连四海
我们发布——
改革开放向前迈
中国跨入新时代

生活也会有坎坷
天空也会有阴霾
当直面各种灾害
谁的心能不沉痛
遇到伤心动情处
潸然泪下挂满腮
突发事件降临
我们会早说快说主动说
决不犹犹豫豫期期艾艾
公共危机发生
我们会定义定调定性质
决不静默无言左右摇摆

我们深知，丝毫的疏忽和遗漏
只会诱发舆情扩大事态
正确引导舆论的走向
永远是发言人的职责所在价值所在

这里，不允许圆滑和做作
这里，不容忍谎言和轻率
一举一动都受世人的检阅
一言一行都被历史所记载
代表国家出声
声音就得光明敞亮
代表政府发言
言语就得实实在在
诚实是发言人的品质
担当是发言人的气派
真挚是发言人的格调
自信是发言人的襟怀
对媒体以诚相待
才能赢得媒体的青睐
对民众高度负责
才能获得民众的喝彩
对时代忠实同行
才能留下时代的风采

走向发布台
看似步履轻盈
实则心潮澎湃
有时，这里会风起云涌
有时，这里会路转峰回

聚光灯下也会怦然心跳
面对镜头就是面对世界
有时也会有失误
历经风霜不气馁
吸取教训又重来
有时也会有委屈
弘道养正不徘徊
云淡风轻抒慷慨
信念支撑起不弯的脊梁
理想燃烧着不灭的情怀

这神圣的发布台
这庄严的发布台
凝聚了多少心血
倾注了多少挚爱
在这特殊的岗位上
情牵百姓的忧乐
心系国家的兴衰
岂能忘记初心
时刻牢记使命
不停步,不懈怠
信心满满地向世界宣告
中国拥有更加美好的未来

　　这首诗比较客观真实地表达了我对新闻发布台无比珍重和敬畏的心情,我也希望以此轻松、艺术的手法来塑造中国新闻发言人的群体形象。当我朗诵完将要返回座位时,论坛主持人、中国新闻教育学会会长、中国人民大学新闻学院教授高钢走过来,在热烈的掌声中将我紧紧拥抱。

对我而言,新闻发言人那段跌宕起伏、风云际会的经历已经过去,但这是一段充实而令人难忘的路。其实,人生没有白走的路,长路漫漫,每一步都是财富,每一步都有收获。经历过了,便明白了这段人生的道理,懂得了这段人生的真谛,拥有了这段人生的阅历。站在发布台上,可以从中领略风光,感受压力,接受挑战,深思生命的有限与永恒。于我而言,虽然新闻发言人生涯已经成为历史,尘封在过去的时光里,但这段经历仍时刻鞭策着我,促使我不断前行。沧海桑田,历经风光与风波,初心犹在,信念犹在,情怀犹在。

那是一段融入了中国铁路现代化建设事业的特殊经历,它辉煌而艰难,铸造事业大厦的所有参与者、建造者,以及宣传者的忠诚、努力和奉献也被记载在史册,留下无怨无悔的欣慰和记忆。在发布台前的每一次新闻发布,都会留下历史的痕迹,其中包括了新闻发言人应接时代脉搏的心路历程。站在呼啸而过的历史风声中,把散落在心灵深处的一些历史碎片用心地捡拾起来,对过往生活进行必要的梳理和归纳,它的意义当然不是让人纠结于历史的烟尘,也不仅仅是还原历史的真相。更大的目的是使新闻发言人制度在借鉴过往经验教训的基础上更加完善、更加规范和更加成熟,使后浪推前浪式的新闻发言人队伍在发布台前更加自觉、更加自信和更加自如。

令人欣慰的是,相比以往在重大新闻发布和日常信息沟通中,新闻发言人越来越发挥着不可替代的作用,越来越多地引起党政部门的重视和支持。放眼望去,全国上下,党政机关、企事业单位、社会团体等都建立了新闻发言人制度,设立了新闻发言人,有声势地形成了新闻发言人矩阵。不仅新闻发言人总体数量较以往大大增加,并且新闻发言人幕后的支持团队也在不断加强,使新闻发言人具有更多的力量支撑。一些基层单位主要领导还亲自担任新闻发言人,对新闻媒体更多具有了开放包容的意识。这为新闻发言人协同新闻媒体,实现有价值高质量传播提供了重要的领导支持和良好环境。新闻发布会开得越来越频繁,也越来越得心应手,社会各界对政府这种在信息的发布和传播过程中所持的公开透明的态度也越来越认可。

作为探路者中的一员,我感到由衷的骄傲和无限的欣慰!

2015年冬,在我即将卸任进入云淡风轻的退休生活时,国务院新闻办公室原副主任王国庆、副主任郭为民,中国传媒大学全国领导干部媒介素养培训基地主任董关鹏等有关部门负责人相继约我一聚,邀请我参与新闻发言人培训工作。当社会需要我参与到培训政府新闻发言人这项重要工作中的时候,我责无旁贷地接受了这个庄严的召唤,"实现了从发布台到培训台的转身"。

我们面临着这样一个现实:全媒体时代已经到来。

2019年1月25日,中共中央政治局就媒体融合发展举行第十二次集体学习,习近平总书记指出,全媒体不断发展,出现了全程媒体、全息媒体、全员媒体、全效媒体,信息无处不在、无所不及、无人不用,导致舆论生态、媒体格局、传播方式发生深刻变化,新闻舆论工作面临新的挑战。

的确,在全时空、多渠道、多媒体、立体化的互动信息传播环境中,应运而生了诸多的媒体形态,极大促进了媒体平台与受众的场景化、实时化、即时化沟通交流。公民媒体时代的到来,重塑了政府新闻发言人新的时空背景,意味着今天任何政府机构、媒体机构对自己工作领域视野之中发生的事件都未必有第一定义权、第一传播权。

这种丰富的舆论生态,除了对主流新闻媒体产生了重大冲击之外,也加速了对党和政府、企事业单位、社会团体采用融媒样式发布新闻、传播资讯等倒逼态势。新闻媒体和新闻发言人的"本领恐慌"和"生存危机",为促成新闻媒体通过与以新闻发言人为"桥梁"的行业、单位、部门等合作创造了有利条件。随着全媒体时代的到来,党和政府部门、企事业单位等都积极推进融媒中心建设,按照新闻传播规律和现代媒体形态,多形态采集生产新闻资料,为新闻媒体提供更多适销对路的"半成品",也为新闻发布提供了较为充足的素材。对于新闻媒体而言,借助新闻发言人深度开掘新闻"富矿",可实现新闻素材和新闻发言人的有机统一,高效率高质量做好新闻传播。

2018年底,中宣部在北京举办了一期新闻发言人论坛,我参加了这次论坛活动。记得央视一位资深记者在论坛发言中谈到两会召开期间的部长通道,用了一个词"围追堵截",认为部长通道是媒体围追堵截而成的。虽不全面,但也有其道理。毫无疑问,政府与媒体需要更多更通畅的通道,合作尤为重要。这种合作应该是更大范围的、更深层面的和更高档次的。

当前,正处于习近平总书记所说的"百年未有之大变局",核心在于变,一切都在变,唯有初心不变。如何成为新时代合格的新闻发言人?我有一些个人粗浅的见解,这便是:言为心声。政府新闻发言人是用嘴发言,更是用心发言,必须具备和强化有为之心、敬畏之心、进取之心、仁爱之心和赤子之心。

——对变局的有为之心。人类正在发生变局,正在全方位改变我们的生产方式、生活方式和交往方式。人人皆媒、万物亦媒、人机合一、共同进化的智媒时代展现在我们眼前,政府新闻发言人真实地感受到这种前所未有的冲击和影响。对传统的新闻传播的冲击是难免的,大浪淘沙,凤凰涅槃,有为才有位,无为则出局。新闻发言人要趁势而上,顺势而为。要适应改革大局,有责任、有担当、有作为。只有正确把握好变与不变,才能以变应变,变中求新,变中求进,变中求胜。

——对职业的敬畏之心。新闻发言人的职责非常神圣,不得有任何的亵渎。敬畏是发布台的入门券,必须敬畏人民,敬畏职责,敬畏媒体,敬畏发布台,并贯穿发布全过程。在这个台上,哪些话该说,哪些话不该说;哪些事该做,哪些事不该做,必须清楚,绝不含糊。"头上三尺有神明","心有明月自澄净"。必须坚守职业操守和职业底线,保持不随波逐流、不人云亦云的独立思考精神,弘扬主旋律、传播正能量,褒扬真善美、鞭挞假恶丑,坚持正确舆论导向,激发人们向上向善。

——对专业的进取之心。面对科技大进步、媒介大融合带来知识和能力的大挑战,新闻发言人应该以积极的态度拥抱新的技术革命。高度重视传播手段建设和创新,增强自己的基本理论功、调查研究功、文字表述功和语言表达功。用勤奋的双脚深入基层,用犀利的目光透视社会,用深邃的思考解读政策,用过硬的本领发布信息。用自己的全部热情和才华,提高新闻发布的"传播力""引导力""影响力"和"公信力"四力。对新闻发布专业进取心常在,才能够与新闻信息主导权同在。

——对他人的仁爱之心。"仁者爱人,有礼者敬人。爱人者,人恒爱之;敬人者,人恒敬之。"政府新闻发言人应当宅心仁厚,宽以待人。特别是与媒体打交道时,合作的基础和前提是仁爱,媒体人和新闻发言人若能相互理解和支持则往往会焕发出仁爱的光芒。"仁",拆开看就是两个"人",如果这两个人比作媒体人和发言人的话,二者之间的关系若以"仁"为纽带,互相支持、互相尊重,则能切实担负起巩固壮大主流思想舆论的时代责任。

——对国家的赤子之心。新闻发言人代表国家和政府发言,首先要忠诚于国家,应该利用自己的岗位报效国家和人民,以生命的质量高扬爱国主义主旋律,以本色的情怀为国家利益奉献。要选择好人生的理想风标和价值坐标,树立为国为民崇高的初心,并用一生来守护和践行,画出最美的人生轨迹。舆论有倾向,发布有导向。身处媒体深度融合发展的风口浪尖,新闻发言人需要信念与精神的支撑,洞察时代发展大势,从国家、民族、时代的需要找到自己的定位,把握正确的政治方向、舆论导向、价值取向。我将无我,不负国家,不负人民,不负韶华。

对于我来说,生命的巅峰时期已经过去,活力四射的岁月不再拥有,早先种种青春的梦想与期许或兑现或落空,现已都不再重要。但是,生命虽有限,事业却无限。虽已近黄昏,夕阳亦美好。

当今时代,风云激荡、精彩纷呈、众声喧哗,一切都在变化,一切都面临重构,一切都孕育着新的可能。立足大有可为的时代大潮,面向日新月异的传媒生态,对新闻发言人来说,这是前所未有的挑战,也是千载难逢的机遇。每个时代都会有风云变幻,而新闻发言人不仅不会缺席,而且越来越站在社会发展的最前沿,任重道远,使命艰巨。在与媒体打交道时,需要定力、实力、魄力和耐力,需要讲方法、讲技巧、讲艺术、讲能力,更要讲觉悟、讲责任、讲担当、讲品行。新闻发言人只有具备良好素养,顺应新闻规律,运用传播技巧,进行有效公关,才能向媒体借力、借道、借光,正确引导社会舆论,促进社会进步发展。伴随着中国特色社会主义进入新时代,每一个新闻发言人都应以自己的生命质量撑起"新闻发言人"这个称号的分量,都应以自己的生命光亮点燃新闻发言人群体的绚丽光华。怀有希望,抱有信心,希望与信心,始终赋予我们前行的力量。

第一章　尽担当之责

题记　发布台是一个特殊的载体,承载着政府信息的发布,承载着大众诉求的回应,承载着媒体提问的对答,充满了压力、冲突和交锋。政府新闻发言人从登上发布台的那一刻起,就构成了事实上的责任担当。这种担当体现在日常发布的殚精竭虑中,更体现在舆论危机爆发时别无选择地置身于风口浪尖上。担当需要勇气,需要智慧,更需要的是忠诚。发布台上未必有鲜花和掌声,但一定会有质疑和问责,甚至会有误解和"中枪"。但这种担当是必要的、有意义的,因为政府新闻发言人的价值本身体现在对国家、对政府、对人民的责任担当中,这是一种容不得半点虚假的忠诚。于我而言是这样,对所有的新闻发言人来说,也是这样。

一、敢于担当是新闻发言人的职责所在

2015年冬,国务院新闻办公室原副主任王国庆、郭卫民等领导邀请我参加领导干部媒介素养培训工作,郭卫民还为我确定了授课题目——《新闻发言人的责任担当》。他认为我在这方面有感受,有思考,也有发言权。虽然我不觉得自己有什么发言权,但我绝对相信,担当是一名新闻发言人在发布台上的最佳姿势。

何谓"担当"？从字面上理解，"担当"就是担负、承当。从新闻发言人的角度讲，新闻发言人的岗位就是一个有担当的岗位。大事难事有担当、逆境顺境有襟度、临喜临怒有涵养、群行群止有识见，应是新闻发言人的基本职责、基本素质和基本能力。面对媒体和社会关注的任何问题，新闻发言人都必须直面，没有回避的余地，也没有松懈的机会，更没有放弃的理由。站立在发布台前，是一种责任的存在，是一种使命的存在。担任新闻发言人，就是承担责任，就是承受风险，就是承载奉献。在这个过程中，感受事业波折的起伏，经受媒体裂变的考验，承受社会潮汐的冲击，编织着新闻发言人自然、自觉的人生状态。从这个意义上讲，责无旁贷的担当便体现于其中。

2003年夏天，我调任铁道部政治部宣传部部长，并担任铁道部新闻发言人。这个阶段，特别是我任新闻发言人之初，正值中国铁路处于深刻的变革时期。当时的铁路虽有一定发展，却与国民经济发展和人民群众出行需求还有着相当大的差距。我国地域辽阔，发展不平衡，铁路承担着日益增长的人员流动和物资流通，春运暑运，南粮北运、西煤东运巨大的运输压力，使能力短缺、设备陈旧的中国铁路成为经济社会发展的"瓶颈"。

这种差距主要体现在两个方面：一是铁路的营业里程十分短缺，2003年全国铁路里程才七万多公里，人均铁路里程在世界各国排名一百名之后；二是铁路运输技术装备还比较落后，绝大部分铁路的客运速度每小时不到一百公里。虽然经过全国铁路五次大面积提速，客运最高时速也就是160公里。运力与运量的矛盾十分突出，每当春运期间，旅客更是一票难求。每年春运都释放出中国社会最为焦灼的群体情绪，也成为党中央、国务院最为牵挂的民生问题。不是当时铁路人不努力，而是大家都在呕心沥血地实践和探索。多年来，为了拥有更多的铁路特别是高等级铁路，为了真正拥有自己的高铁技术，中国铁路人和一大批专家学者奋发图强，努力拼搏，积极推进国产动车组研制，打造中国动车组品牌，为引进、消化、吸收国外先进技术并进行创新创造了条件,奠定了基础,发挥了重要的基础性作用。

新中国铁路,每一棒都是接力。可以说,新中国成立后,一部中国铁路史,就是一部艰苦奋斗、挖潜扩能的历史。但历史的人只能做历史的事,人们可以创造历史、推动历史,却无法超越历史。历史发展到这时,这个问题已到了非解决不可,也到了有条件能够解决的时候。当历史给予了中国铁路前所未有的契机时,21世纪的中国铁路牢牢地把握住了。

这个时候,中国改革开放已进入第25个年头。改革发展,使我们有了雄厚的国力;对内搞活,使我们有了灵活的政策;对外开放,使我们有了世界的眼光。我们在历史进程中积累的强大能量正待爆发。于是,一场华丽的蜕变出现在中国铁路行业。党中央、国务院从经济社会发展和人民群众出行需要出发,因势而谋,应势而动,顺势而为,做出了加快中国铁路发展的重大决策。中国高速铁路建设上升到了国家战略高度。

2004年1月7日,这是一个注定要载入中国铁路发展史册的日子。这一天,时任国务院总理温家宝主持召开国务院常务会议,会议原则通过了《中长期铁路网规划》。规划明确提出,到2020年建成1.2万公里的客运专线网,在未来十余年里建成"四纵四横"高速铁路网,为高铁体系发展提供了清晰的框架。(随后的2008年、2016年,国家两次对规划进行调整,最终明确到2020年,铁路网规模达到15万公里,其中高铁3万公里。2016年,我国"四纵四横"高铁网基本成形,"八纵八横高速铁路网+普速铁路网+综合交通枢纽"的结构体系则成为新时代铁路人奋斗的目标。)

国务院常务会议专题研究铁路机车车辆装备有关问题,明确提出了"引进先进技术、联合设计生产、打造中国品牌"的基本方针,决定以高速列车为突破口,采取"引进少量原装、国内散件组装和国内生产"的中国高速列车项目运作模式。从时速200公里开始起步,通过引进、消化、吸收再创新实现自主研发,发展时速300

公里及300公里以上的高速列车。这是一个振奋人心的重大决策！

联想到1904年，中国革命伟大的先驱者孙中山先生提出举四万万同胞之力修建十万公里铁路，尔后又提出十年修建十万英里（16万公里）铁路。百年过去，到2002年我国铁路仍然才只有7.2万公里。往时光纵深处看，感觉到孙中山、詹天佑等先贤们，他们把自己发展中国铁路的宏思巨构、理想梦想都交到了我们这一辈人手上。该是圆梦的时候了！

铁道部在认真研究论证和反复比选的基础上，锁定当时国际上最先进、最成熟、最可靠的高速列车技术。当时，高速列车技术的领先研制国有三个：德国、法国、日本。在这三个国家中，分别形成了以德国西门子、法国阿尔斯通和日本川崎重工为代表的三国高速列车技术体系。三国的高速轮轨技术都十分成熟，技术上各有千秋。法国、德国的高速列车一直坚持动力集中方式，日本新干线高速列车则首创动力分散方式。长期以来，两种动车技术模式相互竞争，你追我赶，此起彼伏，推动着世界高速列车技术日新月异，快速发展。

作为铁道部政治部宣传部的负责人，我除负责宣传部本部工作外，还要协助主管铁路意识形态工作的部领导分管人民铁道报社、铁道影视音像中心、中国铁路文联和中国铁路职工思想政治工作研究会等单位和部门。在对外宣传工作中，宣传部是铁路对外信息发布的喉舌，也是各类各级媒体向铁路系统联络采访、求证消息、咨询问题、验证传闻以及索取各种信息的平台，实际上是铁路与外界沟通、互动和交流的一个重要桥梁。我的职责就是协调各种力量、利用各条渠道，努力宣传加快中国铁路事业的发展。

为了加强对铁道部党组新的工作思路的宣传，部党组让我兼任一段时间人民铁道报社党委书记、社长。接受任务后，我便按照铁道部党组的总体思路，明确《人民铁道》报的报道方向和中心内容，组织力量撰写、发表了铁路跨越式发展十论、十评和一系列深度报道，在铁路系统内部拉开了加快发展的宣传势头。初期，我组织同志们对这方面的宣传基本上还只限于铁路范围内，宣传载体也主要依靠《人民铁道》报。宣传的层面和规模都比较小，影响力不大。

就在这时，中央领导同志要求我们，对铁路发展的宣传要让全国人民都知道，只在《人民铁道》报上宣传是不够的，至少要在《经济日报》上宣传。这给了我们很大鼓舞，也为我们指明了方向。于是，我登门到经济日报社，向报社领导汇报，与他们共同策划了"铁路会不会拖小康社会建设的后腿"大讨论。

2003年9月8日，《经济日报》转发了中国铁道科学研究院首席专家钱立新《铁路会不会拖小康建设的后腿》的来信，钱立新在信中写道：

经济日报编辑部：

我是一名在铁路系统工作近40年的技术人员，也是《经济日报》的热心读者。我很想把积在心里的一些看法通过贵报传递给更多的读者，让全社会都来重视铁路的作用，关心铁路的现状，支持铁路的发展。

我国铁路经过多年发展，数量有了较大增加，质量有了较大提高，这是有目共睹的事实。但是，实事求是地说，我国铁路总体来说还是数量少、运能差，运输能力与日益增长的运输需求不相适应的矛盾极为突出。一般老百姓感受最深的是买票难、乘车难、运货难。作为长期在铁路部门工作的一员，我看在眼里，急在心上。

其实，普通旅客并不知道列车拥挤背后深层次的原因，也不清楚铁路部门为解决运力矛盾所付出的巨大努力。为保证春节期间千百万旅客尽可能顺利地乘车回家，铁路部门不得不顾此失彼，停开大量货物列车。就拿京广铁路武汉到广州这段来说，春运高峰时，每天开行的旅客列车达 140 多对,而货物运输只能保证供应港澳鲜活货物的 3 趟列车运行,其余货车全部停开。这给国民经济带来的损失是难以估量的!

令人不安的是,不光在春运、"五一"和"十一"等客流集中的时候铁路运输能力告急,就是平时,也经常出现运输能力告急。京沪、京广、京哈、京九、陇海、浙赣等六大铁路主要干线,运输能力早已饱和,长期处于超负荷状态。有着百年历史的京沪线更是雪上加霜,运输能力不足高达 50%!许多省会的列车都无法进入上海。去年,京沪线平均每公里的客运密度和货运密度分别为全国铁路客货运输密度平均值的 5.4 倍和 3.7 倍,成了世界上客货运输最繁忙的干线。

这还不算,部分地区的运输能力也严重不足。最突出的就是西南地区,客货运输长期受到限制,大量的货物和客流进不去、出不来。今年一季度,上海地区到西南地区的货物运输只能满足社会需求的 28%。由于铁路运输能力紧张,一些厂矿、港口常年"以运定产",大大影响了企业生产能力的发挥。

如果把视角扩展开来,更是令人忧心忡忡。请看这么几组数据:

目前,我国铁路每天货运装车的需求有 14 万—16 万车,而铁路只能满足 60%左右,有 40%左右的货物不能及时承运;

全国铁路开行的客车每天提供的座席有 242 万个,而每天平均实际运量达到了 290 多万人,客运高峰时每天达到 420 多万人。

去年,全世界铁路营业总里程约 120 万公里,其中我国铁路有 7.2 万公里,约占 6%;全世界铁路完成的工作量为 8.5 万亿换算吨公里,其中我国铁路完成了 2 万亿换算吨公里,约占 24%。

也就是说,我国铁路里程虽然只占全世界的 6%,但却完成了将近全世界铁路工作总量的 1/4,运输密度为世界之最。

以上数据说明了什么呢?从正面看,说明我国铁路通过提速重载、用新技术支持扩能的实现,运输效率已非常高,但从反面看,不也说明我国铁路网整体能力严重不足,对国民经济和社会发展的保证能力十分脆弱吗?真是不堪重负啊!我国铁路如果没有一个好的铁路网发展规划并持续快速发展,对国民经济和社会发展的制约只能会越来越大。

站在世界铁路坐标系中看我国铁路,差距就更大了。国土面积和人口平均的路网密度,我国不仅与世界发达国家相差甚远,而且大大低于经济发展水平并不比我国高的发展中国家印度。按国土面积计算,我国铁路的路网密度为 74.89 公里/万平方公里,仅为德国铁路的 7.4%、英国铁路的 10.7%、法国铁路的 13.9%、日本铁路的 14%、印度铁路的 39%,世界排名在 60 位以后。按人口计算,我国铁路的路网密度为 0.56 公里/万人,仅为加拿大铁路的 3.5%、俄罗斯铁路的 9.5%、美国铁路的 10%、法国铁路的 11%、德国铁路的 13%、英国铁路的 20%、日本铁路的 35.2%、印度铁路的 89%,世界排名在百位以后。

数字是枯燥的,内涵却是苦涩的。我们能无动于衷吗?

党的十六大确定了我国在 21 世纪头 20 年全面建设小康社会的宏伟目标。到 2020 年我国 GDP 将比 2000 年翻两番,年均增速达到 7.2% 以上。按照国民经济这一发展速度,铁路货物周转量将增长 118%,也就是说,要翻一番还要多。到那时，铁路货物发送量将达到40亿吨，比现在20亿吨翻番。随着城镇化进程的加快，到2020年铁路旅客周转量将增长200%左右，铁路旅客发送量将达到40亿人次左右，比现在的10.5亿人次翻两番。铁路不适应的矛盾会更加突出。如果现在不能牢牢抓住机遇，超常规地跨越式发展，那既不可能缓解现实的尖锐矛盾，更不可能适应全面建设小康社会更高要求，必然会拖全面建设小康社会的后腿，延缓我国的现代化进程。

  世界发达国家走过的道路已经说明，作为一个大国，没有铁路的现代化，国家现代化是很难实现的。而且从技术经济比较来看，铁路运输的优点也十分明显。不但运能大、运距长、全天候、投资少、成本低，而且安全、节能、污染小、占地少。本来，我国人口多、土地资源少，国民经济和社会发展就面临许多资源和环境的制约因素，需要大力实施可持续发展战略，加快发展铁路实在是一件利国利民的大好事。每当想到这些，我就按捺不住自己内心的焦虑。虽然我已干了近40年的铁路工作，但我仍愿尽我的全力，为我国铁路的加快发展奔走呼吁，为全面建设小康社会的可靠运力支持奔走呼吁。我期望我还能够亲眼看到中国铁路的腾飞，看到与发达国家不相上下的完善的铁路网的建成，看到人便其行、货畅其流的高水平小康社会的实现！

  若能如愿，此生足矣！

《经济日报》总编辑詹国枢特为来信做了点评——《我们能无动于衷吗》：

  编完来信，心情久久不能平静。我不知道，按国土面积计算，我国铁路路网密度竟然只及印度的39%！按人口计算,仍落在印度之后,甚至排在世界百名以外!我不知道,我国铁路竟以占世界 6% 的总里程量,不得不超负荷地承载了世界铁路 24% 的总运输量!

知道以上数字,对下面两组数字就不难理解了:

其一,从全国看,我国铁路货运能力只能满足总需求量的 60%。即每 10 家企业,就有 4 家因铁路运输原因而生产大受影响。

其二,今年一季度,上海地区到西南的货运只能满足社会需求的 28%。也就是说,有 72% 的企业因运输原因而使生产能力大打折扣。

类似数字,信中还有很多,建议读者朋友认真读读,读完不妨仔细想想,看看心里是什么滋味。

"数字是枯燥的,内涵却是苦涩的。我们能无动于衷吗?"

是的,不能无动于衷。可怎么办呢?

尽快采取措施,加速铁路发展,莫让铁路拖了小康建设的后腿!

这,就是唯一结论。

2003 年 9 月 10 日,《经济日报》编发了记者王若竹、苏民的文章《铁路为何成了经济发展的瓶颈》,文章指出:

中国铁路从来没有面临今天这样的窘境,经过那么多年的发展,依然没有改变作为国民经济和社会发展"瓶颈"的尴尬局面。虽然 200 多万铁路人经过长期不懈努力,但他们不得不遗憾地看到,全国每天仍有大量货物堆在库里,运不出去;每逢"五一""十一"和春节时旅客买不上票、坐不上车的局面,仍未从根本改变。

从当年被誉为"国民经济的先行官"到今天的"瓶

颈",甚至要拖累全面建设小康社会的进程,人们不仅要问:中国铁路究竟怎么了?

一、铁路发展确实慢了

与其他交通运输行业发展速度比,铁路发展确实太慢了。从1998年到2001年,铁路营业里程由6.64万公里增加到7.01万公里,仅增加了3700公里。而同期公路由127.85万公里增加到169.8万公里,增加了41.95万公里;其中高速公路由8700公里增加到1.94万公里,增加了1万多公里。

如果从增幅看,铁路只增长了5.6%,公路增长了33%,高速公路增长了123%;民航飞机数量从1995年到2001年由852架增加到1031架,增加了179架,增长幅度为21%;就连内河航运也从1998年的11.03万公里增加到12.15万公里,增加了1.12万公里,增幅为10.15%。其他行业的增幅都是两位数以上,只有铁路的增幅仍徘徊在一位数上。

但是,我们从各种运输方式的旅客平均运输距离(就是全年平均每个旅客乘坐交通运输工具的距离)来看,从1998年到2001年,铁路由406公里增加到453公里,增幅为11.6%;公路的平均运距由47公里增加到51公里,增加了4公里,增幅为8.5%;水运由59公里减少到48公里;民航由1391公里增加到1450公里,增幅为4.24%。这也就是说,坐火车的人乘车距离增长最快,而铁路营业里程却增长最慢,这个强烈的反差,恰恰说明我国的铁路发展得太慢了!

从总体上看,中国铁路这些年取得的成绩是很大的。铁路建设速度加快,路网规模扩大,运输能力有较大增强,为国民经济持续快速健康发展做出了积极的贡献。至2002年底,中国铁路总长已达7.2万公里。中国铁路的客流密度、货运密度是名副其实地世界第一。但是,这是以巨大的牺牲为代价的,是非常脆弱的。如京沪线,以全国2%的营业线路,完成了全国10.2%的旅客周转量和7.6%的货物周转量,成为中国乃至世界上客货运输最繁忙的干线铁路。之所以能完成如此繁忙的运输任务,靠的是全线牺牲维修时间和拼设备,以牺牲货运保客运,以牺牲短途保中长途,以牺牲服务质量换取运输能力等非正常措施取得的。铁路运输生产力不适应全社会日益增长的运输需求,这个主要矛盾至今并没有从根本上解决。原因只有一个,就是铁路发展速度滞后于国民经济发展速度。

二、铁路为何发展缓慢

铁路为何发展缓慢?说复杂很复杂,说简单也简单,四个字:投入不足。

近年来,公路建设每年投资规模都在千亿元以上,大大高于铁路每年500亿元左右的投资规模。仅以2001年为例,当年铁路的固定资产投资额为689.09亿元,而公路的固定资产投资达到1453.05亿元,二者相比差距高达763.96亿元,也就是说,公路的投资是铁路的两倍还多!正是在大量的投资拉动下,公路建设总体上只用十几年时间就走完了发达国家四五十年的发展历程。1990年,我国高速公路还是空白,但短短十几年的时间,我国已成为世界上高速公路里程居第二位的国家,仅低于美国。而与发达国家比,我国铁路在路网密度、技术装备、信息化建设、经营管理等方面至少相差20年。中国铁路与世界发达国家铁路最根本的差距是:发达国家铁路与本国经济的发展是适应的,是适度超前的,铁路能力是相对富余的;中国铁路的发展则是滞后的,是限制型的,能力严重不足。

1881年，中国筹资建设第一条铁路唐胥铁路，起步比英国晚56年，比印度晚28年。至1949年新中国成立前，68年间仅修铁路21810公里。新中国成立后，铁路建设有了长足发展，但发展极不平衡。从新中国成立到1991年，中国的工农业总产值增长40倍，铁路完成客货周转量增长43倍，而铁路营业里程仅增长1.4倍。

铁路列车速度是一个国家铁路技术水平的最重要的标志。由于铁路建设滞后，我国铁路列车速度也严重滞后于时代发展的要求。世界发达国家在20世纪30、40年代铁路旅行时速普遍达到100～140公里，目前已经达到200～300公里，甚至更高，最高实验时速已超过500公里。中国只有主要干线特快列车的最高时速达到了140～160公里，但平均旅客列车技术速度只有71.4公里，旅行速度只有62公里，货物列车技术速度和旅行速度更低，分别只有41.7公里和32.4公里。如此低的速度，根本无法满足运输市场的快节奏和人们对时间价值的要求。

我国铁路营业里程虽然只占全世界的6%，但却完成了将近全世界铁路工作总量的1/4，运输密度为世界之最。这种高利用率已成为列车运行秩序混乱、列车晚点多的重要原因，因为一趟列车晚点就可能会影响一大片客车晚点。同时，全国铁路均为客货混跑模式，一条线路既要客运快速，又要货运重载，好比高速公路上既跑汽车又跑牛车，互相干扰、互相制约，根本无法满足客货运输的数量和质量需求，而高速铁路仍是一个空白点。

三、建设小康社会要求铁路快速发展

由此可见，铁路运输能力紧张的现状已经给国民经济的发展和社会进步带来诸多不利的影响。如果铁路不加快实现现代化，就会继续成为我国现代化发展进程的

"瓶颈",更不可能适应全面建设小康社会的更高要求,必然会拖全面建设小康社会的后腿,延缓我国的现代化进程。

一个多世纪以来,铁路作为现代文明的火车头,对于推动人类社会进步发挥了巨大的作用。在过去的几十年里,各国的交通政策经历过这样那样的调整,但发展交通以铁路为骨干始终是世界主流,是大陆性国家走向经济振兴的共同之路。中国铁路的发展,既没有像日本明治维新时占国家总投资55%的先行发展期,也没有日本20世纪60年代占公共投资47%的集中投资期。中国铁路既错过了20世纪70年代的国际发展机遇,又失去了20世纪80年代与经济同步发展的时机。要改变长期形成的滞后状况,必须紧紧抓住当前难得的机遇,加大投入,加快发展。

从2003年9月10日至9月28日,《经济日报》在显要位置连续编发了14篇评论文章。那些日子,我常与《经济日报》记者王若竹、苏民研究报道内容,斟酌文稿,力求增强稿件的深度和广度,扩大社会影响力。在这个过程中,他们很尊重我的意见和建议,我也从他们身上学到了很多中央媒体的报道经验,从而奠定了我们之间长期的合作关系和密切的私人友谊。

此时,又正逢中国新闻发言人制度进入制度化建设元年。2003年的"非典"灾难,由于信息的阻滞和应急处置的滞后,北京市乃至于整个中国陷入了一场严重的疫情危机和信任危机。面对国际国内的严峻形势,在这个公共危机的应急管理过程中,信息公开的重要性第一次如此广泛而深刻地被社会各界所感知,也由此全面拉开了中国政府新闻发言人制度化建设的大幕。为适应改革开放需要,适应新的信息舆论传播环境,做好信息公开与舆论引导工作,国务院新闻办公室审时度势,及时提出并积极推动在国务院相关部委进行试点,设立新闻发言人,由此开始了新闻发言人制度化建设的征程。

2003年9月22日,国务院新闻办公室在北京举办了第一期全国新闻发言人培训班,66个部委的一百多名新闻发言人参加了培训。我作为铁道部新闻发言人接受了这次后来被人们称为"黄埔一期"的训练。

国务院新闻办公室对这次培训极为重视,除组织了强大的教学班子外,国务院新闻办公室主任赵启正、副主任王国庆亲自来到培训班上讲话、授课,他们告诉我们这些学员,新闻发言人是国家公共语言的表达者,是政府部门形象的代言人,是政府、企业和媒体、公众之间沟通信息的桥梁和纽带,面对的是新闻媒体以及社会大众的关注、诉求和质疑,表达的是政府部门和本单位的立场、观点和意图。在政府部门形象的维护、行业信誉危机的挽救、社会各界诉求的回应方面,新闻发言人承担了一定的责任和压力。记得赵启正当时把新闻发言人应当具备的素质概括为三句话:"政治成熟,立场正确,勇于负责;内知国情,外知世界,兼修文化;讲究逻辑,有理有节,善待记者。"

这次培训对于我来说既是动员,也是启蒙。尽管当时我对未来如何在发布台上承担某种责任有些茫然,但还是告诫自己,这是一件有意义的事,新闻发布工作于铁路现代化发展事业而言将会发挥特殊的作用,我必须做到无愧于"新闻发言人"这个既有魅力又有压力的称号。

从那以后,我在社会上便有了一个新的身份,以铁道部新闻发言人的身份亮相于国内外各大媒体,穿行于新闻记者之中,淬炼于新闻发布之炉,开始了长达八年不遗余力地宣传加快铁路发展,特别是推介中国高铁的难忘经历。八年经历,非同寻常,充满了生气,也充满了变数。顶着责任,顶着压力,也顶着一柄达摩克利斯之剑砥砺前行。八年中,对铁路尤其是对高速铁路倾情、客观而真诚的表达,成为我在新闻发布台上,同时也是人生舞台上的重要姿态。

　　那是个中国新闻发布工作制度化起步时激情燃烧的岁月，当时以及后来一段时间里，各部委的新闻发言人人才济济，群英荟萃，在中宣部的领导和支持下，国务院新闻办公室领导（也是新闻发言人）赵启正、王国庆、郭卫民带领各路新闻发言人交相辉映地闪烁在新闻发布的舞台。我所熟悉的新闻发言人中有大气洒脱的王惠、坚毅沉着的武和平、虚怀若谷的黄毅、机智敏捷的焦扬、阳光刚毅的杨宇军、幽默睿智的杜少中、老成从容的毛群安、秀外慧中的王兰良、外圆内方的吕大鹏、锦口绣心的颜江英、优雅文静的续梅、精明强干的王旭明等等。他们在发布台练就了有问必答的口才，在发布台练就了穿越风云的目光，也在发布台练就了处乱不惊的定力。虽然他们风格各异，风采各具，风骚各领，却共同地拥有一个秉性：敢于担当。他们用自己的忠诚、智慧和辛劳在政府与民众之间架起了一条条信息通道，铺设了一座座信任桥梁。

　　记得2008年1月21日我做客新华网。访谈一开始，主持人就说了一段令我热血沸腾的话："站在国旗下，站在讲台上，面对中外媒体记者，新闻发言人的身影频频出现在广大公众的面前。新闻发言人代表中国政府部门的立场，向世人传递着中国政府的声音，为各国媒体提供权威的信息，让世界更加充分地了解中国。在人们眼里，新闻发言人是很有魅力的一群人：有庄重的仪表，有严谨的谈吐，还有娴熟的发布技巧，从容应对中外记者的提问而处变不惊。"

　　我觉得这个评价很适合我的这些同行，但并不适合我。我不是一个能说会道的人，不会胸有成竹、妙语连珠、从容不迫地去满足公众对政府信息的渴求。特别是我由铁路局直接调到铁道部作为新闻发言人，对铁路宏观情况不熟悉，如何把铁路的事说好，把社会对铁路的质疑解答清楚，没有起码的把握。所以每次接受采访，每次召开发布会，我都紧张，战战兢兢，有如临深渊、如履薄冰、如坐针毡之感。

在这个百家争鸣的时空里，作为"笨鸟"，我只有先飞、多飞才不至于落伍掉队。为了弥补自己对铁路整个历史、现状以及未来发展脉络的把握不足，弥补自己对新闻发布原则、方法和技巧等基础知识的掌握不足，缓解对知识和能力的恐慌，我不能不自我加压、尽力奔跑，不断地学习、不断地奔波，怀着把中国铁路新闻发言人当好、把中国铁路故事讲好的单纯目的和良好愿望，置身于高效率、快节奏、重负荷的工作状态。

在我担任铁道部新闻发言人的八年时间里，我基本上没有按时下过班。由于工作繁忙，不堪负荷，血糖、血压、血脂全部升高，长时间精神紧张和高负荷的工作，使我整夜睡不好觉，只能靠药物帮助自己入眠，安眠药片由一片逐步增多到五片。由于忙于工作，父亲病危我也没有回去陪伴，不是我不想，我很想。我是一个凡夫俗子，很看重亲情和孝道。可是当时正值"非典"后期，公务繁忙，实在抽不出时间。到后来家人频频催促，我连着两次到部领导那里请假，领导都说"我们铁路人只能尽忠不能尽孝"。直到我的母亲给我打电话，说如果我再不回来就永远见不到父亲了，我第三次请假方才获准。等我赶到父亲病床边时，老人家已经不能说话，只是看着我，想说什么始终没说出来，然后慢慢地闭上了双眼。

父亲走后的那一年，我请假回湖南老家陪母亲过年，大年三十到家，陪母亲吃了一顿团圆饭，第二天又回到北京（领导只同意一天假）。这是八年中我唯一陪母亲过的一个春节，其他七个春节都是在岗位上度过。（退休后，每年春节我都与母亲在一起。）

在我之前，铁道部很多同志为铁路新闻传播做过许多基础性、开拓性的工作。只不过到了我这一任时，铁路在社会上的关注度更高了，而我们也更多地利用了这个发布平台，发言人的出镜率随之高了起来，我也渐渐地走进人们的视野。我很清楚，社会对铁路的支持很大，企盼很高，误解也很多。铁路为社会付出也很大，而且还在努力付出；铁路亏欠社会的很多，也有不少的委屈。我希望能通过自己的绵薄之力尽可能促进铁路与社会的沟通，争取铁路在快速发展中有更好的社会环境,继而使铁路对社会有更大的反哺能力。于是,我总是在发布、在回应,频繁出现在公众的视野里。

这并没什么值得炫耀,大家都是这样做的,可以说这是铁路宣传干部的工作常态,我一直为铁路拥有这样一支宣传队伍而感到无以言表的骄傲和欣慰。大家的宣传热情和动力,目的很单纯,就是努力使社会对铁路有更多的了解、体谅和支持。所有的努力都围绕着一张图来进行。这张规划着铁路未来发展的蓝图实在太具诱惑力、太振奋人心了。这张图起点太高、标准太高、要求太高,能不能变成现实?会遇到什么样的困难和阻力?需要我们多大的付出和奉献?都不去考虑了,铁路宣传干部只是拼着所有的精力和能力向路内路外去宣传这张图,讲透这张图,让大家知道这张图会为我们的生活带来什么样的改变,然后都来支持这张图由一张纸变成实实在在的路网,并且在这个过程中具有充足的信心。或许,这就是铁路宣传干部、铁路新闻发言人的本职要求和价值所在。

于是,所有的加班加点、所有的吃苦耐劳、所有的委屈误解,我都心甘情愿地接受。没有别人的强迫,没有心里的抱怨,一切都是这样合理、这样自然。不久前,宣传部一些老同事小聚,回首当初,话题涉及当时那种工作状态,不免心潮澎湃。时任新闻处长、现任宣传部副部长王滨是这样解释的:这缘于爱,对事业的爱,对国家的爱,才会有这样不加保留的投入。时任新闻处副处长、现任国家铁路局综合司副司长梁成谷发表见解:是很辛苦,但很乐意。人生没有白走的路,每一步都算数,我们终于使这张图变成了铁的现实,也塑造了自己的好作风、好习惯和好素养!那时,铁路人谁不是在玩命地工作。当时铁路有一句口号,叫"苦干、实干、拼命干",不管后来人们如何评价,这在当时就是铁路人的真实风貌。如果不是因为有一份忠诚,有一份担当,有一种精神,我们无以支撑。

2008年1月21日,新华网记者对我进行采访,向我提出这样的问题:"您能告诉我这个周末是怎么过的?都安排了什么事情?"此时,春运已经开始,我那段时间作息的安排都是"踏"着春运的节律疾行快走,是不可能有周末、休息日,更不可能有上下班之分的。

我如实回答:"为了做好今年的春运工作,我们提前一个月就进入了准备阶段。进入春运后,我每天一进办公室首先打开电脑,看看网上对春运的有关报道,留心刚刚过去的一天疏散了多少旅客,旅客反映比较集中的问题是什么,哪些矛盾是我今天的工作必须协调的。同时立即与有关业务部门通话,了解对旅客反映的突出问题的报道口径,做好回答媒体朋友提问的准备。比如昨天参与各种媒体活动后,回到部里已经是 18 点,接着是与部新闻处的同志针对今年春运提前以及媒体提出的一些问题开会布置工作,离开部里时已经是 23 点半了。今天上午,接受完您的采访后,马上就是中央电视台一套《焦点访谈》、二套和四套三组电视采访,另外还有《南方周末》的记者采访。凤凰卫视提出要采访,恐怕会顾不上了,我很抱歉。下午还要去中国经济网当嘉宾进行访谈。"

这是一天的工作写实,实际上是我和我的同伴在春运中的工作常态。在那个期间,工作几乎定义了所有的时间,除了最基本的休息,每日每夜,忙忙碌碌,紧紧张张,就像有一把尺子丈量着生活的所有内容,各种事情密密匝匝地填满了它的每一个刻度。这个采访内容在新华网发出来后,引来很多媒体朋友和网友的关心,我倍感温暖,由衷感激。

那次访谈,记者还向我提了一个问题:"您的国际同行不会面对春运这样的问题,这只有中国的铁道部官员才会面对的问题。您对此有何感想?"面对这个问题,我难以掩饰自己内心的情感涌动,春运是中国独有的社会现象,当然也是中国阶段性的社会现象,不仅国际同行不会面对春运这样的问题,就是国内未来的同行也不会面对春运这样的问题,这是历史赋予包括我在内的这代中国铁路人的责任和使命。于是,我回答说:"春运让我的工作富有意义;春运让我对人民充满感情;春运推动我精神振奋、忠于职守。或许多年以后,大家像看老电影一样看到今天车站人头攒动的画面,会涌动一种怀旧般的温暖!就像有支歌中唱的:'让我们期待明天会更好'"。

我在这里道出了铁路宣传干部共同的情怀——担当现实、向往未来,用每天的努力构建特殊的人生经历。过去的努力使我们拥有了美好的今天,并向往更美好的明天。

二、敢于担当是新闻发言人的价值体现

从本质上讲,新闻发言人的担当是责任感的洋溢,是正义感的激荡。敢于担当,反映的是新闻发言人人格上的一种价值追求。

坦率地说,从小到大我都是一个没有"鸿鹄之志"的"燕雀",从没想到过有朝一日会站在一个政府部门的新闻发言人岗位上。但是,组织上将我放到了这个岗位,我只能尽力而为、勇于担当,不敢怠慢。

我知道,在这个岗位上是有风险的,特别是突发事件的新闻发布对新闻发言人而言更是巨大的考验,也是新闻发布工作中最难的一项内容。正因为有风险,才会有担当。发言人的担当是职责所在。发言人只有做到敢担当、能担当、善担当,始终践行担责不误、临难不却、履险不惧、受屈不计,在回应社会关切、社会痛点的时候不当鸵鸟,在场而不失职,在线而不失声,在行而不失误,才能对得起自己发言人的称号。

当然,发言人也是人,在人生的旅程中同样也体会着生命的精彩和恬淡,感受着命运的成功和无常。谁不希望自己一帆风顺、平平安安,能少一些坎坷、少一些不测?可这只是良好的愿望,现实往往会出人意料,总会遇到各种风险和坎坷。有时也真切地感受到太难了。太难了的感觉,说明了工作压力太大,说明了社会期盼太高,也说明了自身能力太低。可以感叹,但不能抱怨,更不能放弃。真正要突破自我,谁又不经历"太难了"这个阶段?

人生的美好,在于经历生命的种种后依然对生活报以热情。在我们这个时代,不缺少有智慧的人,也有许多有担当的人。由于

发言人是对本部门、本单位,乃至是对国家和民族利益的担当,所以选择责任的承受,选择事业的呼唤,献身于有益于国家和民族的事业,个人的利益、名声都变得不重要。当小我遇见大我,就要学会让路,甚至于牺牲。这既是格局、境界和情怀,也是责任、使命和操守。

2011年7月23日,在浙江温州境内发生了一起特别重大的铁路动车事故。第二天,按照铁道部原部长盛光祖的要求,我赶赴温州。一下飞机,就接到中央宣传部立即召开新闻发布会的指示。情况紧急,我立即赶去向盛光祖汇报。盛光祖略带吃惊地问:今晚就开?事先也没通知,来得及吗?即便要开,也要准备充分一点才是。而且很多情况还在调查中,没有定论。怎么对社会说呢?铁道部在场的其他几位领导也都是这个意见。

铁道部领导的意见无疑有一定的道理,但中宣部的要求是从宏观考虑的,而且态度非常坚决和紧迫。我在迅速思考应该如何去处理和贯彻好来自铁道部领导和中宣部有关负责人的不同要求。见我沉默不语,盛光祖对我说:"你现在就向中宣部汇报,就说是我的意见,看能不能把发布会推迟到明天,必要的准备总是需要的。"

我立即给中宣部新闻局负责同志打电话,说明铁道部领导的态度和意见。该负责同志回答说,他能理解铁道部领导的心情,但新闻发布会当天晚上必须开,这是已经公布于媒体的不能更改的事。

按照中宣部新闻局负责同志的说法,召开事故新闻发布会已是箭在弦上不得不发了。盛光祖没再坚持自己的意见。但是,这个发布会该怎么开?发布什么?谁去发布?一切都是问题。盛光祖的目光盯住了我:"王勇平,你去发布有没有把握?"

我没有。

我连现场都没来得及去,对现场发生的一切都尚未全面掌握,现有的材料太少,无法吃透情况。而且这次来了这么多的记者,他们会提出多少问题,根本来不及分析研判。俗话说"知己知彼,百战不殆",而我现在既不"知己",也不"知彼",这种情况下开发布会,无异于蒙着眼睛单刀赴会,实在是太难、太险了。

但是我也知道,举行发布会已刻不容缓。此时网络上已经谣言四起,一些网民毫无依据地炒作爆料,一批不明真相的网民人云亦云大量转发,这一切距事故发生不到20小时。这种情况下如果不进行必要的疏导,对一些谣言不及时澄清,就会错过最佳的应对时机,那么这些谣言再经过一夜的发酵,群情激奋,民意汹涌,将会产生什么后果,将会是无法想象的。在这方面,不是没有教训,任由这些谣言蛊惑人心,就完全有可能发生类似贵州瓮安群体性暴力事件,到那时会给我国高铁事业的发展带来什么样的损害?会不会引发其他性质的事件?会不会影响到社会稳定和谐?这一切都会很严峻地摆上桌面。

按理说,我是铁道部新闻发言人,一般的新闻发布会由我去发布,符合常规。但这次事故影响极大,中外关注,非同小可,如果仍由我去发布,将会存在三个问题:其一,事件严重,后果惨烈,由我这个级别的干部发布,分量不够,会不会被媒体和社会认为铁道部不诚恳、不重视?其二,事故调查刚刚开始,事故原因还未明了,现在信息有很大的不确定性,而我又不知详情,面对媒体各类问题能不能说得清楚?这次发布新闻、答记者问是绝对不能使用"无可奉告"这个词来敷衍的。其三,我受权有限,在一些关键问题上,媒体最感兴趣的也是发言人最难回答又必须回答的,我可能无法应答。

多年的发言人经历告诉我,一些媒体潜意识里会把发言人当作事故责任人,会把发言人的解答当作"狡辩"。这次来的记者人数众多,情绪急躁,且中外媒体混杂,谁知道发布会上将出现什么场面。此时我的脑海中,浮现了"4·28"胶济铁路事故时的新闻发布会上,济南铁路局宣传部部长、新闻发言人张连合被记者咒骂、揪搡的一幕。我想,答好了,是我的工作,理所当然;答坏了,我就得承担责任。可我承担得了吗?

在这个群情激愤的时刻站到发布台,我知道此时那是一个很不受欢迎、很不受待见的位置,站在那里,顶受着各种质疑甚至愤怒的目光,这与过去传递铁路某项成绩的任何一次正面发布会都截然不同,毕竟事关几十条人命的信息发布。也许,此时的发布台将变成审判台,新闻发言人将变成新闻当事人。谁掂量不出这当中的沉重分量?这是一条风险极大的危途、险路,踏上去,就成了媒体质疑和发泄的具体对象,而一旦有丝毫的闪失,则更会成为人们愤怒的靶标,无法避免地处于众矢之的的位置,甚至完全有可能因此而身败名裂。

想到这儿,我回答部领导道:"我没有把握。我刚下飞机,连事故现场都还没来得及去,情况不掌握。"同时我提出建议,这场发布会应当由一名部领导亲自发布,我可以作为发布会主持人。但是由于当时情况特殊,我的建议并没被采纳。

当时部领导都要全力以赴面对指挥救险、抢通、调查和善后等工作,各有分工,责任重大,事情繁多,局面复杂,不能离岗和分散精力。而且当晚还要召开全国铁路电视电话会议,盛光祖要亲自在会上讲话,向全国铁路干部职工传达党中央、国务院领导的指示精神,吸取"7·23"事故教训,提出具体措施,稳住安全形势,坚决打好安全翻身仗。这是一件刻不容缓的工作!

当部领导再次问我:"王勇平同志,你到底有没有把握?"此时,一屋人都静静地看着我,等待我的回答。他们是我的领导,我的同志,我朝夕相处的伙伴和战友。是铁路这个大家庭让我们走到了一起,我们就像铁轨上的一颗颗螺丝,虽然奋战在不同岗位,但是我们都有一个家、一个梦、一个不弃不离的精神归宿。当这个家处于风雨飘摇的时刻,我这个成员应该做什么?每个人都有自己内心守护的东西,也许,在平时并不觉得很特别,但是一旦在关键时刻,便会用超乎寻常的举动去履行这种守护的责任。即便知道这样做会承受什么样的风险,也会毫不犹豫地凭着自己的初衷甚至是一种本能走下去。

这个时候,于我而言,上与不上,面临选择。选择不上,无可厚非;选择上去,职责所在。我是铁道部的新闻发言人,更是人民铁路与人民群众进行沟通的桥梁。我的职责就是在危难来临的时候站在最前线,那么,当组织需要我站出来的时候,我有什么理由打退堂鼓呢?瞬间,我内心涌起了一种使命感和责任感,"苟利国家生死以,岂因福祸避趋之"。为了铁路这个集体,也为了国家的利益,我应当尽其所能,发挥一个发言人力所能及的作用。

我很诚恳地回答部领导:"我确实没有把握,但领导让我去,我会尽力而为。"于是,我作为"7·23"动车事故新闻发布人就这样确定了。此时,记者们在发布厅等待,全国各地各家媒体编辑部夜班编辑在等待,在这次事故中遭受不幸的旅客和他们的亲属以及无数关注"7·23"动车事故的人们在等待,都在等待我这个匆匆上阵的发言人出场。

当晚 10 点 45 分,我出现在发布会现场。自从 2003 年我调到铁道部担任新闻发言人后,已经开过不知多少次新闻发布会了,每次发布会都会精心准备,非常有序,从来没有见过这么混乱的场面。此时,温州水心饭店多功能厅大约不到一百平方米的空间挤着两百多名记者,他们有的站着,有的坐着,还有的蹲在地上,人声嘈杂,空气混浊。没人组织,没人服务。说实话,做记者这职业也相当不容易。事后我才知道,这些记者从四面八方赶来,有的记者在温州已经待了一天一夜,很多人从头一天晚上就没有合眼。先是守在香格里拉饭店等候采访,后又往九公里外的水心饭店赶,他们赶来跑去,又困又饿,疲惫与愤怒交织在一起,大厅里人声鼎沸。加上目睹了现场的惨状,精神已经极度躁动不安。一场仓促的发布会艰难地开始了。

后来有媒体这样描述,"铁道部新闻发言人王勇平表现得忧心忡忡,礼数周到地走到主席台前。"这位记者的观察是准确的,当时我确实就是这样的心态。

这次发布会除了介绍事故发生概况、造成的损失以及政府应

"7·23"温州动车事故新闻发布会上

对的措施外,还回答了媒体记者的十几个提问。浙江卫视做了全程直播,结束时节目主持人席文当即对观众评论说:从发布会上看,铁道部发言人的态度非常坦诚,也非常认真、非常严谨。

我自己知道,这次发布会是我八年新闻发言人生涯中最艰难、最难忘的一次发布会。随着后来事态的发展,这次发布会也成为直接导致我告别新闻发言人舞台的最后一次发布会,虽然当时我并没有感觉出事情会演变得那么严重,我认为不管存在多少不足,存在多少失误,我终究完成了组织交给我的任务,终究尽自己最大努力满足了公众和媒体的知情权,让充斥网络的各种谣言得到控制,澄清了一些不负责任的猜测。

由于各种因素所致,这场发布会后来发展到对我个人造成了猛烈而绵长的压力及冲击。一夜之间,我成了媒体和网络名人。

突然成为网络名人,自然要承受巨大的压力。在这种前所未有的压力面前,我坚持着这样的态度:对于善意的批评,虚心接受;对于无意的误会,不加解释;对于无端的指责,保持沉默;对于恶意的咒骂,不予理睬。清者自清,无须自辩。我在家里挂着一位朋友写来的条幅:"做一个内心饱满而坚强的人,不活在别人的贬褒之中。"

后来,有记者采访我:"作为一个新闻发言人,在突发事件时被推出来,你会觉得委屈吗?"我回答:"那是一种责任,既然愿意承担这种责任,就不应该考虑个人得失。"记者又问我:"你觉得自己是个悲剧性人物吗?"我回答道:"我认为我的人生是很充实、有意义的,有幸为高铁事业做出了微薄的贡献。我从来就没有感觉自己是悲剧人物。今天的高铁已为老百姓带来了便利和福祉,更成为我们引以为豪的中国名片,那么我们所有的付出都是值得的。"是的,虽有憾,但无悔。

发言人应该是有风骨的,既然自己接受了这种生活,就必须面对这种生活带来的全部。你在聚光灯下气宇轩昂侃侃而谈时,要知道那是事业光环的照耀;而当事业遇到暂时的挫折时,你也必须承受阴影的笼罩。遇上风浪不退却,即便是坎坷和不如意袭来之时,也能坦然面对,这实际上已经完善了发言人存在的意义。发布台上,既有春暖花开的时节,又有风雪交加的时日,有顺境,也有逆境,这是考验人的关口和门槛,必须面对这种考验,做到"宠辱不惊,看庭前花开花落;去留无意,望天外云卷云舒"。既能从成功中走出来,又能在失利中站起来。发言人的职责,实际上意味着一种付出和奉献,这是从一开始就该有的思想和心理准备。

"7·23"动车事故新闻发布会后,针对这次网络舆情的特征,我和铁路宣传系统的同志们对如何在网络时代做好新闻宣传工作进行了新的思考。首先是我本人在应对网络舆情时估计不足,认识不高,办法不多,应对不力,教训十分深刻。我在紧接着召开的全路宣传部长会议上也主动承担了自己的责任,希望大家跟上时代节奏,扭转被动局面,打好宣传主动仗。大家都积极主动地谈了很多很好的看法和建议。正在清华大学攻读工业工程系硕士学位的时任宣传部理论处副处长、现任国铁集团宣传部副部长厉于,也特地向我谈到她的一些思考和体会,并把自己毕业论文的题目定为"政府网络舆情热点传播及舆情管理对策研究",论文以"7·23"动车事故网络舆情事件为例,运用社会网络分析和多主体建模方法构建了舆情演化模型,就政府舆情热点引导过程中政府信息公开速度、信息覆盖面、政府公信力、政府信息翔实程度等因素对舆情演化的影响进行了深入分析。应该说,她对网络舆情传播规律的认识是有一定见解和深度的,我也从中受到了启发。

但是,我没有重新来一次的机会了。

2011年8月15日晚上6点半,我在铁道部办公大楼过道里遇见了盛光祖部长。他把我叫到他的办公室,说要和我谈谈我的工作问题。我一边走,一边大脑快速运转,部长要谈我的工作,是要调整我的工作岗位吗?我突然联想起当天下午宣传部网络舆情处发现新华网的一条英文消息,称"铁道部新闻发言人王勇平被免职"。

盛光祖态度尽可能温和地对我说:"最近,网上对你炒得很厉害,这当然不是你的过错。但铁道部的新闻发布工作还要继续,现在这个情况你也看到了,再由你来发布新闻已不太合适。所以部党组准备研究给你调整一下岗位,你有什么想法?"

此刻,我的心情较为复杂。我知道,告别发布台是迟早的事,精彩也罢,糟糕也罢,总归要谢幕。何况我站在这个令人精神高度紧张的发布台已经八年了,疲惫中早生让贤之意,但真正到了这一刻还是感觉有点突然。我平静一下自己,盯着盛光祖的眼睛问:"准备把我调整到哪儿?"

盛光祖缓缓说道:"有一个铁路合作组织,在华沙。原中方委员已调回部里再次担任运输局长了,那个位置正空缺着。有一些司局长表示想去的意愿,部党组觉得你去较为合适,你自己意见如何?"

这之前我也听说过这个机构,是个相对安稳的工作岗位,应该很符合我当时的心态。我也能感到部党组对我的信任和关照。从大的方面说,铁道部的新闻发布工作要继续,总要对媒体和网民做一个交代;从小的方面说,我当时身心疲惫,领导也看在眼里,这样做也是对我的一个保护。因此我认为部党组的考虑还是比较周全的。

更重要的是,这是一个全新的岗位,与我过去从事过的工作有着从环境到内容差异极大的特征,但又有着"外交无小事"的重要性。虽然我很少接触国际事务,也从来没想到自己会出国工作和生活,但我明白盛光祖讲的道理:国际舞台,广阔天地,大有作为。而且,我的生活已经失衡,确实需要寻找新的支点。我现在就要拥有这个支点了,远离风口浪尖,开始新的生活。后来很多朋友安慰我,说这是"关了一扇门,开了一扇窗",希望我接受命运赋予的新的使命和责任,重铸自己的形象和灵魂,充实和添加自己存在的价值。无论是安慰还是期待,我都乐意接受,因为窗外世界很大,天宽地阔。

盛光祖问我还有什么个人要求?没有!毕竟我是一个党员,服从组织安排是我多年来一直恪守的原则。自参加工作以来,我从未在职务变动上向组织提过任何要求,现在就更不能讲条件了。更何况,对于自己工作的调整领导还事先来征求意见,这种情况也是很少有的。于是,我对盛光祖表态说:"我服从组织的决定,感谢部长的关心!"盛光祖表示我可以做交接准备了。

第二天一大早,我就来到办公室开始清理东西,尽快为继任者腾出办公房间。需要收拾的东西并不复杂,几乎全是书籍、文件和资料。这些书,有自己购买的,有别人赠送的,有自己撰写的,还有自己组织编写的,好几柜子,堆得满满的。这是我在铁道部政治部宣传部工作八年来积累的主要财富。平时在这个由书墙圈起来的空间里,我感觉自己拥有一个阔大的精神疆域。呼吸着淡淡的书香墨味,便有一种振作、充实、富有和温暖的感觉。我在这里研究工作,处理事务,接受访谈,召开会议,已成为这些年紧张忙碌但不失愉悦振奋的最多时间的生命驻地。现在,我马上就要搬出去了,曾经在这里发生的一切都将成为永恒的记忆,保留在我的心灵深处。

上班后,同事们推开门,见状似乎都明白了。一位处长大声呼喊:"为什么?这是为什么?"有人开始哭泣。屋子里的人越聚越多,气氛也越来越凝重。看着这一张张熟悉的面孔,他们是我最信任、最依赖、最放心的团队。想着就要离开这些同我朝夕相处、风雨同舟的同事朋友,我心里虽然也难受,但此时却不能向他们传染这种情绪,便对大家说:"在我离开之前,你们谁也不能有一滴眼泪掉在这块地板上,我需要你们用微笑为我送行。"

终于,八年新闻人生涯画下了一个并非圆满的句号。我心情有些复杂但还算平静地告别了铁道部政治部宣传部,告别了铁道部新闻发布台。

三、敢于担当是新闻发言人的素质要求

新闻发言人代表政府部门对这个世界发言,传达信息,沟通思想,表达立场,倾吐态度,是一种重要而庄严的责任。而责任的承担,无疑依赖着素质的支撑。任何一场新闻发布,尤其是突发事件的新闻发布,都会面对来自多方面的挑战和考验,担当有风险,风险能化解,化解靠素质。发布台要求走上来的发言人必须努力表现出自己最全面的素质和最起码的能力。

八年新闻发言人的经历不算短。整个过程对于我来说,始终是一个学习的过程、一个摸索的过程,也是一个思考的过程。我和其他部委新闻发言人一样,从门外汉到逐步登堂入室,从必然王国到自由王国,除了各自滚打摸爬走过来,更凝聚了各级领导培养和支持的心血。作为最早的一批新闻发言人,我曾赴美国学习交流新闻发言人制度。

那是2005年11月至12月期间,国务院新闻办公室组织来自各部委和省市的31名政府新闻发言人,代表中国政府部门新闻发言人队伍,第一次赴美进行交流研讨。代表团成员大都是具有较丰富的专业知识和实践经验的政府官员,团长由国务院新闻办公室赵守义局长担任。我作为铁道部新闻发言人随团出访。这次学习和交流对我启发很大,使我开了眼界,开了心窍。回国后,我很

快撰写并由当代世界出版社出版发行了一部21万字的纪实文学《彼岸掠影——一个政府部门发言人在美国的见闻》。赵守义告诉我，这本书成为国新办当时推荐给新闻发言人交流和学习的书籍。

我认为，美国媒体发展较早，他们在新闻发言人职业化以及技巧手法的运用和管理程序的规范方面都有独到之处，许多地方值得借鉴，但中国的新闻发言人不能全盘照搬，我们有我们的国情。如何规避风险，有很多方法和技巧。必须坚持一些基本的原则，比如公开透明的原则、及时迅速的原则、客观真实的原则、真挚诚恳的原则、坚定自信的原则。这些学习、思考成果，后来成为我运用在新闻发布实践和新闻发布教学中的主体内容，也为我在这个领域能够担当增添了胆气。

自2011年8月15日铁道部领导决定调整我的岗位后，我一直在部机关等候调动手续和出发日程。宣传部的同志将我暂时安置在部小型发布室里。这个临时办公室是我出国工作前在铁道部机关大院工作的最后一个驿站，很短暂，很特殊，也很难忘。我走后，挂在这间房门上的铁道部新闻发布室的牌子随即被撤掉。作为一段历史的存在，铁道部新闻发布室的牌子及其相应的功能终于消逝在历史烟尘之中。

时任宣传部综合处处长（后任铁道部党校副校长）邹大振将新闻发布室清理干净，配好桌椅和沙发，还放上一束鲜花，显得温馨雅致。每天他都要来静静地坐上一会儿，并不多说话。有时习惯性地提到工作上的事，见我没有任何表示，才意识到我不再是他们的部长了，便立即打住。第二天他又来，我在这个旧发布室的那段时间里，他没有断过一天。他是担心我孤独。我对他说，不要来了，免得别人议论。这位山东籍的同事脖子一拧，声音响亮地说，有什么好说的，谁爱说就让他说去！

静下来了，终于静下来了。从繁忙一下变得闲暇，变化太快，反差太大，没有一点过渡。那段时间，我很是不适。在那间空荡荡的房子里，我确实有过百无聊赖的孤独感。很多同志过来看我，使我接收了许多好意的安抚。在楼道对面办公的全国铁道团委书记张腾也会经常过来坐一会儿。张腾是一位多才多艺的女干部。一次她送来一枚闲章,上面刻着娟秀的篆书:"公道自在人心",是她亲手所治。张腾劝我把孤独当作一种享受。她说,生活中常会发生意料不到的事,这本身是人生应有之义。不管经历多大的人生落差,都应该从容地去面对。没有一个冬天不可逾越,没有一个春天不会来临。这位年轻同志的话对我震动很大。

也许有抱怨的理由,但没有抱怨的必要。毕竟这是一个时代变革必然要付出的代价,毕竟这是发言人制度曲折发展中要交的学费。一切都是过眼云烟,与其囿于他人的"声音"不能自拔,不如调整心态,过好自己的日子,做好自己的工作。我坐在这个发布室里,静静地沐浴着透过窗户洒下的阳光,回忆着往昔我曾在这里一次又一次向媒体授权发布的各类铁路新闻信息。一切都已过去,一切都成为不可返回的历史。但对自己来说,要有前进一寸的勇气,也要有后退一尺的从容。人没有无用的经历,无论辉煌还是暗淡,都是生命中的一部分。于是,我开始静下心来,总结得失,调整心态,积聚力量,做好迎接生命中新的振奋和迸发的准备。

两耳不闻窗外事,自己开始进入孤独的深度思维。回顾过往,审视历程,沉淀下来仔细看看自己的发言人生。那一场场的发布,那一次次的应对,那一个个的回答,哪些做好了,让自己能够有所慰藉?哪些做得不好,留下了无可弥补的惋惜?把所有的一切做一些理性的梳理,即便对自己已无意义,也可对后继者留下可资借鉴的原始素材。

围绕着如何当好发言人,如何履行发言人的责任担当,我进行了认真的梳理和思考,对自己的人生做了一个阶段性的小结。我在纸上写了:"信念""勇气""智慧""谨慎""无私"。我当时认为,这五个方面是一个发言人最起码的素质。在那段时间那个空间,顺着这个思路,我对这几个关键词进行了注释,写下了这样的文字:

信念。信念是人们对自己所从事的工作有着强烈的坚信不疑、坚定不移的坚守。人总要在内心有信念,给自己一个生活下去和奋斗下去的理由,这个理由赋予自己人生的希望和向上的力量。世界上最宽阔的是海洋,比海洋更宽阔的是天空,比天空更宽阔的是人的心灵,而人的心灵的宽阔则在于其信念的坚定。没有什么比内心的信念更加真切,没有什么比内心的力量更加坚忍。信念与力量源自对超越考验的坚信。这信念与力量支撑着我们共同的硬核年代。黑格尔说过,信仰是完全属于一个人自己的内在的确定性。信仰的特点,就是完全自觉自愿、不讲条件地相信。新闻发言人要有自己坚定的信念,这种信念不是口头上的,而是发自内心深处并且带有深厚情感的。在发言人的岗位上,我很崇尚两位共产党人的信念:一是李大钊的"铁肩担道义,妙手著文章";一是朱镕基在一次新闻发布会上说的,"不管前面是地雷阵还是万丈深渊,我将一往无前,义无反顾,鞠躬尽瘁,死而后已"。我认为在他们身上都体现出了一种大襟怀、大担当。新闻发言人,讲到最后,讲的是责任,是担当,是人格。所以,我一直把这两段话作为自己在发布台上的座右铭,虽不能至,心向往之。我从不认为自己有多崇高,在许多事情的取舍上我也在意自己的个人感觉。但为了维护一种信仰,我还是能够做到不惜代价的。现在,自己身处逆境,也不能放弃自己的信念。"一个人只要有意志力,就能超越他的环境。"(杰克·伦敦语)我会为自己营造一个强大的内在环境,以此来面对和超越自己所处的外部环境。

勇气。不敢、不愿与媒体打交道是当下一些政府官员的普遍心态,这个问题我自己也没有解决好,因为现实中面对媒体确实存在压力,也存在风险。发布台暗流涌动、风云激荡的时候,往往是对新闻发言人的意志和情怀的考验。而每一次走上发布台,每一次接受采访,在"聚光灯""放大镜"下的表达、表情和表现,都会感到处于实实在在的风险和挑战之中。但是,人民政府对人民群众的宗旨是全心全意服务,民有所呼当有应,民有所问当有答。社会要了解真相,媒体要报道事实,政府要表明态度,突发事件当前,必须要站出来面对。如果不予回答,会引起不良的后果。为了维护国家的利益和荣誉,作为政府新闻发言人,即便是在无法请示的情况下,能讲的也必须讲,能答的也必须答。责任躲不过去,压力绕不过去。对其他人而言,可以选择沉默;但是对新闻发言人来说,却没有沉默权。而且事发之急,迫在眉睫;节奏之快,不容喘息;压力之大,重于泰山,必须把责任扛起来。突发事件在哪里,新闻记者在哪里,发言人就应该在哪里展开工作。这就需要勇气,需要用勇气来支撑着脊梁,用勇气来鼓荡着胸腔,怀着正义、坚毅的勇气去面对各种各样的问题,哪怕是深渊和地雷阵。这是对宗旨和道义另一种方式的承担。经历过狂风暴雨,体验过高山低谷,见识过人生百态,内心才会强大,担当才会自觉。过去的八年,我在新闻发言人岗位上做得很平淡,但我始终对自己的工作充满了信心和激情,我把这种激情深藏在内心深处,在发布台上努力表现出沉着、稳重和从容,实际上是在追求更理性、更深沉也更具勇气的激情。现在虽然遇到了挫折,需要反思和检讨,但我不会改变身上的锐气和勇气,并依仗着它走向新的生活领域。

新闻发言是一门艺术,更是一场以智慧指挥行动的特殊战斗。新闻发言人的全面素质应当有胆有识,有勇有谋,既要敢说还要会说,既敢担当又能担当。做到了这一点,才是制胜的前提。有的事情并不是有胆量就可以,没有智慧的勇敢是莽撞，没有把握的激进是狂妄，没有理性的坚持是顽固，没有根据的自信是自负。危机公关的能力往往体现在对危与机的辩证理解和科学处理上。"危"和"机"，有着两个完全不一样的意思：危险和机会。危机发生之后，处置得好，危机就是机会，是塑造政府形象的良好机会。反之，失去机会，只有危险，直接危及政府的公信力。突发事件不可怕，可怕的是由于舆论引导不当而酿成新的公共信任危机。因此，政府新闻发言人要在新闻发言实践中不断积累经验，摸索规律，通过有效的方法对舆论引导工作进行总体把握，在掌握大量信息的基础上，对信息背后舆论趋势、事态走向进行客观的判断与把握，对不同媒体和公众在信息的关注上进行有效的应对和处理，掌握议程设置权，发布政府已经做了什么、是怎么做的、正在做什么和将要做什么等正面信息，在媒体面前也是在全社会面前树立一个负责任、有能力的政府形象，真正掌握好新闻发布话语权和舆论引导主动权。《人民日报》前总编辑范敬宜分析新闻宣传的通病，说过一段富有哲理的话："只知道旗帜鲜明，不知道委婉曲折；只知道理直气壮，不懂得刚柔相济；只知道大开大合，不知道以小胜大；只知道浓墨重彩写英雄，不知道轻描淡写也可以写英雄；只知道浓眉大眼是美，不懂得眉清目秀也是一种美；只知道响鼓重锤，不懂得点到为止；只知道大雨倾盆，不知道润物无声。"范敬宜针对的是新闻媒体，但对发言人同样适用，至少在我身上是存在这种通病的。当一个发言人做到了能力与责任的融通、思维和胆识的结合，就可以胸有成竹、收放自如、精准有度、游刃有余地把控、驾驭和主导发布台，并在发布台上达到日久生情、日久生智、日久生巧的境界。

　　谨慎。新闻发言人的谨慎是敢于担当和善于担当的高度融合,"临大事而不乱","临利害之际不失故常",是新闻发布成功的基础。一个优秀的发言人是用思考来决定判断,用理智来决定言论,用谨慎来决定选择。不可否认,新闻发言人是一个风险性很大的职业,尤其在这个人人手中都有"麦克风"的网络时代,自媒体对新闻发言人的语境、字句、情感、仪表等细节都有着超乎寻常的挑剔和解读。发言人在应对媒体的提问时,往往没有剧本,没有彩排,不能重来。发布台上风云变幻,稍有不慎,舆论风暴就会以迅雷不及掩耳之势,让其措手不及,防不胜防,甚至还会遭遇"人肉"搜索,给自己和家人造成影响,带来困扰。所以,必须谨慎。面对聚光灯,新闻发言人任何时候都不能闲庭信步,更不能叱咤风云。时刻做好面对风云变幻的充分准备,拥有良好的心态,始终谨慎应对,理性把握。既不能静默无语,也不能什么话都说,更不能信口开河,尤其对一些较为敏感的概念更要先思而后说,注意遣词造句,注意精确定位,防止新闻发言人成为新闻当事人,舆论引导者成为舆情制造者。谨慎与担当并不矛盾。谨慎不是胆怯,不是迟钝,而是一种负责的态度。谨慎的担当是理性而为,不谨慎的担当是鲁莽之举。曾子曰每日三省吾身。自省,就像揽镜自照,照出自身不完美的地方,予以必要的收拾、整理、添加、去除,从而规避瑕疵,让自己趋于完美。我感到自己有一个很大的不足,就是没有真正做到谦虚谨慎,开始还能夹着"尾巴"做人,到后来便不太谨慎了。出现变故便慌了心神,乱了阵脚。在发布台上,在镜头前面,谨慎是发言人的"护身符",这一点永远不该忘记。

　　无私。无私才能出于公心,无私才能深怀为党为国为人民之心,才能坦荡无畏、勇往直前。无私者无畏,为民者心赤,许国者胆壮。期许岁月静好是人之常情,但是,生活不会时时厚待我们,"人有悲欢离合,月有阴晴圆缺,此事古难全"。做任何事情,都有可能顺利或遇到挫折,经历成功或失败。问题在于该不该做,值不值得付出。想到人民的利益,想到大多数人的痛痒,不考虑个人得失去做,就是一种无私的行为。新闻发言人作为政府部门与媒体、公众之间的"中间人",有风有雨是常态,见风见雨是心态,顶风冒雨是状态。在两方面的要求或诉求之下,必须挺身而出,坚持正义,不掺私念。只有胸怀坦荡,光明磊落,保持公私分明,大公无私,先公后私,公而忘私,不以物喜,不以己悲,宠辱不惊,淡然处之,才能仰不愧于天,俯不愧于地,内不愧于心。即便付出,即便受伤,只要无私,生命都会有价值,生命都会有更坚强、更广博的韧劲和张力,能容纳得了各种形形色色、林林总总的东西,就不在乎有多少误解,有多少世俗的偏见。巴顿将军说过,看一个人是否成功的标志是看其跌入谷底后的反弹力。有时跌入谷底后,将进一步锤炼和增强自己在沉默中思索、在困境中崛起的意志和能力。塞林格说:"记住该记住的,忘记该忘记的。改变能改变的起起落落,安然接纳生命中的风风雨雨。只有内心真正干净,才能在逆境之中,依然坦然自若,志向高洁。没有怨,接受不能改变的。"放下了过去,才能装下未来。看淡了沧桑,才能内心安然。洗尽了铅华,才能素面朝天。平静地面对人生,剔除怒气和怨气,恪守清气和豪气。痊愈的速度,就是走向真正成熟的速度。挫折将塑造一种新的人格。

这是我经历了八年新闻发言人生涯后所做的一番肤浅的小结,是自己在那个环境下内心的真实表白。只有在发布台上经历过了这些事,才更明白其中的道理,才更懂得发言人这个职责的真谛。这算是对自己在这个岗位上的一个交代吧,或许也可作为后来者的一个借鉴。

四、营造有利于新闻发言人担当的良好环境

发言人的责任担当是在良好、宽松的土壤中培育、升华和强化起来的。新闻发言人的担当需要相应的环境。宽容的气氛、宽松的机制、宽厚的态度,是发言人内心所企盼的现实环境,也是他们敢于担当的基本条件。责任担当自然需要发言人的自身素质和努力,同时也需要各界为发言人营造良好的担当氛围,使其自觉担当、能够担当和敢于担当。

习近平总书记曾经说过:"不要怕采访,不要怕偶尔说错话。有的部门和同志担心说错话,遇到问题不能马上发声,也不愿主动发声。坦率地说,谁都不是神仙。主动做工作,说错一两句话,是可以原谅的。如果遇到重大问题静默失语,不主动做工作,不敢担当,造成更严重的舆论误导,那才是不可原谅的。"这对营造一种对待新闻发言人健康、善意、包容的社会心理和社会态度非常重要。当完备的容错机制建立和实施了,只要立场正确,只要动机纯洁,说错了也可以原谅,也可以改正。那么,新闻发言人在国家和人民利益需要时就敢于挺身而出;在突发事件发生后就敢于直面媒体;在舆论压力下就敢于实事求是;在明知前面就是万丈深渊时就敢于义无反顾。

新闻发言人制度,是为了满足公众的知情权和监督权而提供的沟通平台,是管理者民主执政、政务公开的组成部分。政务信息连同发言人的诚实品格、沟通技巧和应变能力,都理所当然地应该成为接受公众监督甚至挑剔的内容。而且舆论监督越严厉,政务公开的完善与深化步伐就越快。对于发言人的某些不足表现,社会批评是必要的和必需的,这也是社会政治民主的进步。当然,如果公众的理性质疑随着一些不理性的媒介传播,逐渐演化成

在办公室接受媒体采访/原瑞伦 摄

对个人的谩骂、责难,甚至恶搞时,就违背了它的初衷。社会上有的人过分苛求甚至采取"人肉"搜索等极端做法,必然会使发言人在巨大的社会压力下身心俱疲。尤其是领导层对新闻发言人也不能理解甚至过分苛求,更会导致发言人丧失担当的热情和自觉,淡化和消退责任意识,对发言人队伍建设显然会产生消极作用。在处理舆论危机中呕心沥血的发言人,不管有什么样的不足,都不应该绊倒在发言人自身的机制缺陷上。发布台,是庄严的讲坛,不是险恶的江湖。关键时刻,发言人能否无后顾之忧地站出来替政府部门发言,也是判别和考量一个社会的文明程度、开放程度和包容程度的重要标志之一。

2011年6月30日,京沪高铁通车仪式在北京南站举行。铁道部新班子出于对高铁安全的考虑,推出混合运行模式,决定把京沪高铁实际运行时速由原定350公里改为300公里。媒体对此高度关注,运输局综合部副主任李军就高铁速度调整之事接受了媒体记者的采访。

李军是从铁道部宣传部理论处处长的任上提拔到运输局工作的,并作为运输局对外接受新闻采访的指定人。李军理论功底扎实,业务能力强,我对他很了解,所以经常请他出面接受媒体采访,每次他都有较好的现场表现。在这次采访中,他在答记者问的过程中总体上是得体的。当记者提出高铁混合运行模式是不是要长期实施,李军对此做出了"混合运行模式将坚持一个时期,在运营实践中优化调整"的答复。从后来的发展情况来看,李军的这一回答并没有错,甚至可以说是很有预见性的。但当时没有授权他做这样的回答。

李军的回复见报后,铁道部领导对他进行了批评,并要求他写书面检查,承认他这样做是"好表现"。李军感到委屈,找我倾诉。我能理解他的感受,面对镜头,不论是谁,想到的都是"好口径",而不是"好表现"。我问李军,当时有"好表现"的念头吗?他回答没有。我建议他可以承认自己没有按部领导当时的意图对外把握好口径的责任,但决不能接受"好表现"这个说法,不管这个书面检查会不会构成对他未来命运的影响,都应当对组织襟怀坦白,是什么说什么,决不能对自己无原则地上纲上线。李军接受了我的建议。后来我向部领导为李军这件事特地做了解释说明,部领导没再追究这件事,李军的工作也没有受到影响。

这件事给我留下了思考和警示,没想到同样的情况很快发生在我自己身上,但程度要猛烈得多,结果也严峻得多。"7·23"动车事故新闻发布会,引发了一场规模庞大的网络与传统媒体的结合炒作,自己处在巨大的舆论漩涡中。

让我感到欣慰的是,在我困难的情况下,各级领导给予了我亲切的关怀和爱护。中宣部专门召开了一次新闻工作会议,时任中宣部副部长的蔡名照对参加会议的各大媒体负责人说,王勇平在新闻发布会上的表现是好的,发布会开比不开要好,早开比晚开要好。两年后,蔡名照兼任中央外宣办主任、国务院新闻办主任,在全国一年一次的外宣工作会议上再次为我公开正名。他说,在"7·23"事故新闻发布中,作为铁道部新闻发言人王勇平,能够勇敢地站出来,体现了一种责任意识和担当精神。在那种信息量不大,记者又不相信的情况下,他也只好讲"信不信由你"了。领导客观公正的评价给了我极大的安慰,令我对2011年7月24日那晚走上发布台的选择至今无悔。

国务院新闻办公室原主任赵启正也曾经在一次会议上这样评价我:"敢于担当——在关键时刻需要有人站出来时无所畏惧挺身而出,中流砥柱——在舆论浪潮横流时坚持原则讲出真相,心静如水——在身处舆论狂炒时默默承受继续工作。"殷殷之意,令我倍感鼓舞。与其说这是一位中国新闻发言人制度的重要推进者对我个人的褒奖,不如说是对新闻发言人的共同要求和勉励。

国务院新闻办公室原副主任王国庆作为助推国家新闻发布制度建立的一位先行者,2000年到2013年在国新办任职期间,与团队一起探索新闻发布制度建设,其后又走向新闻发布一线,担任全国政协新闻发言人。王国庆闻知那次新闻发布会后我卸任宣传部部长、新闻发言人而远去国外时,特地来到铁道部,向铁道部领导提出对我工作调动的不同看法。他甚至面对媒体大声疾呼:媒体也要"与人为善",有的时候领导干部说错一句话,有的可能本来并没错,你掐头去尾报出去了,当时倒是有轰动效应,可能下次这个干部再也不敢说话。因此,这些年他一直在呼吁必须建立容错和纠错机制,要营造一种好的环境让人敢说话。要鼓励新闻发言人

"说话",包括各级领导干部都要鼓励。好多领导干部现在心存顾虑,不过有顾虑也是很正常的。

我启程出国前两天,国务院新闻办公室副主任、时任一局局长的郭卫民特地为我组织了一个临别聚会。郭卫民为中国政府新闻发言人制度建立和发展是做出了较大贡献的,很有建树。他为铁道部新闻发布工作也给予了很多支持和帮助。那天,各部委的新闻发言人来了不少。其中有公安部的武和平、国防部的耿雁生、教育部的续梅、国资委的杜渊泉、国家食品药品监督管理总局的颜江瑛、海关总署的王桦等同道好友。大家都说了些高兴的话,比如,此去华沙,多休养身体,多接触欧洲文化,多写点诗歌游记,多拍些异国风情。

郭卫民站得高,看得远,说得好。他说:"我们从事的是一项重要、崇高而又艰巨的事业,我们用辛勤的劳动和汗水,努力推动政务公开,推动国家的进步和人民事业的发展。在社会快速发展和变革时期,我们的工作难免会遇到挑战和挫折,但相信我们的艰辛和付出能得到大多数人的理解。"后来又将这段话发到了我的手机上,并加了一句"向勇平致敬!"。在这里,感谢郭卫民的开导和鼓励。我也相信,大多数人会理解。即便暂时不理解,以后也会理解。时间会沉淀一切,时间也会证明一切。

坐在身旁的武和平是公安部宣教局局长,破过不少案子,写过很多书。他细细地问起"7·23"事故新闻发布会的有关背景和情节,我当时不愿太多地提这件事,只是粗略地介绍了一些情况,爆料不多。武和平是个有心人,又勤于笔耕。当时对我说:劝君更饮一杯茶,此去华沙有故人。一年之后,他把这次会见所记忆到的和分析到的有关我的情况写进了他的新书《打开天窗说亮话——新闻发言人眼中的突发事件》。武和平在书中写道:"直到王勇平下飞机之前,他还不知道有一场刀丛剑林般的发布会在等着他。"他既要替我分辩,又要帮我总结。这是他在退休前给在职的和未来的发言人留下的一笔财富!而我认为,在这笔财富里也蕴含了我的贡献——前车之鉴,社会总是在挫折中迂回前行的。

国资委宣教局局长杜渊泉来得稍晚一点,他本来是在向国务院一位副秘书长汇报工作。记得有一年,我们一道被派往英国与英国同行交流新闻发布制度和经验。一次在伦敦街头过人行道时,对面一位穿着礼服的英国"绅士"朝着我们傲慢地直伸着文明棍极不客气地开路,杜渊泉见之怒火中烧,一把将他的文明棍打开,昂然而过,实实在在地表现出早就站起来了的中国人的气概和尊严。那件事后,我特别敬重这位比我刚烈得多的老兄。那天,国务院那位副秘书长听他说要赶来为我饯行,便让他给我捎话问候,说虽然不认识我,但知道我的事。因为他曾陪同国务院领导同志亲抵"7·23"事故现场指挥救援。他还说国务院领导同志也很关心我,希望我积极面对生活。杜渊泉转达了这位领导的关心和鼓励,让我十分感动。

教育部新闻发言人续梅谈吐文静,举止端庄,是一位温婉而很有灵气的女性。作为新闻发言人,她不是以发布的次数而是以发布的质量作为自己工作的标准。她上任后,虽然发布会频率不是很高,但每次发布都很精彩,我一直钦佩和欣赏她在发布台上的言辞和风度。而她也总是很谦虚地把我尊为"前辈"。她暖暖地陪我说话,频频地替我倒茶。

面对曾经的领导和同道,我心中感慨不已。我向大家表示:"八年的发言人生涯,可能是我一生中最有起伏,也最为精彩的一段生活。当我要为这段生活画上句号时,我很坦然,因为主观上我尽力了。尽管我已不再会在发布台上亮相,但我会在遥远的别国土地上,深情地关注着中国新闻发布事业的发展!深情地凝视着你们——我亲爱的朋友们在发布台上代表政府部门、代表中国发言的风采!"是的,对于发布台,我自始至终保持着敬畏与赤诚,就在要告别它时,这就是我——一个卸任的新闻发言人留下的毫不掩饰的内心表白。

我的老领导、铁道部政治部原副主任佟立军是一位非常正直廉洁的人,从来不接受吃请。他退休时,我想请他吃顿饭,他坚决不答应,说我们共产党人不兴这个。可是听说我要出国工作了,他却一定要请我吃顿饭,说别的饭可以不吃,这顿饭是一定要吃的。席间,他告诫我,党的干部一定要经受起各种考验,包括要经得起被委屈的考验,要始终保持乐观豁达的精神面貌。他还告诉我,让我去华沙铁组工作,是组织的关怀。当年,部里也曾准备让他去那儿任职,只是后来他受命主持政治部工作才没能成行。是金子,在任何地方都会闪光,在铁路合作组织那个国际舞台上同样也可以展示自己的才华。这位曾经担任过铁道部纪委副书记、人事司司长的老领导哪里是在随便请我吃一顿饭,他是在借吃饭的机会给我开导和宽慰啊!

我的另一位老上级叫锁斌,他在担任铁道部政治宣传部部长时,我是广州铁路局党委宣传部部长,很长时间内在他领导下从事铁路宣传工作。我后来接任了铁道部政治宣传部部长这个职位,居然遇上了这样一件事,简直无颜面对这位一直关心我的老前辈。可是,在事态发展的整个过程中,他硬是一声未吭,我知道那是一种无言的信任和鼓励。在他看来,只要是应该做的事,就心无旁骛地做下去,不必在意别人的议论。特别是在这个时候,说任何话都属多余。只是临到我和妻子要出国了,他们老两口才找到我,锁斌深情地说:"我知道你们就这么一个儿子,走后一定会牵挂的。就放心地走吧,把他交给我们好了!"

我的工作调整再次引发了媒体的关注。与前一段时间明显不同的是,这次的关注已经出现多种声音。其中就有对新闻发言人制度引发的探讨,有对我的同情和理解。许多网友表示,他们要力挺平哥,在平哥身上他们起码看到了诚实,比起那些坐在台上镇定自若,满口外交辞令式的谎言要好多了。网友们纷纷跟帖留言,希望我在未来的道路上走好。来自社会各界的关爱也汇聚成一股暖流,温暖着我的心。我平时听到赞誉的话很多,从不在意。但是在这个特殊的舆论氛围里,对向我释放着宽容理解和仗义执言的朋友们的声援却格外珍惜和感激。

2011年8月18日,人民网－中国央企新闻网以"'黄埔一期'代表王勇平离任,中国新闻发言人该何去何从?"为题,从机制上做了深层的剖析。文章说:

"至于你信不信,我反正信了",这是铁道部政治部宣传部部长兼新闻发言人王勇平在高铁"7·23"事故面对媒体记者的一句话,已成了网络流行语。"一石激起千层浪",8月16日,铁道部对外宣布王勇平被停职调岗,原待遇级别不变。一位果断、干练、敢于承担的新闻发言人就这样离开了新闻发布舞台,拥有八年新闻发言人经历的他,最终没越过这个坎,折射中国新闻发言人制度和体制的尴尬与无奈。

中国的新闻发言人制度从2003年开始,在经历七年之痒后,由原来单一的传话筒功能慢慢发展成为沟通外界的桥梁,王勇平连同上海市新闻发言人焦杨、原教育部新闻发言人王旭明同为号称"黄埔一期"的第一批学员,因为敢言而在业内拥有良好的口碑。"他非常干练,是一个集反应能力、口才于一身的优秀发言人。只是这次他没有把现场情形预估准确,虽意识到严重性,但没有真正摆脱原先那种四平八稳的问答式新闻发布方式,等局势真正失控了,任何技巧和事先准备都不起作用了。新闻发言人是一个高危职业,随时都要面临意想不到的问题。"在谈到王勇平因何失利时,同为发言人并长期同王勇平熟知的一位央企发言人这样评价。

撇开授权发布等固有的体制因素,给王勇平多年来新闻发言工作一个客观的评价,远比揪住其一次失误更能彰显社会的理性与包容。"要给发言人犯错误的权利。因为临场发挥时,用词不可能像文件里那样严谨。"人大新闻学院教授喻国明说,"如果稍有错误就对发言人进行批评,会让他们变得谨小慎微,失去沟通和桥梁的作用。"王勇平如何看待自己的这次事件?他对媒体坦言自己应该"再冷静一点,再诚恳一点",自称并不委屈,"想想在这次事故中不幸失去生命、受伤的旅客和他们的家属,想到那些受到损失的旅客,我面对的这些又算什么?"王勇平这种担当与勇气,是否应该成为中国新闻发言人回归本位一个起点,让本就处于劣势的新闻发言职业多些理解与宽容呢?王勇平的离任,折射中国新闻发言人的无奈,我们在问责新闻发言人带来的负面效应的同时,是否也要考虑体制带给新闻发言人的约束?

2011年8月21日,抚顺广播电视台在我出国任职前,特地发了一篇文章。文中说了这样一段话:"如何面对舆论的苛刻监督?这不仅是对管理者善纳逆耳忠言的诚意考量,更是对其新闻执政力的现实考验。常言道'小心无大差',但'小心'绝不是谨小慎微的畏缩不前和退避三舍,而'吃一堑,长一智'才是直面过错的正确态度。这既是人们对铁道部新闻发言人履新的友情寄语,也是对官员善待媒体的诚意提醒。而民众在监督实践中不断提升甄别和鉴赏水平,官员在公众的苛刻挑剔中日益提高危机公关能力,或许正是官民呈现良性互动、相辅相成的理想状态。"我自然是接受这段话的。

2011年8月17日,人民网载文《王勇平职务调整引关注 期待发言人制度走向成熟》。文章说:

> 据报道,铁道部相关负责人8月16日表示,王勇平不再担任铁道部新闻发言人、政治部宣传部部长职务,"是正常的职务变动,王勇平的级别待遇没变"。
>
> 王勇平是近年来中央部委中能够积极、主动、经常性

地面对媒体和公众的发言人之一。从 2006 年以来,王勇平仅与人民网网友的在线交流就有十余次。记得 2011 年 1 月 27 日,王勇平做客人民网强国论坛,与网友交流春运热点问题。面对网友"多穿衣服,戴上安全帽"的提醒,他回应说,"挨拍是大家对铁路工作的关心爱护,我们会在挨拍的过程中清楚掌握网情民意,从而把工作做得更好",并表示春运中一些旅客批评甚至责备铁路工作中的不足"是完全应该的"。这样开诚布公的态度,在王勇平八年之久的新闻发言工作中并非个例。

突发事件面前,面对媒体的质疑与追问,发言人在同样的"信息弱势""知情有限"的情况下依然能坦言肺腑,这本来就需要一种勇气。看看王勇平以往新闻发言中的表现,这位资深发言人本不该陷入这种完全被动与无奈的僵局。撇开授权发布等固有的体制因素,给王勇平多年来新闻发言工作一个客观的评价,远比揪住其一次失误更能彰显社会的理性与包容。

不可否认,新闻发言人是一个风险性很大的职业。尤其在这个"围观"不再很难很遥远、人人都有"麦克风"的网络时代,公众对新闻发言人的语境、字句、情感、仪表等细节都有着超乎寻常的挑剔。稍有不慎,"新闻发言人"便会瞬间演变成"新闻当事人",饱受舆论风暴的考验。然而,风险大意味着责任更大,这风险蕴含着对发言人职业水准的期待,更有对信息公开透明、社会公平进步的渴求。在转型期的中国,成熟稳健的新闻发言人无疑可在沟通官民、减少对立、消除误解、营造共识等方面写下浓墨重彩的一笔。

2003 年的"非典"危机,是中国政府新闻发布制度建设的起点。2004 年底,国新办第一次向社会公布了 75 位新闻发言人联系电话。经历了"七年之痒",如何推动中国新闻发言人步入成熟期,如何变革新闻发布体制中的制约因素,让信息更加透明,让更多真相浮出水面,在"回应社会关切"时有更大作为,是我们不容回避、亟待解决的。

在当时,有很多不认识的朋友以很大的勇气为我执言。其中有位"姐们"在网上发了篇文章《姐为铁道部发言人说句话》:

> 姐知道,姐现在为铁道部发言人王勇平先生说句话有些不识时务,姐也知道,某些人要说姐是铁托,姐是五毛,姐是铁道部的狗。姐不是,不过你们要非说我是就说好了,反正我不是。姐坐过动车,也坐过高铁。姐以后还打算坐,虽然动车出了事。姐觉得,铁路是人民铁路,是老百姓自己的家底子,费用低,服务好,你训他他也听、也改,姐很惬意。这次动车出事,洋人们都在看咱的笑话,高铁是中国人自力更生出来的东西。"自力更生",这个词没用错。铁路人为了高铁,自己的职工不能像某些垄断行业那样发钱,几百万工人受的是军事化管理,很多人几个月见不到亲人,还要忍受社会的质疑和训斥。铁路为中国的发展做了很大的贡献,虽然出了温州动车事故,但是仍要看到他们的付出,这是前进中的问题。
>
> 扯远了,还是说说王勇平先生。王勇平先生就因为忍受不了记者的攻讦式提问,明知道说什么都会被质疑,无奈之下说了句"至于你信不信,我反正信了",就被一些人当成靶子群起而攻之,姐实在看不过眼。人家说什么你都不信,你让人家怎么说,人家只能这么说。我看王勇平先生是太委屈了才这样说,这句话更多的是无奈和心酸,是间接反映了作为发言人既不能出语强硬,也不能过于软弱,还必须有问有答的无奈。

姐觉得,遇到那么紧急的情况,谁也不可能保证没有一点失误。普通人家办个红白喜事还有差池,何况这么大的事故,谁能有经验?要求人家一方面救人,一方面要不破坏现场,又要留好证据,还要随时回答外界的提问,而且是回答完还有,再回答还有,这个说清楚了,就问那个,大有不问倒决不罢休的气势。姐就不明白了,你发问的目的,是想了解事实呢,还是想看人家回答不出来的模样呢?永远是你发问,人家回答,人家有点受不了,就把人家只言片语搜罗来,大做文章。

姐觉得铁路是需要改进,但是人民性是不能改的。打缸说缸,砸碗说碗,出事故该怎么处理就怎么处理,难道洋人就没出过事故?日本人核污染的海水还没洗清呢,就笑话起咱的高铁了。

我与这位"姐们"素昧平生,直到一年之后,一个很偶然的机会,我得知了她的真实身份。她叫李晓梅,是一个正义感很强且才华横溢的女法官,发表过不少文章和小说,还在中央电视台多次主讲法制案例。

有一位叫"过一天多一天"的网友写了一篇《王勇平又怎么啦?》的文章。文章指出:

我们为"7·23"事故的发生深感痛心,感同身受地为遇难的同胞和他们的家人悲痛,也为我们引以为自豪的中国高铁惋惜,也正因此"7·23"才引起全社会极大的关注,关注的背后是企盼经过灾难的民族会因灾难而变得更加团结和自强。

作为出门首选坐火车的百姓,由于关心铁路,也就关心了王勇平这个铁路的新闻发言人。听朋友说最近因"7·23"动车事故的新闻发布会,王勇平在网上又被火了。在我眼里他不是无懈可击的、完美的新闻发言人，但绝对是一个坦诚的、负责任的、有个性的、优秀的新闻发言人。借用网上热传的高铁体"你们信不信，反正我信"的话，我想绝大多数人也是"反正我信"。

总有人不信，这也是常理，表述不同看法也没人拦着，但是有人在网上的恶搞，使人看了感到不公道、不厚道，看不过了。

我对新闻发布会的看法：

其一，态度是诚恳的。看看王勇平在"7·23"新闻发布会的视频吧。这真是一场别样的新闻发布会，从画面上看有几百名记者坐满全场，还有几十名记者离开座位拥到发言人席前，甚至站在椅子上、桌子上争相提问，有的尖锐的语气像是质问。王勇平作为有着八年经验的部委一级的发言人，也算是经历过不少中外媒体的发布会，为什么他没有要求主持人先把秩序稳定好再接受提问呢？从他的致歉的话中我们听到他是刚从北京到温州的飞机上下来，怕记者们等得太久而急忙来到现场的，这样正视和尊重媒体的勇气令人佩服。他说："既然今天我来了，我肯定会面对所有的问题，而且我不回避任何尖锐的问题，包括我可能答不出来的问题，我就告诉你，我确实还不了解。但是我必须是坦诚地回答你们每一个问题，请你们相信我，你们相信吗？请给予我信心。"接下来他先是严肃地发布了这次事故的经过和铁道部的态度及目前的工作。在接受记者提问时，他克服现场混乱的声音，耐心地提醒记者"不要急"，这时的他是带着微笑的，并不像有人说的始终是职业的笑容。在一个年轻记者以近乎质问的口吻问像他这样大难不死又没受伤的人你们怎么办，行李怎么办时，王勇平站起来代表铁路向这位曾是旅客的记者深深地鞠躬后，耐心地回答了他的提问。

其二,有问必答了。有记者问到为什么小伊伊被困车内20多个小时后才被发现,王勇平说:"这个事情就是这样发生了,是个奇迹。"从视频上看当时记者似乎不满意。我想说,咱们设身处地地想想,当时的现场,四节车厢从桥上坠落,几百人被挤压在变了形的车厢内,隔板、行李、尸体、伤者都混在一起,参加救援的有武警、消防、当地群众和铁路的职工,要破拆、要探测、要防止受伤的再伤着,救援是多么艰难。王勇平不在现场,又仅是铁路一方的发言人,他又怎么能知道细节和过程呢?出于对现场救援的负责,他只能这么答。

在网上广为流传的"至于你信不信,我反正信了",是源于这个发布会现场有人质疑埋车头是为了掩盖事故。王勇平的原话是这样的:"他们[接机的同志]做了这样的解释:因为当时在现场抢险的情况和环境非常复杂,下面是一个泥潭,施展开来很不方便,还要对其他的车体进行处理,所以把车头埋在下面,盖上土,主要是便于抢险。目前,他们的解释理由是这样,至于你信不信,我反正信了。"说完他略低着的头抬了一下,似乎加重了语气(在抬头过程的瞬间被人恶意选择截屏放到网上用以丑化)。他不在现场,而在现场的人和他讲了"是为了抢险",我想和他能讲上话的人也不会是普通职工吧,在他排除了"不可能的愚蠢做法"的前提下,他没有理由不信来自现场的人的解释。在我看来,如果挑剔,只是那一抬头的表情不像新闻发言人,倒像诗人了。

其三,是对历史负责。作为关心铁路的人,我很关注他在被问到对中国高铁的看法时的回答:"我在这里再一次重复,尽管这次发生了事故,对铁路的形象造成了影响,而且也会有很多人认为这是高铁产生了安全问题。我刚才说事故还在调查之中,肯定有它特殊的原因,我仍然向社会说一声，中国高铁的技术是先进的，是合格的，我们仍然具有信心。"

我认为这是国内外广泛关注的非常严肃的问题，关系到直接影响到亿万人乘高铁时的心理，关注王勇平如何回答的还有背后的几百万铁路职工，有多年来为中国高铁奋斗的数百名科学家、数万名科研人员和数百万的制造者、建设者。王勇平不仅是新闻发言人，还是铁道部政治部副主任和宣传部部长，他要对国家的高铁负责。可以想象在没有调查结果时，他怎么回答都有风险，我认为王勇平的回答是有原则的，是对历史负责任。

在那样混乱的会场，既有严肃、尖锐的提问，也有不信任的质疑、追问。可以理解记者想尽早知道真相。在这种情况下王勇平的回答："黑匣子正在调查分析之中，一旦情况查明了以后，我们会立即向社会公布。列车不应该发生这样的追尾。但是关于它的原因，我现在只能是在调查之后再来告诉你们，国务院已经组织事故调查组，将会认真、严肃、细致地把事故原因查清楚。"我认为他的回答既是对事故的负责更是对媒体的负责。

这个发布会已经过去了一段时间，我想当人们冷静地、公平地回顾这个事故，回顾这个发布会时，会想起曾有过这样可爱的、一追到底的媒体记者，有过真诚实在、个性鲜明的新闻发言人，有过这样热情、观点各异的网民。

死者已经安息，伤者还待痊愈，调查在进行中，生活还要继续。媒体的关注又会追向新的热点，我们应该冷静地思考一下：我们关注是为什么？揭露真相是为什么？惩治责任人是为什么？找出原因是为什么？……一切的一切，都是为了人民生活得更好，生命更有尊严，相信只有我们的国家、我们的民族强大了，科技领先、工业领先、军事领先,天上飞的、地上跑的、海上航的都有自己创造的知名品牌,就连这电脑里里外外也都是咱中华牌的,我们这个大国才称得上是世界强国,我们的生命才更有尊严,我们的国民才能受到更多的尊重。试想,美国的航天飞机,最先进的军用飞机,最成熟的载客飞机都有掉下来的,德国的高铁、日本的城铁也出过颠覆脱轨重大伤亡的事故,但是人还得去坐啊,因为生活还要继续。那些死去的人,客观上也为科技的进步和管理的完善做出了贡献。当年战争中牺牲的人是为了新中国,这次遇难的人,我们同样视为"牺牲",只要从中总结了教训,找到了原因。我们的高铁会在挫败和挑战中完善发展,但再先进的高科技操作者和管理者也是人,毋庸置疑,总会有人出错的,所以除了设计院,还要有检察院,除了医院还要有法院。我们关注中国的高铁,和它这么较劲,不是诅咒它,是因为爱它,要完善它。看到外人幸灾乐祸,心里也不舒服。试想一下如果全回到绿皮车、红皮车,最高时速就那一百多公里时,很多人的生活就得重新改变,仅按现在的出行人数,坐火车就会天天比春运还难,难免会出更难的事呢。

网络多好呀,点一下都有了。它是文明的产物,是社会进步的结果。在这次"7·23"事故中,网友发布消息,善良的当地人民自发地去现场参加营救,连夜排队献血、做义工,事故发生后,旅客、记者通过网络迅速将事态进展发到网上,让更多的人及时了解真相。我们要珍惜和维护这个公开的信息平台,同时要抵制诸如网络犯罪和造谣、恶搞等现象。

这场王勇平的新闻发布会后,浙江卫视的主持人席文的结束语是这样说的:"就我的观点来说,我认为王勇平的态度非常坦诚,而且非常认真、非常严谨,在回答每一位记者的提问时做到了他承诺的……"我和我的朋友们都赞成这三个"非常"的、客观的评价。

说到底高铁是咱们自己的,尽管它还很年轻,我们也为它自豪,我们现在的生活已离不开它,希望它经过这次挫折更成熟、更安全、更好。

"7·23"的令人瞩目,也使铁道部的新闻发言人成了焦点人物,王勇平的一个新闻发布会就创造了两个"高铁体",说明他有人气、有个性,他的个性没有损害新闻发布会的原则。我想在今后的新闻发言人中还会有个性人物出现。一个先进发达的社会,个性是可爱的。请告诉王勇平:我和我的同事、网友们喜欢你那没有官气的(虽然你也是个当官的)、儒雅、真诚、坦诚、敢说、具有诗人和书法家气质个性的新闻发言人。

一篇《谣言渐渐散去,该为铁路发言人正名》的文章说:

7月23日甬温线上发生的铁路事故已经过去几周,被谣言迷惑的"大多数"也都慢慢醒过神儿来。连对铁路发言人的真实信息发布"我不能信""我不敢信"的央视新闻主持人,也在接下来的节目中"委婉致歉"。随着事故的调查处理和真相慢慢浮出水面,让人自然想到了那位被"恶搞"和攻击的铁路发言人。

现在,提出为他正名,很多人肯定一时还转不过弯儿来。但这是迟早要做的事——这件事,早做总比晚做强。客观下来,冷静下来,分析铁路发言人的言行,我们的确会发现,公众"集体"委屈一个人是那么的简单和不假思索,又是那么的"顺理成章"。面对"看似大多数"对他的指责和奚落,我们分析他的一言一行,倒觉得他是一位认真负责的发言人、值得信任的发言人。

第一,面对危局敢于面对。作为一名政府部门的发言人,在发生事故后紧急赶赴温州,单枪匹马应对一场火药味十足、一触即发的新闻发布,他知道此中蕴含的"危险"。但他没有回避和推脱,有着八年发言人经历的他,深知这次新闻发布绝不是去宣布申奥成功和"神六"升天这样的喜讯,而是面对一次造成几十人伤亡的惨痛事故。他的发言人的职业生涯告诉他,无论如何这都不会是一次成功的发布会,因为他在群情激愤中成了事故责任的代言人,甚至成了负罪者和责任者的代言人⋯⋯但他没有寻找任何理由去回避,甚至他没有像他的"朋友"奉劝的那样"尽量不说""尽量少说""绕着去说",而是真诚去说、直面去说、坦然去说、直截了当地去说。客观地讲,在部委发言人中,王勇平无论在社会公众层面还是在新闻界业内,都有良好的口碑。相对于那些患得患失、遇事躲着走的发言人和根本就不怎么露面、公众不怎么认识的发言人,他是敬业、负责、重操守的。甚至可以说,多年为广受社会关注的铁路发言,他是发言最多也是最累、最辛苦的发言人。

第二,态度诚恳直言相告。纵观这次发布会,他的态度是严肃凝重的,也是诚恳和坦诚的。首先,作为发言人,他首先代表铁路部门向遇难者默哀,向遇难者家属和受伤者表示深切慰问,向耽误行程的广大旅客诚恳道歉。他在回答记者提问前,比较全面地介绍了事故抢险救援的情况。至于广受质疑的"至于你信不信,我反正信了",事后据在场的记者朋友说,那是在个别记者用过激态度胁迫他承认"掩埋车体消灭痕迹"的谣言时,他强调是为了现场开进巨型吊车平移包括部分车头等零部件时,所做出的义正词严的回答。对逼迫承认谣言的追问,难道我们希望让他认可谣言才满意吗?关于他说小伊伊被救是"奇迹",又有什么值得挖苦与炒作的呢?恰如有的文章所说,在事故发生20多个小时之后,在抢险的消防战士反复搜寻、用生命探测仪探测确认没有生命迹象时,在挤压变形、凌乱不堪的车厢里,抢险队员在狭窄的夹缝中发现了幸存的小伊伊,并成功施救,难道这不是奇迹吗?大家在悲伤中激动、惊喜,谁不希望这样的奇迹发生呢?我们一定记得,汶川地震时,在没有生命迹象的废墟中掩埋数日的同胞被成功救出,大家亢奋、欢呼,也是称之为抗灾救人的奇迹。

第三,遭受"恶搞"淡然处之。"7·24"铁道部新闻发布会后,在媒体推波助澜中,新闻发言人王勇平先生饱受争议,深陷口水与飞沫之中,甚而还有人在网上立碑、献花圈、搞"人肉"搜索,虚构家人信息……如此等等,不一而足。很显然,恶搞他的人与他素无冤仇,矛头是明显指向铁路的、指向政府和社会的。说到底,王勇平在为一个政府部门担当和代言啊。煽动民众的少数恶人希望把他搞臭、搞垮,进而看铁路的笑话,看政府的难堪。那么,很多有正义感的人开始担心,面对流言蜚语的滔滔浊浪,王勇平能够挺住吗?铺天盖地的谣言和重伤会不会将他压垮?很多人都在为他担心。可以告诉大家的是:造谣者、传谣者、恶意中伤者并没有能把他怎么样——因为有正义和公理在为他支撑,有无数正义者和明辨是非者在做他坚强的后盾。他是一条任尔东南西北风岿然不动的汉子,当铺天盖地的谣言渐渐散去,所有心存正义感的人们会发自内心地认识到:的确委屈了一个认真负责的发言人。

在那种情形下,他们能全面客观地看待整个事件,能心平气和地摆事实讲道理,全不怕别人的讥笑和攻击,这份信任和鼓励弥足珍贵。我知道我们所处的这个世界并不完美,但让我感到温暖的是,在我的身边有很多人在用自己的实际行动真诚面对和努力改善。我不知道他们是谁,但是他们就像在漫漫长夜里默默而有力地握住我双手的挚友,给了我勇气和力量。

高山流水,珠落玉盘。今天读来仍是这样的荡气回肠,愉悦顿生,深感到人性的浓度。这些都是我的朋友发来的。既然是朋友,我相信他们说的都是绝不矫情而发自内心的话。但同时,既然是朋友,我也知道他们所说的难免不带有较为浓郁的感情色彩。出于同情,出于安慰,也出于友情,他们或许会偏爱些,会拔高些,会不自觉地说出一些溢美之词来,甚至会掩盖我原本存在的瑕疵和缺陷。对此,我有自知之明,不会忘乎所以。他们的真挚和善意,让我感受到"一字之褒,荣于华衮"的内涵和意义。

特别是那些我根本不认识的人,他们可能就是在电视、电台、报上、刊上、网上见到过、听到过我的新闻发布,或者仅仅是出于人性的善良和悲悯而采取的这些做法。这给了我极为深刻的心灵感应和情感冲击。包括后来我认识的一些新朋友,很多人都这样说,他一直在关注着我。每次听到这样的话,都会引起我一阵激动,这种陌生的关注是多么的难得和珍贵。任何人都有无能为力的时候,有脆弱无助的一天,有人帮助,就不会无助,如果有人慰藉,就不惧伤痛。生活中有误解,甚至有伤害,但更多的是温暖。总有一些熟悉的和不熟悉的人,在我们落寞时给我们带来不期而至的温暖,从而让我们生起对生活的信心。

临出国前,我把这些短信下载打印出来,带到了异国他乡。我因有它们的陪伴而感到充实和富有。在国外,每过一段时间,特别是重要的日子,我都会把它们拿出来看一看,感受一下字里行间的浓浓情意,养一养眼,赏一赏心,振一振神。每次都会勾起我一个个美好的回忆,每次都会在眼前很清晰地浮现出朋友们一张张熟悉而亲切的脸庞,他们和他们发来的短信温暖了我的生命,净化了我的灵魂。我珍惜他们的友情和关爱,我已把这一条条短信都铭刻在心里,让这些散发着领导、同志、朋友、亲人滚烫热度的评价、祝福和期待成为自己人生永久的目标和动力!我不能辜负!

五、在困境中不熄灭担当精神

每个人都有过去,无论是顺利还是挫折,无论是甜美还是苦涩,都是改变不了的一段历史。聪明的态度是不一定要忘掉过去,但一定要放下过去。沉溺在回忆中过不好当下的日子,盯着遗憾看不到更美好的未来。无论发生什么,都微笑面对生活。既然已经发生了,只能面对,不焦躁、不抱怨,得之淡然,失之坦然。谁也掌控不了所有的事,随缘而行,最是自在。心胸是被委屈撑大的,坚强是被疼痛练就的。

新闻发言人是一个充满挑战的职业,发言人就在担当与历练之中变得坚强起来,变得聪明起来。从不敢担当到敢于担当,从被动担当到主动担当,从无力担当到成功担当,是一个充满实践、磨砺和积累经验教训的过程。对于发言人本身来说,要学会倾听来自社会各方面的意见、建议、批评和情绪。著名画家达·芬奇说:"应当耐心听取他人的意见,认真考虑指责你的人是否有理。"如果对方说的有道理,那么确实该反省自己;但如果对方的指责并没有道理,便不必在意,不要让自己为别人的情绪负责。

"7·23"动车事故新闻发布会后,在很长一段时间,我接受着社会舆论的非议和责难。这当中,应该说很多网文出发点是好的,有不少合理的分析、善意的建议和诚恳的批评,这对我,甚至对整个新闻发言人队伍建设是有益的。但也混杂了一些恶意的、不负责任的炒作和人身攻击。在这一场光怪陆离的舆论乱局中,我遭受了人生最严峻的淬炼和考验。

当时,有友问:"可曾担惊受怕?"我答道:"君子不忧不惧。"我问心无愧,何来忧愁和恐惧?但是,我也是有血有肉的人,会伤会累会痛会难受,不说,不代表没有,不哭,不代表不痛!马尔克斯曾说:"我们趋行在人生这个亘古的旅途,在坎坷中奔跑,在挫折里涅槃,忧愁缠满全身,痛苦飘洒一地。我们累,却无从止歇;我们苦,却无法回避。"走过坎坷曲途,尝尽百般滋味,谁的身上没有伤疤?谁的眼角没有泪痕?即使再痛的伤口,也要笑着包扎;就算再猛的风雨,也要勇敢承受!

作为曾经的政府部门新闻发言人,我希望社会能公正、宽容地对待任何一位政府部门新闻发言人。在这个岗位上,我们不求美誉,也不接受被妖魔化;我们不需要褒扬,也拒绝泼来的脏水。可以承担责任,也可以承受委屈,但不应该不清不白地背负骂名。像所有人一样,我在自己的岗位上做出了一些成绩,积累了一些经验,但也有过失误。我们谁都不希望失误,但我们谁都避免不了失误,因为我们不是神仙。

我愿意承担我的失误,也珍惜我的荣耀和尊严。我当然也在意横加给我的责难和伤害,我更在意我们来之不易的高铁事业不受太大的挫败,在意我们所共同生活的舆论环境不受太多的污染。

挫折可怕吗?不是很可怕,顶一顶就过去了。我知道,所有的事情都会有一个结局,这场突如其来的舆论炒作也终将过去。真正可怕的是自己从此失去生活的勇气和激情。坦率地说,在舆论风波最激烈的时候,我对遭遇到的挫折和伤害确实有过低落、迷茫和自我怀疑。但是后来我忍耐下来了,不管多疼痛,不管多难受,都不抱怨命运丧失信心,更不呼天抢地博取同情,不急不躁,用平静的心态、超然的意念,无声而坚毅地走过。在最终结局到来之前,我终于用足够的耐力坚持了下来,而且在临近终点时还能保持体格强健、心态宁静。这使自己对人生有了新收获,能在人生低谷的时候看到更加真实的自我,甚至比平时更清晰地看到自己的能量和价值观——生命到底能够担当多大?到底能够承受多重?并在深刻、理性的反思后更康泰强大地成长。这种从挫折中获得智慧,变得坚强,使自己比以往任何时候都更具有适应能力和生存能力。

所以,在当时,我不再发声,没有为自己做任何的解释,谢绝了各类采访,把自己调成静音模式。不管外界对我有什么样的评价,不管自己人生之路发生了怎么样的变化,都坚守做人的本真和达观,对各种误解不做说明,甚至对一些谩骂和诋毁也不屑一顾。每天依然衣着整齐,按时自尊地上下班。在那段日子里,我没有请过一天假,也没迟过一次到。当然,也没再加班加点。而且我还能巧妙地躲过十分敬业地守在铁道部机关前后门的记者们,没再与媒体打交道了。其实,也就是在那个特殊环境中按了一下"暂停键"。

出国前,我给各个铁路局宣传部部长轮番打电话,他们都是各铁路局的新闻发言人,既是告别,也是叮嘱。我告诉他们,不要因暂时的挫折而动摇我们对事业的执着追求,要相信"道路是曲折的,前途是光明的",中国高铁大有希望,这是毋庸置疑的。在为高铁事业奋斗中即便受到一些委屈和误解也应无怨无悔。今天受的苦、吃的亏、担的责、扛的罪、忍的痛,到最后都会变成光,照亮自己的路。对事业毫不放弃的坚持和坚守,不仅有益于国家和民族,自己的生命也会因之而更丰富和厚实。当然,我们在前进的路上需要不断地总结经验和吸取教训,尽可能减少失误,降低成本付出。我是一个不成功的探索者,就以我为鉴吧!

出国前夕,陈鸣、万军、谭小建等几位铁路局宣传部部长利用周日相约来到北京为我送行。那天傍晚,谭小建、万军约我来到故宫城墙脚下,看护城河流水悠悠,听枯枝上昏鸦呱呱,说古道今,笑声响亮,长夜不归,没有丝毫的伤感和惆怅。我离开后,他们仍坚守在与媒体打交道的岗位上,并走上了责任更大、任务更重的工作平台。

2011年10月15日,我登上了由北京到莫斯科转华沙的飞机,去履职新的工作岗位。我是最后一个登机者,我想,在祖国的土地上哪怕多停留片刻也很宝贵。站在机窗口,我转过身来,既是漫无目标又是目标清晰地朝着生我养我的这片热土,朝着满天飞云满地风沙,朝着毁我、誉我、挺我、帮助我、关注我的所有人,缓缓地挥起了右手:再见了,亲爱的祖国!再见了,亲爱的同胞们!此时此刻,我的心中没有幽怨,没有懊悔,没有失落,而是深深地充满了惜别,充满了爱。是的,这就是我——一个即将远去的游子走前留下的最后一刻的真情实感。

从2011年7月24日召开"7·23"甬温线特别重大交通事故新闻发布会起,到我离开祖国远赴华沙的那天止,这于我来说确实是一段十分难忘的日子!在这段日子里,我接受了洗礼,接受了搜索,接受了考验,接受了我愿意或不愿意接受的一切。"相信哥""奇迹哥""平哥"轮换称呼,批评、谩骂、讥讽、宽慰和期待相伴而来。曾有朋友安慰我,说遇上这样的事是我人生中一笔难得的财富,别人想要还得不到。可是,我曾一度发自内心地抵制和拒绝拥有这笔财富。当然,这由不得我自己。既然由不得自己就必须面对,而这段日子我走得也确实不轻松,是在内心的挣扎与外表的淡定中走过来的,是在深刻的反省与茫然的困惑中走过来的,是在无言的孤寂与温暖的关怀中走过来的,是在沉重的压力与坚强的支持中走过来的,是在坚信一位伟人"我们应当相信群众,我们应当相信党"的教导中走过来的。

此后,我的未来几年便在欧洲那片陌生的土地上停留,在那个我毫不熟悉的国际组织里确定自己生命新的支点和重心。但我的信心不会改变,信念不会动摇,信仰一如既往!我对自己说,相信正能量的普遍存在,相信真善美的力量,相信人生命运乃至人类社会总是在曲折起伏的轨迹上向前发展,相信这件事在波澜壮阔的中国新闻发展史上仅仅是一个很微小的短暂的涟漪⋯⋯新的生活又将重新开始,我们的事业永远辉煌!

送我去机场的铁道部政治部宣传部副巡视员(后为副部长)王雄文思泉涌,当天就写了一篇文章《王勇平远去的背影》,后来被选为中国铁路作家协会主席的王雄将这篇文章选入他的一本待出版的散文集,鉴于当时的情况,出版社的编辑怕引起争议,劝他从中拿了出来,这让王雄一直耿耿于怀。后来他将此文寄给我,征得他的同意后,我将这篇文章录入这本书中,也算见了天日。

王勇平远去的背影

一

2011年7月23日晚,大约10点钟,女儿告诉我:"动车掉到桥下了。"我说:"你胡说什么呀?"女儿指着手机上的视频:"你看看!"我顿时傻眼了。这是一张微博图片:两节白色的动车车厢躺在桥下,一节车厢垂直在地面与桥面之间。

我彻夜未眠,盯着电脑,不停搜索有关动车事故的消息。7月23日20时30分,甬温高铁线上,北京南至福州D301次列车与杭州至福州南D3115次列车发生追尾事故。D301次列车第1至4位脱线,D3115次列车第15、16位脱线。旅客伤亡情况不详。

次日,是个星期天,我赶到办公室,在走道里见到王勇平。他双眼通红,一脸倦容,见面就说:"你来得正好,甬温线动车出事了,你在家守着,我要飞过去。"我问:"要在现场召开新闻发布会吗?"他说:"不一定,现在情况都不清楚,怎么开啊?"

中午,王勇平让新闻处请来央视记者,在他办公室的《全国铁路线路示意图》前,以铁道部新闻发言人的身份向全国人民道歉。说完,就赶往北京首都机场。

下午6点半,王勇平乘坐的航班晚点到达温州永强机场。飞机落地后,王勇平刚打开手机,电话就打了进来。中宣部新闻局负责人在电话里指示,要求铁道部马上召开新闻发布会。

事后,据当天接机的上海铁路局党委宣传部部长邹开伟告诉我,那天傍晚,温州黑云压城,暴雨如注,打得人睁不开眼,王勇平冒雨从出站口到停车场,全身都湿透了。上车后,王勇平着急地问:"事故现场情况怎么样?"邹开伟说:"许多记者都盯在那儿,都在追问埋车头的事。"勇平问:"为什么要埋?为什么要做蠢事?"邹开伟解释,现场有个大坑,将撞坏的车头填上,方便救援。勇平说:"哦,原来如此。"

当天上午,国务院领导率有关部门负责同志赶赴温州,指导"7·23"事故救援、善后处理和事故调查工作。下午14时许,国务院领导在香格里拉饭店举行协调会,听取浙江省温州市和铁道部负责同志关于事故情况和处置进展的汇报。记者们得知消息后,蜂拥而来堵在了会议室门前,要求进入会场旁听。有关部门解释,你们等一等,铁道部马上召开新闻发布会。记者们这才安静下来。

王勇平到达下榻的宾馆后,立即找到正在坐镇指挥救援的铁道部部长盛光祖,汇报了中宣部要求召开事故新闻发布会的要求。盛部长担心地问:"你有把握吗?"王勇平回答:"我没有把握,但现在是箭在弦上。"盛部长的表情很凝重。

紧接着,王勇平又找到中宣部新闻局领导的驻地,听取指示后,便毅然前往新闻发布会现场。他以为,铁道部遭遇了如此大祸,作为新闻发言人必须有所作为,面对媒体是职责所在。王勇平想,这次因雷击而致的意外事故,只要态度诚恳,应该能够得到理解。他没有料到事情的严重后果。

此时,温州水心饭店多功能厅早已挤满了扛着"长枪短炮"的记者。很多人从头一天晚上就没有合眼,又困又饿。一百多名记者的情绪坏透了,感到被人耍了,先是守在香格里拉饭店等候采访,后又往九公里外的水心饭店赶,疲惫与愤怒交织在一起,大厅里人声鼎沸。

10点45分,当铁道部新闻发言人王勇平终于出现在温州水心饭店时,大家的怨气几乎到了极点。记者们等不及递来的话筒和主持人点名,嗓门高者和语速快者分别胜出。现场十分嘈杂,王勇平的道歉声被淹没在喊叫声里。

有人质问:"为何匆匆掩埋出事车厢?"王勇平将在汽车上得知的情况复述了一遍,显然他的回答不理直气壮,以致不假思索地抛出那句经典话语:"至于你信不信,我反正信了。"当有人质问:"宣布没有生命迹象后,为何还有小女孩生还?"王勇平语塞了,但他很快调转了思路:"这是生命的奇迹。"

正是这两段回答,短短数十个字,将王勇平推入万劫不复的深渊。网民给了一个封名:"高铁体"。可想而知,当时的王勇平既要躲开政治的敏感区域,又不能触犯众怒,又要以理服人,陌生的事故现场无法让他对答如流,或自圆其说。

此后,一连许多天,王勇平遭到了媒体和网民的无情攻击。王勇平在发布会上颔首的截图,获得了成千上万次的微博转发。他的"高铁体"言论,被早已"失去道德底线"的微博无情放大,恶意扭曲。

事后冷静分析,王勇平有些问题的回答是十分精彩的。譬如说,有记者问,在这次事故中,外国旅客与中国旅客的赔偿标准有区别吗?王勇平果断地回答道:"我认为,中国人的生命与外国人的生命同等珍贵,赔偿标准应该是一致的。"其实,在以前的铁路事故中,中国旅客与外国旅客赔偿标准是有很大差别的。正是王勇平的理性回答,给后来的赔偿工作定了调。

新闻发布会宣布结束后,不满的记者们拥上前,层层围堵王勇平,一个追赶他的女记者跌倒了,场面一度失控。"这是史上最混乱的新闻发布会。"南方电视台《拍案》栏目编导徐静说。

这些年来,王勇平一直把发言人与记者的关系视为"富有挑战性的朋友关系",把自己与铁道部、媒体的关系比作"一仆二主"。他尽心竭力地当好这个公仆。我多次亲身感受王勇平在新闻发布会上的出色表现,他思路清晰,反应敏捷,干练坚决,能言善辩,化大难为兴邦之机的智慧和气魄,令我为之感叹、佩服。

然而,"7·23"重大事故将王勇平推向了深渊。他以赴汤蹈火之气概,奔赴险恶重重的新闻发布会。王勇平是一个完美主义追求者,一场无情的媒体遭遇战让王勇平牺牲了名节、毁弃了名誉,他内心的痛苦是不言而喻的。

从温州回来后,面对网上的一片骂声,王勇平很痛苦,但丝毫没有影响工作。他曾对我说:"我在等待。"我问:"你在等待什么啊?"王勇平苦笑着,没说。

二

2011年8月16日,早晨7点多钟,我上班路过王勇平的办公室,门紧闭着。走道里很寂静,没有丝毫的异常。

8点整,王勇平走进了我的办公室。我赶紧站起身,只见他一脸的疲倦。这些天,他承受了太多的压力,大家都在默默地为他担心。

王勇平说:"王雄,我要走了。我料到会有这一天,但没想到会这么快。"

他说:"这些年,你们跟着我都很累。其实,我早已跟领导说过,想把位置让出来。"

我说:"跟着你干,心里很踏实。"我问:"组织上怎么安排的?"

"可能是要去国外了,到波兰华沙工作几年,回来退休。"

我说:"挺好的,你该放松一下了。这八年,你是踩着风口浪尖过日子,真不容易。"

我跟着王勇平来到他的办公室。

面对着几大柜子书,王勇平说:"这是我来宣传部后的全部家产。"我帮着他清点书,许多书的扉页上都有作者的签名,写着"请勇平先生斧正"之类的字样。王勇平说:"这些年我结交了许多文友,他们一本一本地写书,我也想写,可硬是抽不出时间。"说完,他苦笑了一下。

王勇平是中国作家协会会员。他自1980年开始发表文学作品,发表了很多诗歌、散文佳作,迄今已出版过两部诗集和五部散文集。2005年底,国务院新闻办公室组织中国政府部门新闻发言人赴美交流研讨。回来后不久,他就拿出了一本二十多万字的《彼岸掠影:一个中国政府新闻发言人在美国的见闻》。书中,王勇平引用毛泽东的两句诗来形容自己的心情:"冷眼向洋看世界,热风吹雨洒江天。"王勇平还是一位很有影响的书法家,他以草书见长,笔力豪放又不失婉约,行云流水又不失曲折。无论是诗作还是书法,其作品真诚质朴,充满着乐观主义和浪漫主义情怀。勇平走上领导岗位以后,他一直刻意让自己多一些理性,少一些文雅,但那种与生俱来的文人气质根深蒂固,本性难移。为此,勇平时常埋怨自己在官场上不入流。

见物思情,王勇平办公室的一切似乎都记载着这些年他的坎坷历程,对此他充满着感情,显得十分依依不舍。我劝慰道:"其实,这也是一种解脱,未必不是好事。去了华沙,你的任务是四个字:'写书写字'。"

王勇平笑了,说道:"就你王雄的心态好,你是个标准的文人,情趣和志向总是离不开书和字,有情调,我准备按你说的做了。"

王勇平笑了,我立刻放心了许多。

就在"7·24"温州之夜王勇平遭遇记者围剿战后,回到北京,他让我去温州继续做好事故后的媒体协调工作,一再叮嘱我:"要保护好自己。"

到温州后,他又赶紧给我打来电话,再三说道:"我已经陷进去了,你一定不要多说话,你不能再陷进去了。"

听到这些,我的眼睛潮湿了。这时候,网上已板砖横飞,将王勇平骂得体无完肤,在这种困境里,他却依然惦记着自己的部下,总想保护好自己的部下。我为勇平抱屈。我认为,面对突发事件,面对媒体的质疑与追问,发言人在"信息弱势""知情有限"的情况下,依然能坦言肺腑,这本来就需要一种勇气。我十分赞赏王勇平勇于担当的精神。王勇平真诚地说:"我没什么,想想在这次事故中不幸失去生命、受伤的旅客和他们的家属,想到那些受到损失的旅客,我面对的这些又算什么?"

我在温州待了半个月,王勇平几乎每天与我通电话,提示许多注意事项,我心存感激。

这天,我不停地刷新网页,王勇平要走了,担心媒体还要说什么。直到下班,网站的主页上不见王勇平的踪影。我真希望,这个时刻媒体能放过王勇平一马。

晚上,我去八达岭看望一位朋友。大约8点过后,我的手机被打爆了:"王勇平被停职啦?"询问声此伏彼起。我赶紧辟谣:"不是停职,是正常调动。"待我用手机上网一看,王勇平停职的消息几乎占了各大网站的新闻头条。王勇平的工作调整,再次引发了媒体对他的关注。

令人欣喜的是,这种关注已经不是前一段时间一边倒的谩骂声,而是呈现出多种声音。有对新闻发言人制度引发的探讨,有对王勇平的同情和理解,也有欢呼王勇平下台的嘲笑。许多网友表示,他们要力挺平哥,在平哥身上他们起码看到了诚实,比起那些坐在台上镇定自若、满口外交辞令式的谎言要好多了。网友们纷纷跟帖留言,希望王勇平在未来的道路上走好。

外界普遍认为,此次王勇平去职与其在"7·23"温州动车事故新闻发布会上的不当发言直接相关。有人说,王勇平是由于个性语言导致了悲剧。又有人认为,新闻发言人就怕没个性,有个性才有魅力。因为新闻发言人越有个性,才越能代表部门形象,才越能吸引公众眼球。

次日一早,王勇平一见面就对我说:"我终于等到了。"说着,拿出一份刚出版的《新快报》,上面有一篇文章,题为"一位女记者的反思"。这位女记者亲自参加了那场触目惊心的新闻发布会,目睹了当时的混乱场面。这些日子,她一直在为那场失去理智的新闻发布会而忏悔,为自己当时的失态而悔恨。

我感到庆幸,王勇平的记者遭遇战,终于赢得了人们理智的回归。

三

秋天的北京,落叶飞扬。在去往首都机场的路上,车轮碾压着地上的枯叶,发出嗞嗞的响声,一丝凄凉掠过心头。

2011年10月15日,王勇平飞往波兰,履职新的工作岗位。

经历那场温州记者遭遇战之后,王勇平一直处于社会舆论的责难之中。当公众的理性质疑随着一些不理性的媒介传播,逐渐演化成对个人的谩骂、责难,甚至恶搞时,王勇平遭受了人生最严峻的炼砺和考验。

我认为，面对"7·23"温州动车事故突如其来的灾难，国民表现出的焦虑和责难都是可以理解的。每一位公民，都有责任质疑铁路部门在事故救援和善后处理方面的问题。但是，我不赞成对一位充满真诚和勇气的新闻发言人进行人生诋毁和无情打击。要知道，网上那些不堪入目的谩骂与讥讽，不仅仅是在伤害一名新闻发言人，更是在拷问我们的国民素质和社会良知。

在王勇平落难之际，也有曾经的同行表示出"关心"，以成功人士的口吻教导王勇平如何当新闻发言人。对此，王勇平无语。他曾私下对我说："其实，我没有媒体说的那样大度。"面对媒体，可以有事后诸葛，可以有自以为是的旁观者。但是，就新闻发言人这个角色而言，至今没有赢家。

王勇平在接受媒体采访时曾坦言，那场新闻发布会开得太急迫，如果能有更多更确切的救人抢险的信息，就能更好地满足大家的信息需求。王勇平说："至今我不后悔，因为在需要我的时候，我站出来了。至于那天的新闻发布会，我是别无选择，我是真诚的，可惜许多网友并不理解。"我说："你不应该伤心，这是一次宝贵的人生经历和财富，值得永远珍惜和收藏。"

1955年，王勇平生于湖南衡阳。自古以来，"唯楚有才"成了湖南的代名词。王勇平自2003年从广州铁路公安局党委书记调任铁道部政治部宣传部部长、新闻发言人以来，已经度过了八年多的时光。这么多年，铁道部一直处于舆论漩涡之中。每年铁路春运如临大敌，冰冻雨雪灾害铁路惹祸，铁道部部长腐败案舆论哗然，高铁建设争议此起彼伏，京沪高铁高调投入运营又险情不断。这些年，王勇平真是为这个多事的铁路煞费苦心，几乎没有睡过一天安稳觉。他的头发少了至少三分之一，也差不多都白了,现在大家看到的是染黑的。

不可否认,新闻发言人是一个风险性很大的职业。尤其在这个人人手中都有"麦克风"的网络时代,公众对新闻发言人的语境、字句、情感、仪表等细节都有着超乎寻常的挑剔。稍有不慎,"新闻发言人"便会瞬间演变成"新闻当事人",舆论风暴就会以迅雷不及掩耳之势,让你措手不及、防不胜防,甚至还会遭遇"人肉"搜索,让你声名狼藉。

王勇平赴波兰华沙工作,任铁路合作组织中方委员。这是一个政府间的合作组织,成立于1956年,其宗旨是促进各成员国发展铁路运输、汽车运输和公路方面的国际联运和科学技术合作。目前有包括我国在内的27个成员国,总部设在波兰华沙。王勇平的前任是上海铁路局原局长吴强。今年6月底,吴强回国出任铁道部运输局局长,该职位因张曙光被查而空缺了四个月之久。按惯例,王勇平还将出任国际铁路合作组织委员会副主席。

王勇平离开了新闻发言人岗位,一些专家学者在对他表示极大同情之时,也对中国新闻发言人制度建设表示出极大的担心:随着个性新闻发言人的陆续离开,将让继任者和其他发言人更加谨慎、少言,不敢面对媒体。而这对于中国尚处于起步阶段的新闻发言人制度来说,或许又是一记打击。那些曾经"骂"过他的记者又开始怀念他,有媒体甚至说这是"一个时代的过去"。

11点40分,飞机准点起飞,王勇平远去了。我想:就王勇平个人安乐而言,飞赴波兰履新无疑是一种华丽转身,但对于蹒跚学步的中国新闻发言人制度建设来说,这是一个悲剧。如何让中国新闻发言人制度健康发展?如何变革新闻发布体制中的制约因素?如何营造新闻发言人的成长、工作环境?若干年以后,当我们回首中国新闻发言人制度建设之路时,或许会记起这个时刻,记起王勇平这个人和他的贡献、他的担当、他的执着,以及他的无奈。

望着王勇平远去的背影,留给我们的是更多的思考与期待。

几年后,当时的同事马国栋让我看了我离开铁道部政治部宣传部时他记下的片段:"开始清理八年的办公桌。一箱一箱的书籍、一摞一摞的笔记都打包。包括两大箱明信片,也统统带走。这是人家的一片心意。很快,这间办公室收拾得干干净净,这个屋子里已经没有了原主人的存在。但是,他的气味气息还在。临别,他给部内每个人都写了一幅字,让写什么就写什么。细雨蒙蒙,他从后门走出去。曾经的抒情,却成为别人无情的攻击。曾经的真诚,却难掩事实给予的尴尬。曾经的坚定,却抵挡不住浪头的扑打。他是坚定的、忠诚的、真实的一员。如果是在一个昂扬的单位,他会锦上添花。但如果在一只飘摇的船上,他也无能力挽狂澜。往事如烟,网事如咽。雨雪冰冻,列车提速,高铁奔驰,赤子无悔,孝子有愧。但现在他既无法面对老母亲,因为仍让母亲操心,也无法面对事业,不能再去面对他倾其一切的发布台。他为工作奔忙,为铁路辩护。而最终,他被这个曾经昂扬、如今踟蹰的列车放下了。该休息了,勇平哥。信你!"

送我去机场的宣传部同事李志强,不久也在网上发表了他的文章《王勇平,一个沉默远行的身影……》。文章写道:

转眼间,曾经备受热议的王勇平已经远赴波兰一个多月了。此刻我坐在办公室,冬雨正清冷地敲打着窗棂。记忆,随着目光在窗外灰蒙蒙的天空中蔓延。

想起一个多月前的那个上午。我看见一位在宣传部工作的年轻人趴在桌子上哭了。她哽咽着和同事说,在楼道里看见了王主任(同事和下属对王勇平的称谓)的背影……她说,他远去的背影让人看着特别难受,他孤独而沉静的身影在楼道里越走越远,让人特别同情和伤感。

的确,他的很多同事和媒体朋友——包括有泪不轻弹的汉子们都哭了。大家从心里不愿意他离开……

10月15日,他踏上远行波兰的赴任之路。那天在机场,面对一个亲切而熟悉的渐渐远去的背影,大家内心的滋味是语言和泪水都无法诠释的。

在他出国前的一个多月里,他的同事说,他经常来到离原来办公室不远的临时办公室,依然和原来的同事们保持着礼貌而亲切的微笑。而他曾经的同事和下属,只要看到他熟悉的身影,就会抽空过来和他说说话,待一会儿。一种真实的依依不舍。

对大家的宽慰甚至解嘲,他更多的还是报以无言的微笑。这种释然的笑容里,有理解,有感谢,更多的是"此时无声胜有声"。他释怀的笑容告诉大家,他的确看透了很多,也看淡了很多。

坦然面对,沉默是金。应该是对"7·24"温州发布会之后的王勇平最好的诠释和勾勒。

曾几何时,很多爱搞事的记者和媒体抓住了他这个"资源",不遗余力,甚至不惜丧失道德底线地大做文章……他呢?依然是坦然面对,沉默是金。有媒体报道他表示"不愿再面对媒体""只想过平静的生活"云云,一看便是想当然的"编"辑产品。他从事宣传工作二十多年,一直和媒体打交道,媒体中有他最广泛的朋友群,他的很多"粉丝"也都是媒体人,因为"7·24"新闻发布会引起炒作恶搞,让他成为众矢之的和遭受"千夫所指"之后,更多的还是那些富有正义感和同情心的媒体人,为他说了很多公道话。再者,他远赴波兰华沙出任世界铁路组织中方委员,要在世界舞台上代表中国铁路发言,怎么能离得开媒体而不和媒体打交道呢?熟悉他和了解他的人都知道,虽然他受伤了,但愈挫愈勇、敢于面对挑战是他一贯的作风和性格,更为重要、繁重的工作等待着他去完成,他又怎么能"跳出三界外"去"过平静的生活"呢?

其实,了解他的人知道,这些林林总总的杜撰,大多是为吸引公众眼球的演绎。他坦言,从7月24日开始,他这个发言很多的人一下子变成了惜语如金的人。在这个不便言说的微妙过程中,"任人喧嚣我无语",他自有很多思考与收获。

面对众说纷纭,他曾坦然表示,在铺天盖地的报道中,只有8月1日接受《法制晚报》记者的采访确实出自己口:"当时,我要是能在那个大家都很焦急的特殊气氛中,再冷静一点,再诚恳一点,也许就会让记者朋友们少一些不满。作为新闻发言人,面对关注和批评,我的一贯态度是虚心接受,有则改之,无则加勉。我只有不断虚心听取批评,努力把工作做好。但我可以问心无愧地说:尽管自己在新闻发言中可能有不足,但在那个需要我站出来的时候,我站出来了,而且没有说假话和违心的话。""至于说到委屈,想想在这次事故中不幸失去生命、受伤的旅客和他们的家属,想到那些受到损失的旅客,我面对的这些又算什么?"

他真的没再说什么……接到通知,他马上就平静地请我们帮他收拾办公室。他所有的东西就是十几箱书、几本相册、一摞荣誉证书、几幅自己和朋友的书法、几件衣服、几双鞋子。他的办公室弥散着书香、墨香……印象最深的是几十个大大小小的药瓶(在这个风口浪尖的岗位上,他付出了太多的精力,透支了太多的健康)和两口袋别人寄给他的贺卡……翻开一张张贺卡,落款有媒体朋友,有领导和同事,有一线工人和普通群众。他舍不得扔掉,他说很多寄来贺卡的人自己并不认识,小小贺卡包含着一份信任、一份情谊……

那天,我求他写了两幅字"真水无香""只有香如故";我送他一个日记本,在扉页上写下"行到水穷处,坐看云起时"。我们互相默契地颔首微笑。一切尽在不言中。

记得同来的朋友解嘲地宽慰他:"你对铁路的感情没得说,大家都知道。你知足吧,自豪吧,偷着乐吧——瞬间受到这么多人关注,一下子成了名人。而且全国人民为你做体检,无数人瞪大了眼睛用显微镜找你的毛病,甚至不少人不遗余力为了毁你、灭你给你编造五花八门的谣言……最后呢——除了那两句断章取义的'高铁体',你只剩下个磊磊落落干干净净!像你老兄这番经受上亿人'人肉'搜索式的彻底'体检',有多少像你这个级别的干部敢拍着胸脯说:'俺也经得住!'"

"我会记住这一切,思考这一切。感谢朋友们的理解和支持,我将在新的岗位上继续努力……"然后,依然是意味悠长的微笑和沉默。记得那天他送我们到门口,望着我们走远了,就转身往回走。望着他疲惫而受伤的身影,泪水一下子涌上眼眶……

2011年10月15日,在北京机场,朝送他的朋友深鞠一躬后迅疾转身的王勇平,留给喧嚣浮躁的中国一个沉默而孤独的渐行渐远又令人深思的身影……那一刹那,我看见他朝一片全新的旷阔的领域健步走去,依然是那样朝气蓬勃,充满着自信。

我刚踏上波兰的土地,外交部领导就打电话给中国驻波兰大使,要求大使馆的同志多关心我的生活、多支持我的工作。中国驻波兰大使孙玉玺是外交部前新闻发言人。我们有共同的语言、共同的爱好,也有相似的经历。此时,同在天涯,为国尽责,惺惺相惜,心心相印,有了共同的责任和情趣。在他的邀请下,我也积极地参加使馆的各类活动。后来,孙玉玺任满回国,换上徐坚大使,我们继续保持着同志加兄弟的情谊,完全应了公安部新闻发言人武和平在我临行前说的那句话,"此来华沙有故人"。

在华沙工作生活了三年,回国后我又担任了一年多时间的中国铁路文联主席兼秘书长。几十年风风雨雨,几十年云彩万里,终于到了准备挥一挥手告别职业生涯的时候了。

2015年10月15日,我应邀为一个新闻发言人培训班做了一场题为"新闻发言人的责任与担当"的授课。来自全国各地一百多名新闻发言人云集在北京市陶然大厦,这是我第一次为新闻发言人授课,心里有些忐忑,但这种忐忑很快就被感动所替代。授课现场,气氛热烈程度超出了我的想象。学员们报以阵阵掌声,有两位学员还为我即兴赋诗。这使我感到了极大的欣慰,也为我后来活跃在各类新闻培训班上开了一个不错的头。

万里不仅亲自为我主持这次培训,并且在培训简报上亲自执笔,写了一篇介绍文章。文章说:

> 在离开人们的视线四年后,现任中国铁路文联主席兼秘书长、铁道部宣传部原部长、新闻发言人王勇平突然出现在第三十四期全国新闻发言人培训班的讲台上。为来自全国各地的新闻发言人讲授"新闻发言人的责任与担当"课题。
>
> 当年,王勇平离开新闻发言人的"舞台",而今又走上新闻发言人教育培训的"讲台"。从波兰归来的王勇平,还是那样的儒雅,还是那样的真诚!王勇平从新闻发言人的信念、勇气、能力、素质入手,阐述了新闻发言人乃至于领导干部的责任与担当,以及履行职责与担当的前提、动力、保证、基础等内容。学员们也以长时间热烈的掌声表

达了对王勇平的尊敬与理解。

2011年"7·23"高铁事故及之后的一场新闻发布会,让王勇平和铁道部瞬间成了舆论漩涡的中心,对王勇平和中国高铁的否定与非议铺天盖地,一时间黑云压城。大多数媒体和社会舆论不论青红皂白,一片指责和嘲讽,各种质疑、猜测或想象,甚至是杜撰和造谣、污蔑和诽谤充斥着整个社会舆论。更有一些主流媒体的名嘴大腕也为了表示自己的深刻与远见,说出一些信口开河、不负责任的话。有的甚至认为外国的高铁搞了几十年才达到350公里,而中国仅仅用了几年就搞成了,太快了,这就是问题了,等等,不一而足,大有将中国高铁拉回到120公里之势。

其实,那场新闻发布会,抛开当时的具体情况、社会情绪和舆情状态来说,王勇平在不甚了解现场情况和没有得到基本授权的情况下,能把发布会开成那样,已经充分体现了中国新闻发言人的责任担当与勇气智慧。可以说,从王勇平的"至于你信不信,我反正信了"到吕新华的"我只能回答成这样了,你懂的",这些经典语言无不体现了中国新闻发言人的智慧与无奈。

毕竟,"两岸猿声啼不住,轻舟已过万重山"!当中国高铁改变人们对中国地域时空概念的时刻,当人们享受着高铁快捷、舒适的时候,当李克强总理把中国高铁当作"中国名片"向全世界推介的今天,相信不会有人再怀疑王勇平对中国高铁的自信,不会有人再怀疑王勇平所说的中国高铁奇迹!

今非昔比,归去来兮,王勇平!

"7·23"高铁事故发生在浙江省境内,作为铁路人,我一直对这里抱有愧疚之心。后来,浙江省相关部门和地区多次邀请我参与他们的新闻发言人培训工作,浙江日报报业集团浙江在线新闻网站还聘任我为浙江"金舆"智库专家,荣幸之余,更是不遗余力投入工作。浙江日报报业集团浙江在线新闻网站舆情中心副主任、舆情事业部主任陈媛丽是一个接受过传媒学院正规教育的媒体人,她对我说:"你在'7·23'高铁事故发生时,我还在大学就读,对你当时在新闻发布会上说的'至于你信不信,我反正信了'特别不能理解,现在了解了事情的全过程,才看到一个发言人在严峻时刻的艰难付出和不易,更感到责任与担当对新闻发布工作是多么的重要和难能可贵。在全媒体时代,要造就一大批政治过硬、专业过硬、作风过硬的政府新闻发言人,要使新时代新闻发言人制度在继承中创新,在总结中前进,就必须珍惜历任新闻发言人在实践中探索和积累下来的工作成果,无论是经验还是教训,都是一笔不可多得的财富。而你,传授给大家的不仅是发布的技巧,更是做人的道理。"

于是,便有了一个新的感觉:无论是发布台还是授课台,都是值得倾注情和爱的。

2018年4月11日,我在中国传媒大学为一期新闻发言人培训班授课,课间休息时,培训学院副院长杨文霞介绍我与红星新闻记者赵倩认识,赵倩要求采访我,我回答自己已不是新闻发言人了。赵倩说我还是社会名人。大概是感觉我并不喜欢接受社会名人这种身份,赵倩说"社会名人"不是贬义词,她自己也是社会名人,人称"拉部姐"。我笑着说原来她就是那位在2013年两会期间一天拦下十位部长要求采访的"拉部姐"。赵倩说现在那儿已成了"部长通道",部长们在那儿接受采访成了两会期间的常态。课后,我乖乖地接受这位"惹不起"也"躲不起"的"拉部姐"的采访。

2018年4月28日,红星新闻发表专访《走下发布台的王勇平》:

王勇平,这位铁道部前新闻发言人,曾因"7·23"动

在中国传媒大学新闻发言人培训班指导学员演练

车事故发布会上那句"至于你信不信,我反正信了",而从一个发言人变成新闻当事人,深陷舆论漩涡良久。

如今,七年过去,退休的王勇平现已是新闻发言人的培训师。4月11日,他为中国传媒大学组织的一次某系统宣传业务专题培训班授课,将近三个小时,他始终保持挺拔的站姿,不坐,也不用讲稿,拿自己发言人生涯最后那场发布会作教材,笑称自己是"反面教员"。

"我反正信了"曾是王勇平很长一段时间的一张标签,近七年过去,远离镁光灯的王勇平曾选择缄口不语,写下20万字的纪实文学《相信》,却始终深藏箱底不肯出版。如今,王勇平渐渐放下以往的重负,越发豁达,自称不会把当年说出那句"我反正信了"当成一生遗憾,而且由衷表达自己的愿望:"希望我培训过的发言人不要再有发言人成为当事人的经历,毕竟不是一件愉快的事。"

红星新闻记者受邀旁听王勇平的"新闻培训课",听他讲述走下发布台之后的心路历程。

讲课三小时,不坐不用讲稿

2015年11月,年满60岁的王勇平宣告退休。

而在2011年8月,"7·23"动车事故发生后一个月,王勇平的铁道部原新闻发言人、宣传部部长的职务被宣布免去。随后,他被任命为铁道合作组织中方代表,并出任副主席,远赴波兰华沙任职,在欧洲工作、生活了三年。

退休后,他每天泼墨挥毫、写诗作文,甚至跑到公园与大家一道引吭高歌。此外,他还是中国传媒大学培训学院兼职教授、中国传媒大学新闻发言人研究培训中心共同主任、中新智库危机传播中心研究员,常出现在培训课堂上。

4月11日上午,王勇平在中国传媒大学为某系统宣传业务专题培训班上课。穿着夹克衫的王勇平从位于西客站附近的家里转乘两趟地铁,赶到位于东五环边的传媒大学校园。

课堂上没有长枪短炮,也没有唇枪舌剑。将近三个小时,他从走上讲台到课程结束,面带微笑,不用讲稿,全程都保持一种挺拔的站姿,娓娓道来新闻发布的规律、原则、方法技巧等,并穿插自己的那段发言人经历。

王勇平不忘拿自己开刀,开场就用自己说过的那句"我反正信了"。在过去几年无数次的课堂上,他不断地提到这段旁人看来也许是伤疤的历史作讲课素材。

"我们谁都不是神仙,说错一两句话,是可以原谅的。但是不敢站出来,不敢承担责任,静默无言,造成更大的舆论危机,这是不能原谅的。"王勇平提到,他并不希望在他之后,还会有其他新闻发言人因为说了一两句话从发言人变成当事人。

他也反复地提到一点,"发言人是代表政府发言,如果说了虚假的信息,账是记在政府身上的,一经揭露,会被认为是政府说假话,造成的损失是巨大的。一定要说真实的、经得起历史检验的东西。"

"现在的生活很通透,是我想要的"

七年前说出"我反正信了"的王勇平,曾一度成为口诛笔伐的对象。

2011年11月,王勇平低调离开北京前往波兰时,只有少许的家人和同事送行,他并不想告诉更多的朋友。当天,王勇平最后一个登机,在最后一刻,他对着将要离开一段时期的祖国举起了自己的手臂,做了一个难以言表的告别。

王勇平如今的淡泊以对,放在几年前还难以做到。后来,他的这些过往经历都成了他的讲课素材,他享受他的老师身份。

去年,王勇平获得全国领导干部媒介素养培训项目年度最受学员欢迎教师奖。这个由学员自己评选的奖项,王勇平开心地在朋友圈晒了出来,他打趣地写道:"在职未曾有荣誉,退后却得一证书。""自己这是小朋友得小红花。"

那些曾被舆论裹挟的日子早已过去,王勇平说:"现在的生活很通透,是我想要过的生活。"

"讲课让我感到充实、很满足"

红星新闻:从退出新闻发言人职位到退休,再到发言人培训师,您觉得最大的变化是什么?

王勇平:最大的变化就是从风口浪尖回归平静坦然。平台定位不一样,服务对象不一样,对我的要求也不一样——需要不断地学习、提升才能适应。总体上感觉,仍是在为推进信息公开、满足公众需求、发挥媒体作用而努力,所以从某种程度上说,发言人和授课人的终极目标是一致的。

其实,这是一个从台前到台后的过程。过去做发言人的时候,要在特殊场景下顶住各方面的压力。现在不面对媒体,不面对镜头,不面对社会,变得云淡风轻了。我对这种情况非常满意。就拿接受采访来说,以前代表政府发言,是大局,必须严谨。现在偶有记者采访,也只谈谈个人的事,微不足道,相对可以随意。

红星新闻: 现在的您身上有很多标签,"前发言人""诗人""作家""书法家",也包括"老师",这些标签当中,哪一个是您最喜欢的?

王勇平: 这些标签,都是别人放在我身上的。退休后,生活变得简单,也丰富起来。写诗、作文、摄影、唱歌、演讲,都是我的兴趣,都是在丰富自己的生活,都是在真实地表达自己内心,感觉特别满足。其实,过去做新闻发言人的时候并不希望大家关注我本人,而是希望关注铁路的发展和变化。得不到别人理解的时候,我会很着急,尽一切努力希望大家理解。

而现在我说话做事,就没有太多想法和压力了。比如我想写诗,灵感来了就写,至于发不发,发出去后有什么反响,就不那么关心了。写书法,可以写半天不出门,自得其乐,朋友要字从不拒绝。上课时也是说真话,自己都不信的话是不会说给别人听的。

红星新闻: 您去年被评为全国领导干部媒介素养培训项目年度最受学员欢迎教师奖,您如何看待这个肯定和荣誉?为什么这个荣誉让您特别高兴?

王勇平: 我这一生并不太看重名利,过去在岗位上就没获得过什么奖励。但这一次中国传媒大学给我评这个荣誉,我确实有些高兴。这是学员对老师讲课的认可,也是他们的真实反映。讲课本身就让我感到很充实、很满足,学院又给了我这份惊喜,自然很开心。我把证书拍下来,在朋友圈里炫了一下,不到半小时得到好几百个赞。

其实很多老师也得过这个奖,他们讲得都比我好。也许大家认可我,是我上课比较实在,熟悉情况,生活积累多,正反两方面经历都有,又能坦诚地说出来,情感上也容易和大家产生共鸣。加上我讲课从来不坐,也不拿稿,因为我希望和学员朋友平等自然地交流,说的话是从心底冒出来的。

"'我反正信了'并非自己一生遗憾"

红星新闻：为什么退休之后会想到来做老师呢?

王勇平：刚退休时,对于做老师,我还是有顾虑的,心有余悸啊。我不希望出来再次成为焦点,只图一种云淡风轻、挥毫吟诗、身心俱静的生活。但国新办、中国传媒大学和中新智库的领导对我做工作,说我的经历是一笔不可多得的财富,应该利用起来。于是,我抱着试试看的心情应允下来。第一次去中新智库新闻发言人培训班上课,讲的是"新闻发言人的责任担当",没想到效果出乎意料的好。现场掌声热烈,有人还现场写诗递到讲台上鼓励我,课后学员们排队来和我合影……

我有一种委屈后被理解、炒作后被信任的感觉。于是,开始打消疑虑,把过去的真实经历和深层思考大胆讲出来。不仅让一个真实的王勇平站在大家面前,也让我的经验和教训转化为大家的财富。

红星新闻：您老把自己作为反面教材,当年您说出的"至于你信不信,我反正信了"这句话,甚至被您当成是自己说过的"雷人雷语"来告诫其他的新闻发言人,您是出于什么考虑拿自己开刀?毕竟,那是终结您新闻发言人职业生涯的一场新闻发布会。

王勇平：我确实说过愿做一个反面教员。因为在过去较长一段时间里,网友就这样给我定位,而且很多专家教授在新闻传播的授课中,也把我作为反面案例进行剖析,我得顺应一下大家啊。何况那场发布会确实存在很多不如人意之处,直到现在还有专家们拿我举例。我能理解,那是在新闻发言人制度建设过程中绕不过去的一件事,但现在理性多了。

不管怎样,我希望我培训过的发言人不要再有发言人成为当事人的经历,毕竟不是一件愉快的事。至于那句"我反正信了"的话,更多地应当考虑当时的心情和语境,也不排除有自我解嘲的成分。

红星新闻:这句"我反正信了",是不是您发布会生涯中最大的遗憾呢?

王勇平:这句话可能要伴随我这一生了,成了一个真正的标签。恐怕没有哪一句话会像我这句话一样被媒体反复解读,乃至于后来一有人提这句话,我就格外敏感。我当时其实加重一下语气,是很着急,是希望大家相信我的话,希望这件事对高铁不要造成太大影响,出发点是维护高铁。但后来这句话被曲解为蛮不讲理,一度我也有些后悔,也想不通,这句话怎么会产生这么大的负面影响呢?当时有半年时间不愿上网,刻意隔绝,经过岁月的沉淀,心情才慢慢地平静下来。

心情平复后,我就开始解释当时为什么这么说,语境是什么。再后来,其实已经没有太多感觉了,偶尔还会为当时自己敢于站出来感到很男人气。客观地说,这句话如果不说,对于当时的发布会来说还是会更好一些,但我也不会把它当成一生的遗憾。

红星新闻:您在国外写了四本书,为什么只出了三本书,还有一本一直没有出版?

王勇平:我在国外的时候写了四本书,一本是诗集

《在诗的王国里》,一本是散文集《维斯瓦河畔》,一本是纪实文学《行走在亚欧大陆桥上》,那本没出版的书,是一本纪实文学,叫作《相信》,写了20万字,记录了"7·23"温州动车事故新闻发布会前后一段时间的事。写书的目的,是希望能向社会说清楚当时的真实情况和自己的真实想法,但是现在该了解的事实真相大家都了解了,我也担心出版后会再次引起炒作。再说不可避免要涉及一些人一些事,如果引起别人被抨击那就不是我的初衷。"己所不欲,勿施于人",所以这本书稿一直压箱底。

"希望我们这代发言人成为一部纪实的书"

红星新闻:有人认为新闻发言人和记者的关系,就像是在较量,作为一个曾因新闻发布会、因记者围堵"栽了跟头"的发言人,您如何看待记者和发言人的关系?又如何看待记者对发言人的挑刺?

王勇平:我在当新闻发言人时一直把记者当朋友,也收获了他们对铁路工作的支持和对我本人的友谊。即便在那个被猛烈炒作的时候,我也深深为许多记者朋友的理性、真诚而感动。当时有记者确实说了一些过头话,事后他们也在反思,甚至还当面向我道歉,他们同样让我敬重。

记者挑刺,那是他们职责所在,与蓄意炒作是两码事,应当尊重和接受。而且我认为,挑刺也是一种动力,能让发言人更认真、更严谨,最终达到无懈可击、无刺可挑。与媒体打交道是一门学问,我提供给学员的建议是:以充分的准备与媒体打交道,以机敏的眼光与媒体打交道,以平和的心态与媒体打交道,以良好的形象与媒体打交道。

红星新闻:您作为中央部委第一代新闻发言人,曾被称为"黄金一代"。现在,当年的"黄金一代"很多现在都退出了新闻发言人行列。而如今新闻发言人面临的媒体传播环境,特别是新媒体传播渠道的变化,使得新闻发言人面临媒体和公众更多的挑剔和审视,您觉得要适应这种变化,需增加哪些媒介素养?该如何应对网络环境下的"放大镜"?

王勇平:当年的新闻发言人都退岗和转岗了,新一代发言人在成长。江山代有人才出,这是事物发展的客观规律。至于现在传播环境是否更复杂,这要客观分析。在新媒体、自媒体发展迅猛的今天,传播渠道更多样,受众面也越来越广泛,对发言人而言更具挑战性。但从总体上讲,由于各方面的重视,发言人制度更健全,舆论环境更优化,受众更理性,发言人本身素养也在前行者的实践基础上提升,所以当下应该称为新闻发言的"黄金时期"更妥当一些。

红星新闻:退休后,您还在继续关注其他新闻发言人的表现吗?当事人和旁观者,区别在哪里?

王勇平:会关注,但并不刻意,只是一种由过去职业延续下来的习惯。因为曾经的经历让我感同身受,所以特别能体会他们的压力和艰难。挑毛病谁都会,但未必有益。我不愿苛责别人,即使在模拟发布会上做点评老师必须挑刺,我也会特别注意自己的态度和措辞,唯恐言语不当伤害别人。至于当事人与旁观者的区别,在我看来,当事人千钧重担一肩挑,还要面对众人评判,而旁观者气定神闲挥洒自如,二者的压力和责任不可同日而语,感觉当然不同。

红星新闻:几年前,您曾说过您对新媒体缺乏研究和了解。退休这几年,您有什么样的研究结论呢?

王勇平:当初在新媒体迎面扑来时,自己缺乏应有的敏感和成熟的经验,造成在发布台上和舆论场上极大的不适应,这是一个深刻教训。应当看到,互联网时代,在信息传播方面,其速度、广度、力度和复杂程度都是前所未有的,学网、懂网、用网必然成为现代管理者,尤其是新闻发言人的基本素质。我在培训新闻发言人和政府官员时,提出新媒体时代传播五要点:公开透明、及时迅速、客观真实、诚恳真挚、坚定自信。也算是一家之言吧。我希望我们这一代发言人能成为一部纪实的书,在叙述风云跌宕的史实同时,也带给后人思考,去感悟一代人奋斗的历程,感悟一个群体、一项事业、一个国家崛起的艰辛。

我认为,在发布台上,是担当;在授课台上,是另一种担当。

第二章　领传播之先

题记　发布台是一个速度竞技场,速度始终是政府新闻发言人在这个竞技场上追求的目标。在全媒体时代,最快的发布速度就是最合适的发布速度,赢得了速度,就赢得了主动权、话语权和引导权。快中求稳、快中求准绝非迟疑、拖沓和举棋不定。否则,耽误的是时间,失去的是机会,耗费的是成本,搭赔的是声誉。事实一直在证明,后发制人已制不了人言,先声夺人才能夺得人心。面对突发事件,政府新闻发言人必须快速反应,跑步登台,及时发声,早讲、快讲、主动讲,第一个讲,讲出政府的诚意、诚实和诚信,也讲出政府的办事效率、质量和能力。

一、先声就是引领

敢于发声、善于发声、及时发声,以最快的速度传播政府的声音,是新闻发言人的职责使然。习近平总书记强调:"全媒体不断发展,出现了全程媒体、全息媒体、全员媒体、全效媒体,信息无处不在、无所不及、无人不用,导致舆论生态、媒体格局、传播方式发生深刻变化,新闻舆论工作面临新的挑战。我们要因势而谋、应势而动、顺势而为,加快推动媒体融合发展,使主流媒体具有强大传播力、引导力、影响力、公信力,形成网上网下同心圆,使全体人民在理想信念、价值理念、道德观念上紧紧团结在一起,让正能量更强劲、主旋律更高昂。"习近平总书记在党的新闻舆论工作座谈会上的重要讲话中进一步明确,关键时刻,各级党委和政府要承担起新闻信息的及时发布者、权威定调者和自觉把关者的角色。特别是在出现负面事件时,早说比晚说好,自己说比别人说好。这对政府新闻发布工作提出了方向性、战略性的指导。

2008年5月12日14时28分,四川汶川发生震惊全世界的8.0级大地震。对这个影响世界的突发事件的新闻报道,在新闻界被评价为"汶川大地震新闻报道必将载入国史"。之所以受到高度评价,原因就在于最集中、最全面、最生动、最充分地体现了危机新闻报道的开放性原则,开启了当代中国灾难新闻或危机新闻处置的新纪元。新华社在地震发生10多分钟后就发出了第一条快讯,播发的英文快讯领先于所有外电,比法新社早6分钟,比美联社早8分钟。15时20分,中央电视台进入直播。从灾后中央电视台24小时滚动播报,到数百家报纸、电视、广播、网络等中外媒体,以文字、图片、电视画面、视频、博客等形式,在第一现场不间断地报道抗震救灾的全过程,再到每天固定的记者招待会,信息完全开放。

随着网络时代的到来,新媒体特别是手机客户端的广泛应用,为政府新闻发布工作提出了全新挑战。据央视报道,截至2018年12月,我国网民规模达8.29亿,我国手机网民规模达8.17亿,网民通过手机接入互联网的比例高达98.6%。有数据显示,微信、微博和"今日头条"三大平台的信息流,占据了国内舆论场近70%的信息容量。随着微博的出现,图片、语言、视频等各种信息形式的传播都出现了质的改变,尤其是在传播速度、传播广度上得到了空前的发展,无论是新闻媒体还是网民个人,都把微博视作信息的重要来源。微博、微信以及其他各种自媒体也成为人们分享和传播信息的工具,受众从原来单纯的信息接收者逐渐转变成了信息的发布者、传播者、接收者,在很大程度上降低了新闻信息发布的门槛。

在突发事件面前,每个网民都有可能成为"记者",不需要由谁进行资格审核，不需要在现场采访由谁同意，不需要在网络上发布信息由谁把关，基本实现话语权"零障碍"，全民记者、全民阅读使各类事件都基本上无法保密和隐瞒。一旦突发事件发生，各类信息在朋友圈、微信群里疯传，这些信息哪些是真实的，哪些具有可信度，存在很大的不确定性和未知性。但这种自发布行为，与官方的信息公开和发布展开了一场快速"赛跑"，而自发布这种无须核实、无须审批、想发就发的特点，相比官方发布更有着速度优势。政府没有及时、准确、真实的信息供给，就完全有可能增加不实信息的传播。大道不畅，小道必猖。政府对于突发事件的信息发布是否及时、真实，便成为平息事件、安抚公众、稳定社会、重塑形象的关键因素，从而要求政府必须适应新的舆论环境，努力建立更权威、更透明、更高效的信息发布平台，通过官方信息的公布增进政府权威信息时效性，增加迷雾中的能见度。

国务院总理李克强曾在国务院常务会议上告诫各部门官员："凡在重大事件中主动及时公开信息，积极回应社会关切，就会赢得民众的理解；但如果遮遮掩掩，不及时发布权威信息，就会引发舆论批评，甚至谣言满天飞。"一个代表人民群众利益的、有自信力的政府，往往敢于公开透明地面对全社会的审视和监督，根据事实描述事实，根据真相发布真相。真相与谣言从来都是此消彼长，发言人必须与谣言的扩散赛跑，以坚决的态度和百米冲刺的速度跑到谣言的前面，而不是从后面亦步亦趋地追着。只有这样，才有可能从"谣言跑遍了半个世界，真相还没来得及穿鞋"的被动转为主动。

在全媒体时代，政府新闻发布工作贵在早、赢在快已成定论。面对舆论危机，先声就是引领，引领必须先声。新闻发布工作与应急处置工作应成为同时并进的两条不可或缺的平行线，传播也是处置，处置也含传播。因此，敢于发声、善于发声与及时发声构成了政府发声三要素。人民网舆情数据中心副主任、人民在线副总经理单学刚认为，在移动时代，一个事件发展成热点可能只要短短的一小时,甚至几十分钟,这种客观现实便要求相关部门的应对必须提速,否则就赶不上谣言等恶意传播的速度,导致相关部门可能从一开始就陷入被动的舆论环境中。"如果从一开始公众就认定了你是错的,就算最后事件热度退去,相关部门的公信力和公众形象仍将受到损害。"

作为政府新闻发言人,在公共事件面前,必须保持敢于发声、善于发声和及时发声的主动和自觉,避免权威信息缺失和被动说明辩解。发言人的声音一定要走到谣言传播的前面,至少也要快步跑到谣言大面积扩散之前,发声晚一步,成本增一分,被动多一分,跟在谣言后面亦步亦趋除了被动挨打不会有更好的结果。

2008年底,国务院新闻办组织部委新闻发言人赴英国进行业务交流,我也参加了这次交流活动。在英国期间,中国驻英大使傅莹对我们说了一件她感受深刻的事情。2007年"3·14"拉萨骚乱之后,中国警方拘捕了阿坝地区一些"藏独"分子,英国有关媒体对此事要进行报道。英国媒体平时并不是特别关注中国的事情,但是中国发生的每一个灾难性事件它们都不会放过。傅莹大使上门做工作希望人家不要炒作报道这个事情。人家提出可以按照我们提供的口径来进行报道,但是我们国内有关部门总是不能提供权威的信息。你不说,人家媒体就要按照自己的渠道获知的信息来解读和报道。所以大使非常着急,最后人家的报纸马上就要开印了,大使在香港的一家报纸上看到一则消息,说这伙人是因为冲击我们的公安机关被抓起来的。大使马上告诉英国媒体,事情原来是怎么回事,一场有可能的炒作就这样被平息了。这个工作做得非常辛苦,也非常曲折。这件事情也提醒了我们:西方媒体报道这些消息,并不完全都是为了妖魔化中国,其中也有我们工作不到位的地方。

还有一件事给我留下深刻印象。一次,北京市某区宣传部一位领导告诉我,这个区曾经发生过一起泥石流事件,有一对母女不幸被卷进了泥石流中。这件事被一家都市媒体得知后,立即写了一篇长篇通讯,但是记者并没到事故现场采访,只是根据道听途说进行了绘声绘色的演绎,说遇难的女儿九岁了,聪明好学,成绩优秀,助人为乐,是老师特别喜欢的好学生。还说她的爸爸赶到事故现场后,拼命地叫喊着妻女的名字,刨着泥土呼叫"救救我的妻子和女儿啊!"有情节、有细节,有述说、有议论,读者看了无不动容。但是,事情的真相并非如此。遇难的女孩其实只有九个月。女孩的爸爸也确实刨过土,但口里呼喊的是"还有两千块钱在老婆身上,你们快帮我刨出来"。

听了这个案例,我心里很不是滋味。先不说两条鲜活的生命顷刻之间被泥石流吞噬的悲痛,也不说那个男人在这个时候这种自私与无奈的表现,单说这篇报道为吸引眼球而虚构事实的做法就很值得深思。如果政府新闻发言人用最快的速度说出事情的真相,就有可能遏制住这篇虚假新闻的出台;如果文章的作者深入采访、尊重事实,就不可能毫无顾忌地欺骗读者的感情和善良。

在争分抢秒赢得信息发布主动权上,我曾经历过这样一件事。事情发生在 2010 年 5 月 23 日凌晨 2 点 10 分,沪昆铁路线江西省余江县与东乡县之间,由于连日强降雨山体滑坡,塌方土石方达 8000 立方米,掩埋了沪昆铁路线,随后 K859 次旅客列车经过,撞上土石方,造成列车倾覆。这是一起重大的铁路行车伤亡事故,乘客死亡 19 人,伤 71 人,其中重伤 11 人。起复救援工作进展缓慢,救援人员心急如焚。南昌铁路局党委宣传部部长万军当晚赶赴现场,电话向我报告事故情况。我虽然深感震惊,但还是冷静地对万军提出要求:迅速掌握情况,立刻起草新闻通稿,以最快的速度向社会公布事故真相。在选择最先发稿的媒体时,没有任何媒体比网络传递信息更快捷了。于是,铁道部宣传部网络舆情处王颖处长立即联系人民网,请求人民网的支持,做好发稿的准备。当南昌铁路局的新闻稿传来,经我审核后,第一时间向人民网发了通稿。人民网发的这条通稿有 1109 家网络媒体进行了转载。人民网相关负责同志告诉我,在这之前,人民网无论是发稿时间之快还是转载范围之广,都是很少遇到过的。由于行动迅速,掌握了舆论的主动权,整个事件处置得比较及时到位。

2011年7月23日,我在下班回家的路上,突然接到铁道部政治部宣传部新闻处处长王滨打来的电话,报告发生了重大行车事故,伤亡人数还在调查中。我立即折返回到办公室,我知道自己此刻的任务就是在最短的时间内把已获得的有关事故的信息通过媒体准确地发布出去,社会公众拥有知情权,任何人都无权漠视和拖延这种知情权。更何况,如此重大事故如果没有政府部门及时和权威的声音发出,中外媒体不知会做出何种猜测式报道和形形色色的非议。回到办公室后,我组织大家迅速了解情况,拟写稿件,经主管部领导同意,我们将稿件向《人民日报》、新华社、中央人民广播电台、中央电视台等中央主流媒体发送。内容如下:

> 7月23日20时50分,杭深线永嘉至温州南间,北京南至福州D301次列车与杭州至福州南D3115次列车发生追尾事故。D301次列车第1至4位脱线,D3115次列车第15、16位脱线。具体伤亡情况不详,事故原因正在调查。铁路部门及地方有关单位已紧急组织救援。事故发生后,铁道部部长盛光祖立即赶到铁道部调度指挥中心现场指挥,并指派副部长胡亚东率领工作组赶赴现场指导救援工作。

与此同时,网络舆情处处长也将新闻稿发往各个铁路局宣传部,以供杭深线沿途各铁路局接受当地媒体采访通用。网络舆情处处长又接通了国务院新闻办公室有关负责人的电话,我向相关领导做了电话汇报,认真聆听指示。几分钟后,有关"7·23"动车事故的新闻在人民网、新华网的首页最先载出。也就是说,在事发后两个小时内发出了第一篇通稿。

事故刚刚发生,救援已经进行,原因正在调查。对铁路宣传部门来说，最重要的是要让社会公众了解到铁路系统对事故抱着怎样的态度，以及及时采取了何种应对措施。半夜里我们又发出了第二篇通稿，反映铁道部领导赶赴现场指挥抢险救灾。当晚我们都守在办公室，谁也没有回家休息。

第二天是周日，我们没有得及找个地方打个盹，稍稍恢复一下精神和体力，一大早中外媒体就纷纷来电询问情况，要求采访。我没有推辞，接受了几家广播电台、电视台和报社的采访，口径基本上不外乎已发通稿的基本内容。中央电视台记者在我的办公室里采访时，还提出让我在墙上挂的全国铁路示意图上标出事故发生的具体方位。我非常配合地面对镜头标出了事故地点。记者们对这次采访非常满意，采访结束后向我表示感谢，并真诚地提醒我，有关这次事故的报道可能将会是旷日持久的密集轰炸，要有思想准备，更要注意自己的身体和心态。

根据铁道部领导的要求，下午我赶赴事故现场，下午 6 时许，飞机刚落地，中宣部新闻局的同志的电话就打了进来。该同志已在温州，中宣部领导派他具体指导协调这次事故的新闻报道。在电话中他严肃地指出，这起事故已经引起党中央、国务院领导的高度重视，全国人民十分关注，媒体渴望获得更多的事实真相，而目前发出的新闻信息不足，媒体和公众极大不满，这种状况必须迅速改变，并要求我们当天召开新闻发布会。按照上级部门的要求，我们马上召开了事故新闻发布会。

在这次事故信息的整体发布中，虽然我们自认为发布的速度是迅速的，但较之新媒体和自媒体的快速反应还是相形逊色。我们还未回应，事故现场的经历者、见证者就已通过网络将现场照片传递到全社会。

这件事情再一次提醒我们，政府对于公共事件的发声一定要及时迅速，不能错过回应社会信息需求的黄金时间。在充分尊重公众接收信息"先入为主"的规律中争取公众，争夺公众。

二、先声必须精准

快与准是一个问题的两个方面，于新闻发布而言，二者必须兼得，快捷必须准确，准确支撑快捷。任何信息的及时发布都是以信息的及时掌握为条件的，不能为了追求时效性而以偏离真实性为代价。快捷而准确，实现时效性与真实性的高度统一，是发言人在信息发布中力求达到的理想效应。

快说不是乱说，快说必须精准。在组织重要活动、出台重大政策、处置突发事件时，新闻发言人要动态掌握权威信息和事态发展，在新闻发布、回应关切时把握主动权。面对复杂繁乱的各种信息，发言人要以最快的速度进入第一知情圈、决策圈、行动圈，掌握权威信息，掌握全部过程，准确明晰地整理出需要向媒体公布的内容，包括所有细节和数据。做到情况基本搞准，态度基本搞明，对策基本搞清。在短时间内完成信息采集、信息研判、信息发布、信息对冲、信息阐释和信息主导的全过程。谋定而后动，调定再出声。

尤其是面对重大突发事件，政府新闻发言人必须早说、快说、主动说。就快说而言，越快，要求越高，压力越重，风险也越大。快是全方位的快，快速做出发布决定，快速收集信息资料，快速商定处置措施，快速制订回答口径。一切都立足于快，一切以抢占第一时间和舆论主场为目标。但有的事情是无法快得了的，比如某些突发事件涉及面广，原因复杂，需要更多的证据和科学分析，很难在短时间内确认原因和性质。对此不能凭主观臆测，但又不能因此延误发声节奏。那么，在最早的发布中，可以多讲已知信息，不讲未知情况；多讲应对措施，慎讲具体原因；多讲立场态度，迟讲责任处理；多讲主观责任，少讲客观因素。

2009 年 7 月 29 日 4 时 22 分，由襄樊开往湛江的 1473 次旅客列车运行至焦柳线广西境内南宁铁路局管辖的古砦至寨隆间，因连日持续强降雨造成山体崩塌掩埋线路,列车机车及机后1~2位车辆颠覆,3~4位车辆脱轨,造成4名旅客死亡,34名旅客受伤,焦柳线中断行车13小时50分后恢复通车。事故发生后,南宁铁路局党委宣传部部长陈鸣在第一时间给我打来电话,我当即向陈鸣提出三个"尽快"的意见:一是铁路局宣传部领导要尽快赶到事故现场,靠前指挥,协调把控舆论宣传;二是尽快搞清事故情况,主动向媒体发布消息;三是争取尽快在主流媒体上发布权威消息,杜绝小道消息和不实报道。陈鸣只身从柳州出发赶往现场,迅速了解事故概况和初步原因,并于早上8时在现场拟成通稿,按照统一口径接受了中央电视台《朝闻天下》栏目连线采访及其他50多家媒体110多名记者媒体的采访,回答了记者的提问,及时为媒体提供了现场救援的具体情况。事故的发生是惨痛的,但铁路宣传干部对事故信息迅速公开的态度和作风还是赢得了媒体的认可。

《中国应急管理报》总编辑王正民在《传媒茶话会》中谈到,"快报事实"是为了满足公众迅速知晓的强烈愿望,同时也能消除可能的不安、惊慌、恐惧的心理,更有助于压缩谣言散布的空间。而"慎报原因"则是因为灾难发生的因果关系具体而复杂,有一因一果、一因多果、多因一果、多因多果等多种情况,具体的原因与结果也有远近、直接间接、必然偶然、主观客观之分,需要经过科学调查才能拨云见日,这往往需要较长时间。如果道听途说,或者只是听某个所谓"内部人士""专家"的观点,匆忙给出结论,不仅会混淆视听,而且会给灾难调查造成被动。

快中求准,实际上,"准"体现在"大"与"小"两个方面。"大"的方面指态度。危机发生短时间内,或许还不知道事情的起因和性质,甚至不知道事情的基本情况和损失程度,但至少已经知道这场危机与本单位本行业相关。那么只需告诉公众已经知道的情况,在提供的基本事实不够充分的情况下,可以表达态度,表达关切程度。

有时候,态度的表达比事件本身内容的发布更重要。从态度来讲,发言人的态度代表的是政府的态度,发言人的口径代表的是政府的口径,发言人的立场观点应该与政府保持高度地一致,不应夹杂个人的见解。虽然发言人可以适当地灵活表达,但必须要清楚领导的态度、观点乃至底线,表达时观点要鲜明,用词要准确,逻辑要严谨,决不能偏离准绳,谨防失当。

"小"的方面指细节。从细节来讲,则应字斟句酌,保证准确无误。任何数据、事例都应该详细查证,判定确切无误以后才能公布。先说事实,后说原因;多说态度,慎说性质。如果把握不足,可以向媒体做出解释,查实之后再及时回复。千万不可心存侥幸地主观臆测。发布台,应该是社会上各种传言的过滤器,这里传递出来的声音必须是真实的、权威的、可信的,能够澄清充斥于舆论场的各种杂音和谣言,好比一盆混浊的水经过过滤之后成了清水。

在对铁路的报道中,也曾有过只图快而不求整体效应的教训。2010年10月11日,《华西都市报》报道,在宝成铁路石亭江大桥被洪水冲断后,新建大桥只用了53天便完成施工,"在正常情况下,完成这样大的工程需要260天"。事实是真实的,但新闻报道没有把握好尺度。报道引用项目负责人的话称:这堪称世界最快的桥梁施工速度,有可能申请吉尼斯世界纪录。这次投入比当年修建旧大桥时多了十多倍,能抵御百年一遇的洪水。结果,这则报道出现后,引来一些媒体的关注,纷纷写出《石亭江大桥可敢申请质量最好吉尼斯世界纪录?》《石亭江大桥施工速度且慢申请"世界最快速度"》等评论文章。由于宣传报道缺乏预见,过分突出建设速度快,结果让受众感到这样做违背了客观规律,给原本值得骄傲和自豪的建设成果蒙上了阴暗的幕布。

总之,政府新闻发言人发声,要把握好时机,也要把握好质量。在对社会舆论进行引领和疏导中,及时全面而精准地对外传达信息,将最权威、最真实的信息展现在社会面前,满足公众对事实与政府行为信息的需求,给公众一个令人信服的交代,使其按照预期的方向流动,以利于社会的稳定并保证社会的良性运转。

三、先声还需后语

对新闻事件的发布,政府部门用最快的速度发出权威性声音,这对引导社会舆论、安抚社会情绪、塑造政府形象都具有积极意义。但是,最快捷的发布速度往往不可能把事件的全部材料都收集进来,而社会对有关事件的信息需求又是持续性、全面性的,所以重大事件一次性发布显然不敷需要。除了要主动说、尽快说,也要持续说、边做边说、说了还说。同时,除了说事件本身的基本信息,还可以同时说态度、说措施、说行动。这就要求对整个发布工作进行全面规划、精心组织、分段发布、步步推进、环环相扣、前后呼应,形成一个完整的信息发布链条。

2008年5月12日发生的汶川大地震,造成了宝成铁路109号隧道坍塌,通往四川地震灾区的"运输生命线"被迫中断。地震发生时,正在隧道内行驶的21043次货物列车脱线,并在洞内起火燃烧。社会对此关注十分强烈。经过12天紧张抢修,2008年5月24日10时许,宝成铁路109号隧道恢复通车后,迎来第一辆装满了运往灾区救援物资的列车。铁路部门在组织精兵强将进行抢修线路的同时,连续进行信息发布。在信息传播工作中,我们采取初始期、进行期和收尾期三个时段的信息报道,通过发通稿、开发布会、组织媒体现场采访以及连线采访等多种形式报道,使全社会对救援工作的全过程始终保持公开透明的信息接收,救援工作和信息传播达到了一并进行、同时完成的深度配合。

2010年7月11日15时56分,由中铁十八局施工、柳铁监理公司监理的新建南黎铁路那适2号隧道坍塌,十名工人被困。隧道坍塌和工人被困的消息,引起了社会媒体的高度关注和密切追踪,33家中央、地市级媒体的50多名记者云集事故现场附近。南宁铁路局党委书记莫忠、党委宣传部部长陈鸣分别给我打来电话,通报情况,听取建议。我向他们提出几点建议:一要尊重和保障公众的知情权,决不能封锁信息,允许现场记者进行报道;二要根据救援工作要求,对现场进行相应管理,统一归口,防止失实报道;三要尽可能为媒体记者的工作和生活创造必要的条件。我还特别提醒,以最快的速度将已经掌握到的信息发布出去,后续报道不断跟进。

这次事故救援最大特点就是高度的不确定性,救援进展一波三折,事态演变大起大落,应对媒体危机的挑战也大,莫忠亲任宣传协调组组长,我也每天与他们保持密切的电话联系,前方后方共同配合。鉴于新华社在全国新闻传播中的强大影响力,宣传协调组决定把新华社作为事故信息发布的唯一官方渠道,新华社派一组记者进驻事故现场。同时,设立事故信息发布的公共电子邮箱,每发出一份新华社通稿就电话通知现场记者查收,让各媒体及时了解事故救援进展。7月11日19时,发出了关于事故初步概况的第一份新华社通稿。12日10时,发出制定实施事故救援方案的第二份通稿。当天救援工作进展顺利,1号隧道连接2号隧道的通风孔和2号隧道洞顶通风孔先后打通,食品饮料送入洞中,被困人员传出纸条,表示洞内情况良好,但有再次塌方的可能。22时,发出铁道部副部长、自治区副主席现场组织救援,被困人员暂时平安的第三份通稿。13日上午,组织三家主要媒体到隧道顶部,连线采访被困人员。15时,组织现场媒体记者召开情况通报会,介绍救援进展情况。17时,发出与洞内人员保持联系的第四份通稿。14日,事故救援情况急转直下,形势骤然紧张。7时和10时,2号隧道先后发生第二次和第三次塌方,洞内人员被塌方坍体掩埋。11时40分,发出隧道再次塌方的第五份通稿,重点传递救援指挥部"只要有百分之一希望,就要付出百分之百努力"的决心。当日15时,发出了救援工作的第六份通稿。15日12时,发出第七份通稿,坍体内不排除有生命迹象可能的信息。16日,施救人员奋力从1号隧道向2号隧道开挖救援通道,全体媒体记者在洞外焦急地昼夜等待。7月17日3时50分,打通救援通道但未发现生命迹象。8时,召集现场记者通报情况，并发出搜救工作转入搜寻阶段的第八份通稿。整个新闻发布与救援进展同步进行。

为了满足媒体记者进洞采访的要求，陈鸣还组织带领媒体记者进洞采访。记者们亲眼看到施工人员夜以继日、挥汗如雨地奋力营救，深受感动。事故现场地处偏僻荒山，加上救援难度大、持续时间长，记者们在现场的生活条件十分艰苦。南宁铁路局在记者接待区搭上顶篷给他们遮阳蔽雨，拉来草席、桌凳和风扇让记者临时休息，一日三餐和矿泉水免费送到他们手上，这些举动使媒体记者感受到了友善和诚意。虽然这次救援工作最终没有挽回被困工人的生命，这是令人十分痛心的事，但是，如果不以成败论英雄，从整个救援工作特别是新闻发布工作看，还是做得细致周密的。对此，媒体和社会给予了充分的体谅和认可。

在重大突发事件面前，不仅尊重公众的知情渴求，回应公众的诉求，同时积极引导公众更多地去关注解决问题的方法，把公众可能会关注的每个议题设计好，完善和加强媒体沟通交流机制和渠道，寻求媒体的支持，主动接受有益正向的监督报道，从而一步步修复形象。

2009年6月29日凌晨2点34分，位于京广线的郴州站由于制动风管防尘堵发生故障造成旅客列车侧面冲突事故，事故发生后，新华社、中央电视台《焦点访谈》、《人民日报》等50余家100余名记者赶到现场采访报道。广州铁路集团宣传部部长（现任国铁集团宣传部副部长）谭小建当即乘坐救援列车从广州赶赴现场，迅速组织事故各方面信息的采集，撰写对外新闻稿件，并与铁道部宣传部建立畅通的信息渠道。6点53分，《京广线郴州站发生一起客车侧面冲突事故》新闻稿通过新华社湖南分社权威发布，迅速准确报道了事故概况。各大新闻媒体均转载新华社通稿，奠定了舆论"基调"。14点25分，事故地段下行线路抢通后，14点40分以新闻快讯方式向各媒体通报了线路开通情况。17点30分，又发布了《京广线郴州段全面恢复正常通车》《京广线郴州火车站列车侧面冲突事故救援工作稳妥有序高效开展》两篇新闻通稿。6月30日和7月1日，针对社会和媒体高度关注的事故调查、善后处理、伤员救治、现场清理等热点问题，先后发布《铁路部门事故善后处置工作有序进行》《京广线上下行运行秩序恢复正常》《郴州站运行秩序答记者问》等新闻稿件。集团新闻发言人还应邀分别接受中央电视台、新华社、凤凰卫视、东方卫视等媒体采访，及时通报事故救援和善后处理情况。同时，通过报纸、电视、网络等及时发布列车正晚点信息，要求站车有关单位加强站车广播和揭示引导，及时公布资讯，有力发挥了引导站车乘降秩序的作用。由于快速反应、持续发声，在事故发生后的48小时内，阶段式发布了七篇新闻通稿，通报事故概况及善后处理措施，满足了媒体和社会公众的知情需求，抢占了舆论先机，较好地引导了舆论的发展。

每年春运工作，铁道部都会照例召开新闻发布会。作为铁道部新闻发言人，我会率领我的团队对整个春运的指导思想、战略目标、工作措施、力量安排进行广泛的信息采集，在发布会上公布于众并回答记者的各种提问，使媒体和整个社会对铁路春运有一个宏观而具体的把握。当然，我们并不是把工作做到此就大功告成了。在后来开展的春运工作中，预测是否准确？计划是否实现？部署是否落实？推进是否顺畅？这些都是全社会很关注的。于是，我们还会在客流高峰期和节后春运乃至于春运结束后相继召开发布会，利用报纸、电视、广播电台、网站和公众号全方位地进行连续不断的铁路春运资讯报道和传播，为整个春运创造良好的舆论环境。

2009年整个春运期间，铁道部连续召开了三次新闻发布会，在最后一次发布会上，新华社记者提问："今年铁路发送旅客总量比预计的多出400万，请问这是哪些因素造成的？"记者观察很细致，开始预计的1.88亿人，与后来的结果对比确实发生了变化，多出了400万人。

我首先表示承认，我回答："我记得在第一次新闻发布会上提供的今年春运旅客发送预计数字确实是 1.88 亿人。"然后我解释为什么预计的数字是 1.88 亿,"春运期间,铁路运输的状况是有多少能力就运多少客,叫作'以运能定运量'。去年 12 月,全国铁路调整列车运行图之后,图定客车能力大体增加了 5%,再结合线路通过能力和可提供客车车辆数,采取加强运输组织、充分挖掘潜力的一系列措施,还要考虑到天气变化等对铁路运输的影响等因素,在春运前测算出发送旅客 1.88 亿人。从实际看,虽然超过了这个数字,但大体上与预测目标差不多。"最后我说出变化的原因,"之所以能超出,主要是铁路部门开动脑筋,采取各种便民利民措施。停货保客,停短保长,科学调度,周密指挥,尽最大努力挖掘运输潜力,临客开行数量比往年春运更多,比春运前预计的也要多。在确保运输安全的前提下,在满足旅客基本旅行服务的条件下,尽可能让更多的旅客走得了。另外今年春运全国没有出现大范围的极端天气,铁路运输秩序良好,列车正点率比较高。"记者得到满意的答案,不仅在报道中没有批评铁路部门预测不准确,而且从正面肯定了铁路部门更大的付出与贡献。

媒体的责任在于探寻喧哗背后的真相,发言人的责任在于说出真相去平息众说纷纭的喧哗。以传播规律而言,在权威调查与真相出炉之前,一直就是信息快速流动和散布的阶段,在权威调查完全呈现结果之前企求网民保持缄默,这是不现实的。在网络环境鱼龙混杂的情况下,难免会有造谣传谣者,但这些人只是极少的一部分,绝大多数围观此事的网民,他们只是希望搞清真相、减少灾难、吸取教训,当然也希望问责当事官员、监督政府部门,这是无可非议的。

"7·23"动车事故的新闻发布会后,我回到铁道部机关,与宣传部全体同志以及各铁路局宣传部的同志集中力量,尽可能回应社会关注的一些问题。对一些谣言,逐条写稿应答,说出真相。有一个"专家"毫无根据地在网上直言事故原因与司机的疲劳驾驶有关。被怀疑的火车司机叫潘一恒,是福州机务段机车乘务员。福州机务段隶属南昌铁路局管辖。我向南昌铁路局党委宣传部部长（后任局党委副书记）万军了解此事，万军汇报说，潘一恒是一名忠于职守的优秀铁路工人，正是因为他最早发现险情，并临危不惧，关键时刻拉闸停车，才大大减少了事故的损失程度。否则后果更为可怕——也许，按照减速前的速度运行，从桥上掉下来的恐怕就不是两节车厢，而是整个列车。他本人正是由于为了全车旅客的安危才献出了自己宝贵的生命。万军十分激动地说，连这样的人都被泼污水，公理何在？

潘一恒生前有一位工友是著名影星姚晨的父亲，姚晨知道这件事后心情也很不平静。她在自己的微博中以一名老火车司机的女儿身份，来反击那些"专家"的说法。

姚晨写道："昨晚事故中不幸去世的火车司机潘一恒，是我父亲的好兄弟，他们曾在一个车组工作。父亲悲痛万分地说：潘师傅的孩子才七岁，他为人憨厚，工作尽职。如果昨晚他临阵脱逃，没有拉下紧急制动系统，那伤亡人数将会翻十几倍。可怜他尸骨未寒，却被人猜测事故原因是他疲劳驾驶，这种说法简直混账至极！疲劳驾驶追尾？这种猜测是误把火车当汽车。稍有铁路常识的人都了解两点：（一）即便真是司机睡着了，火车的运行监控装置发出警报后，便会采取自动停车。（二）潘师傅是发现情况第一人，如想逃，只要往后车厢跑，或可捡回一命。正是他在那一刻，坚守岗位并拉下紧急制动，才为后面的乘客换回了一线生机。"姚晨说，她所表达的，只是一个老火车司机的女儿最朴素的情感。这条微博转发数非常高，姚晨敢怒敢言，所说于情于理令人信服。

万军对我说，姚晨的微博启发了他，在这个混乱的舆论环境中，更要弘扬正气，理直气壮地为我们这个时代的英雄歌功颂德，特别要替他们将泼来的污水洗涮干净。我支持了他的想法。很快，南昌铁路局党委组织了对潘一恒的正面宣传活动。我在网上看到一些赞扬潘一恒的文章，其中有一篇文章《潘一恒：以生命捍卫职责！》让我动容：

7月23日晚,杭深线上运行的D301次列车与因遭雷击断电停车的D3115次列车发生追尾事故。值乘D301次动车组的福州机务段动车司机潘一恒,在发现险情时果断采取紧急制动措施,视死如归,以胸膛抵住闸把,让飞驰的列车迅疾减速,以自己的生命减少了事故人员伤亡,降低了事故损失,在岗位上坚守到生命的最后一刻,却依然保持着奋力刹车制动的驾驶姿势!

电闪雷鸣的夜晚,暴雨如注的夜晚,我仿佛看见你睁大警惕的眼睛,睁大恨不能穿透雨帘望得更远的眼睛……但谁又能有一双火眼金睛,能够洞穿万物,看见狰狞的悄然临近的死神,看见一千多名旅客的生命正危在旦夕!一切是那么突然,一切是那么猝不及防。据网上一位目击者说,暴雨中,远远看见运行中的D301次列车紧急减速,发出尖利的轮轨摩擦声,钢轨上飞出了耀眼的火星。那是千钧一发的几秒——或者零点几秒。我仿佛看见你双眼冒火,死死地盯住前方,用自己的胸膛紧紧地顶住了闸把!

我很自然地想起了一个人,去年8月19日,暴发的山洪冲斜了德阳至广汉间的铁路石亭江大桥桥墩,操纵K165次旅客列车行驶至此的英雄司机曹继敏。结局不尽相同(曹继敏成功地停稳了列车,你却牺牲在了岗位上),但你们的姿势却惊人地相似:都是在面对生死考验,用自己的胸膛紧紧地抵住闸把……

直面死亡和献身,你也一定感到了害怕和巨大的恐惧。但你清楚自己的身后以及前面的列车上,还有一千多名旅客!死亡之神已经向他们和你张开了血盆大口!你没有犹豫,没有退却,没有躲避,而是以血肉之躯紧紧地抵住闸把,用零点几秒,用零点零几秒,去从死神手中抢夺鲜活的生命!

  在事故所有遇难者中,你应该是——也肯定是第一个失去生命的人。或者说,你是第一个发现和临近死亡的人,更是为了挽救更多的生命而慷慨赴死的人。事故的照片触目惊心,让人后怕:还有好几节扭曲的车厢在桥梁上摇摇欲坠——我们可以想象:假如没有你及时果断采取紧急制动措施,假如列车没有提前降速,假如你为了自身安全而躲避,假如你再稍有迟疑……事故的伤亡和损失就会更大,让人不敢想象。

  关键时刻,你义无反顾地选择了用自己的死换取了更多旅客的生!我在网上看见了你的照片,一个淳朴而不失英俊的小伙子。我还知道你是一位安全行驶了23万多公里、从事行车工作18年的动车组技师……面对突如其来的危险,你本能的表现令人敬佩!你是一条姓铁的硬汉!我为你这个工友感到自豪!

  很多人会记住你,记住你的职务和名字——列车司机潘一恒,记住你牺牲的姿势……

中新社记者周音也发表了一篇题为"D301次列车司机身亡 紧急制动为旅客赢生机"的新闻稿,这篇新闻稿被广泛转播。稿件内容如下:

  23日晚,杭深线D301次列车与D3115次列车发生追尾事故。D301次动车组的福州机务段动车司机潘一恒,在发生险情时及时果断采取紧急制动措施,并坚守岗位直至生命的最后一刻。

  铁道部官员向记者描述,抢险的武警从已经严重变形的司机室将潘一恒救出时,他已经牺牲,胸口被闸把穿透。在最危险的时刻,他没有只顾着自己逃生,而是果断采取了紧急制动措施，为后面的旅客多赢得了一线生机。

潘一恒1973年出生，1993年8月从广州铁路机械学校毕业后分配到福州机务段，一直从事机车乘务工作。

2008年5月，为迎接温福线动车组开通运营，他报考了动车组司机，2009年6月份取得动车组驾驶证。从参加动车组司机选拔考试、铁道部面试、西南交大理论培训考试到最后的实作培训考试，潘一恒都取得了良好成绩。2009年10月份走上动车组司机岗位后，他始终努力钻研业务知识，熟练掌握CRH1A、CRH1B、CRH1E、CRH2A、CRH2E型号动车组的操作技能，是动车组技师。

据统计，到发生事故牺牲前，他安全驾驶动车238262公里，从事机车乘务工作18年从未发生任何行车事故。

后来经国务院事故调查组调查认定，"司机（潘一恒）在永嘉站至温州南站间的作业符合相关作业标准。"这简单的甚至没有任何感情色彩的一句话，认可了一位铁路工人的最后行为，温暖了220多万铁路工人的惴惴之心。在灾难中英勇倒下的英雄终究没有在谣言中倒下！他是一座永远屹立在人民心中的丰碑！

为了更翔实、更准确地反映事故的发生和抢险过程，7月29日，D301次列车长陈燕姣、D3115次列车长蒋晓梅、宁波工务段副段长洪淳敏、中铁二十四局总经理助理陆喜钢，以"救人！——'7·23'铁路事故救援亲历者做客人民网"为主题，与广大网民交流互动。他们在网上阐述了在整个过程中自己的所见、所闻和所为，也回答了网友许多问题。

铁路宣传部门每日对外发出新闻通稿。截至8月5日，部宣传部新闻处在王滨处长、梁成谷副处长带领下，共发新闻通稿57篇，全路共发涉及铁路暑运、防汛、安全生产等报道新闻1400余篇(条)。

7月底的一个深夜，中宣部新闻局负责同志给我打来电话。他说,现在媒体和社会对"7·23"铁路特别重大事故还有许多疑问,网上传言也很多,让我就这些问题再次接受媒体采访,解释更清楚更透彻些。我知道,媒体和社会都在以各种方式表达对探寻事情真相的强烈企盼,这是必须尊重的。如果错过了舆情处理的"黄金时间",非要等到传言变成谣言、伤害变成灾害的时候才匆忙回应,效果将大打折扣。我诚恳地对该负责同志说:"这件事我会向我们部长报告,看对社会上议论的问题该怎么回复?通过什么方式回复?由谁来回复?在目前的状态下,再由我来回复,效果恐怕适得其反。"该负责同志回答道:"我们也认为,这个时候应该让一名部领导出来说。请你们一定抓紧进行!"

第二天上午,我来到盛光祖办公室,将此事向他做了汇报。盛光祖说,马上就要召开党组会议,让我把情况也在会上向党组成员集体报告一下。遵照领导的指示,我在会上做了情况说明。

围绕这个问题,党组会议决定,积极面对,有的放矢,回应关切,澄清是非。由宣传部草拟初稿,党组成员集体修改审定,成稿后,由铁道部党组成员、副部长陆东福接受记者采访。

按照党组会议精神,我带着新闻处的同志写出了第一稿,主管宣传的部领导修改后形成第二稿,再交党组集体研究,逐字逐句修改。领导们都很认真,有时为一句话、一个词反复斟酌,直到大家都满意。这已不仅是在对一篇新闻稿件遣词造句上的技术性完善,也不仅是单纯地满足媒体的报道需求,而且是在面对整个社会严肃而焦躁的质疑,他们该如何去澄清疑团,还原真相。同时,也如实地反映着铁道部高层在社会的拷问面前一种负责的态度和共同承担压力的精神,他们每一个人都试图努力给社会、给人民一个合理的、令人信服的解释。

7月30日,铁道部党组成员、副部长陆东福接受了中央电视台记者采访。采访是在铁道部新闻发布室里进行的,当时我也在场。中央电视台播放后,各家媒体进行了文字转载,媒体报道如下:

7月30日,面对众多质疑,铁道部副部长陆东福受访时表示,温州追尾事故救援中,铁路部门始终把救人放在第一位,不存在掩埋车头车厢销毁证据的行为。

1.针对为抢通线路未将救人放首位的问题,陆东福回答:"7月24日23时30分救援工作才结束。"

记者问:"救援过程是否存在为了尽快抢通线路而没有把救人放在第一位的现象?如何解释没有生命迹象后又搜救出小伊伊?"陆东福表示:"这个问题的提出,深深伤害了在事故救援第一线2000多名铁路职工,3000多名地方公安、驻军、武警、消防、卫生等部门、群众的感情,他们为救人付出了辛勤劳动。"陆东福介绍道:"指挥部确定的救援方案把救人放在首位,在桥下使用大吨位吊车将两端车厢移开,救援人员得以对该车厢全面搜救,移出数具遗体后,小伊伊获救了。直至7月24日23时30分左右,在确认没有幸存者后,清理收集完遗物、车体后,救援工作才结束。此前,铁路部门指挥人员从未宣布过停止搜救。"从7月23日晚8时30分许事故发生到24日晚11时30分许救援终止,未超过30个小时,离黄金救援72小时差40多小时。

2.针对掩埋车头车厢是在销毁证据的问题,陆东福回答:"为了彻底搜救变形严重车厢,为使吊车能够进场作业。"

记者问:"被毁车厢和车头是分析事故原因的主要依据,为什么要挖坑填埋?这是销毁证据吗?"陆东福介绍:"救援中桥上有三节车厢挤压在一起,为使救援人员能够彻底搜救中间一节受压变形车厢,必须移开两端车厢。为使吊车能进入场地作业,须整体外移桥下较完整车厢,散落部件、撞碎车头等外移并集中堆放坑中。"陆东福说:"部件和车体没有掩埋,更不存在销毁证据的问题。搜救结束后,车体和土坑中的零散部件,被转运至温州西站,做调查之用。"

3. 针对自动停车系统为何没起作用的问题,陆东福回答:"信号设备故障让后车进入闭塞区间。"

记者问:"动车上装有自动停车系统,遇有险情会紧急停车,但'7·23'事故相关系统为何没有发挥作用?"陆东福介绍:"事发时,雷击造成温州南站信号设备故障,D3115列控车载设备接收的码序不稳定,造成停车后按规定缓行。由于列控中心的数据采集板软件设计存在严重缺陷,D3115后方信号本应显示红灯错误升级为绿灯,致使列车运行控制系统没有发挥作用,造成D301进入闭塞区间,发生追尾事故。"记者问:"根据列车时刻表,应是D3115在前D301在后,为什么顺序颠倒?是不是调度出了问题?"陆东福回答:"D301晚点,导致其在D3115之后。后方运行的D301次列车由于信号显示错误,与D3115发生追尾。事故反映出现场作业控制不力,人员应急处理素质待提高,说明有些铁路企业的安全基础比较薄弱,铁路部门要吸取教训,加强安全管理。"

4. 针对为何未依据实名制确认伤亡的问题,陆东福回答:"地方相关部门统计伤亡人数,实名制是善后工作依据。"

记者问:"动车售票实行实名制,为何未据此统计伤亡失踪人数后再清场?目前确切死亡人数到底是多少?"陆东福称:"伤亡人数由地方政府相关部门统计,最新遇难人数为40人。实名制为后期辨认身份等提供重要依据。"

记者问:"此前有官员称中国高铁和动车全世界范围内建设标准最高、运营速度最快,为何故障频发?是否存在重大安全隐患?"陆东福称,中国高铁面临着许多困难和挑战,但"我们对中国高铁未来发展仍然充满信心"。他称将提高建设运营管理水平确保安全。

陆东福接受记者的采访是很成功的,他表达的是铁道部党组的集体心声,特别是在那种环境下再次公开表示对中国高铁未来发展仍然充满信心,体现了中国铁路人在遭受重大挫折的情况下矢志不变的毅力和勇气。大多数人从中了解到更多真相。

第三章　打有备之仗

题记　发布台,实际上也是发言人的考场,每一场发布会都是一场严肃的考试,结果或出彩或出丑。对每一个发言人来说,能否成功地通过考试并取得良好的成绩,因素很多,其中最主要的因素恐怕在于准备得充分与否。事实上,机会总是在惠顾有准备的发言人,胸有成竹无疑是发布台上做到自信、自如的起码前提。如果没有任何细致周到的前期功课准备,只是怀着赌一把的心理毫无底气地登上发布台,那就无异于一种自残式的冒险。发言人的状态永远只有两种:发言的状态和准备发言的状态。

一、准备是成功之母

成功常常垂青于有准备的人,有多大准备就有多大胜算,备战才能胜战,准备决定成败,知情决定话语。公安部原新闻发言人武和平有一句名言:"对发言人而言,没有回答不了的难题,只有准备不到的议题。"每一场精彩发布的背后,都有着大量的积累、细致的预测和充分的准备。

人们往往认为发言人天生就聪明,说的是口才,拼的是天赋。其实,真正优秀的发言人,更注重脚踏实地的努力和严肃认真的准备。有了扎实的基础和充分的准备,才能在发布台上自然、自如、自信地发挥。发布台上那种大开大合、纵横捭阖、举重若轻的气度,往往是由在发布台下事必躬亲、严谨细致、举轻若重的作风赢得的。成功不是建立在临时发挥上,没有准备而希望顺利达到发布目的,那是靠不住的。即使能发挥好也是偶然,而不代表必然。优秀的发言人会把每一次发言都当成第一次发言和最后一次发言,慎笃如初,精心准备,有备而来,枕戈待旦,不会有丝毫的放松和大意。在准备中出彩,在出彩中淡定,在淡定中修正,在修正中进步。

任何一位发言人都会有这样的经历和感受,一切成功的发布会都是由准备充分而促成,一切糟糕的发布会都是由准备不充分而造成。前期准备不认真与后来发布不成功有着分割不开的直接关联。掌握的情况比媒体少一分,在媒体面前就会矮一分,胜算的概率就会低一分。不认真准备,就准备失败。这几乎成了规律。所以,他们在新闻材料的准备上,宁可多一些,宁可细一些,宁可实一些,也不会简单、粗糙和空泛。他们知道,这种准备是全面的,既要有全貌,又要有细节。有全貌,没细节不生动;有细节,没全貌不清晰。既要有故事,又要有道理。有故事,没道理不深刻;有道理,没故事不好听。要赢取公众的信任、理解与支持,一定亦事亦理,入耳入心,而在发布台要达到这个目标,没有捷径可走,全在于充分的台前准备。

我的自身经历也证明了这一点,召开发布会,准备充分,效果则明显;准备仓促,教训则深刻。

2011年6月23日,时任国务院副总理张德江主持召开京沪高铁建设领导小组第五次会议。会议确定:2011年6月30日15时,京沪高铁正式开通运营。自京沪高铁开工建设以来,社会各界特别是新闻媒体一直对京沪高铁非常关注。新闻媒体对于这项举世瞩目的国家重点工程做了大量的报道。随着京沪高铁开通运营的临近,新闻媒体对这条铁路的信息需求量进一步加大。很多媒体给铁道部发来采访函,或者以电话形式联系,希望了解到更多更详尽的信息。我了解了媒体的意图后,与宣传部新闻处的同事一道,认真细致地研究讨论,收集材料,确定主题,制定方案和口径,做了充分的准备。而且我反复地熟悉材料,对整个材料的概况、地名、数据、事例十分清楚,几乎可以达到脱口便说的程度。

2011年6月27日下午,铁道部召开京沪高铁新闻通气会,我在通气会上通报了京沪高铁开通运营的相关信息。

我通报了三个方面情况:

一是介绍京沪高铁开通运营的意义。我说:

"京沪高铁开通运营,使我国铁路发展达到新的高度,意义重大而深远。京沪高铁是世界上一次建成线路里程最长、技术标准最高的高速铁路。从2008年4月18日正式开工,仅仅用了三年半的时间,中国人依靠自己的智慧和力量就建成了这条全长1318公里的长大高速铁路。这不仅是中国铁路建设史上的一大壮举,也是世界铁路建设史上的一大成果。1318公里,这个距离在欧洲相当于穿越五六个国家的版图。

"经过试运行和各项指标的评估,京沪高铁是一项质量精品工程、科技创新工程、环境友好工程、资源节约工程和社会和谐工程。这项工程,不仅是中国铁路建设者和中国铁路人的骄傲,更是中华民族和中国人民的骄傲。事实证明,这是在中国共产党正确领导下创造的人间奇迹。

"京沪高铁的开通运营,对于完善我国综合交通运输体系,从根本上缓解京沪间铁路运输紧张局面,加快'环渤海'和'长三角'两大经济圈以及沿线人流、物流、信息流、资金流的流动,促进区域经济社会协调发展,改善沿线人民群众的出行条件,具有十分重要的意义。

"京沪高铁沿线分布着全国四大直辖市中的三个,省会城市两个,人口100万以上的大城市11个。这些地区的面积仅占全国的6.5%,但人口占全国的25.8%,国内生产总值占全国的40%以上,是我国经济发展最活跃和最具潜力的地区。京沪高铁开通运营后，年输送旅客单方向可达 8000 余万人，使既有京沪线单向年货运能力达 1.3 亿吨以上。这将从根本上缓解京沪沿线地区乃至全国交通运输的紧张局面，实现铁路与其他各种交通方式之间优势互补，提高交通运输系统的整体效率。

"京沪高铁还会带动沿线旅游、商贸、餐饮等第三产业快速发展，推进城市化进程，带动农村经济繁荣，推动沿线投资环境和地产物业升值。在缩短时空距离的同时，还会形成'同城效应'，催生沿途'一小时或两小时经济圈'，缩小城市、城市群、经济带之间的发展差距，促进了区域间产业转移和合理布局。

"据了解，在京沪高铁沧州西、蚌埠南、苏州北等车站周边，地方政府均制定了相应的规划设计和发展纲要，这些城市都将以京沪高铁车站为中心，构建集商务、地产、教育、科技、文化休闲为一体的经济发展带。河北省的一位官员说，京沪高铁不仅为北京、上海、南京等大城市间架设起高速通道，对中小城市的'眷顾'更为明显，京沪高铁开通后，北京到沧州仅需要 51 分钟。全线 24 个车站中，大多数是新建车站，其中滕州东、定远、丹阳北等站都设在县级城市。随着沿线客流的不断增加，以新车站为依托的新兴经济区将应运而生。有专家说，京沪高铁大动脉在县级城市落脚，对拉动当地经济增长十分有利，也更加彰显了京沪高铁作为黄金线路的价值。"

二是介绍京沪高铁开通运营后的能力。我说：

"京沪高铁开通运营后的效益，京沪之间将形成一条运力充足、产品多样的铁路运输大通道。京沪高铁初期每天开行高速动车组列车 90 对。其中，时速 300 公里动车组列车 63 对，客座能力 10.9 万席；时速 250 公里列车 27 对，客座能力 4.5 万席。开行时速 300 公里列车的高速动车组有 CRH380A、CRH380B 型，开行时速 200～250 公里列车的高速动车组有 CRH2 和 CRH5 型。初期总共投入动车组列车 103 组。

"时速 300 公里的动车组列车有包括商务座、一等座和二等座在内的三种座席。时速200～250公里的动车组列车,既有设商务座、一等座和二等座三种座席的列车,也有软卧列车。京沪高铁开通运营后,既有京沪铁路保留136.5对客车,同时再增加5对普速客车。也就是说,京沪高铁开通运营后,既有京沪线还有141.5对普通列车,总座席31.9万席。这其中包括直达特快列车、特快列车、快速列车和普通旅客列车。这些列车分别设有软卧车厢、硬卧车厢、软座车厢和硬座车厢。最便宜的硬座票价仅为158元。

"由此可见,京沪高铁开通运营后,京沪铁路通道不仅总客运能力比原来多了9.7万席,而且旅客运输产品更加丰富,总共有7种类型的列车、23种不同的座席可供旅客选择,可以满足旅客不同的出行需求。

"在这里,我想告诉大家的是,京沪铁路通道的运行模式将是未来客货并行铁路运输大通道的示范和样板。未来几年,京哈铁路通道、京广铁路通道、陇海铁路通道、沪昆铁路通道等都将按照京沪铁路通道的运行模式安排列车开行方案,最大限度满足人民群众的出行需求。"

三是介绍京沪高铁开通运营后的效益。我说:

"京沪高铁开通运营后的效益,不仅经济效益预期良好,而且社会效益显著。铁路是国家重要的基础设施,特别是高速铁路,投资很大。京沪高铁可研报告批复总投资是2209亿元,最终实际概算正在清理之中。与其他国家重大的基础设施一样,它的投资回收期不会很短。作为大众化的交通工具,高铁的票价必须考虑到广大人民群众的承受能力,必须与经济社会发展相适应。高铁在投资回报的定位上,是保本微利。

"众所周知,铁路不能是暴利行业,但也不能长期亏损。如果长期亏损,就不能实现可持续发展,最终将影响广大人民群众出行的需求。目前,已经通车运营的京津城际铁路、武广高速铁路、沪宁城际高铁,正如我们预测的一样,客流增长很快,经济效益符合预期。

"以武广高速铁路为例,今年1—5月份发送量同比增长94%,收入同比增长68%,经营状态呈现良好发展态势。从我国高铁总的客运量来看,2009年日均发送49.2万人,2010年日均发送达到80.4万人。截至目前,我国高铁已安全运送旅客6亿多人次。

"我们还要看到,高铁通车为既有铁路释放货运能力提供了很大的空间。既有京沪铁路是一条百年老线,全线均为复线、自动闭塞、电力牵引,既是客运快速线路,也是货运重载线路,是全国铁路客货运输最繁忙的干线,长期处于限制型运输状态。京沪高铁开通初期,既有京沪线将增加图定货物列车20对以上,折合日均2400车、14万吨左右,年增加货物运输能力约5000万吨,为丰富货运产品体系、提升货运服务质量、增加铁路运量提供了有利条件。

"我们知道,经济学上,有一个基本理论叫'规模经济理论',是指企业在其他因素不变的情况下,扩大经营规模可以降低平均成本,提高利润水平。未来几年,我国以'四纵四横'为主骨架的高速铁路网建成后,高铁的'规模经济效应'将显现出来。特别是京沪高铁地处我国东部地区,人口密集,经济发达。因此,我要明确地对大家表达一个意思:我们对京沪高铁经济效益的预期是乐观的,是有信心的。

"相对经济效益,更重要的是社会效益。京沪高速铁路开通运营后,大大提高了通道内铁路运输能力和服务质量,为东部地区率先基本实现现代化提供了可靠运力保证。我国人口众多、土地资源有限,生态环境治理任务繁重。建设高速铁路,可以发挥相对节约土地、能源以及污染较小、安全性好等优势,在满足运输需求的同时,可以集约利用土地,减少交通运输的环境污染,降低全社会的运输成本,促进沿线经济社会协调发展。可以相信,京沪高速铁路的作用和魅力,将在开通运营后得到充分的展示和凸显。"

为了使这次通气会能为媒体提供更多的信息,并且能回答清楚更多的提问,我还邀请了参与京沪高铁建设的专家和有关方面的负责人,包括中国工程院院士、铁道部总工程师何华武,铁道部财务司、运输局相关负责同志,中国铁道科学研究院、中国铁道第三勘察设计院及中国北车集团、南车集团有关专家出席新闻通气会。我与他们一道回答了媒体朋友关切的各类问题。

这次通气会准备充分,阵容强大,对媒体关注的各类问题都主动回应,信息传播效果很好,媒体也给予了认可。

而在此之前,我们利用高铁试运行的机会,分别在2011年6月16日、17日和21日三次安排邀请中央各大媒体和宣传文化部门代表体验考察京沪高铁,每次规模都在一百人以上。6月21日规模最大,应邀代表近两百人。我率领宣传部各处负责人陪同考察并介绍情况。副部长王雄负责接待宣传文化部门代表,新闻处处长王滨负责接待传统媒体代表,网络舆情处处长王颖负责接待网络媒体代表,他们分布在各个车厢里。开车后,我逐个车厢去看望大家,向他们表示欢迎,并向他们介绍京沪高铁的基本情况。每到一个车厢,都由新闻处罗传宝(后为新闻处处长)主持。罗传宝是由武汉铁路局宣传部副部长任上调来部里工作的,组织协调能力强,经常带队邀请媒体记者到铁路沿线体验和采访,这次活动安排更是细致周到。参加体验的各界代表对京沪高铁的速度、舒适度给予了极大的赞扬。

作为发言人,每一次发布新闻前,我都要求自己和团队的同事,坚持"四严精神",即严肃、严谨、严格、严密。一丝不苟地积极做好发言材料的准备工作,争取获得更多的信息,掌握详尽的资料,了解全部的真相。对新闻事件的概况以及每个环节和细节都具有见微知著的把握和表达能力,用事实来说话,用细节来说明。决不能因为信息的匮乏而仓促上阵,从而最后一头雾水,无法表态,陷入"无可奉告"的尴尬境地。

2008年2月28日上午,铁道部召开新闻发布会,这次发布会主题是介绍节后春运情况。会前我得知当天凌晨2点多钟,由乌鲁木齐开往阿克苏的5807次旅客列车遭到大风袭击而造成重大行车事故,我预测到这件事一定会引起媒体的高度关注,而铁路也必须将这一突发事件公之于众。于是,我立即向铁道部调度指挥中心和乌鲁木齐铁路局详细了解情况,掌握了一手资讯,建立准确的口径。

果然,在当天的发布会上,新华社记者提问:"我们得知今天凌晨南疆遭遇了沙尘暴,造成列车脱轨,列车的旅客伤亡情况怎么样?遭遇不好的天气,我们的应急预案是否发挥了作用?"

我按照事先准备好的口径回应:"这是由自然灾害造成的列车脱轨事件,发生在今天早上2点05分,是由乌鲁木齐开往阿克苏的5807次旅客列车。车上有3名旅客死亡,2名旅客重伤,32名旅客轻伤。事故发生地处于南疆有名的大风区,自然环境十分恶劣,狂风多次掀翻汽车、房屋,据测风仪记录,此次列车脱轨地点瞬间风力达到13级。中央气象台的监测资料显示,该地区当时并没有观测到沙尘暴天气,火车应该是遭遇特大风力而脱轨。事故发生后,铁路部门高度重视,一是全力救援受伤旅客;二是做好受阻旅客疏散工作和饮食服务工作,稳定旅客情绪,最大限度减少影响;三是迅速组织救援,抓紧线路复旧,防止发生延伸事故,尽快恢复正常行车;四是进一步查明事故原因,完善和落实大风等恶劣天气下的应急处置工作,杜绝类似事故再次发生。胡亚东副部长率领铁道部有关部门的负责同志到现场组织救援。经过全力抢修,11点30分线路被修复,南疆铁路恢复运输,目前受伤旅客已经得到救治,1100多名旅客已经安全离开。我们对遇难的3名旅客表示深切的悼念,也祝受伤的旅客早日康复。"

《北京日报》记者跟进提问:"关于南疆列车脱轨,我记得去年4月13号有一趟从乌鲁木齐开往北京的列车,也是行驶到这个地方遇到大风,两层的车窗被沙石打碎致使列车晚了十多个小时,我想问一下,这趟列车有没有特殊的防风装置?或者是线路上有防风装置,如果发生这样的问题,对行车造成危害的事件,我们有没有什么预案?"

由于对这些问题已经了解清楚,我没有太多思考便回应道:"我前面已经讲过,乌鲁木齐铁路局曾投入大量资金建设防护设施,比如修筑了防风墙。但是,这次风力达到了十几级,超出了防护能力。一般情况下,列车通过风口地区是有安全保证的。这次十几级风力是瞬间发生的,连气象部门也没有预测到气候会发生如此之大的变化,列车脱轨的情况便不幸发生了。我们会认真总结这方面的教训,进一步加大对自然灾害的防御能力,努力防止类似事故的发生。"

　　这当中,有事实,有数据,有态度,有措施。新华社记者和其他一些媒体对我们快速而准确的回应感到满意。

　　反思温州动车事件新闻发布会的不成功,有很多复杂的原因。其中,时间过于仓促,准备严重不足,掌握的资讯远远无法满足社会需求的巨大缺口,是不可否认的,也是一个深刻的教训。

　　2011年7月24日,温州动车事件的第二天,我从北京赶赴温州,一下飞机就接到上级有关部门领导的指令,要求立即召开发布会。当时事故原因正在调查中,很多情况还没有搞清楚。当铁道部领导经研究明确由我担任当晚新闻发布会的发言人时,距离开发布会的时间已经不到一个小时。时间非常紧迫,我只了解到一些当时能够掌握到的事故发生概况,以及铁路部门和当地政府及人民群众抢险的情况,更细致、更具体、更深入的情况都无法搞清楚。而且,发布会在哪儿开?来了哪些媒体?有哪些信息需求?完全茫然。其结局可想而知。

　　对这次事故,我也非常痛心,也能够理解记者的情绪。追问真相是记者的责任所在,作为政府部门新闻发言人,我有责任有义务尽快地去努力满足他们的知情权,尽快平息社会情绪。这样做,既是当时现实的需要,也完全符合上级领导部门的要求。后来,中央宣传部副部长蔡名照在媒体负责人会议上特地指出,这次发布会开比不开要好,早开比晚开要好。从大的方面讲,他说的完全正确。但我自己很明白,作为发言人的我,无论是事前的准备还是现场的应对都有太多的教训。我的准备太过仓促,如果时间允许的话,我应该掌握的信息更多一点,预备的口径更多一点,那样,效果完全可能会更好一些。

二、带着"四张单"走向发布台

发布台是发言人的阵地,能否守好阵地,很关键的一点在于是否掌握了精良的武器。我的体会是,"四张单"是发言人带上阵地的必不可少的秘密武器。

第一张单是新闻发布词。主要是解决"我有话要说"的问题。发布词是传递政府部门基本立场和观点、基本事实和细节、基本态度和对策的关键单,对真相的说明、舆论的导向、情绪的稳定有着至关重要的作用。在组织新闻发布活动前,发言人应根据实际需要提前准备发布词。中国传媒大学教授刘笑盈如是说:"最有价值的新闻发布就是把政府想说的、媒体想听的和民众想知的结合起来,在此基础上准备好主发布词。用基本观点、关键事实、情节细节,政府做了什么,还准备做什么等内容告知媒体。不管记者会问什么,先要知道自己想说什么。"新闻发布词不是简单的发言稿,不是背景资料的简单介绍,而是发言人自己心目中完美的新闻稿件,符合新闻报道的要求,新闻价值突出。让记者知道,什么信息是最重要最有价值的,帮助记者在复杂的信息中摘取精华。

发布词的准备,要有现场、有故事、有细节、有数字,尽可能达到观点鲜明、事实翔实、逻辑性强、简明扼要的要求,忌用太多的修饰语和过渡语,杜绝官话、套话,少说不痛不痒、可有可无的话,少一些过度铺陈渲染,多一些平实、务实,指向鲜明。

我在发言人任上,每次拟定发布词都亲自撰写或参与讨论并修改定稿,这样做,会让自己更有底气,更加熟悉发布内容,在发布过程中也会轻松自如。

即便是"7·23"动车事故的新闻发布会,召开前的时间准备非常紧迫,但由于我们有既定的工作程序和预案,仍然做到前方后方密切配合,尽可能多收集第一手资料,迅速而认真地拟写了新闻发布词。

发布会一开始,我首先感谢大家这么晚还来参加,我说自己"是从飞机上下来不久就赶来的,让大家久等了,我非常抱歉!"

接着,我向大家通报相关的情况。我说:"7月23日20点30分,北京开往福州的D301次动车组列车运行到甬温线上海铁路局管内永嘉站至温州南站间K584公里831米处(这个地段正是瓯江特大桥),与前行的汉州开往福州南D3115次动车组列车发生了追尾事故。D301次动车组配属北京动车客运段,编组16辆,发生事故时列车共有旅客558人,福州机务段司机值乘,北京客运段担任客运乘务。D3115次动车组配属上海动车客运段,编组16辆,发生事故时列车共有旅客1072人,福州机务段司机值乘,汉州客运段担任客运乘务。在这起事故中,D301次动车组列车第1到第3位车厢脱离坠落桥下,其中一些车厢悬空。D3115列车第13到16位置车厢脱轨。事故造成35人死亡,192人受伤。192位受伤人员分布在11家医院救治,除了部分轻微伤情的人员出院以外,目前还有132人住院治疗。在此,铁路方面对事故遇难者表示沉痛的哀悼!对受伤人员和伤亡人员的家属表示深切的慰问!对广大旅客表示深深的歉意!"

说完,我朝台下缓缓地、深深地鞠了一躬。应该说,我的道歉是非常诚恳的,也是非常沉重的,腰弯了九十度。因为我知道,我这是被授权代表铁道部,代表一个政府部门向全国人民表达歉意,我内心深处也十分痛心在事故中失去生命或受伤的旅客,同情他们的家人。

接着,我说道:"目前,事故具体原因还在调查分析当中。事故发生以后,中央领导做出重要指示。指出,第一位的任务是救人,铁道部要全力以赴,地方政府要组织公安、卫生等力量全面支持。要查明事故原因,妥善做好善后工作。胡锦涛总书记今天上午在乘坐列车途中,对事故的抢险和救援工作又做出了重要的指示:一是要全力抢救伤员,尽最大努力减少旅客死亡;二是不惜一切代价抓好伤员救治工作,千方百计减少旅客伤残;三是查明事故原因,切实吸取教训,加强安全管理,抓好当前的安全工作。受胡锦涛总书记、温家宝总理的委派,24日上午,张德江副总理率国家有关部门负责人赶赴现场,指导事故救援、善后处理和事故调查工作。张德江副总理到达温州后,随即赶赴温州市第三人民医院,代表胡锦涛总书记、温家宝总理看望并亲切慰问受伤人员。他要求调动一切力量,尽最大努力千方百计救治伤员,千方百计减少因伤死亡,千方百计减少因伤致残。张德江副总理对参与救援的广大医务人员表示感谢。"

我继续说:"事故发生后,铁道部立即启动应急预案。铁道部部长盛光祖和铁道部党组其他领导第一时间赶到调度指挥中心,制定救援方案,立即对救援做出部署:一是立即组织足够力量,尽最大努力,以最快速度抢救伤员,把伤亡降到最低程度;二是协调地方政府和卫生部门,不惜一切代价,对受伤人员进行救治;三是对滞留旅客搞好服务和转运工作;四是对事故进行分析,查清原因,深刻吸取事故教训。铁道部部长盛光祖和副部长胡亚东、卢春房,铁路总工会主席何玉华带领有关司局负责人迅速赶赴事故现场,组织救援工作。铁道部紧急与浙江省委、省政府联系,请求地方政府组织力量对事故救援、伤员救治等工作给予全力支援。浙江省委、省政府高度重视,省委书记赵洪祝对事故救援提出要求,省长吕祖善等领导立即赶赴现场指挥救援。温州市等地方党委、政府和公安、武警、消防、卫生部门立即积极参与救援。事故发生以后,铁路沿线车务、工务、电务、供电等单位干部职工,立即组织抢救伤员和事故救援。在抢救伤员的同时,对滞留的旅客组织服务和转运工作,将事故列车的旅客迅速转运到温州南站。目前,受伤人员已经全部送到医院,得到及时的救治和妥善安排。上海铁路局已经加开两趟列车运送因事故滞留的其他旅客。对于因事故受到影响的其他列车,铁路部门已经安排折返并采取停运的措施。经铁路、地方5000多名抢险人员的全力奋战,24日18点20分起复完毕,因现场暴雨暂未开通。这次事故造成人员伤亡严重,损失惨重,我们非常痛心。对这起事故,铁路部门将深入调查,分析事故原因,查明原因,深刻吸取教训,坚决杜绝类似事故的发生。"

接着,我向媒体发布了铁道部党组决定:"对甬温线'7·23'特大交通事故上级单位上海铁路局局长、党委书记、分管工务电务的副局长免去现任职务,接受组织调查。"最后,我向媒体通报了当前铁路部门的首要任务,"坚决贯彻落实中央领导的重要指示精神,深刻吸取事故教训,迅速行动,振奋精神,认真开展安全大检查活动,全面排查和消除安全隐患,坚决防止发生新的严重事故,迅速稳定运输安全局面。"

宣读完发布词后,我才照例请记者朋友提问,一连回答了15个问题。

第二张单是口径单。主要是解决"答记者问"的问题。在召开发布会前,需要做充分答记者问的准备。北京市政府新闻办公室原主任、北京市政府原新闻发言人王惠对口径的准备有深切感悟。她说:"对于发言人来说,口径最最重要。有口径,就可以一锤定音;没口径就可能说错话,陷入被动。""口径怎么制定?应该有规范的流程。这个流程是:责任单位根据真实情况迅速拿出第一口径,交给负责宣传的部门。宣传部门从新闻和传播的角度修改后,征求相关部门,尤其是专业人士的意见,然后报主要领导。领导批准后,发给需要对外说话或者可能被记者问到的每个人。或是宣传部门和责任单位共同制定第一口径,征求各方意见后报主要领导审阅确定。这个过程越快越好,不能由于各部门的扯皮和层层报批让谣言抢了先。"

一是口径要选得准。民众关心的事,处理不好就会被投诉;媒体关注的事,回应不好就会被炒作;领导关切的事,落实不好就会被问责。发言人应广泛收集媒体和社会关切的问题,积累的材料要力求全面,不管是直接的还是间接的,不管是现实的还是历史的,不管是中国的还是外国的,不管是正面的还是反面的,不管是具体的还是概括的,都应尽量收集。尤其是召开突发事件发布会,发言人需要弄清楚突发事件的性质是什么?原因是什么?影响有多大?责任主体是谁?政府部门的基本态度是什么?后续会采取哪些措施?对记者可能提到的问题尽量做多一点的预测,并形成相应的口径。只有这样,发言人才能做到胸有成竹,有问必答。

二是口径要做得好。好的标准在于:是否言之有理?也就是逻辑性强,符合事物发展规律。是否言之有法?也就是不凭空乱说,符合法规政策要求。是否言之有情?也就是带着感情说话,符合人的道德情感。是否言之有物?也就是不说空话套话,符合满足民众信息需求原则。把问题清清楚楚地写出来,将答问要点建构好,形成对外的统一说法。

三是口径要用得活。也就是要使口径说得出去、减得下去、加得进去。

所谓"说得出去",就是要把准备好的口径努力传递到媒体和社会中去。建立口径的目的,全在于应用。库存的口径,不能用活,不去传播,就不会产生效应,再好的产品也会失去使用价值,久而久之,便成了废品。就像拿着箭不发只是夸着"好箭、好箭"一样,口惠而实不至,终究没有实际意义。所以,口径不仅要制出来、存进去,更要讲出来、传出去。只有这样,口径才能发挥应有的作用。我每次召开发布会,都会随身带着一叠口径单,里面记下各种热点问题的回答口径,当记者提出公众最关注的问题时,大都能给出权威和有说服力的回应,从而顺利实现准备口径、统一口径、回到口径全过程。

所谓"减得下去",就是要通过实际工作解决既定口径中的问题。口径库并不是口径的库存量越多越好,或许,这些口径的背后本身就有矛盾,就蕴含着民怨。所以,不仅要有合情、合理、合法的标准口径,更要有实际行动,用扎扎实实的工作解决问题,处理矛盾,疏通民意。从这一点来说,口径的库存越少越好。只有及时捕捉到问题,并及时解决好问题,不仅要说得好,更要做得好,才能从根本上铲除不稳定因素。否则,只有口径的积聚,没有矛盾的缓解,再漂亮的口径也无济于事,到了一定的程度,口径库就有可能变成火药库,舆情必然爆发。

所谓"加得进去",就是要结合新情况,发现新问题,建立新口径。口径从建立到使用,再建立再使用,是一个持续不断的循环过程。唯物论认为,矛盾无处不在,无时不有。老的问题解决了,新的问题又产生了;旧的矛盾处理了,新的矛盾又出现了,这符合事物发展的规律,也是政府面临的工作现实。所以,政府新闻发言人应当敏捷而务实地制订新口径,使口径库成为一个口径始终流动、常用常新的仓库。政府与大众的信息疏通了,隐患消除了,关系密切了,社会便在和谐的状态下不断进步和发展。

当然,也会有某些事情没有来得及纳入口径,这种情况完全可能发生。在发布台上,对于一些确实不了解的具体情况,发言人应该坦率承认,并且在记者会后第一时间进行了解核实,增补口径,及时答复记者。

第三张单是金句单。主要是解决"听得进、传得开、记得住"的问题。金句即含金量大的句子,是增强表达效果的一种语言活动。由于金句单往往可以用于新闻标题,所以又称"标题句"。金句单的作用在于发布新闻时,能够突出重点、增强亮点、聚集焦点,往往几个亮点或几处精华就让人眼前一亮,精神一振,使发言更加生动,传播更加快速,效果更加明显。比如,毛泽东的"为人民服务""枪杆子里面出政权""农村包围城市""东风压倒西风""星星之火可以燎原""要做人民先生,先做人民学生""团结就是力量""虚心使人进步,骄傲使人落后""帝国主义和一切反动派都是纸老虎""军民团结如一人,试看天下谁能敌",邓小平的"发展才是硬道理""贫穷不是社会主义""中国不改革开放,只能是死路一条""不管黑猫白猫,捉住老鼠就是好猫""摸着石头过河""两手抓,两手都要硬",习近平的"绿水青山就是金山银山""老虎、苍蝇一起打""踏石留印,抓铁有痕""人民共享人生出彩机会""千千万万普通人最伟大""撸起袖子加油干""一张蓝图绘到底",等等。这些简短有力的金句,像浓缩的铀一样,隐含着深刻的哲理,闪耀着真理的光辉,指引着社会前进的方向。

金句的运用,通常看起来是发言人现场信手拈来、脱口而出、妙语如珠的临时发挥,其实多数情况下都是事先准备好的。

北京市政府原新闻发言人王惠谈到自己曾经历过的一件事:2012年春天,北非发生动乱,一些西方势力试图把这一动乱引到中国,搞"颜色革命"。他们费尽心机,通过互联网在北京组织所谓的"茉莉花革命"。驻京的外国记者涌向王府井,希望在那里看到所谓的"茉莉花革命"。一天又一天,他们的愿望不断落空,但不甘心,就去找执勤警察的茬儿,气氛越来越紧张,舆论也越来越不利。3月初的一天晚上,王惠接到市领导的通知,要求第二天下午召开发布会,吸引外国记者去发布厅不去王府井聚集。这无疑是一场舆论引导的硬仗,风险和挑战都非常大。王惠认为,这场发布会的成败,关键看媒体的报道能不能形成拐点,关键的关键看媒体的新闻标题是不是对我们有利。要让它们的标题对我们有利,我们的话就必须占据媒体的标题句。王惠把准备的重点放在了标题句上,觉得准备一个标题句不够,可能不被采用;两个也不够,不能保证采用;必须准备三个。第二天下午2点,发布厅坐满了各国媒体的首席记者,他们对出席发布会的领导介绍的"两会"期间交通安排根本不关心,憋着劲儿要问"茉莉花革命"的事。刚说完"现在请记者提问",美国有线电视新闻网(CNN)的首席记者就站起来了,声色俱厉地问道:"北京是不是发生了'茉莉花革命'? 你们为什么不敢承认? 刚才我从王府井过来,那里警察林立,请你给我们解释,到底发生了什么?"发布会现场的气氛顿时凝结,记者们全都拿起了笔,睁大眼睛等着答案。王惠略微压低了语调,用比平时慢一半的语速回答了他的问题:"确如你所说,有一些别有用心的人,想在北京搞所谓的'茉莉花革命'。"这时,王惠用上了早就准备好了的三个标题句:"但是,北京没有也不可能发生他们希望看到的事情。任何一个头脑清醒的人都能看出来,他们打错了主意,选错了地方。中国不是中东,北京不是北非。中国改革开放30多年,经济发展,社会进步,人心思稳。如果有谁想在中国搞所谓的'茉莉花革命',只能是竹篮打水一场空。"三个标题句一个没剩,全都说出去了。一个是"打错了主意,选错了地方";一个是"中国不是中东,北京不是北非";还有一个是"竹篮打水一场空"。因为王惠是第一个回答外国记者有关所谓"茉莉花革命"问题的发言人,所以第二天国际媒体都报道了她的话,三个标题句全部被采用了。从此,在西方媒体对中国的报道中,再没出现过"茉莉花革命"的内容。

　　各种生动形象而寓意深刻的金句一旦在媒体上出现,就会产生积极的影响。在电视或是广播节目中被不断地重复,更会在大众传播中留下深刻的印象。在纸媒上,言简意赅的金句往往成为标题,对读者有特殊吸引力。比如,针对中美经贸摩擦,《人民日报》有篇文章的标题是"应战敢战善战方能止战",就是一个绝妙的金句。十个字中,"战"字四度出现,"应战""敢战"和"善战"三词连用,层层递进,与"止战"的最终目标有呼应,有对比,让人印象深刻。观点鲜明,态度明确,言简意赅,朗朗上口,指明了应对中美经贸摩擦的正确道路。又如,第一条电气化铁路宝成铁路通车后,《人民日报》发文所作的标题"山货出川,川货出国",也不失为一个金句。标题采用顶真手法,"川""川"相接,让人联想到节节相扣的火车车厢,既有语意递进,又有形象关联,读起来语气贯通,结构紧凑,韵味足,有动感,恰如其分地概括了宝成铁路建成对中国铁路现代化的重要意义,以及从"山货出川"到"川货出国"的时代跨越。

　　装金句的仓库,是丰盈还是贫瘠,是精华还是次品,全在于金句"货源"的开发和提炼。直接的金句来自发言人自身实践与思考之所得;间接金句来自文件、书籍、资料和网络,包括平时在与人交往会谈中也是可以得来金句的。发言人应该坚持不懈地学习、思考、撷取和借鉴,保证金句频出、库存丰富、用之不竭。

当然,金句的运用,是为了更好地表达和传播内容,而不是炫耀自己,否则便有可能弄巧成拙,不是画龙点睛,而是画蛇添足。不仅成不了"金句",反而成了"雷语"。

第四张单是要点验收单。主要是解决"我预设的议题兑现"的问题。要点验收单是在新闻发布过程中需要注意的情况备忘,主要是事先准备好在答问环节需要强调、展开的问题列表及回答时所需的口径资料索引。面对记者的问题,要在回答的同时重新定义问题,将事先制定的要点内容进行适当转换,借机传递出去。记者问了宏观的问题,可以将问题缩小到自己熟悉的具体点上回答;记者问了不便回答的问题,可以将问题转换到自己能够公开的信息上回答。

建立和运用口径库。有时发言人会让熟悉的记者朋友在发布会上提出事先准备好的口径的问题,这往往容易被人们认为是找"托"。其实,这只不过是为了把信息传递出去的一种方式。或者说是从群众中来到群众中去、从社会中来到社会中去、从媒体中来到媒体中去的一种实践活动。政府新闻发言人要了解社会和媒体所思、所求、所问,就应该听取、分析、搜索社会和媒体存在的各方面热点问题,并针对这些问题,了解真实的情况、政府的态度以及解决的办法,在此基础上制定臻于成熟的口径,回应社会,使政府与社会有一个互动的信息桥梁,这也是对政府、对社会、对发言人自己负责任的态度。当然,不主张从头到尾都是准备好的问题,完全按照流程走,这样做难免有"作秀"之嫌。至于让记者提出诸如"领导,你们的工作做得真好,请问你们是怎样取得的?"之类的问题,明眼人一看就知道,这才是请了真正的而且是并不高明的"托"。

总之,发言人在准备中要做到细致缜密、详尽周到、一丝不苟、精益求精,不放过任何一个疑问,不漏掉任何一个细节,达到宏观在胸、微观在握的自信状态。特别是对于"四张单",更要准备充足,使用得当,从而在发布台上完美地诠释出每张单都是"秘密武器",每张单都是"锦囊妙计",争取发布效果最大化。

三、充分发挥团队的力量和智慧

一次,我应邀到中国传媒大学新闻发言人培训班上授课,有一位学员提问:您在召开新闻发布会前的"四张单"都是自己准备的吗?我是这样回答的:不能放弃自己的责任,不能放弃团队的智慧。

首先应当肯定每张单都凝结了发言人本人的心血和努力,每张单的背后都包含着发言人自己的实践、调研和思考。没有发言人直接参与甚至是占主导性的参与,在发布台上,发言人必将缺乏底气、静气和灵气。

但同时也要看到,站在发布台上,新闻发言人不应是一个人独自作战,而是需要一个团队的倾心支持。新闻发言人不是超人,面对诸多新闻媒体的不同视角、不同看法、不同诉求,很难做到无所不知、通晓天下。但这不是对社会各界的质疑不做回应的理由,回应媒体的各种提问,不是一个人在回应,而是一个人在代表一个政府部门在回应。政府部门对于社会各界的信息需求,永远都不能"无可奉告"。所以,要有一系列制度和机制为发言人"必须奉告"做保障,包括信息收集制度、应急反应机制、对策研究机制等。赵启正说过,新闻发言人只是一个机构的代表,日常表达由他负责,实际上,他所说的内容是由他所代表机构的各部门、部局科室,大家共同的观点。他说的话虽然有个人的风格,但绝不是个人的观点或评论。如果不能给发言人提供一个好的信息基础——没有明确的观点、足够的资料、精确的数据,那么新闻发言人肯定也表达不好。

这就需要在组织内部进行资源整合和调配,用团队的力量和智慧支撑新闻发言人工作有效开展。因此说,任何一场发布会,任何一次答记者问,不仅考验发言人的个人素质和能力,也考验发布团队的集体智慧和整体能力。

伟达(中国)公共关系顾问有限公司副总经理于爱廷有一个观点:新闻发言人不是一个人在战斗。她说:"新闻发言人代表政府或品牌对外发言,一言一行关系重大,特别是在重大事件上。成功的发言除了发言人本身所具备的良好的新闻素养和丰富的临场媒体应对经验外,在这样一场占领公众心智高地、没有硝烟的战场上,需要团队密切配合,协同作战。"她在担任一家国际知名汽车品牌的中国区总裁助理兼公关经理时,有一个事故因为涉及汽车气囊是否该开启成为公众焦点,引发消费投诉和纠纷。鉴于涉及关键技术问题,以及中国市场在全球的重要性,于爱廷会同技术部门、质检及售后服务部、法律部、公共关系部,及时汇总信息,对舆情走势做出研判,搜集公众和利益攸关者所关注的重点问题,特别是对涉及关键技术问题,通过计算机模拟还原事故现场做出科学严谨同时又能让消费者直观了解的演示说明,通过发言人团队各司其职,分工协作,现场解释答疑,消除了媒体和消费者对气囊工作原理的不少疑虑,并配合新闻发布会,开展了一系列"系好安全带"等安全驾驶教育公益活动,让品牌再次赢得信赖。她认为:"只有把准脉,整合资源,有效应对,自信发言,就能走出困局,做好品牌精准传播与形象升级,最终打造中国品牌发言人好声音!"

我在担任铁道部新闻发言人期间,不仅铁道部宣传部尤其是新闻处、网络舆情处的全体同志都是我强有力的助手和依靠,整个铁道部机关各司局的同志都为铁道部新闻发布做出了不可忽视的积极贡献,他们也都是我走上发布台的强大后盾。

每次召开新闻发布会,我都会先请一部分话语权比重大的人员开个小会,了解他们的具体工作和想法,哪怕是一孔之见,哪怕是一字之得,我都虚心听取,诚恳吸纳,以此对自己的思路和观点进行重新的审视并加以丰富。这为我自信地走上发布台、自如地答记者问做好了思路清理、材料准备和心理铺垫。正是背后团队和整体机制的高效运转,才能确保发言人在前台"百问不倒"。

2020年初,曾在铁道部政治部宣传部新闻处工作过的一位同事写了一篇文章,文章说:

> 不久前,我在网上看到一篇文章,里面讲很多企业管理者感慨:"以前人少的时候,大家天天拼命工作,效率特别高,怎么现在组织庞大了,分工明确了,反而效率低下,存在很多工作漏洞和惰性工作了呢?"
>
> 这让我想起王勇平任铁道部政治部副主任、宣传部部长时期的工作情景。那时宣传部人员少,工作任务重、标准高、时间紧,特别是系统性、开创性的工作多,却能有条不紊高质量高标准做好各项工作,为铁路又好又快发展提供重要支撑,不能不说是一个奇迹。
>
> 我总结分析,这得益于王勇平在铁路宣传系统,充分结合宣传思想文化系统特点,长期实行文化管理,坚持人文关怀和精神引领。他率先垂范,以对党和国家事业的忠诚,对铁路事业的赤诚,用高尚的人格魅力和极度负责的敬业品质,感召和引领全员,以服务国家富强和民族复兴为共同愿景,同心同德,忘我奉献,积极投入铁路又好又快发展的伟大事业中。
>
> 在宣传部的各处室分工中,并没有详细的工作职责分工到人,没有特别细化各项管理要求,更没有推行项目管理、清单式管理等所谓的科学管理方式,更没有将宣传部门当成生产企业和行政部门,搞所谓的标准化、模式化管理,将一个活分八段,让很多人各负其责,以此规范约束和激励宣传干部工作。而是十分尊重宣传工作自身的规律和每一名宣传干部,用文化的力量带领和塑造文化人,以信任的力量激发群体优秀业绩。如此的好处,化零

为整，减少了工作中更多的结合部，提高了工作质量，锤炼出一专多能人员，凝聚了队伍整体力量，集中优势兵力打好了铁路宣传思想文化的阵地战、规模战。

而实际上，在我们常见的管理中，分工明确，除了所谓提高工作效率外，更深层的意味在于，事先工作责任清晰，事后发生问题，可以准确确定谁来担责，这样可减轻主要负责人的问题和责任。作为一个高级别的管理者，他不是不清楚这些，而是当他推行文化管理、信任式管理时，其实已经表明了他事先全部担当责任的足够勇气。由此逐层形成这样的气象：领导敢担责敢担当，属下无顾虑敢拼搏。后来的很多事实也证明，他一次次都全部承担了很多本不该承担的责任。

当然，这也在那个极为特殊的时期，体制内外并未充分认可、理解和支持铁路加快发展的困难舆论环境下，王勇平用如此的管理带领宣传战线，硬是开创了铁路思想文化宣传事业鲜有的巅峰时代，在中国铁路后发先至，引领世界发展潮流中功不可没，可圈可点。

这篇文章对我这样一个早已退休的老同志所做的评价，我不认为是在有意恭维，但显然也有感情的成分。老实说，我没有做得那么好。我倒认为，那段时间铁道部政治部宣传部工作有一些成绩和特色，关键在于宣传部全体同志主观能动性的极大发挥。在我们宣传部，每一位同志身上都有很多故事，有的兢兢业业，任劳任怨；有的才气逼人，妙手著文；有的思想敏锐，见解深刻；有的细致严谨，作风扎实。出头露脸的是我，聚光灯只照在我一个人身上，而他们就像"扫地僧"一样，隐身幕后，默默无闻，不求名利，努力工作，把他们最好的思维成果、最优质的工作资源毫无保留地奉献出来，全力打造我这个发言人的形象，并与我自觉自愿地形成密不可分的整体。他们是我敬重和信任的同事和朋友，我永远不会忘记与他们在铁道部政治部宣传部工作中的难忘经历,永远珍惜与他们在铁道部新闻发布工作中结下的无私情谊。

很多事情可以见证历史,可以说明问题。

2008年5月12日14时28分,四川汶川地区发生8级地震。灾害面前,中华民族爆发出强大的凝聚力,炎黄子孙齐心协力抗震救灾。铁路部门迅速展开了灾后生产自救和恢复铁路运输秩序,全力向灾区运送救灾人员和物资的工作。作为铁路抗震救灾工作的一项重要内容,铁道部政治部宣传部立即行动,通过多种媒体形式向社会各界第一时间发布了铁路抗震救灾的最新情况,做好了铁路抗震救灾工作的宣传报道。其中,在抗震救灾持续期间,央视等电视栏目的视频连线采访作为新闻发布会之外的重要信息补充受到较高关注,视频连线问答也对受访人提出了更高的要求。当时,我以铁道部新闻发言人的身份,接受了多家媒体抗震救灾专题直播节目的电话连线采访。

铁路部门在汶川特大地震中既是受灾者,又担任了重要的救灾人员、物资的运输任务,在公路不通畅的情况下更是备受社会各界的关注。双重身份决定了铁路抗震救灾工作的宣传同样是一项异常艰巨的任务。5月12日23时,我与中央人民广播电台的直播节目进行了第一次电话连线,随即又与中央电视台直播节目进行了电话连线。接下来电话连线的媒体包括中央媒体和地方媒体,囊括了电视、广播和网络的各种直播节目,进行连线的媒体有中央人民广播电台"中国之声""经济之声",中央电视台新闻频道、综合频道、国际频道,凤凰卫视资讯台,东方卫视,湖南卫视,北京交通台,湖南交通台以及中国网,累计12家媒体。从5月12日第一次连线中央人民广播电台到5月27日最后一次连线中央电视台国际频道,16天的时间里,我以铁道部发言人的身份共接受电话连线采访91次,平均每天电话连线5次多,最多的一天(5月22日)连线次数达到了9次。

各家媒体给新闻发言人留出的准备时间各有不同,有的媒体会提前半个小时和新闻发言人进行沟通，有的媒体则是在连线将要开始前直接从导播台打来电话，可以说每一次连线都没有给新闻发言人太多的准备时间，所以每天的电话连线都需要提前把准备工作做好。有的媒体最多能问到五个问题，最长的通话时间达到十多分钟。电话连线采访的问题相对集中，主要包括地震对铁路交通秩序带来的影响，铁路如何迅速组织运输救灾人员和物资。随着抗震救灾工作的逐步深入和铁路工作的开展，又添加了铁路如何转运受灾的伤员到川外医院治疗和铁路如何抢运帐篷、活动板房等焦点问题。在恢复铁路运输秩序的过程中，因为宝成铁路109号隧道的抢通工作持续了12天，这些各界高度关注的问题也一直陪伴着我。尽管电话连线内容的主题和范围可以定下来，但是具体到记者会问哪一个问题，同一个问题从哪个角度发问，主持人用什么样的情绪和语气提问，都是新闻发言人事先无法掌握的，且电话连线时间短促又需要提供充沛的信息特别是即时信息，这就增加了应对的难度。

所以，这次系统连线采访，我们打的是一场整体战。在整个电话连线过程中，调动了全路各个相关部门的力量，整个信息发布活动强调了团队精神和协同意识，每天都要询问相关铁路局的调度系统，乃至具体执行单位的部门领导和工作人员。在突发事件面前大家做到了快速反应、从容应对、密切配合。

宝成铁路109号隧道的抢险过程，首先是通过铁道部抗震救灾抢险指挥部每天召开的例会掌握情况，在连线过程中，这个定期召开的例会信息更新跟不上连线的频率。于是，铁道部政治部宣传部和109号隧道抢险现场指挥部建立联系，每天询问情况。现场指挥部工作繁忙且距离现场有一段距离，信息反馈也需要时间，又与在抢险一线的西安铁路局党委宣传部建立联系，了解最新的信息。抢险现场因为地势原因手机信号经常中断，而且隧道抢险工作逐渐从南中北三个口同时展开，一个人只能汇报某一个点的情况，信息不够全面。继而又与铁道部影视中心主任吕广恒、副主任王建民以及《人民铁道》报总编辑李丹联系,让在现场的影视中心摄影记者和人民铁道报社的文字记者即时提供信息资料。这样,一个宝成铁路109号隧道抢险情况的连线准备,就汇聚了铁道部调度中心、抢险现场指挥部、西安铁路局党委宣传部、铁道部影视中心、人民铁道报社五个点多个联系人的力量,保证了信息的准确和及时。

每次电话连线,媒体都会问到隧道的抢险进度。在抢险的第一阶段,损毁车辆的拖出是一个明显变化的进程标志,而往外拖损毁车辆是一个动态过程,情况不断在发生变化,有时候十多分钟就拖出一节车厢,有时候半天也没有动静。社会很关注,有时候一个小时之内就会接受四家媒体的连线。有的媒体喜欢把现场的直播画面和新闻发言人的连线或前或后放在一起。对新闻发言人而言,有利的方面是如果信息相当准确甚至具有超前性的话,就更能增加发言的权威性,不利则在于新闻发言人并不在抢险现场,特别要注意语言与画面的一致性,防止表述滞后于电视画面。

所以,我在连线回应媒体时,我的团队也在与抢险现场保持密切的联系,随时为我提供新的信息和口径。而且在连线之前,我们还会把新闻发言人的资料和照片传给相关电视台的编导,每天都向各个连线电视台及时报送铁道部影视中心记者在现场拍摄的新闻资料和素材。这样当电话连线开始的时候,屏幕上的小窗口里除了新闻发言人的照片外,还可以配合连线内容播放一些影像资料,强化了电话连线的效果。有一次,在和东方卫视连线的时候,我说我们正在向外拖第五个油罐车,连线切到现场画面第五个油罐车正好被拖出来。事后,东方卫视非常认可我们对现场情况掌握的精确程度。

2008年5月14日15点,我以铁道部新闻发言人的身份在国新办举行的抗震救灾进展情况新闻发布会上,介绍了铁路部门全力以赴开展抗震救灾工作的情况。由于对情况非常熟悉,我几乎是完全脱稿发布:

汶川地震发生后,全国铁路除哈尔滨、沈阳、乌鲁木齐三个局以外,都有震感,其中西安、成都、兰州、北京、太原等局震感强烈,所幸没有旅客伤亡。

地震导致成都、西安铁路局管内的宝成线(宝鸡至成都)、成昆线(成都至昆明)、陇海线天宝段(天水至宝鸡)、达成线(达州至成都)、阳安线(阳平关至安康)一度中断,宝成线13个车站、广旺线(广元至旺苍)9个车站的牵引供电网和通信信号电力也都中断,一些旅客列车和货物列车受阻。

灾情发生一小时后,铁道部立即召开全路电视电话会议,迅速启动应急预案,发出了一系列应急措施的指令。随后,按照党中央、国务院的部署,启动一级响应应急预案,迅速成立了以部长为总指挥的抗震救灾指挥部,组织全路力量展开抗震救灾工作。

地震发生后,几十万职工以及铁路公安干警,采取轨道车、单机和徒步检查等方式,对所有线路、桥梁、隧道、接触网、通信信号等设备以及途中列车、生产办公房屋、生活设施等连夜进行了全面检查抢修。各铁路局向灾情严重的成都局、西安局支援了大量内燃机车、发电设备,运输救灾人员和物资。经过铁路部门昼夜奋战紧急抢修,目前,除宝成线甘肃省徽县境内109号隧道外,其他线路已经全部恢复畅通,全国铁路运输秩序基本恢复。

地震发生后,有180趟列车在途中受阻滞留,其中旅客列车31列。为了保证旅客的生命财产安全,铁路部门紧急扣停了正在运行的列车,对行进在临近边坡、高崖、江河等危险地带的列车,要求机车乘务员在确保安全的情况下,将列车缓慢运行到开阔位置,防止滑坡、泥石流的威胁,并对停留列车做了防溜处置。

铁路部门与受阻旅客列车全部建立联系制度,随时掌握运行情况,派出大批公安干警维持站车治安秩序,组织干部职工为滞留旅客无偿提供食品、药品和饮用水,保证旅客有饭吃、有水喝,并迅速对旅客列车做了迂回或折返的安排。同时,铁路部门向受阻线路调集了一批内燃机车和发电机,组织摆渡运输和自行供电,畅通电话、通信网络,以最快速度恢复列车运行。

截至5月14日6时,铁路部门已安排受地震影响的客车途中折返31列,迂回运行27列,暂时停运96列。目前,受阻旅客列车已经全部疏通完毕。

地震发生后,铁路部门迅速与民政部门、部队等建立联系协调机制,加强调度指挥,积极主动地搞好抗震抢险人员和各类物资运输,做到有请必应,特事特办,畅通无阻,迅速运达。对救灾人员和物资采取立即挂运,加速放行等非常措施,确保尽快送达灾区。

经过铁路干部职工日夜奋战,已抢通三条干线的69处受损区段,仅剩下甘肃省徽县境内宝成线坍塌隧道正在抢修中,铁路完全能够保证进川抗震救灾人员、部队和物资的运送。今天上午10时30分,受地震影响中断的成汶铁路恢复通车,为争分夺秒抢运救灾物资创造了条件。为使抗震救灾物资快速抵达前线,铁路部门还通过西康线(西安—安康)、襄渝线(襄樊—重庆)、达成线(达州—成都)组织列车迂回运输,确保向灾区迅速运送抗震救灾人员和物资。

此外,铁路还备用了409辆客车、800辆空棚车和1609辆空平车随时待命,一旦有需求,立即投入运用。铁道部从武汉、广州等铁路局调集的一批内燃机车和乘务人员已经先后抵达成都铁路局支援抗震救灾。

我们相信,在党中央、国务院的正确领导下,200多万铁路干部职工和灾区人民心连心，同呼吸，共命运，一定能够打赢抗震救灾这场战役。

接下来，我接受了媒体朋友的提问。

中央电视台记者提问："现在开往成都的客车有没有晚点的情况？"我回答："坦率地说，会受到影响。尽管我刚才已经说了，由于铁路职工昼夜奋战，绝大部分线路恢复了正常状态，除了宝成铁路一段以外，实际上宝成铁路塌方隧道两端也还是通的，但是由于地震造成的对铁路线路质量的影响，而且我们还要注意余震的发生，所以在局部线路当中实行了限速。而且更重要的是，现在我们第一位的任务，是及时运输救灾人员、及时运输救灾物资，所以对一些短途的旅客列车可能会停开，希望旅客朋友理解。我觉得在这个时候，请大家多理解，也就是对地震抗灾的一个贡献。"

《香港文汇报》记者提问："现在宝成铁路的抢修工作进展如何？特别是起火的隧道那段救援工作怎么样？"我回答："宝成线在这次地震中受损情况最为严重，这条线地形复杂，桥隧相连，地震造成几十处路基变形、桥隧裂纹，尤其是5月12日14时28分地震发生的时候，21043次货物列车正好行驶在甘肃徽县境内宝成铁路150公里835米处的109号隧道中发生了险情，因为地震导致隧道山体崩塌，8.5万方土石掩盖了这一地段的铁路、公路和河流，21043次货物列车因此脱线，12节装运汽油的罐车被埋在隧道中并起火燃烧，有一名副司机受伤。灾情发生后，铁路部门迅速开展了抢险通路工作。铁道部副部长卢春房赶赴现场组织抢险救援，组成11个抢修专业组，调集工务、电务、供电、运输等救援人员和抢险机具投入抢险救援，铁路职工及武警、防化部队和民工共1400多人投入抢险。经过紧张的抢修，现在隧道内的明火已被扑灭，正在灌水降温，修建便道，清理泥石，救援掩埋的列车，铁路部门正在尽最大努力争取早日恢复宝成线的畅通。"

《中国日报》记者问："铁道系统在运送救灾抗震的物资和人力

资源方面,因为这次地震的受灾面特别广,铁路系统运力能否胜任这个任务?"我回答:"实际上,我刚才也涉及这个问题,目前铁路运输重中之重的任务,就是尽可能地把抗震救灾的人员和物资迅速运送到灾区,我们不仅要求在灾区的铁路部门,包括成都、西安铁路局要迅速组织救灾物资的运输,而且也要求全国各个铁路局,要发扬'一方有难,八方支援'大协作的精神,来支援重点灾区铁路运输。我们目前从各个铁路局调集了大量的内燃机车、发电设备和救灾人员物资,正往成都地区、西安地区运送。我们要求全路上下共同保证救灾的部队、救灾人员和救灾物资能够按照指定的时间、指定的地点来完成这个任务。我手上有一组数据。在部队人员运输和物资运输方面,目前计划运输军用物资整列50列,到今天18时,将开出31列,将到达9列,运送部队人员14000人,其余正在装运。明天早上6时,将到达15列。同时,安排运输民用救灾物资计划619车。目前已装运578车(包括铁路物资6车、钢轨4车、发电机2车28台),其中民用帐篷115车55935顶、救灾用油品6列283车、食品12车,其他物资6车。正在装运或有计划装运的救灾物资203车,其中帐篷18车10000顶、油品80车、食品10车、饮用水30车、衣被35车,其他物资30车。今天早晨5时,在武汉铁路局丹江车站由娃哈哈集团捐赠的30车10万件矿泉水装车已经运往灾区。早晨6时,87603次货物列车运送的第一批救灾物资(10车5000顶帐篷、3车食品)已经到达成都。上午10时,在北京大红门车站,87631次铁路货物列车满载北京市民捐赠的30万件棉衣被已经开往四川灾区。"

我在这场发布会上的表现得到了专业院校的认可。2008年5月13日至5月16日,清华大学、复旦大学新闻学院对国新办这场新闻发布会做出评估报告。清华大学国际传播研究中心的发布会评估报告指出:

铁道部新闻发言人王勇平发布时间10分2秒,发布材料核心议题是铁道部抗震救灾情况,散发材料也是从本部门应急反应过程的角度撰写的,内容翔实、具体,条理清楚,信息量大。王勇平脱稿介绍情况,声音洪亮,语气坚定,铿锵有力,非常自信。他在开场白中没有展开介绍散发材料的第三部分"全力组织宝成铁路抢险救灾"情况,而是留到了答记者问环节,节省了时间。他的叙述带有人文关怀,如"不幸的万幸,没有发生铁路行车事故,没有一名旅客伤亡",又如"铁路职工家属人拉肩扛地为滞留旅客送食品、药品、饮用水"。

在评价本场发布会新闻发言人的表现时指出:王勇平神色刚毅,声音洪亮,语言铿锵有力,讲话时伴有手势,塑造了非常自信、庄重的形象。在回答《中国日报》记者关于"铁路系统能否胜任运送抗震救灾物资和人员任务"的问题时,王勇平说:"目前铁路运输重中之重的任务,就是尽可能地把抗震救灾的人员和物资迅速运送到灾区,我们不仅要求在灾区的铁路部门,包括成都、西安铁路局要迅速组织救灾物资的运输,而且也要求全国各个铁路局,要发扬'一方有难,八方支援'大协作的精神,来支援重点灾区铁路运输……"王勇平在答问时,旗帜鲜明地亮出观点,进而通过大量数据介绍铁路系统为抗震救灾采取的措施。他还很注意照顾翻译,在念了一串数据之后说:"先翻译吧,太长。"一句话引得台下很多记者笑出声来,王勇平也会心一笑。

在回答这个问题的最后,王勇平说:"目前铁路完全能够保证进川抗震救灾人员、部队和物资的运送,铁路将根据抢险救灾实际需要,努力确保救灾人员和物资有多少运多少。"评估组在舆情调研中发现,王勇平很喜欢用"有多少运多少"这句话,在此前的多篇报道中都有出现。这次"有多少运多少"的运用恰到好处,铁道部新闻发言人代表全国铁路系统表达了履行职责的决心,让人听来很有信心。

在回答中央电视台记者关于开往成都的客车有没有晚点情况的问题时,王勇平回答:"现在我们第一位的任务,是及时运输救灾人员、及时运输救灾物资,所以对一些短途的旅客列车可能会停开,希望旅客朋友理解。我觉得在这个时候,请大家多理解,也就是对地震抗灾的一个贡献。"他是用一种平等交流的语气希望旅客理解,同时也是将记者的注意力引导到运送救灾人员和物资这个最重要的问题上去。

复旦大学新闻学院评估组也对这场发布会做了正面的评估,认为:

发布稿信息量大,及时、准确、全面。从新闻发布会发布稿的内容来看,信息量非常大,都从各个部门的实际工作出发,结合抗震救灾工作的最新进展,展开全面准确的介绍,发布稿有大量的数据信息,而且均为一手、权威的信息。如王勇平介绍的"铁路还备用了409辆客车、800辆空棚车和1609辆空平车随时待命,一旦有需求,立即投入运用"……这些数据往往是媒体比较关心的,而且极能说明问题,容易在报道中被引用。发言人的表现主要有以下优点:(1)发言人准备充分,熟悉抗震救灾最新进展,多引用数字、事例回答问题;(2)发言人对舆情有所考虑,做到统一口径,对尖锐问题处理比较恰当;(3)主持人突破固有角色,对发布过程及内容全面介入。敏感问题往往是国内特别是国际社会特别关注的问题,越是敏感的问题越有回答的必要。回答这些问题,必须是清楚的回答,而不是含混的回答。含混的回答,会使敏感的问题更加敏感,延续对问题疑惑的时间。

铁道部政治部宣传部新闻处副处长梁成谷获得这个评估报告后,立即和新闻处的同志们一道向我表示祝贺。我知道这不是一个人的成绩和荣耀,便发自内心地对大家说:"这都是大家共同努力的结果,没有你们的配合和支持,我没有勇气走上发布台,走上去了也不会获得这样的评估。我们共赢着每一场胜利,也共享着每一场胜利。"

四、做好实际工作是最根本的发布准备

新闻是第一位的,新闻发布是第二位的。实际工作做好了,就会为新闻发布创造坚实的平台和收放自如的空间。如果本身工作没有做好,试图让发言人粉饰现实、拔高成绩,只能是舍本逐末,适得其反。许多事情证明,实际工作本身没有达到的高度而想通过宣传获得是很困难的。

对发言人而言,最难堪最困惑的事是在公众场合中从自己嘴里说出的未必是实际真实的情况,授权发布的观点未必是自己内心真实的想法,这不仅会使发言人自己纠结,更会遭到媒体和网友的质疑和反驳。遇到这种情况,就应该把这种似而非的资讯和观点向上级领导如实报告,坦率提出自己的建议,努力把本部门的意图与媒体、与社会各界的呼声调节到相一致的频道上。

我在赴美国学习交流新闻发布制度期间,记得杜克大学副校长约翰·伯奈斯先生说过,"一项政策的出台事关大多数人的利益,因此必须得到他们的认可和支持。"约翰先生指出一种现象,某些制定政策的人往往自视高明,往往以大多数人的利益代表者自居。而事实上,越有这种心态的人越有局限,他们推出的政策常会由于独断专行而违背自己的初衷,与公共的利益产生冲突。

对此,约翰先生常对他的上司提出建议:在发布某项政策前,

设想一下如果将它登在《纽约时报》头版头条上会产生什么样的社会反应和冲击。而杜克大学公共事务部门有能力就这件事进行预先调查、分析和评估,使决策者清楚地了解到这政策有多少的支持率,不同意见是什么,需要做哪些调整和改变。杜克大学公共事务部门实际上发挥了智囊团的作用,它会告诉你如何使有先天性缺陷的政策经过科学论证变得精确和完善。如果确认某信息被披露将造成不好的效果,那么"枪毙"它就是你的胜利。同时还告诉你某项新闻发布如何把握最佳的时间、最佳的场合、最佳的方式,而且要有一个向公众发布信息的预期计划,并能在与外界沟通时不掺杂即兴的感情色彩,即不随主观感情用事,从而使政府与民众的矛盾客观上趋于缓和与淡化。

约翰·伯奈斯先生的话给我留下深刻印象,在后来的工作中,遇到类似情况,我总是很自然地想到约翰·伯奈斯先生说的这些话。

曾经在一次与网友的互动中,有一位叫王旭的网友给我发帖:"王勇平是个不错的发言人!勇于面对问题。不过我感觉光勇于面对问题还不够,你要把问题带回去深入研究并加以解决。"

我知道这是网友对发言人的信任和期待,便回复说:"勇于面对问题是发言人的基本素质;把网友的问题带回去供领导和相关部门认真研究,作为制订政策、进行决策的重要依据,这更是发言人需要承担的责任。因此,你的建议非常中肯,也非常有意义。"

在实际工作中,我努力不辜负这种信任和期待,总是把社会上合理的呼声和诉求汇报、递送给相关领导和相关部门,促进这些问题的尽快解决。我知道,新闻发言人既要考虑部门的局部利益,又要服从国家与人民的整体利益。既要替本行业政府部门发声,又要替人民说话。而当人民的生命财产受到损失时,则要把人民的利益看得高于一切。

随着网络的兴起,铁道部感到,网络将是铁路与社会沟通的一个重要平台,网络舆情工作将成为宣传工作重要的内容。铁道部政治部宣传部先是建立网络舆情组后又正式成立了网络舆情处，王颖和张辉锋作为最先进入铁道部网络舆情工作的同志，做了大量探索性、开创性的工作。铁路网络舆情工作发展很快，逐渐形成自己的工作特色，网络舆情处处长王颖还被邀请到有关部委介绍工作经验。我在担任铁道部政治部宣传部部长时，与网络舆情处处长王颖等同志商量，建立了《舆情专报》《网上舆情》《要闻速报》，将网络上涉及铁路行业的各种声音进行选编和分析，直接报送铁道部领导和相关司局及铁路局，各级领导都十分重视，对舆情反映的相关问题往往都会积极对待，有合理建议的坚决接受，有条件解决的立即整改，有完成难度的拿出分段解决的日程表，有典型意义的举一反三，有误解的则要求宣传部门主动解难释疑。

2010年一段时间里，网友对列车晚点反映强烈，因为列车晚点招致的抱怨乃至投诉比较多。对此，网络舆情处制作了一期《舆情专报》，集中反映列车晚点的问题。部领导做出态度坚决的批示，总调度长连续布置运输局下大力气解决列车晚点问题，各个铁路局全面动员，车、机、工、电、辆各部门紧密配合，一趟趟车抓落实，一条条线盯计划，一天天报结果，使全路列车正点率有了显著提升。那段时间，宣传部新闻处的同志每天去运输局了解旅客列车正点率，并及时向媒体反馈。当旅客们按点如期抵达目的地时，他们的满意度立即提升，社会有关这方面的舆论反映也很快平复下来。运输局的同志也认为宣传工作是在虚功实做地服务运输生产这个中心，宣传部是在帮助运输局做工作。

2007年1月10日，铁道部召开当年全国铁路工作会议。前一天晚上23时，铁道部负责人找到我，要我协调媒体做好会议报道。特别要求我向媒体讲清楚春运票价上浮的道理，希望媒体不要炒作这件事。

当时我想，铁路部门在春运高峰期客票上浮的唯一理由是削峰平谷，即通过票价的浮动调整旅客出行秩序，把客流高峰移入低谷，达到均衡运输的目的。可是这个理由怎么说服得了需要掏出额外钱来买票回家过年的旅客？以往我在回答记者对这件事的追问时一直不能理直气壮，说法也遭到社会各界的质疑。媒体常有批评，网上炒作不断，"两会"也有提案，甚至还被告上法庭。

于是我报告说，这个道理我讲不清楚，媒体炒作我也阻止不了，只有停止这一条款的执行，才能从源头上解决这个问题。我说，社会上普遍认为这是一项霸王条款，不管铁路做了多少工作，只要有这一条在，铁路的声誉就好不了。当晚部领导和有关部门负责人立即召开会议，正式做出了春运高峰票价不再上浮的决定。

第二天，全国铁路工作会议正式召开。当天上午会议议程安排听取铁道部工作报告，我们邀请了中央和首都各级各类媒体参会听取精神。中饭就餐前，我对参会的中央和首都各级各类媒体朋友宣布：现在举行新闻发布会。我说，发布会不会超过十分钟，不耽误大家就餐。接着我向大家发布：铁道部决定，2007年铁路春运各类旅客列车票价一律不上浮。

顿时，餐厅里一片欢呼声。有记者提问：以后春运是否都不上浮？我回答：只要是老百姓欢迎的事，我们就一定会坚持做下去。记者们也没心思吃饭了，纷纷忙着发稿。有关这个内容的报道成为当天最抢眼的新闻。

新华社当天发了《今年起春运铁路火车票价不再上浮》的通稿：

> 铁道部新闻发言人王勇平10日透露，2007年铁路春运各类旅客列车票价一律不上浮，以后春运也将不再实行票价上浮制度。
>
> 王勇平说，今年春运，铁路部门在各类旅客列车中均不再实行票价上浮，这一票价政策实行后将会使数千万旅客直接受益。
>
> 2006年春运铁路火车票票价上浮情况为：春节前1月21日至27日、春节后1月31日起，硬座票价上浮

15％，其他席别上浮20％。但以农民工、高校学生为主要客流的临时旅客列车票价没有上浮。

王勇平说，目前铁路运输能力仍很紧张，尤其在春运期间有的线路和方向无法全面满足旅客的出行需求。铁路部门将克服困难，全力挖潜扩能、精心组织调度，尽最大能力缓和运力与需求的矛盾，努力为旅客过一个愉快祥和的春节创造较好的旅行环境。

他同时呼吁，旅客应妥当安排出行时间，合理选择交通工具，尽可能避开客流高峰期出行。铁路部门届时将及时向社会发布旅客流向和运力配置的有关信息。

2007年全国铁路春运方案显示，在2月3日至3月14日的40天春运里，预计铁路将发送旅客1.56亿人次，较去年增长4.3％，客流高峰将超过历年春运。

新华社还配发短评《春运不涨价，铁道部带了个好头！》：

铁道部干了一件有利平民百姓的漂亮事！新华网1月10日消息：铁道部新闻发言人王勇平10日说，2007年春运铁路火车票票价将不上浮。

已有几年历史的春运期间火车票向上浮动惯例终于告一段落。这是国家一项英明的惠民决策；这是铁道部贯彻中央以民为本、权为民所用、利为民所谋、情为民所系，落实国家关注民生问题的切实之举；这是社会各界包括媒体等不断呼吁的结果。铁道部这个利民举措得人心、顺民意，值得为之叫好。

这次发布会是铁道部史上最短的一次发布会，时间虽短，答问不多，效果却非常明显。这一年春运，较之往年，媒体和社会再也没有在这件事上进行问责,我的工作和心情也出现了少有的轻松感,因为解决了源头上的问题,就不再是问题了。这件事给了我一个很大的启示,做符合大多数人利益的事,就能得到支持和赞誉;相反,不符合大多数人利益的事,解释得越多,人们越反感。

当然,如果更理想一点,在制定政策时,新闻发言人就把广泛收集到的信息拿出来,并提出应对措施供决策者参考,使制定的政策有更强的针对性,从源头上增强决策的民主色彩,那么效果就会更好些。由于这方面的缺失而等实施以后出现问题再来修补,将要花很大的代价才能挽回损失。但亡羊补牢也不失为一种负责任的态度。

第四章　告真实之情

题记　发布台是由真实的信息垒砌和巩固起来的，一条条真实信息的发布，就是一块块砖石对发布台的铺垫和支撑。真实是信息的生命，真实决定信息的权威性和影响力，也决定发布台的存在价值。任何虚假信息的有意发布，都将有可能直接导致政府新闻发言人的形象乃至于政府部门的声誉连同打造他们的重要平台——发布台断崖式坍塌。发言人对信息真实性、权威性的高度负责，就是表现着对发布台的敬畏、对人民和政府的忠诚。做到这一点，自然用不着担心发布台会有任何一块砖石的松动。

一、新闻发言人口中只有真相

尊重事实，说出真相，是新闻发布必须遵循的最基本、最核心的原则，是必须遵循的正道、常道、恒道。"真实"对新闻发言人来说，是最基本的要求，也是最高的要求。发布新闻，实际上就是将事情的真相告之于众。发言人发布的信息的客观性、准确性、权威性，是衡量其是否行进在正确道路上的唯一标准，人们相信政府新闻发言人说的话，实际上是对政府的相信。从这个角度要求，政府新闻发言人口中说出的永远只能是真相。在发布台上，不管使用了多少高明的技巧、细致的符号、生动的象征、丰富的譬喻,最后,往往用简单语言说明事实更突显意义,也更受欢迎。

我们生活在一个高度媒介化的透明社会,在媒体高速发展的今天,人民群众对关系到自身利益的各类社会事件、社会矛盾的关注度空前高涨。每当突发事件发生,政府及时发声,说明真相,表明态度,阐明措施。这既是社会的进步,也是党的宗旨的回归和发扬。在现有的信息环境下,任何不坦诚的发布都会被明察秋毫又毫不留情的民众"打脸",隐瞒、掩饰矛盾和问题,是对人民群众的轻蔑和愚弄,人民群众不会答应,也越来越不现实。新闻发布就是要客观公正、实事求是、实话实说,还事实一个真相,还公众一个明白,争取赢得社会的理解与支持,使事件向积极的方向发展,使问题和矛盾得以顺利解决。人们能够原谅政府犯错,但不能接受政府说谎。

这一点,连西方有职业操守的从业人员也看得清楚。美国联邦政府第一任首席信息官维伟克·昆德拉曾经说过:"政府数据作为一项公共资源,应该像天气预报、体育赛事和股票信息一样实时公开。通过把信息的力量放到民众的手中,可以增加公民对公共事务的参与、对政府的监督。"在危机管理中与媒体沟通的过程中,政府信息就是"公共产品",通过新闻发言人及时公布来自官方的各种权威信息,树立政府的权威和公信力,这既是防止谣言产生和扩散的有力武器,也是现代政府的一项公共责任。发布台,应该是社会上各种传言的过滤器,这里传递出来的声音,由于是真实的、权威的、可信的,就能够澄清充斥于舆论场上的各种杂音和谣言。

所以,新闻发言人在发布会上必须实事求是,不能答非所问,不能掩耳盗铃,不能若无其事,不能环顾左右而言他,更不能为了某种需要而肆意篡改现实,不管你的理由是多么的冠冕堂皇。一切婉转和掩盖都是不必要的。而且,在全媒体时代的今天,也是不可能掩盖得了的。非要那样做的结果只能是欲盖弥彰,更加激发人们刨根问底、彻查真相的意志和剥尽掩饰、问责造假的冲动。

国家安全生产监督管理总局原党组成员兼总工程师、新闻发言人黄毅曾谈到他经历过的一件事。2006年5月18日,山西大同左云县一家个体煤矿发生透水事故,当时煤矿上报的是井下有4人被困。可是央视跑口记者王克生凭他多年的职业习惯,对此数字很是怀疑。于是他专程跑去现场,而且特意买了一身旧工作服混进农民工群体里打探消息。经过深入调查,了解到井下有58人被困,这个数字已经达到特大事故的标准。于是他在现场给时任安监总局局长李毅中打电话举报,黄毅连夜赶赴事故现场,并联系省委主要负责同志一起到现场,断然采取措施控制矿主,采用侦破手段摸清实情,最后确认58人被困。由于瞒报而错失了抢救的最佳时机,矿主依法受到法律制裁。

　　诚信是新闻发布最大的原则。新闻发布体现着诚信与担当。无论学习多少发布技巧,最大的技巧就是讲真话。以人为本,实事求是,应该成为一切部门的底线思维。

　　2005年7月31日19点52分,西安至长春K127次旅客列车运行至沈阳附近时与一列货物列车发生追尾事故。很快,沈阳铁路局宣传部长赵焕成就将情况报告给我,我立即将新闻处长李强召回办公室,商量新闻报道事项。我们都认为,必须迅速、真实、诚实地向社会传递事故的有关信息。李强与在事故救援现场的赵焕成保持着电话联系,第一时间收集到这起事故造成5节客车车厢脱轨、6名旅客死亡、30位旅客受伤的真实情况,迅速拟写了以事故的发生、伤亡的人数、伤者的救治、铁路部门的态度及措施为主要内容的新闻通稿。我审完稿后,李强即刻向新华社国内部发稿中心发出新闻通稿。此时,新华社沈阳分社的新闻稿也发至发稿中心,但沈阳分社新闻稿中说死亡人数为5人,与实际死亡人数不符。而铁道部的新闻通稿更为准确和详尽,迅速被新华社采用并发布。第二天早上我们又发出第二篇通稿,报道事故线路经连夜抢修已恢复通车。这起事故经前后两篇快速、准确的新闻通稿,向社会传递了真相。新华社有关部门负责人评价铁道部对这起事故的报道是严肃而负责任的。

很多时候,承认一个显而易见的事实,不仅需要专业知识,更需要良知和诚实。诚实是人品,人品是人的底牌。人品不好,能力再强也没用。没有人十全十美,做人可以有小缺点、小瑕疵,但人品不能出现问题。新闻发言人要特别讲究这种信誉,信誉很重要也很脆弱,就像一个珍贵的瓷器,一旦将其打碎再重新拼凑起来是非常不容易的,即便拼凑成功也会留下永久性碍眼的痕迹。

古人说过:"知之为知之,不知为不知,是知也。"就是说,知道就是知道,不知道就是不知道,这才是真正的智慧。明明不知道,偏要装着知道,想当然地欺蒙媒体,必然会被揭穿,这种做法显然是很不明智的,是发言人时刻都要戒备的。任何一个发言人都应该清醒地看到,无论什么事情,无论什么时候,都不能说假话,不知道的不说,不清楚的慎说,没有把握的不乱说,必须说的好好说,决不能成为"官谣"的炮制者、传播者。任何不诚实的言行都将付出维护不诚实的成本,编织的谎言越大,维护谎言的成本就越高,被人揭穿并被抛弃的风险就越大,这对新闻发言人来说尤其如此。崇尚新闻客观真实是所有新闻发言人的职业道德准则。发言人在发布台上说出来的所有话都能成为广大民众最相信、最没有疑虑的话。这才是发言人的最大成功。

当然,新闻发言人有多重使命,特别是政府部门新闻发言人,要对本部门负责,要对国家负责,要对社会各界负责,从根本上说,这些负责都是一致的。但在某个问题上,也可能暂时不一致,这完全是有可能发生的。那么,在这种情况下,最重要的当是追求真实,而这正是符合国家和人民最高利益的。

为了便于问题的处理和考虑国家整体利益,有时需要掌握好事情公开的进度和节奏,什么时候公开,公开到什么程度,不是发言人自己能够决定得了的。优秀的发言人往往会做到:真话不全说,假话全不说。既要实话实说,又不能实话全说。发言人对一个新闻事实可以选择怎么讲、讲什么,但所讲的每句话都必须真实,绝对杜绝谎言和狡辩。说谎和制谎的行为不仅会使发言人本人的人品受到怀疑,还将使政府失去公信力。

必须回归一个"真"字:传递信息,要有真材实料;交流情感,要有真情实感;表达观点,要有真知灼见。发言人口中任何语言都要言之有据、言之有理,不信口开河,不驰于空想,不骛于虚声。只有把涉及群众利益的公众事件真相揭示给群众,才能换来享有知情权的民众的理解、谅解和支持。所以说,要确保舆论引导有方、有力、有效,就必须坚持公开、透明、权威、准确。以公开为常态,不公开为例外,并尽可能缩小例外的概率和层面。

新闻发布,真实第一。这不仅是指主要事实要真实,而且情节细节也必须真实,真实不留死角。铁路行业与社会各界关联非常密切,社会对铁路行业关注度特别高。作为铁道部曾经的新闻发言人,我要发布的任何一个信息都会对大众产生最直接的影响,不能有丝毫的虚假成分。我深知,不管是有意还是无意,如果说出了不真实的信息,尤其是在第一个不真实的信息出口之后,不得不用更多的不真实的辩解来证明它的真实性,不真实的东西越多,漏洞就越大,也就越容易被戳破。

选择说假话还是说真话,实际上是为自己选择不同的路子,即选择绝路还是选择坦途。说假话是拿自己的人品作抵押,完全把自己逼到狭缝,所有的后路都因不诚实而堵死。唯有说真话才会为自己打开通途,即便真话暂时会带来某种压力,但心是豁达的,腰是直挺的,终究会获得大众的理解和认可。

回顾八年的新闻发言人生涯,扪心自问,在媒体面前,我可能说过很多不合适、不精到的话,但我从来没在主观意识上有过不说真话的丝毫故意。

但却有一次例外,汶川地震发生后,我与凤凰卫视窦文涛连线的时候,我表示铁路抢险工作以安全第一为原则,目前没有任何人员伤亡事件。事实上,就在连线之前,宝成铁路109号隧道抢险现场因为碎石滚落导致一名参与抢险的民工不幸遇难。而这个信息在与抢险现场沟通的时候无人提及,当时我并没有获得这个情况。当窦文涛反问一句:"也就是说,铁路现在的抢险没有人员伤亡?"我以肯定的语气表示的确是安全的,暂时没有人员伤亡。而就在连线的时候,抢险现场发生人员伤亡的消息已经见诸网络媒体。这件事让我刻骨铭心,它提醒了我,新闻发布必须掌握最全面的信息,在非常时期更是要把问题考虑得相当细致,一定要注意方方面面的影响,主动把信息及时、完整、准确地发布出去。虽然这一次连线过程,我发布了第一手的、权威的信息和数据,但是在动态过程的掌握,特别是地震之后铁路抢险现场信息的掌握和传递上还有一定的不足。与高度发达的媒体比较起来,明显表现出需要进一步掌握现场的信息,才能保证信息发布的时效性和精准性。

面对媒体,发言人讲述的是某个历史瞬间,对接的是某个历史故事,因而必须要对历史负责,经得起历史的检验。我在担任铁道部新闻发言人期间,铁路正在发生变化,历史正在改写,铁路取得了很多骄人的成绩,但也还存在很多问题。这些问题有历史沿袭下来的问题,也有发展中新出现的问题;有客观条件导致的问题,也有人为因素酿成的问题。无论出于何种考虑,这些问题都应该真实地向社会说清楚,不能因为对社会公布后可能会对铁路的工作带来暂时的影响,甚至引起炒作,就有意识地用谎言把真相掩盖起来,那就是在制造社会矛盾,是有违新闻发布原则的。这不仅是对政府和人民利益的不负责任,也是对发言人自己道德和良心的出卖。我国已经进入发展关键期、改革攻坚期、矛盾凸显期,我们面临的矛盾更加复杂,许多问题躲不开、绕不了、瞒不住,只能正视它、承认它、解决它。这是当今必须面对的现实,发言人说真话的自律也更为重要和严格。

二、说假话是无法弥补的灾难

从根本的意义上讲,讲真话是发言人做人的底线,也是发言人对政府最起码的忠诚和负责。诚信是新闻发言人最大的财富。无论学习多少发布技巧,最大的技巧就是讲真话。讲真话,有时候是一件很辛苦的事,甚至可能承受同步而来的某些压力,但会使自己踏实心安、理直气壮、从容自在。对于发言人来说,不管什么原因、什么背景、什么动机,都不能讲假话。因为说谎终究是会被戳穿的,事实也是掩盖不了的。事实的每一次扭曲,都是对人民群众的一次伤害,也都是对公信力的一次透支,引发几乎无可挽回的灾难性后果。当公信力丧失殆尽时,就会陷入塔西佗陷阱,无论说真话还是假话,做好事还是坏事,都会被认为是说假话,做坏事,都会招致人们的质疑、敌对。所以,发言人的任何言论都要经受得起时间和空间的严厉叩问和长久检验,没有任何的侥幸和例外。

　　和所有的发言人一样,我希望自己在发布台上每次讲的都是故事,而不是事故;发布的是人们感到喜悦、感奋、温馨的故事,而不是人们感到沉重、焦虑、失望的事故。谁都愿做报喜的喜鹊,而不愿做报灾的乌鸦。可是,这只是自己的良好愿望。生活的本身充满了喜怒哀乐各种情形和正负不同情绪,有福有灾、有喜有忧才构成生活的全部,这就决定了发言人既要报喜又要报忧的责任和义务。对于灾难事故的发生,发言人无法选择,无法回避也无法改变它的既成事实,只能客观、冷静甚至残酷地面对,并且一是一、二是二地发布真实的一切。这对发言人是考验,是磨砺,是承受,甚至是痛苦。但这也是发言人最起码的职业操守和最基本的诚实态度。

　　王阳明认为唯天下之至诚,然后能立天下之大本。在他看来,说话做事,以诚为先,以诚为本,有诚则成,无诚则毁。而"诚"则是发自内心的真诚、坦白。人们经常谈到智慧和聪明的区别,按照王阳明的观点,有大智慧的人都是讲诚信的,不自欺,不欺人,不欺世。而那些"聪明人",与诚相反,以巧诈为本,所谓的聪明都成了获取利益的手段。所以,王阳明在家训中告诫后辈说:毋说谎,毋贪利。说谎就是假,就是丑,就是恶。

在媒体高速发展的时代，特别是网络媒体的迅速崛起，我们生活在一个高度媒介化的透明社会，一个舆论监督越来越受到重视的社会，一个公众的知情权和参与意识空前提高的社会。面对突发事件，隐瞒或回避不仅不可能，而且必须承担责任。2006年发生在京九线的"4·11"事故中，两列客车追尾造成2名铁路职工死亡、18名旅客受伤。责任单位在对外发布新闻时称18名旅客受伤，无旅客死亡，回避了2名铁路职工死亡的事实。后来，事发地和平县县长接受记者采访时称事故已造成2人死亡。《广州日报》次日在头版头条刊登了事故死亡2人的报道。为此，国务院责成公安部、安监总局等部委组织联合调查组到事发地调查，新华社也跟进调查采访。"铁路隐瞒事故伤亡"一时成为媒体和社会民众关注的焦点，给铁路声誉造成了很坏的影响。

面对突发事件，一味封锁消息、回避媒体、隐瞒真相，甚至以对抗的方式回避舆论监督，则意味着放弃自身职责，放弃公众信任，放弃舆论引导。只能制造表面稳定、虚假稳定、短期稳定，导致更大的不稳定。越是信息公开透明，公众获取的真实信息越多，社会上谣言越少，社会公众对政府和有关部门的信任度就越高。发言人对媒体、对社会都应该具有一种信任的力量，这种力量会使发言人的每一场发布，甚至于每一句话都产生影响力和可信度。相反，一个没有足够信任度的发言人又怎么能获得媒体和社会的相信？由此类推，媒体和社会又怎么可以相信授权这个发言人发言的行业和政府部门？突发事件的发生总是有原因的，毫无疑问国家不会放过任何一个责任者。发言人不应该也没有权利为责任者（哪怕是决定自己命运的直接领导）文过饰非。这样做不仅对责任人没有丝毫的帮助，反而会引起更大的民愤，发言人自己的形象和声誉也会一起搭进去。因此，为了国家的利益、政府的声誉、自身的品格，都必须讲真话。这是最佳也是唯一的选择！道如根，德如土，人生如枝叶。八年新闻发言人生涯，我本人在发布台上说了真话，也说了空话，但没说假话；做了好事，也做了错事，但没做坏事。

这是我对自己的基本评价。

我的工作经历较为丰富,听从组织上的安排,干过多种职业,而且我所从事的这些职业跳跃性还很大。其中,我还干过一段时期的铁路警察,曾经在广州铁路公安局担任过为期四年的党组书记,授二级警监的警衔,常与我的警察兄弟摸爬滚打在一起。

因为有这一特殊经历,我很理解警察的艰辛、奉献和牺牲。他们虽然常被人们误解,常遭舆论炒作,但每当发生案件和灾难,总是奋不顾身地冲在第一线;每当有危难的时候,人们也总是首先想到向他们求助。作为"铁道卫士",铁路警察不仅要打击和处理发生在铁路上的各类刑事和治安犯罪,还要为旅客、货主提供各种分内分外的服务和帮助,而且铁路任何事故发生时都会有他们忙碌的身影出现。

我一直认为,那四年的从警生涯,是我生命中最为神圣、最充满激情的时光。所以,后来每当见了任何一位铁路警察,不管认识还是不认识,我都会有一种很自然的亲近感。我想这大概就是人们常说的那种"警察情结"吧。

在公安队伍里,我一直质疑自己是不是一个合格的警察,似乎在自己身上多了一些悲悯,少了一些冷峻。

一次,我到某个派出所检查工作,发现留置了几个农民,便问留置的原因,所领导说这些人是因爬乘货物列车而被关起来的。我问造成什么损失没有?回答没有。我让他们立即放掉这些人。见警官们流露出迷惘的眼光,我问他们自己爬过货物列车没有?都回答没有。我说我爬过,在当学徒工时每月工资 19 元,有一年回家看父母亲,没钱买车票,便爬乘货车,一路上苦不堪言,历尽风险。我对他们说,谁不愿意乘坐旅客列车,不是到那一步,谁会去冒险爬乘货物列车呢?我让警官们去教育那些爬车者,为了列车安全,也为了自身安全,不要再爬车了。

又有一次,我乔装去广州火车站暗访炒票的黄牛党,一对夫妇手上有几张票向我们高价兜售。随我去的几位民警正要带人,我发现一个七八岁的小女孩正在旁边看书学习,炒的票就放在她的书包里。于是,我大声呵斥那一对夫妇违法炒票还把女儿拉进来,这家人一看不对头拔脚就跑,我对身边的民警递了个眼色说,放过他们吧,孩子还小,别让她幼小的心灵留下永久的阴影。

我知道,我这样做,虽出于个人内心的感受,但未必符合警察队伍的执法要求。在公安队伍四年,我总是在情与法之间寻找平衡点,特别是对那些有轻微违法的社会底层人员,总想在执法中尽可能为他们争取一些弹性空间。这样做,既是自身柔性使然,也有对舆论反应的考量。上级机关曾有领导提醒我不要太心慈手软,可我至今也没有弄清楚自己此举是对还是错。

警察这个职业,付出最大,风险最高,但也是被舆论炒作最多的行业之一。这除了媒体缺乏对这支队伍的了解外,也与这支队伍很多干警缺乏与媒体打交道的能力有关。

20世纪末至21世纪初,广州地区流动人口一直居高不下,广州铁路地区运输压力很大,旅客买票困难,炒票现象非常严重,广州火车站治安秩序比较混乱。管辖广州火车站治安秩序的广州铁路公安处广州火车站派出所工作十分繁忙,媒体关注度很高。有一年春运,媒体采访广州火车站派出所,所领导面对记者"有无铁路内部职工参与倒票行为"的提问时,在镜头面前,态度坚决而干脆地说:"绝对没有。"

其实,这时记者已经掌握了铁路内部个别职工违法参与倒票的案例。于是将案例与派出所负责人的表态在电视上进行比较,反复播放,导致受众纷纷批评铁路警察说假话,铁路警察的形象受到质疑,社会影响很大。

事件发生在基层,根子在上面。作为上级公安机关负责人,我有很大的责任,平时缺乏这方面的培训和要求。这件事对我的刺激很深刻,我向广州铁路公安处的同志们提出,要从这件事中思考两个问题:一是有没有敢于承认执法中存在问题并改进问题的勇气?二是如何自觉接受媒体的监督并增强与媒体打交道的能力?

并以"我是一个警察"为题,在全公安局范围内开展征文活动,七千多名警察,结合自己从警生涯,人人都书写,人人都思考,人人都回答如何做一名合格的人民警察,以此提高队伍素质。

从事发言人工作后,我经常想到这件事,以此为鉴。每每提醒和告诫自己,永远都不要说假话,尤其是在媒体面前。在没有掌握确凿的事实之前,绝不靠拍脑袋想当然,绝不靠拍胸脯做结论。哪怕对那个系统再有底气,哪怕对那支队伍再信任,哪怕对那份事业再有感情,也要客观务实、公道正派。讲话留有余地,不绝对化,把自己逼进死胡同,更不能让自己代言的政府部门和行业为自己的失误买单。凡事不能过头。用孔子的话讲,叫"过犹不及"。无论说什么话、做什么事,过了头和达不到,这两种效果其实是一样的。

2018年夏,郑州警察学院在一次组织培训警官新闻素养活动中,邀请我这名老警察前去授课。恰巧培训对象中就有我曾经担任过党组书记的广州铁路公安局的部分处级警官,老战友相见,心情格外激动。在授课中,我回顾了过去的难忘时光,也分析了我们在工作中的许多经验教训。在三个多小时的授课过程中,我们对人民警察如何与媒体打交道有了许多新的体会和感悟,而我也仿佛重新回到警察队伍。

课后,心潮难平,浮想联翩,写下了一首诗《警察的课堂》。诗中写道:

> 我,一个早已换下警服的老警察
> 应邀到一座警察学院授课
> 站在台下整齐的队列里
> 是我过去警局的战友
> 面对那一张张熟悉亲切的面孔
> 我兴奋得一时不知该说些什么
>
> 回眸生命的长河

也曾静水微澜
也曾狂涛洪波
四年从警的经历
豪气万丈,激情燃烧
一番特殊的淬炼
一段火热的生活
在头上顶着国徽
在臂上佩着金盾
那是神圣的人生经历
人民警察为人民
我们情之切切
我们言之凿凿
就为这句誓言
可以肝胆相照
可以赴汤蹈火
灵与肉因忠诚而契合
一次考验连一次考验
血与火为宗旨的较量
一个回合接一个回合
在和平的年代
甘愿贡献得最大
在静好的岁月
乐于牺牲得最多

这段日子我常生感慨
才情似乎也泉涌喷薄
我写过文集《警坛余音》
余音无时不在胸腔里震荡起落
我写过诗集《大地之子》

大地母亲无时不在心灵上抚摸
离开公安队伍的时候
我是那么的不舍
至今仍有难以言表的失落

亲爱的战友
我们曾朝夕相处并肩高歌
我们迎来风,送走云
踏平高山,跨越大河
走过了都市和村落
走过了坦途和坎坷
今天,我们又走到一起
多么的激动和快乐

姚政委,你亲自带队来了
我们曾在一个班子里
潜心讨论案情
周密商量工作
人赞刚柔相济完美组合
偶尔,我们也谈天说地
谈得天宽地阔
唱着《人民警察之歌》
我在高声唱
你在低声和
记得那年春运连日战斗
你昏倒在火车站汹涌人群中
沾满汗水的喇叭
还紧紧在手中攥握

韩延甫,共和国一级英模
为何看不见你的身影
记得你在茫茫人海中穿梭
即使擦肩而过
也能断出忠奸善恶
什么？你已经永远地走了
心脏已不能承载辛劳的负荷
你曾经说过
我们警察不能喝酒
愿与我以茶当酒
叙叙旧,唠唠嗑
你怎能失约
我们还没来得及掏心掏肺地对喝

戴金华,铁警小哥
打造好警容警貌
是你每天必做的功课
姑娘见到你也会暗暗赞叹
好一个威风的帅小伙
面对歹徒作奸犯科
你凛然无惧,威严怒喝
使出漂亮的擒拿格斗
制服歹徒后才发现自己负伤
不知你是否修复好被咬掉的半边耳朵

黄延书,一名普通的铁道卫士
身上有着太多动人的传说
每次实施对案犯的抓捕
都是奋不顾身地勇猛一扑

气势能震慑邪恶
壮举可震撼山河
你的伤腿现在可好得利索
家人提心吊胆了大半辈子
是该享受晚年的清静快乐

你也来了,朱红梅
当年你青春芳华,英姿蓬勃
腼腆中泛出真挚纯朴
你带来了从警新作
说让我检阅你的心路历程
一段段散发着墨香的文字
诉说着青春的无悔
以及岁月的蹉跎

亲爱的战友
见到你们
我又一次归队
警察情怀在心中跃动
警察细胞在身上激活
那四年的从警日子
一千多个日日夜夜
你们都在给我上课
每次与你们一道出警
心灵都会激荡颠簸
每次与你们一起亮剑
人生都有宝贵收获
战斗中深谙警察责任
服务中牢记人民重托

疾风顶过,骤雨沐过
　　风雨兼程结下硕果
　　有了这段从警生涯
　　从此,便底气十足
　　从容地面对生活中的一切风波

　　此时,对着整齐划一的起立
　　我敬礼的手臂在微微颤抖
　　听到你们唤一声"书记大哥"
　　一串热泪从我脸颊上滚落
　　久别重逢,再掏心窝
　　在这庄严的人民警校
　　不是我在为你们演讲
　　而是我又一次聆听你们授课

后来,这首诗在广铁公安队伍中广泛流传。

三、巧妙地表达"难言之隐"

　　巧妙表达,是政府新闻发言人面对有难度提问的一种有效方法,也是一种机敏态度。

　　从整体上说,我们党和政府的宗旨是全心全意为人民服务,没有什么不可以对人民群众公开的。新闻发言人制度的建立和健全,正是推进政治公开民主的一个重要举措。但是,社会生活的复杂性、国际形势的严峻性,都决定了对政府信息公开透明的理解不能过于片面和简单。涉及国家安全、商业机密、宗教信仰、个人隐私,是不能说或暂时不能说的,对政府新闻发言人都会有一定的授权约束。这就要求政府新闻发言人必须坚持和把握好原则性和灵活性的高度一致。

"不能说"不等于干脆不说。美国第 35 任总统约翰·肯尼迪以擅长与媒体沟通而著称,是美国历史上第一位允许电视直播白宫新闻发布会的总统,常受到媒体的追捧。在与媒体打交道中,约翰·肯尼迪往往不经意地掌握话语主动权。每当在发布会上遇到棘手的问题时,他常用的策略是重复一下记者的问题,借机调整记者问问题的角度,然后从自己的角度做出回答。

　　事实证明,如果态度生硬地拒绝,情绪激动地挥斥,只能造成自己被炒作的被动。但是如果换一种说法,对有"难言之隐"的话题委婉地说,既不能受人掣肘,又不能失态于人;既不能把大事说小,也不能把小事说大;既不能"守口如瓶",也不能"合盘托出"。发于其所当发,止于其所应止。同时,处理好"树木"和"森林"的关系,不能为一味取悦而"失向",为刻意迎合而"失态",为迁就偏激而"失真"。在保持微观真实的基础上,保持宏观的真实和本质的真实,使"难言之隐"既可言,又无隐。

　　美国前国防部长拉莫斯菲尔德在接受媒体关于伊拉克大规模杀伤性武器的提问时,既拿不出伊拉克大规模杀伤性武器的真实证据,又不愿承认美国政府和美国军队的诬陷事实,便说了一段让人云里雾里无法听明白的话:"我总是对有关找不到伊拉克大规模杀伤性武器的报道很感兴趣,因为我们知道,世界上存在着已知的已知事物,也就是说有些事情我们知道自己知道,而我们也知道世界上存在着被人所知的不明事物,这就是说有些事情我们知道自己不知道。同时,世界上还存在着我们不知道的不明事物,也就是说我们不知道自己不知道。"这就是美国政客面对难言之隐采取的惯用手段,成心不让别人搞清楚自己表达的真实意图,用绕圈子的方法来摆脱自己的困境。这种虚伪的做法当然是我们所不齿的。

　　有两个例子很能说明巧妙表达的智慧。

　　一个事例发生在王蒙身上。1986 年,王蒙出任文化部部长。在一次记者招待会上,一个外国记者问他:"50 年代的王蒙和 80 年代的王蒙,哪些地方相同,哪些地方不同?"王蒙心里明白,美国记者的问话是别有用心的,如果谈个人遭遇和命运,往往容易授人以柄。王蒙回答:"50年代我叫王蒙,80年代我还叫王蒙,这是相同之处;不同的是,50年代我二十多岁,而80年代我五十多岁。"王蒙在名字、年龄方面做文章,看起来绝对没错,也很"切题",实际上话里没有与问话实际用意有丝毫相关的信息内容。

还有一个事例发生在著名作家刘绍棠身上。一次,刘绍棠到国外访问,一个外国记者不怀好意地问:"刘先生,听说贵国进行改革开放,学习资本主义先进的科学技术和管理方法,这样一来,你们的国家不就变成资本主义了吗?"刘绍棠没有做太多的解释和说明,只是淡定地反问一句:"照此说来,你们喝了牛奶,就会变成奶牛了?"学习资本主义先进的科学技术和管理方法就会变成资本主义国家,这显然是一个谬论,刘绍棠根据这一谬论,设置了一个与之相关的谬论——喝牛奶就会变成奶牛。这样,也就构成了一种与对方谬论相同而又荒唐的关系,产生了强大的反驳威力,一下子将对方置入无言以答的境地。这两个事例都说明了如何运用智慧,巧妙地化被动为主动。

当然,要求每个发言人都能达到这种机智敏锐是不现实的,对有些不便明说的问题,当场又没有找到更好的回应口径,我会选择一种风险相对小的方法,承认自己尚未获得权威的信息。

2005年3月18日,这天是星期六。下午,我在北京铁路局西山培训中心,邀请中央媒体跑铁路口的记者参加吹风会,会议正待开始,铁道部党组秘书、办公厅副主任万里洋通知我马上回部,到党组会议室参加党组扩大会议。我要求请假,解释我正要主持召开新闻通气会。万主任说,党组会议很重要,参加会议的人员都不能请假,让我把通气会交给宣传部副部长开。

在党组扩大会议上,宣布了一项重大的铁路体制改革方案,决定撤销全国铁路所有的44个分局,将原北京铁路局拆分为北京、太原两个铁路局,将原郑州铁路局拆分为郑州、西安、武汉三个铁路局,铁路局由15个增加为18个。会上,铁道部党组所有成员都表态,一致赞成。资历最老的党组副书记、副部长孙永福更是给予了很高评价:这是几届党组想干而没干成的事。对铁路宣传部门来说,对内要加强职工思想教育,服从改革大局,保证平稳过渡;对外要讲清铁路这一改革的重要性和必要性,赢得社会的理解和支持。

当天晚上,我就与宣传部相关处室负责同志制定宣传方案。

第二天,按照我们提供的通稿,各大媒体纷纷对此进行报道。中国新闻社当天的电讯稿:

中国铁道部18日正式对外宣布改革方案:撤销铁路分局,减少管理层次。由原来的铁道部—铁路局—铁路分局—站段四级管理体制,改为铁道部—铁路局—站段三级管理模式。这一改革,既是铁路改革发展的现实需要,又对我国铁路现代化建设具有深远的战略意义,完全符合全路的整体利益。改革我国铁路四级管理、铁路局和分局两级法人的体制,一直是铁路管理体制改革的重大课题。铁路局和分局两级法人,以同一方式经营同一资产,管理重叠,职能交叉,相互掣肘,效率不高,对铁路发展形成了严重制约。特别是随着技术装备水平的提高、运输生产力布局的调整和内涵扩大再生产的深入实施,铁路局和分局两级法人的弊端越来越突出。在加快铁路改革与发展的新形势下,实行铁路局直接管理站段的改革势在必行。通过实施主辅分离和运输生产力布局调整,为撤销铁路分局、实行铁路局直接管理站段的体制创造了条件。可以说,目前实行改革条件和时机已经成熟,这项改革的实施已水到渠成。实行铁路局直接管理站段体制带来五大好处:一是有利于提高运输效率。目前铁路局和分局两级法人在运输组织指挥和经营管理等方面职能重复,限制了运力资源使用效率的提高。撤销分局之后，由铁路局直接管理站段，减少了运力配置的中间层次，有利于优化运输组织，提高管理效能，提高运输效率。二是有利于发挥新技术装备的作用。通过撤销铁路分局，可以打破管理层次多、分局管理跨度小对新技术装备作用的限制，适应不断扩大运输能力的需要。三是有利于减少运营管理成本。四是有利于推进铁路管理体制创新。五是有利于进一步加强安全管理。

3月25日，人民网记者采访我：这次铁路改革撤销所有分局，实行三级管理模式，力度之大前所未有，广大网友对此多表示肯定。但也有网友说，铁道部早该"瘦身"了，经济界关于铁路局与铁路分局谁"死"谁"活"的争论将近20年。为什么我们现在才开始改？

记者的问题很尖锐，不是一两句话能说清楚的，既不能低估这次铁路改革举措的重大意义，又不能因此而否认铁道部前任领导人的重要贡献和探索。我在回答了具体的改革方案后，做了一个结论："历史的人做历史的事。"后来，人民网记者报道，铁道部新闻发言人谈撤销所有分局的改革举措："改革的时机成熟了。一句话，时候到了。"

新华社高级记者、新华社经济参考报研究院院长李新民建议发言人："记者没有问，您也可以说。面对媒体，如果只是消极被动地回答问题，就会陷入被记者牵着鼻子走的被动局面；要摆脱被动局面，首先要树立'以我为主'的意识，掌握必要的'答问技巧'，积极设置议题，正确引导舆论。"这种方法在发布台上确实被发言人经常运用。

2005年7月15日，我应邀做客人民网访谈。当时，石太、武广铁路客运专线及京津城际轨道交通工程相继开工，标志着我国铁路客运专线建设的序幕已经拉开。这些新建铁路完全是按照高速铁路等级来进行规划、设计和施工的。可是，为什么不响响亮亮地叫"高速铁路",而一条条都叫起了"客运专线"?当时,记者是想让我谈这个社会比较关注的问题。但这个问题有太多复杂的历史原因,我没有回答这类问题的授权。我知道,对客运专线正式命名为"高铁"是早晚的事,但现在不是时候。经过磋商,记者的提问变成这样:"王部长,您能否向网友解释一下,客运专线与现在的运输方式相比有什么不同?"

这对我来说就不存在问题了,我细细地解释开来:"迄今为止,我国的铁路运输一直是客货混跑,也就是一条铁道线上既跑客车,也跑货车。这种运输方式,无论从编组方式还是调度指挥来说都非常不方便,互相制约,互相影响。一到春运和黄金周运输期间,常常在运力紧张的线路或区段只能停开货车,多开客车。而到煤炭、粮食等国家重点物资运输紧张的时候,又只能再保货车,少开客车。即使在平时,客车注重的是速度,而货车注重的是载重,客货混跑势必难以兼顾,而且也增加了运输安全的压力。客运专线建成后,在平行的铁路运输通道上就可以实现客货分线运输,客运专线上只跑客车,而不再是客货混跑了。"

2008年5月12日发生的汶川大地震,造成了宝成铁路109号隧道坍塌,在救援过程中,有一天我与东方卫视两次进行电话连线。上午进行电话连线的时候,我根据救援现场指挥部提供的口径,说到109号隧道抢险现场下午将组织实施一次爆破,清除隧道下方河中的淤堵。但是,当天下午爆破因故没有按计划进行,晚上再次连线东方卫视的时候,主持人突然问到下午的爆破是否进行了,这个时候既不能不顾事实说爆破如期进行了,也不便说出停止爆破的特殊原因。连线是现场直播,容不得商量,也容不得迟疑,情急之下,我回应说这个问题的信息现在还没有反馈到。这也算是一种没有更好回复口径的无奈选择。

高铁开行定价,是一个涉及面广、政策性强的问题,一直为社会所关注。还在京沪高铁即将开工前夕,网上就已经开始关注京沪高铁的票价。在一次与网友的互动中,有网友向我提问:"向王部长打听一下,网上盛传的京沪高铁已经开工了,是不是真的?如果开通了,票价是多少?"

我没有回避这个敏感的问题,我回答道:"举世瞩目的京沪高速引起人们对它的开工以及未来通车以后票价的关注,完全可以理解。但是,我现在还不具备来回答这个问题太多的信息和条件,我只能告诉大家,京沪高速的准备工作已经非常充分,开工指日可待。也就是说,我们盼望的这个日子离我们已经非常近了。等到有准确时间的时候,我一定及时地向大家报告。至于通车以后的票价问题,现在来回答为时尚早,路还没有修,车还没有通,票价问题现在还没有考虑。但是也可以说,这个票价会经过多方面的论证,推出一个经政府核准的、人民群众能够接受的票价来。"这样的回答既符合事实,也避免了舆情的引发。

回顾这些发布会的经历,我的一个很深刻的体会就是:心底无私天地宽。在发布台上,实事求是,对媒体提问不闪烁其词,不藏着掖着,也不张口就来,不加分析,从而造成消极影响,而是坦诚真挚地面对、机智敏锐地回答。这样做,就没有什么"难言之隐"了。

四、以信息对称保证信息真实

有一件事让我记忆很深刻。

2005年11月,我随中国政府部门新闻发言人代表团在访问联合国新闻办公室的詹姆斯·沃斯特主席时,听他说过这样一段话。他认为,一般说来,新闻发言人有两个主人:一个是新闻事实,一个是他的老板。这两个主人有时是一致的,即老板要把他的真实情况通过发言人披露给社会各界。有时则是矛盾的,即老板并不想把所有的真实情况让外界都了解到。发言人要忠诚于自己的老板,因为受雇于他。发言人必须获得老板的真实意图,一个好的发言人必须要与自己的上司保持畅通的渠道。联合国每天中午都会有一个新闻发布会,回答记者各种提问。由于联合国的工作非常复杂,许多事情同时进行,要准确地发布各类信息,客观上要求发言人必须掌握秘书长的真实意图和每天国际上发生的大事的基本轮廓。

詹姆斯·沃斯特主席认为,一个糟糕的发言人有三个方面特征:一是不能得到信息。发言人是一个拥有并发布信息的主体,假如他本身没有信息的来源,他就无法承担既定的角色。比如苏联政府新闻发言人面对媒体不断否认核电站泄漏事故,而当时人们在电视上已经看到了核扩散的浓浓烟雾。他的信息局限使他把自己放到了与事实真相对立的尴尬境地。二是不知什么是信息。有的发言人反应迟钝,缺乏对人们感兴趣的问题的职业关注,常常把一些重要的信息漏掉或只做简单化的处理,造成资源浪费,"身在宝山不识宝"。三是不断传播假信息。有的新闻发言人以一种对媒体和社会极不负责任的态度,随心所欲地提供错误的信息,这不仅使自己的形象大打折扣,还直接造成对老板信誉的影响。

因此,新闻发言人要对所有的信息都了解,要尽可能参加决策的全过程,把每一个环节都搞清楚。这样才能不仅知道决策的结果,而且知道决策是如何制定的。在新闻发布会上,记者会不厌其详地追问,如果掌握情况非常有限,势必会被问得张口结舌、焦头烂额。因此,决不能带着某个盲点去面对媒体,决不能以"可能""也许""大概""说不定""估计""听说"这类词语掩饰自己信息不足的窘迫。有的政府和企业对发言人不充分信任,这样只会为自己带来不好的后果,这种后果有时候会非常严重。新闻发言人一定要是一个很好的倾听者,要善于倾听公众的意见。一个掌握全局的人往往是一个对方方面面都感兴趣的人,各种言论的畅通会使发言人减少信息的局限和临场的局促。而自以为是、盛气凌人的人是无法承担新闻发言人这一职责的。

我过去的发布团队是一个非常有战斗力的群体,人不多,效率高,对媒体基本上能做到有求必应。当然,遇上喜欢刨根问底的媒体记者,也会有同志抱怨。遇到这种情况,我就劝导他们,刨根问底是记者的责任,刨根才会找到根,问底才会知底。在记者刨根问底之前,我们应先刨根问底。要让记者知其然,我们必须知其所以然。

在发布台上,面对记者的提问,有时我会显得局促,说一些词不达意、模糊不清的话,往往是因为自己并没有掌握真实的信息。为了不明显地表现自己的慌乱,不得不用一些空话来应付。有一次,新华社有一位叫刘娟的记者对我的回应不满意,不留情面地批评我:"你说的都没错,但没有实用价值。"虽然当时我的脸上有些挂不住,但在内心是服气的。媒体找发言人,要的是事实,是真相,而不是空洞的道理,再正确的废话也是废话,谁愿意听呢?

铁路是个大企业,也是个老企业,身上有太多计划经济时期的痕迹,必须要深化改革,适应市场的需要。但很多问题由来已久,且涉及面广,牵一发而动全身。不可能企求所有问题都在一个早晨完全解决,铁路的改革只能是渐进式的。然而,铁路运输能力的短缺则是突出问题和主要矛盾,铁路的建设和发展因之必须是突破性的。作为铁道部新闻发言人,我不得不小心翼翼地向社会进行解释,尽可能使社会理解铁路一些机制措施在某个阶段还存在着一定的合理性,更不要因为这些情况的存在而怀疑和否定铁路快速发展的必要性。

那些年,每逢春运铁道部都会成为媒体关注的焦点,旅客不理解,媒体常质疑。我知道,民众对铁路春运的关切,实际上是对他们自身利益的关注,也是公民社会责任感的表现。作为铁道部新闻发言人,我不应该总是考虑自己的得失,如何设法躲避尖锐的提问,而应当努力地回应,提供真实的信息,让更多的人了解铁路及各种事情的真相,也维护好他们自身合法正当的权益。当然,前提是在热点问题的回应中保持谨慎的态度。坚持实事求是,既要尊重微观真实,也要探寻宏观的客观,避免以一种主观性对另一种主观性。

2008年1月18日下午,铁道部举行新闻发布会。我介绍了

2008年铁路春运情况,并就"买票难""提高临客服务水平""维护旅客权益""保证运输组织安全乘降""严厉打击内外勾结贩票行为""优先学生和农民工运输""春运票价不上浮、打折票价不恢复"等社会热点问题,回答了记者的提问。《人民日报》、新华社、《光明日报》、《经济日报》、《科技日报》、《中国青年报》、《工人日报》、中国新闻社、《人民铁道》报、中央电视台、中央人民广播电台、中国国际广播电台、中国政府网、新华网、人民网、中国网、央视国际等100余家媒体约170名记者到会采访。中国政府网、新华网、人民网、中国网、央视国际、中国经济网等网络媒体对实况进行了图文、视频直播。

当时,《人民日报》记者提问,"有的普通旅客在售票窗口买不到火车票,可是从票贩子手中可以买到高价票,是否存在铁路内部职工和票贩子勾结的现象?今年铁道部将出台怎样更加严厉的措施防止以票牟私的现象呢?"

我知道,这是《人民日报》代表人民在发问,我必须严肃作答。我当然不会犯绝对否认铁路内部职工和票贩子勾结的低级错误,但是我也担心过多回应这件事,将导致媒体对是否存在铁路职工和票贩子勾结现象进行过度炒作,影响铁路队伍整体形象,造成更为激烈的社会情绪。对此,我选择把回复的重点放在制度管理上,而不多谈具体的人和事。

我回答说:"我们在这方面的管理制度是非常严格的,力求不留漏洞,以有效防止内外勾结问题的发生。一是严肃售票纪律,要求售票员当班时严格遵守'四不准'作业纪律,即不准代卖代买车票,不准抢票占票,不准带现金手机上岗,不准售票桌内存放个人物品;二是规范退票标准和作业程序,严格执行退票有关规定,对退票过程实施严格监管;三是加大对售票的监控检查力度,及时发现和纠正各种违法违章售票行为;四是对违反规定的售票人员调离岗位,对以票牟私的人员严厉查处,并且要追求相关领导的责任。"

说完这层意思后，我接着表示："可能有朋友说，怎么每年春运的时候都没有发现内部职工与票贩子勾结的案例？我们坦率地说，每年我们都处理过个别以票谋私的职工，我们将在这方面继续加大力度。"对这个问题的回答在详略轻重上的处理，后来证明是比较得当的，也是客观实在的，基本得到了媒体、社会和铁路行业三方认可。

2008年2月28日，铁道部召开新闻发布会，我再次出席发布会，介绍节后春运情况并回答了记者提问。我首先对新闻界的各位朋友说："27天前，也就是今年铁路春运开始的前两天，我们也在这个地方举行了新闻发布会。在那次发布会上，我向新闻界的朋友介绍了铁路春运的特点、任务、重点和对策，特别是我们提出的'和谐春运'的目标，这既是200多万铁路职工凝聚人心的奋斗目标，也是赢得全社会支持的庄严承诺。那么，现在进入春运已经是第25天了，铁路春运工作在党中央、国务院的正确领导下，在全国人民的大力支持下，正朝着既定的目标顺利地推进，许多指标正在变成现实，许多工作超出了我们预想。下面这组数据和事实说明了铁路春运前一阶段取得的阶段性成果。截止到昨天18点，全国铁路共发送旅客9340.1万人，同比增加256.4万人，日均发送旅客373.6万人。2月15日达到了399万人，为历年节前最高水平，比去年节前最高峰增长6.6%。2月24日达到了490万人，再创铁路春运单日发送旅客的最高水平。前阶段的春运，运输安全基本稳定，春运秩序平稳有序，服务质量有所提高，重点物资运输得到有力保证。全国铁路日均装车完成114700车，同比增长16.3%，保证了煤炭、石油、粮食以及节日物资等重点物资的运输。可以说，200多万铁路职工经受了考验。这些工作成绩得到了党和人民的充分肯定。当然，我们也很清楚地看到需要加强和改进的地方。比如，安全仍然存在隐患，今天凌晨2点，南疆铁路因大风造成列车脱轨。此外，有的铁路局列车晚点和超员的情况也还存在。"

然后，我根据节后春运的特点和要求，向媒体通报了下一阶段的铁路系统春运统要抓好的各项工作:第一,全力确保春运安全稳定;第二,合理安排春运能力;第三,加强售票组织;第四,维护春运秩序;第五,进一步规范服务行为;第六,统筹抓好第六次大面积提速调图准备工作。我表示,铁路干部职工将围绕"和谐春运"的目标,继续努力,再接再厉,全力以赴,夺取今年春运的全胜。在以后的工作当中,我们仍然期待新闻界朋友的热情支持。

接下来,我回答各位记者的提问。

《中国日报》记者首先提问:"今年的春运已经过了一大半,如果给节前铁路春运打分的话,您认为应该打多少分?"

对这个问题,我做了坦诚客观的回答。我首先正面肯定了铁路所做的工作,我说:"节前15天全国铁路共发送旅客5262万人,日均是350.8万人,15日达到了399万人,这些都是历年节前最高水平,比去年节前最高水平增长了6.6%,运输安全保持了基本稳定,售票、停车站秩序也好于往年。今年春运我们还推出了旅客列车票价不上浮,在北京等十个城市发售学生返程票,增开学生专列和民工专列的措施,得到了社会的好评,也得到了媒体朋友积极的评价。"

然后,我也谈到存在的问题。我接着说:"当然,尽管我们做了很大的努力,有些问题还存在,特别是买票难,这是一个客观的现实问题,而且由此产生了许多其他的问题,也给旅客朋友在旅行中带来诸多不便。彻底解决这个问题,还需要一段时间。只有通过未来几年持续不断加快发展,才能根本解决买票难的问题。"

最后我做了一个归纳:"总的来讲,我觉得今年的春运,前一阶段的战役打得是比较漂亮的,广大铁路职工为节前春运工作付出了艰苦的努力。至于说打多少分,我想这应该由人民群众和广大旅客来打分吧。"

对这个回答,事后记者朋友对我说,回答得比较高明,自己不打分,由人民群众和广大旅客来打分,但却交出了可观的成绩单。

新华社《瞭望》周刊记者接着提问:"根据往年的经验,节后的春运客流量更大,今年节后春运的特点是什么?铁道部门如何应对?"

这个问题正是我们需要向社会传递的信息,我先把节后春运面临的任务和特点做了一番叙述。我说:"你说得非常对,节后春运客流确实要大过节前。整个来看,节后春运的特点是重点地区多、客流增量大、高峰峰值高,节前的重点地区是北京、广州、上海等地,节后的重点地区主要有成都、重庆、武汉、南昌、合肥、阜阳以及湖南地区。在客流增量上,节前大约是三分之一,节后的客流是三分之二。从客流高峰来看,节后最高峰一般比节前最高峰日的客流要多出100万左右。问题还在于,今年节后春运具有更多的变数和挑战性:一是客流高峰更高。今年春运比去年晚了20天,节后学生流、民工流、商务流、探亲流高度叠加,客流的全部峰值以及高峰持续时间都有明显的增加。二是'两会'代表委员和春运叠加。今年'两会'正处于节后高峰,是最为紧张繁忙的阶段,与节后春运客流高峰重合。铁路部门在顺利度过客流高峰的同时,必须安全优质地完成'两会'代表委员的运输任务。三是我们还要同步抓好第六次大面积提速的准备工作。第六次大面积提速调图准备工作已经进入最后的准备阶段。设备的整治、调试,人员的培训,牵引试验,新运行图的编制和学习,新旧列车运行图交替方案的制定等工作都在进行之中。铁路部门必须一手抓春运,一手抓提速的各项准备工作。所以,节后铁路春运的难度更大,考验更多。如果气候恶劣,春运工作将会变得更加复杂和艰巨。"

然后我把应对措施做了说明:"对于节后春运工作,铁路部门已经有充分的准备,各方面的工作进展良好,应对措施正在实施并发挥作用,这就是继续把安全放在最核心的位置,坚持安全、能力、售票、秩序、服务'五位一体',合理安排运输能力,最大限度地投入运力,加强运输指挥调度,保持良好的运行秩序。根据春运方案,全国铁路采取基本方案、预备方案、应急方案三套梯次运力方案,分别应对正常客流、高峰客流、突发客流,基本方案为直通临客192

对,预备方案为直通临客51对,应急方案为直通临客22对。各铁路局还会根据各自管辖的范围增开一些临客。"

《农民日报》记者关注节日物资和春耕的农用物资的运输,他的问题是:"今年开春比较早,马上到春耕季节,请问,铁路部门在保证旅客运输的同时,对节日物资和春耕的农用物资的运输是如何安排的?"

我回复:"《农民日报》的记者关心和关爱的是我们农民兄弟的利益。刚刚过去的春节假期,铁路部门充分利用节日初期的停开客车腾出的运力,开货物列车,优先确保节日物资和春节物资的运输。春节七天假期,铁路货物发生量大幅增长,同比增加了15769车,增长了15.9%。这个数字是非常了不起的,这在历史上是没有过的好成绩。为保证节日物资运输,铁路部门每年春运前都会及早安排、及早部署,与地方政府和企业加强沟通、协调,将节日物资运送到位。在春运紧张的情况下,铁路部门仍然全力保证重点物资和春耕急需物资运输,加大对化肥、农药等物资的运力倾斜,并继续对化肥等涉农物资运输实行优惠政策。同时,各铁路局都制订了能源运输方案,对挂用运输化肥农药的列车优先解体、优先编组、优先换行,并积极组织十大列车,确保化肥、农药等物资及时送到农民手中。仅春节七天假期,铁路、化肥农药日均装车达4289车,同比增长了82.7%。谢谢!"

中新社记者的提问围绕"两会"代表委员的运输:"'两会'马上召开,铁道部在抓好春运运输的同时,如何做好'两会'代表委员的运输工作,能否具体谈一下?"

这是一项政治性很强的服务工作,铁路方面早已做好充分的准备。我回答:"每年春运我们工作都非常紧张,今年的春运工作可能会更加紧张一些。因为今年的春运在最繁忙、最紧急的阶段迎来了'两会'的召开。每年'两会'的代表和委员乘火车的比较多,去年有1000多名'两会'代表和委员乘坐了65趟旅客列车来到北京开会。铁路部门非常重视'两会'代表委员的运输工作,我们也非常高兴有'两会'代表委员现场指导铁路工作的机会。今年'两会'正好遇上春运比较繁忙的时机,学生流、探亲流、民工流叠加。对此,铁道部门提前准备,开展铁路运输服务安全大检查,对'两会'代表乘车进行周密部署,并专门召开会议,落实'两会'代表委员乘车运输安全和服务各个环节的工作。比如,运输调度部门重点掌握运输情况,确保安全,对供电等部门加大了巡守、检查的力度,客运部门挑选优秀的乘务员为'两会'代表服务。"

由于我掌握到西藏"两会"代表以及工作人员乘火车已于当天早上到达北京的信息,所以在回复这个问题时最后说:"我特别告诉大家,经过 48 小时的火车旅程,今天早上西藏 36 名人大代表和政协委员以及工作人员顺利到达北京,这是他们首次乘火车来北京参加'两会',他们有很多感慨,也对铁路工作提出不少指导意见。"

《中国改革报》记者从铁路春运不涨价入手,提到专家认为春运不涨价增加了社会成本的问题:"今年的春运不涨价受到了社会各界的好评,但是近日有专家认为,春运不涨价,增加了社会成本,您对此有什么看法?"

我很坦诚地谈了自己的看法,我首先说:"其实你说'得到很多的好评'就已经回答了问题。至于有专家认为春运不涨价增加了社会成本,这也是一家之言吧。我想,他可能主要是指旅客在排队、购票时由于人多,可能要耗费比平时更多的时间,以及春运期间列车可能比平时更加拥挤一些。这种情况是存在的。但是,由此得出春运不涨价增加了社会成本,这值得商榷。我认为评价一项政策的好坏,首先要看它是否真正得到大多数人的拥护和赞成。正如刚才你所说,春运票价不上浮,得到了社会各界,尤其是农民工、学生等群体的好评,因为他们减少了实实在在的支出。所以,人民群众高兴拥护的事我们要去做,而且要做得好。"

我接着说:"我们也意识到,由于今年铁路运输票价不上浮,有可能会造成铁路更多的客流压力,对此,我们也想了很多对策:一是尽最大可能增加运力,同时加强售票组织,除送票到大专院校和民工集中的厂矿企业外,还大量增加临时售票窗口,最大限度地为旅客购买提供方便;二是严格控制旅客列车超员,严禁超计划售票。节前上海铁路局有一个车站因为超计划售票,站长被就地免职。"

我进一步说明:"当然,由于春运期间客流巨大,最高峰日比平时高两倍,所以,肯定比平时拥挤一些,这些也是为了让更多的旅客回家过年不得已采取的一项措施。但是,总体来看,旅客的舒适度在逐年地提高,相信经过第六次大提速,会有进一步的明显提高。正如最近北京一家知名都市报评论所说:'春运运量大幅增加,这直观地证明了春节期间更多的人实现回家的心愿,更多的家庭实现了团圆和欢聚,就此一点,春运不涨价就是值得鼓励的一项政策。'我想这样的评价是非常客观、非常理性的,在座的也写了很多好的文章,我都一一拜读了,很受鼓舞。"

《中国青年报》记者提了两个问题:"关于春运不涨价的问题,今年春运前,在铁路和公路部门相继宣布不涨价之后,铁路在前一阶段得到了很好的贯彻,但是公路在实际执行中,有很多地方还是涨价了。对此,不知道王部长有什么看法?另外,面对即将到来的下一个客流高峰和'两会'代表的运输压力,能不能在下一阶段把不涨价的政策落实好?怎样落实?谢谢。"

在回复第一个问题时,我说:"首先感谢这位记者对铁路工作的肯定。确实,由我来评价铁道部以外的工作可能不恰当。但是,我可以谈谈我的看法。作为中央政府的工作部门,交通部和铁道部一样,在春运期间考虑如何让更多的旅客走得了、走得舒心,所以在铁道部宣布票价不上浮后,国家发改委和交通部联合发文,要求公路、水运的票价也不上浮。铁路现在基本上都是国有的,管理体制也是垂直管理,所以,在执行命令方面是不打折扣的。而公路企业不少是私营的,所以,难度会更大一些。但我们仍然感觉到公路、水运等交通部门,它们的工作还是很有力度的。

在回复第二个问题时,我主要是表达了铁路方面的态度。我说:"我在这里,向在座的媒体朋友再次承诺,我们一定会抓好这项措施的落实。既然春运以来票价没有出现上浮的情况,那么在今后的工作当中,不管发生什么样的情况,我们都会把这项政策贯彻到底,这一点不容置疑。"

《京华时报》记者得到提问的机会,他的问题带有批评性质:"我有一个问题,今年大年初六回来的时候,坐一趟车,车非常拥挤,超载非常严重,很多旅客把餐车当成自己的座位,花20元钱就可以从晚上一直坐到天亮,早上再花10块钱吃早餐,从早上坐到中午,如果不买早餐或者不吃晚饭,座位就被餐车人员清除。我想问变相卖茶座的行为铁路有没有规定?如果违反了这样的规定怎样处罚?"

记者说到的这些问题显然是存在的,我选择回答铁道部在这方面的制度和要求。我说:"列车餐车是供旅客用餐的,如果餐车改为其他的用途,来买卖座位,肯定是不符合规定的。但是,有一种情况,非用餐时间,供旅客喝咖啡和喝茶,经过物价部门审核后,收取饮料和茶水费是允许的。如果发现有违反规定的情况,旅客可以向铁路监察部门举报,也可以向铁路相关部门举报,有投诉电话。春运期间,铁道部精心组织了暗访工作组,对于车上茶座的规定情况进行了检查。铁道部要求,站车茶座服务必须按照规定的服务项目、服务内容和服务标准,提供符合要求的环境质量和良好的服务。按照规定服务并提供发票,必须用区别于旅客候车室的明显标记,茶座服务人员着装应与站车客运人员有明显区别,必须在营业所公布服务项目收费标准、服务承诺、投诉电话等主动接受旅客的监督,必须由列车客运人员统一负责安全检查和检票进站上车。必须坚持旅客自愿的原则,不能以任何的形式强制旅客的茶座服务,严禁以提前进站、提供紧俏车票等手段诱导和招待旅客,变相收费。"

在这个基础上,我进一步表明:"今年春运我们还规定,在旅客候车条件紧张时,旅客候车区域内的茶座暂停营业,腾出空间供旅客候车。如果有违反规定的,我们将根据情节的轻重,给予相关的领导和工作人员以纪律处分和罚款。"

最后是中央电视台经济频道记者提问:"我想问的一个问题是,我们注意到最近两年铁路部门开通了订票电话,但是很多人反映电话基本上打不进去,即使打进去也基本上没有票,解释一下这个问题。"

又是一个反映社会呼声的问题,也确实存在,也确有原因。我力求把原因说清楚,便诚恳地说:"有的铁路局春运期间实行电话订票的方法,应该说电话订票是铁路部门和中国铁通联合推出的便民服务。但是,在春运期间电话订票毕竟是一种辅助的方式,大部分的车票是通过主渠道发售的,也就是通过车站售票窗口和市内售票窗口向旅客直接发售。对学生和民工这两个群体,我们采取了上门送票和发送团体票的措施。因此,电话订票虽然发挥了重要作用,但不可能满足大家的需要。由于电话订票的票量不大,而需求量又特别大,所以,在打电话订票的时候,可能太多的拥挤造成打不通,打通以后也可能因为票紧张而订不上。"

我用事例说明:"举一个例子,一趟列车一千多张票,一个电话订票是三张的话,就是所有的这一千多张被拿出来订票,可以算一下,也就是三百来个电话。所以,电话订票尽管是一个比较好的服务方式,但毕竟是一种辅助方式,不可能满足每一个订票的需求。这两年铁通公司为配合电话订票服务,在网络技术和人员培训方面做了大量的工作,有些工作还需要进一步完善。"

可以这样说,让自己的回应变得坦诚并具有逻辑的力量,从而使媒体朋友认可并接受这种回应,是我全力以赴追求和实践的目标。

第五章　绷机敏之弦

题记　发布台是政府新闻发言人与媒体记者勇气和智慧交相辉映的舞台,政府新闻发言人自然要遵守说老实话、办老实事、做老实人的原则。但老实不是木讷,不是愚钝,而是外圆内方,大智若愚。发布台有时会迎来风云际会,有时会面临重重陷阱。对此,发言人必须保持机智敏感的辨析能力和反应能力,洞若观火,智周万物,做到兵来将挡,水来土掩,有问必答,见招拆招。只有这样,才不至于陷入进退维谷的被动,圆满完成既定的信息发布任务。

一、不回避挑战性的问题

发言人答记者问,实际上是交心论理的过程,是解难释惑的沟通,是说服与反说服的较量,是知识、能力、谈话技巧的综合运用,也是塑造政府形象的良好机会。最难答的问题往往是最需要回应的问题,最刁钻的问题往往是社会最关切的问题,因此发言人不仅不应当回避而且还要欢迎挑战性问题。不说没根据的话,是"生命线";不说没逻辑的话,是"及格线";不说没质量的话,是"水平线"。

不可否认,发言人是个难度非常大的角色,经常要面对国内外媒体的各种尖锐发问。记者一个问题扔过来,一秒钟之内就得发出符合事实、符合逻辑、符合常理的声音来,必须要锻炼成一种"条件反射"。而且发言人举手投足、一言一行,在媒体和网民面前都可能被过度解读而产生不必要的推测、不合理的联想。说实话,只有在发言人的位置上,才能体会到那种如履薄冰、如临深渊的精神压力。也正因为如此,我才经常告诫自己要随时机智灵敏地觉察、思考和回应表面与潜在、孤立与关联、简单与复杂的各类问题,不要忽视自己在聚光灯下的任何不当思维、不当言语和不当表情。

中央电视台主持人敬一丹认为,政府新闻发言人在本质上是"职业的沟通者",不能把开会的语言直接搬到媒体面前,更不能用公文语言对老百姓说话。要对自己的语言惯性有自省。她用"白天不懂夜的黑"来感慨社会太需要沟通。"如果社会提倡沟通意识,多一些善于沟通的人,很多冲突隔阂是可以避免的。"我非常认同她的这一观点。

面对复杂局面,面对各种疑问甚至于流言蜚语,新闻发言人要做到敏锐而不迟钝,清醒而不麻木,严谨而不草率。以积极的态度回应关切,阐明道理,疏导情绪,重塑形象。在这个问题上,国家食品药品监督管理总局原新闻发言人王良兰有一个很鲜明的观点,她说:"面对公共安全危机事件时,新闻发布工作承载着一个非常重要的任务,就是与公众进行有效的风险沟通。客观、科学、准确、负责任的风险沟通不仅仅是一个舆论引导的问题,更是对事件本身的处置思路和处置方法的问题,有效的风险沟通本身就是风险控制的一个重要环节和重要手段。通过新闻发布有效的风险沟通,最大限度地满足公众的知情权,获得公众的理解、支持和参与,最大限度地保障公众利益和最大限度地降低社会风险。"

京沪高铁通车初期,常有故障发生。媒体很关注,特别是日本等境外媒体借机炒作中国高铁,说这样不断发生故障,安全哪有保证?谁还敢去坐中国高铁?

对此,我告诉中外媒体,京沪高铁技术是先进成熟的,工程主要质量指标达到世界先进水平。所有系统都是按照"故障导向安全"的理念设计的,具有非常高的安全可靠性。京沪高铁刚刚开通运营不久,各种设备、人员等还处于磨合阶段。特别是像京沪高铁1318公里这样的长距离和持续300公里以上高速度运行,从全世界来看,没有先例。由于高铁是高科技的产物,是一个复杂的技术系统,受气候、环境等诸多因素的影响,在运营过程中会面临各种各样的挑战。从国际铁路运营历史来看,通常在铁路新线开通运营的时候,也是问题逐渐显露的时候,这是一个相对集中的发现问题、处置问题的阶段,符合新生事物发展规律。事实上,法国、德国、日本高铁刚开通时,都曾出现过类似的故障。日本新干线在全线开通的第一天就曾经停车一个小时,导致沿线列车大规模晚点,就在近两年,新干线也经常出现故障导致停运。据日本媒体报道,2010年12月4日,日本东北新干线开通运营首日,就因故障停运一小时。2011年1月15日,日本东北新干线接连发生两起故障,造成东北新干线、山形新干线和秋田新干线停运,经过四个多小时的抢修,才恢复运行。1月17日,东京新干线列车控制系统又发生故障,导致东北、上越、秋田、山形和长野五条线路的新干线列车全部停止运行,最长延误2小时13分,八万多人出行受到影响。

我这样有事实、有数据,而且从世界各国高铁发展的历史和现状来说事,比较有说服力,各种非议逐渐减少。

经常会有媒体朋友问我,为什么每年只有中国才有春运?为什么不学习借鉴国外的模式和经验?每当遇到这类提问,我都会就事论理,借题发挥,尽可能把问题解释清楚。

我告诉大家,外国有好的经验和做法,当然要学习和借鉴。但中国有自己的国情,有很多成功的经验,也会让别人刮目相看。没有必要对别人盛赞若悬河,对自己弃之如敝屣。春运确实是中国特有的历史现象,一个春运下来,亿万多人通过铁路出行,显然会让外国感到不可思议,我们把这种他们认为不可能的事变成了真切的现实,这是我们党和政府的坚强领导,是全国人民的大力支持,也是具有光荣传统的铁路职工辛勤奉献的结果,这当中也有千千万万的网友在感情上、道义上的理解和支持。

对某些记者的挑衅性提问,摆出事实,讲清道理,表明态度,表现出坚定的立场和意志。2008年,京津城际铁路正式通车运营,引起国内外媒体的高度关注,我在这条线上多次接受和陪同中外记者的采访。有一次,外宣部门安排了一支近百人的境外记者采访团来到北京南站采访京津城际铁路。作为铁道部新闻发言人,我回答了记者们的各种提问。

在北京南站站台上接受记者采访

有一位日本媒体的记者问我:"京津城际铁路是完全套用了日本新干线的技术吗?"我没有立即回答,而是反问:"日本新干线最高时速是多少?"他回答是每小时250公里。我又问:"您知道中国京津城际铁路时速是350公里吗?如果完全套用新干线的技术,京津城际铁路最高时速也就只能跑250公里。"我接下来说,"中国高铁的发展,在互利互惠的基础上,学习和借鉴了包括日本新干线在内的一些国家的先进技术,我们不会忘记。但是,中国高铁更凝聚了中国政府和中国人民的毅力、魄力和创造力。京津城际铁路的正式运营,也是中国对世界高铁的重大贡献!"

我说完后,令人意外的一幕发生了,这位日本记者毕恭毕敬地向我深深地鞠了一躬。我知道,这个躬是向中国高铁、向勤劳智慧的中国人民鞠的。那一刻,我感到特别的自豪和提气!

二、化"陷阱"为"坦途"

发言人面对各类媒体,身处各种环境,各种可能性都会存在。既会有波澜不惊,也会有惊涛骇浪;既会有开诚布公,也会有暗藏玄机。特别是中国的国际影响力日益扩大,对外传播面日益广泛,成为吸引全球媒体眼球的"新闻富矿",来自不同国家媒体、不同立场专家的采访、评论日益增多。他们带着不同的采访意图,使用不同的采访手段,考验着发言人的机敏和智慧。发言人必须接受这一考验,适应各种采访方式,增强话语主动权,变被动为主动,化"陷阱"为"坦途"。

机敏地识别陷阱,巧妙地绕开陷阱,智慧地利用陷阱,应该是发言人的职业本领。陷阱又称作"圈套""机关""罗网",本来是指捕捉猎物的装置,在人类社会中,也会在政治、军事、外交各个领域频频出现。当然,在媒体采访中,"陷阱"也没少用。陷阱不可怕,可怕的是无视陷阱而掉进陷阱。

所谓"机敏地识别陷阱",就是要识别得了陷阱的存在。媒体设套的动机,或是为了挖出更多真相,或是为了造成对方被动,或是为了实现某种目的。设套的招数也会五花八门,或是恭维诱惑,或是烟雾掩饰,或是声东击西,或是谎设假定。要识别陷阱,就必须观其形,和你谈话时偷偷瞄你一眼,心里不知打什么主意,你该有所警觉了;听其言,和你谈话时出现弦外之音,不要认为对方讲话逻辑上出了问题,你该有所提防了;猜其意,对方在谈话中凡有不正常的表情、用语、动作,必有其他用意,你该有所揣摩了。

所谓"巧妙地绕开陷阱",就是无论对方设置任何陷阱,伪装得如何不露马脚,表现得如何不动声色,都能明察秋毫,绕开陷阱,按照既定目的完成核心信息传递。这当中,既不能麻木失察、毫无警觉,又不能情绪失控、过度紧张。而应当做足功课,备好口径;另辟蹊径,主导话语;坦然面对,静观其变;胸有成竹,化解困局;幽默风趣,巧答难题;巧以周旋,走出妙棋。

所谓"智慧地利用陷阱",就是对于陷阱,不仅要识别它,绕开它,更高明的做法是利用它,变被动为主动,变压力为魅力,变陷阱为坦途。须知,面对媒体,发言人不是为躲避陷阱而来,而是为说明真相而来。所以,要借题发挥,扩大影响;要借水推船,争取理解;借力打力,为我所用。发言人在记者刁钻的提问面前,表现出极度的机敏,不好说的话绕着说,不能说的话岔开说,这不是世故和圆滑,而是既不使自己陷入被动又不使对方陷入尴尬的一种策略。

青藏铁路通车两周年,铁道部在国新办召开新闻发布会,主导这次发布会的信息内容是青藏铁路通车两年来的安全、运输、服务情况以及为青藏人民带来的便利和福祉。我和青藏铁路公司的领导共同发布了这方面信息,并回答了在场中外记者的提问。在提问中,法国有家媒体记者举手发问:"据闻中国正计划修一条从拉萨到林芝的铁路,林芝地区拥有丰富的矿藏资源,请铁道部新闻发言人回应是否属实。"

表面上看起来,这个提问似乎没有什么不妥。我首先的反应是,我们确实有意向在拉萨至林芝之间建路,属于青藏铁路的延伸线。但这还处于可行性研究阶段,没有对外公布。

接下来我的反应是:她为什么要说林芝地区有丰富的矿藏呢?我马上联想到达赖集团在国外大肆宣扬青藏铁路的开通,破坏和掠夺了西藏的自然资源。这位记者显然受到了达赖集团的蛊惑而迎合了他们的论调。如果我稍有不慎,仅仅回答我们有在这里建路的意向,就有可能被认为默认了修路的目的是开矿。

无疑这是那位记者给我设下的陷阱。我当即回答，我们有意向将青藏铁路由拉萨延伸到林芝，这将有利于林芝地区各族人民出行，有利于林芝地区旅游业的发展，与当地矿藏是否丰富没有任何关系。

这位记者似乎并不甘心，接着又问，青藏铁路的开通不正是使得西藏的矿藏资源得到充分的开发和利用吗？面对这个挑衅性提问，我口气坚决地予以否认，并列举事例，说明青藏铁路通车一年来主要是拉动和助推青藏地区的旅游业，就货运来说，进藏物资远远高于出藏物资，而且进藏物资主要是建筑原材料、电子产品和人民生活必需品，出藏物资则集中在矿泉水、青稞酒方面。我很负责任地说，我们没有运走西藏一块矿石。西藏的自然生态得以完好的保护。我还特地补了一句：一切有职业操守的媒体人都会准确地如实地做出判断和报道的。这位记者当即表示，她会真实地予以报道。

我当时就意识到，也许这次答记者问免除了西方媒体再一次歪曲性的报道，在一定程度上维护了国家的形象。

三、理直更要气"和"

发言人和媒体是相互需要、相互依存的关系，需要理解与配合，没有媒体就不需要发言，没有发言人的发言，媒体就会缺失很多信息。媒体和发言人有着良性互动的工作关系。

因此，要努力争取媒体多帮忙，少添乱。媒体和发言人在新闻发布过程中，应当力求实现双赢，形成"互补式合力"。所以，在回应媒体关切时，不仅要做到敢讲，还要做到善讲。

发言人的优雅在于控制自己的情绪。在发布台上，必须拥有对自己情绪的掌控力，做到不被情绪绑架，遇到任何问题，都要保持情绪稳定，内心平和，不急不缓，目光所及皆是温情。一个控制不住情绪的人，再有能力也无济于事。

庄子说:"敬之而不喜,侮之而不怒。"一个人最好的状态就是,受人敬重不狂喜,受人侮辱不暴怒。内心强大,遇事冷静。"每临大事有静气",每逢难题须慎重。越遇大事、难事,越能沉着应对。泰山崩于前而面不改色,面对挑战,泰然处之。以静制动,以柔克刚,以不变应万变,才能在这发布台上得心应手,游刃有余。

不对记者发脾气、耍态度,既是自信,也是教养。脾气人人有,发脾气是本能,把脾气压下去才是本事。胡适曾经毫不客气地说:"世间最可恶的事,莫过于一张生气的脸;世间最下流的事,莫过于把生气的脸摆给旁人看,这比打骂更难受。"生气,不如争气。聪明的发言人,往往都会争气而不生气。因此,发言人答记者问,应该做到聆听提问时眼神专注,回答问题时简短清楚,遇到难题时头脑冷静,面对挑衅时保持克制,心态要平和,口气要平实,语调要平缓。避免针锋相对,不失语也不乱语,用柔性的态度显现刚性的观点,温和而坚定地表达出原则立场。对"无理取闹"话题的回应,理要直,气要和,义要正,词要婉。

在新闻采访的一问一答中,需要坦诚和智慧。面对提问时,既要以理服人,又要以情感人。对于偏见,既要据理力争,又要得理让人。用事实说明情况,用善意弥合差距。保持冷静沉着,不焦躁慌乱。不要被记者激怒。容易被激怒,说明自己修炼不够,自信不够,定力不够。无法想象在被激怒的情况下会做出什么样的判断,做出什么样的回答,而这又会产生什么样的后果,付出什么样的代价。

2010年2月7日,中央电视台《面对面》节目以"直面春运焦点"为题,播出了对我的专访。节目主持人原来约定是谈铁路春运,但在访谈中除了谈当年的铁路春运,还提出了许多热点问题,有的问题显得较为尖锐。对此,我是这么想的,这不是在给我出难题,而恰恰是给了我一个机会,可以在央视这个平台上,面对社会的各种质疑,说出铁路方面的真实想法,赢得更多的理解和支持。

主持人问到这样一个问题:"有一种舆论认为,如果把修高速铁路的钱用来修普通的铁路,或者提供普通的列车,会不会更大程度上能够缓解春运的紧张呢?"

社会上确实有这种声音,我不能评价这种说法不对,但我必须维护国家既定的决策。我说:"这也是一种意见吧。但是对于人们来说,现在的时间观念越来越强,如果我们像过去一样,修一条铁路时速一百公里,或者一百公里都不到的话,那么我们的生活节奏、我们的工作效率都会因为铁路的滞后而停在原来的起点上。实行高铁发展战略是符合中国的国情的。美国《新闻周刊》有一位记者曾经写了一篇文章,说中国高铁革命使中国的版图缩小了。当然,这个缩小不是说实际的国土面积,他说的是时空距离。中国高铁出现以后,对于我国的政治、经济、文化、国防都会带来极大的正面作用,具有非常好的意义。比如说东西部之间的差距、城乡的差距、发达地区与欠发达地区的差距,都会因为高速铁路而逐步地缩短。"

主持人又从另一个角度提出问题:"中国的确需要这些,不过也有另外一种声音说,中国当下的国情,比如说,大量的在火车线上来往的是一些消费能力不太高的人,那么对他们来讲,是不是当下的国情不需要建那么多的高速?"

这个问题同样存在于社会的议论中,对此,我做了这样的回答:"国家在制定一项政策的时候,要立足于现实,也要着眼于长远。我们这些年的发展速度,如果说没有一个超前眼光的话,往往今天我们做的事正是明天要改的事。难道我们没有看到,在城市建设当中一栋楼建造还没几年就把它拆掉了?那就是缺乏一种超前的眼光。我们应当满足旅客不同层次的需求,比如说武广高铁,在有高铁的同时也有普客,还有票价几十块钱的绿皮车,在春运期间还开了大量的临客。也就是说,今年春运并没有因为武广高铁的投入而减少了过去普客的总的数量。"

接下来,主持人问:"现在全国各地都在建高速的铁路,有一种担心,就是若干年之后会不会出现大规模地上?会不会出现运力过剩这样的局面?"

我回答:"目前中国关键是运力不足,这是主要矛盾。运力过剩的问题,我们当然要考虑,但是现在还不是考虑它的时候,因为我们根本就没有过剩,我们连起码的满足都不存在。"

我接着解释:"世界铁路有两种趋向:一种是像德国、法国、日本这些国家,追求客运的高速。另外一些国家像美国、俄罗斯,它们追求货运的重载。在中国呢,我们是高速的客运、重载的货运都要兼顾的。我们过去往往是在一条线上混跑,走客车和货车。比如京广线南段,过去这一地段非常紧张,既要跑客又要跑货。在春运期间,客运经常一票难求。日常的情况下,货运能够满足的也就只有30%、35%。那么,京沪高铁、武广高铁开通以后,客货分离有了基础。有相当一部分旅客乘坐高铁以后,既有线就有更大的空间来运送货物。"

主持人又问到一个敏感的问题,要从我这里揭开内幕:"第一时间去排队,等一晚上,到窗口开放的时候就告诉你已经没有票了。不知道这是怎么回事?"

当时我就在想,这个问题怎么回答都会招来嘘声,但还得要回答。我老老实实地说:"这种情况确实存在,表面上看几乎是不可能的,因为排第一啊,排第一怎么就没有票了?这种疑问完全可以理解。但是这背后有一种情况,他可能不掌握,就是一列车,如果说是定员两千人的话,首先学生、民工的团体票订走了几百张,剩下的票在窗口,采取网上售票,全国联网。有的地区可能有两千个窗口,甚至更多一点。一窗有票,窗窗都有票。如果还剩一千多张票的话,当有两千个窗口,甚至更多的窗口来要票,有的窗口排的有,有的窗口就没有。实际上是这样一个内幕。"

主持人表现出并不完全相信我的解释,继续发问:"你这个当然是一个解释,但是因为大家并不熟悉你们内部操作的这个系统,而且也不知道我这个票真的是被别人买了,还只是被垄断了或者被某些人给兜售了?"

这又给了我一个阐述事实的机会,我立即接上:"所以,我们这些年一直注意旅客出行的一些信息提供。特别是今年,我们通过几种方式向旅客提供出行的信息,实行24小时滚动式的预告。过去只是说,往这个方向的票是有或者是无,现在说还余多少票,那么,在排队的时候就注意了,排到自己的时候有没有,这是一种方式。另外还有一种方式就是通过媒体,比如说电视台、网络,不断地向社会预告。"

与其说我是在巧妙地避开记者的锋芒,不如说我是在没有退路的情况下必须实话实说。后来有网友在这位主持人的博客上留言,说这位主持人遇到了老奸巨猾的铁道部新闻发言人。我哪是老奸巨猾,我是老实人说老实话。

记者把发言人激怒是记者的本事,发言人不被记者激怒是发言人的本事。因此,发言人要做到你急我不急,你火我不火,不卑不亢,任凭风浪起,稳坐发布台。始终保持心态不乱,思维不乱,语言不乱,表情不乱。沉得住气,压得住火,稳得住阵。始终做到"不知道的不说,不清楚的慎说,没有把握的不乱说,必须说的好好说"。

在我的新闻发言人生涯中,有一个很深刻的教训,发生在2008年春节前夕。当时,我国南方遭遇了一场几十年不遇的重大冰冻雨雪灾害,铁路职工与广州地区军民团结奋战,克服许多难以想象的困难,成功地疏运了滞留在广州地区的350万旅客,涌现出许多感人的人和事,但也反映出工作中的不少纰漏。

广州市两会政协小组讨论中,针对广州火车站运营境况,广州市政协一位领导对铁路工作提出尖锐批评,提出了五条质疑,并要求:"铁道部的人要撤职!"当时境内外媒体都以此炮轰铁路春运工作。

我在做客人民网时,针对这位领导的批评,语气强硬地做出回应。尽管这个回答当中包含了自己对铁路职工的感情和对铁路部门声誉的维护,却极不应该地表现出听不得不同意见,缺乏虚怀若谷的胸襟，造成不好的社会影响。

　　冷静下来后，我也很后悔。春运一结束，我立即从北京赶到广州，当面去向这位领导赔礼道歉。这位领导是一个宽宏大量的人，原谅了我，并说"不打不相识"。当时广州铁路集团公司的董事长、党委书记何玉华也与我同去，他真诚地向这位领导介绍了广东铁路的发展现状和未来规划，并满怀信心地说，等到京深港高铁开通后，京广铁路南端的拥堵现象就将从根本上得以缓解。后来这位领导对铁路工作更加理解和支持了。

第六章　显同理之心

题记　发布台是个晴雨表,测试着政府新闻发言人心情和态度的晴天与雨天。假如政府新闻发言人向媒体、向社会传递着生、冷、硬,那么反馈而来的必然是同样的情绪;而向媒体和社会输送的是温暖和柔情,政府新闻发言人收获的便一定会是暖暖的艳阳天。尽管发布台是严肃的,是理性的,但一点也不妨碍发布台同样弥漫着人情味,同样呼唤着同理心。政府新闻发言人在发布台上话语的升温、表情的升温、感情的升温,能让社会各界感受到来自政府的关怀和温暖,并在这种关怀和温暖中坚定前行的力量和信心。自然,发布台也会受到媒体聚光灯的青睐。

一、新闻发言人是有血有肉有情感的人

发言人是人,是有血有肉有情感的人。政府新闻发言人面对媒体的公共表达,考量其内涵维度,除了观点含量、信息含量外,还包括不可缺少的情感含量。

通常说,舆情的情,既是情况,也是情绪,甚至更多反映的是情绪。对应这种情绪,自然应以情感为前提。中国传媒大学教授刘笑盈把新闻发布的基本原则归纳成七个字:"有魂(主题)有物(事

实、数据)有景色(细节、情感)"。他认为,政府新闻发言人不仅有专业,有事实,有担当,关键还得有情感。在发布信息、设置议程中,拉进情感,提升理念。

重大舆情事件发生时,往往涉及重大的是非价值判断和最基本的人文关怀,要求政府新闻发言人把发布台当作道德制高点,了解民意情绪,将心比心,换位思考,回应社会关切,表达社会共情。能够站在公众情感上想事,站在公众诉求上说事,站在公众利益上议事,既讲事情,也讲人情,真正与广大公众心与心相通,情与情相融。以同理心、好态度和公信力,达到让公众在温暖中坚定前行的力量和信心的目的。正如国家食品药品监督管理总局原新闻发言人王良兰所说,"在新闻发布工作中,要多采取换位思考法,不能仅仅考虑我想说什么,更要站在公众角度、利益相关方的角度思考问题,了解他们在关心什么,在疑惑什么,因此,回应关切是新闻发布的重要原则,同时,要做到态度诚恳、实事求是、科学严谨、依法依规。在新闻发布的内容和语言措辞上,充分考虑情感、人性、道德、情理和基本常识,充分尊重人的情感逻辑和社会的现实逻辑。"

政府新闻发言人要准确地表达社会共情,说到底就是要了解民意、尊重民意和顺应民意。有位领导干部曾经在谈到民意时这样说:"民意是风,是群众喜怒哀乐和酸甜苦辣的晴雨表,我们应及时接收民意传来的信息;民意是雨,是我们干事创业的清洁剂,我们应敞开心扉接受民意的冲刷泽被;民意是雷,是我们审视自己的警醒剂,我们应牢记民意的警示深谋远虑;民意是电,是我们汲取能量和智慧的动力源,我们应珍惜民意的能量全速前行。"把民意比作自然界常见的风、雨、雷、电四种现象,生动地阐述了把民意视为天的执政理念和为官情怀。

铁路作为大众化交通工具,直接与民众打交道,为民众提供服务,更应当形成一个真正能听取民意的氛围。我们喊了很多年"人民铁路为人民"的宗旨,也确实在这个宗旨下做了大量的工作并取得很大成效,但我们不能否认在计划经济条件下形成的"铁老大"

衙门作风。人民群众对铁路有不少呼声,如何对发自民众的声音,特别是与铁路部门不一致的声音,能够虚心听取和接受而不至于本能地抵制,努力使每一个旅客、每一个货主所评所说都能被关注,每一个旅客、每一个货主所愿所盼都能被重视,每一个旅客、每一个货主所需所求都能被满足,每一个旅客、每一个货主所困所难都能被解决。这不仅需要铁路的实际工作做到位,也需要铁路发言人及时、准确地表达出铁路的新理念、新姿态和新变化,站在旅客、货主的位置上考虑问题、回答问题,以共情收获共鸣。只有人民群众真正认可了,铁路人才能理直气壮地说:我们用自己的情怀和奋斗践行了"人民铁路为人民"的宗旨。

2008年1月20日,我做客中国政府网访谈,介绍当年铁路春运情况,并就网友关心的热点问题做了回答。当时有一名网友直截了当地问我:"你是否经常上网?不知道你有没有排队买票的经历?有没有春节不容易回家的体会?"

很明显,这位网友的提问,多少流露出一种对铁路工作不是很满意的情绪,也是希望铁路发言人对他们的诉求有更多的理解和更实在的回馈。于是,我态度诚恳地对这位网友说:"我经常上网,我看到网友对我有很多评价,有的是鼓励,有的是批评,有的是向我提出建议,无论是从哪个角度,我都对他们怀有感激之情,我认为网友希望我以更好的形象出现在他们面前,希望我面对网友说的话更加准确、更加人性化。对于网友的评价,我觉得更多的是得到了鼓励和智慧。所以说,网友对我提出的任何问题,我都会当作非常有意义的成分来丰富自己、改进自己。"

然后,我把话题转到买票难问题上。我说:"至于说到我是否因为买不到票而感受到像买不到票的旅客一样的难受心情,我告诉这位网友,我也确确实实遇到过这样的情况。当然,这是在过去。现在,春运的时间我用不着买票,因为春运,我已经多年没有回老家过过年。全路200多万职工,有绝大部分像我一样在春运期间不能回家。但我同样能够理解旅客在一票难求时的心情和滋味,正因为我能够理解他们的感受,才会更好地做好自身工作,才会用更高的标准来要求自己,才会觉得不能对网上的批评有抵触,而应该站在旅客的角度来感受。这就是我的真实心情。"

这番话,道出了我这样一个铁路人内心真实的感触,赢得了网友的理解,他们的情绪慢慢地平复下来。在接下来的聊天中,我与网友的谈话气氛变得理性、轻松而坦诚,互信度明显增强。我从中感受到,网民是通情达理的,而我们自己往往是幼稚可笑的。要得到网民的接受和认可,首先就得以诚恳的、谦恭的态度对待他们,说的都得是真话,用的都得是真情。

由于工作性质的特殊性,政府新闻发言人经常要面对各种各样的事情和场景。天有不测风云,平安与伤害、成功与失败、喜庆与悲伤等不同的话题都有可能会在政府新闻发言人发布的内容中出现,尽管我们一直在追求美好祥和的生活状态和生活品质,但生活并不会因为我们的主观好恶而完全改变它的进程。发言人不可避免地会被一些事情敲击心灵,被一些场景荡涤灵魂。人心都是温暖的,在惨痛的伤亡面前,发言人没有必要刻意隐藏自己真实的、温暖的情感,在发布灾难事件信息中准确、恰当地把握好情绪、态度、措辞和肢体动作等各方面要素,与人民群众保持情感上的高度一致,忧其所忧,悲其所悲,乐其所乐,释其所惑,解其所难,既是对政府责任和仁爱的传递,也是对生命悲悯和对人类共情的表达。

面对灾难性事件,人的生命比什么都重要。生命重于泰山。突出人的生命、人的生存、人的尊严,是发言人总体指导思想和摆在第一位的工作。在新闻发布当中,把人的安危放在最先,然后再是其他。那种在发布会上说了很多事情,最后再说人员伤亡,甚至对伤亡含糊其词,就是本末倒置的行径,不仅是顺序排列上出了错,也反映了人性人情的严重缺失。至于发言人没有同向回应人们此时此刻的悲伤、愤怒和无奈,甚至不慎出现不合时宜的言语和表情,势必引发公众进一步的情绪升级和行为过激,发言人就更要反省自己了。

汶川地震发生后,我多次接受媒体采访。第一次接受电话连线采访的时候,我说的第一句话就是:"首先要告诉大家,所有行驶在震区的旅客列车平安无事,没有发生一起因地震引发的旅客伤亡事故,请旅客们的亲戚朋友放心。"这个"不幸中的万幸"第一时间通过电话连线发布,立即赢得了广大群众的好感。地震发生后,灾区的通信系统中断,人们担忧灾区亲人的安危,可谓心急如焚。行驶在震区的31列旅客列车上有数万名旅客,在他们背后是数十万亲友乃至全国人民牵挂的心。我充分体会到大家这种急迫的心情,在确认了旅客们平安的信息后及时发布出去,这被媒体朋友评价为展现了钢轨之上充满温情的一面。

在宝成铁路109号隧道起火的21043次货物列车上,有一名副司机受伤。我了解了这个信息后在第一时间发布出去,并告知司机已经得到了及时救治,没有生命危险。在铁路系统内伤亡的发布信息方面,同样让铁路职工感受到了上级组织对铁路职工生命安全的关怀和尊重。

在这段时间里,我接受了各大广播电台、电视台的连线采访。在这个关键时刻,主持直播节目的都是非常有经验的主持人,中央台有张健、白岩松、鲁健、徐莉,凤凰卫视有吴小莉、许戈辉、窦文涛等,他们在提问的时候既充分发挥了个人风格也充满了专业技巧。我知道,提问的是新闻媒体人,受众是广大群众。通过新闻媒体人的对话,来完成传播事实信息与表达情感的任务。所以,根据每个主持人不同的特点,我在内容、语速、情感的表达上都做了相应的调整,适应不同的风格。总体上做到既铿锵有力又充满感情,既体现出铁路半军事化的雷厉风行的作风,体现了铁路服务抗震救灾大局的坚定决心和集中力量办大事的强大力量,同时也说明铁路充分以人为本,在灾害面前,首先考虑到的是旅客和群众的生命安全。

在和不同的媒体进行电话连线的时候,我也尽可能表现出人文关怀。在与北京交通台电话连线的时候,我说,北京交通台是北京的知名电台,有许多忠实听众,大家都非常关心灾区受难同胞,铁路也在全力向灾区运送物资。在与湖南卫视电话连线的时候,我首先向湖南的观众问好,并特别强调要感谢从湖南长沙开出的支援四川灾区的转运伤员的列车,满载了湖南人民对灾区受难同胞的情意。这些看似寻常的话语,在一定程度上抚慰了灾难中国人受伤的心灵,加深了铁路和各地人民群众的情感,为艰巨而严酷的抗震救灾工作增添了丝丝温情。

八年的铁道部发言人经历也给我留下了很深刻的教训。2011年7月24日的温州动车事故那场新闻发布会,我曾说过"这是一个奇迹"而引起社会强烈的反响。在那次发布会上,有记者提问:"为什么救援已经结束了的时候,在拆解车体的时候还会发现一个活着的女孩子?"

这个看似简短的提问实际暗藏了三个问题。我之所以出现后来的被动,在于我只回答了其中之一。

一是是否已经宣布停止救援,又是谁宣布的?事实上,后来国务院事故调查组的调查结果证明,铁道部并没有任何领导人草率地宣布停止救援,救援工作一直都在进行。根本没有所谓"搜救结束"和"拆解车体"两个阶段的截然分野。坊间风传的"有关领导命令停止搜救,武警支队长抗命救出小女孩"的传闻纯属子虚乌有。铁道部副部长陆东福事后在接受媒体采访时明确表示,"指挥部确定的救援方案把救人放在首位,在桥下使用大吨位吊车将两端车厢移开,救援人员得以对该车厢全面搜救,移出数具遗体后,小伊伊获救了。直至7月24日23时30分左右,在确认没有幸存者后,清理收集完遗物、车体后,救援工作才结束。此前,铁路部门指挥人员从未宣布过停止搜救。"7月26日晚,中央电视台新闻频道播出了对网上盛传抗命的温州公安局特警支队长邵曳戎的采访。邵曳戎说:"当时的探测结果是已经没有生命了,实事求是讲,各种生命探测仪器不是万能的,大家都在努力,但是的确没有探测到生命迹象。"邵曳戎接着说:"从事故发生后,一直在紧张施救,没有人发出停止搜救的指令,也没有人要拆解列车。"可是,当时我并不了解究竟是否有人宣布停止搜救,也就无法正面回答这个问题。

二是在小伊伊被发现之前,搜救行动是不是已经尽到了最大的努力?虽然我当时对具体情况不掌握,但经验告诉我,铁路在处理事故时为了挽救旅客的生命从来都是不惜一切代价,这次同样不会例外。事后我才得知,当时救援人员人工搜查多次后,又用生命探测仪对车厢探测了七次,也没有发现生命的迹象。生命探测仪是目前世界上广泛应用的较为先进的搜救仪器,如果生命探测仪反复显示已无生命迹象,一般都会认为搜救任务基本可以结束。在这种情况下,铁道部负责的车辆起复工作才开始进行。正是因为考虑万一还有生命存在,铁道部领导要求不要整个车辆起吊,而是一层一层地吊,结果在变型车体的夹缝中竟发现了奄奄一息的小伊伊。可惜直到发布会开始,我也未掌握到这些细节。

三是小伊伊为什么能活下来?人工多次查寻未果,又经生命探测仪反复检测都没有生命迹象,而最终一个小女孩却在尸体堆里活下来了。更令人不可思议的是,当小伊伊被抱出时,瓢泼大雨从天而降。可以设想,假如在起吊时采取的不是层层递进的方法,小伊伊也许已遭伤害;假如车辆起复推迟,小伊伊也许已被积雨所溺。但是,小伊伊一次次挣脱了死神之手,躲过一劫又一劫。小伊伊顽强的生命力让我感到是一种奇迹。当时在媒体的质问下,我对这个问题做了简单的答复。我答了一句:"这是一个奇迹。"话音刚落,立即引来了现场记者朋友的一阵骚动。当时便有不少人大声地反驳:"这不是一个奇迹!"那位提问的记者愤怒地重复并延伸他的问题:"你们已经宣布现场已经没有活着的迹象,为什么在对车体进行拆解的情况下还会出现有活着的生命?"

记者说得如此果断和确凿,似乎这已是板上钉钉的事实。铁道部做了这个结论吗?是谁宣布这个结论的?尽管我认为不太可能会是这样,也害怕会是这样,但我确实不知道究竟是不是这样。在那种情况下,我已经缺乏回答这个问题的果断和干脆。我有点迟疑地、底气不足地答道:"我只能这样回答您,虽然事情就这样发生了——我们确实后来发现了一个活着的女孩。事情就是这样。"

我这样的回答显得苍白无力,也缺乏应有的情感温度。小伊伊遇到的伤害是令人心痛的,牵挂了无数人的心,我的心情也同样如此。如果我在当时能够明确表达出小伊伊的遭遇是不幸中的万幸这层意思,能够对小伊伊的遭遇表示更多的同情,效果可能要好得多。

虽然自始至终我一直很真诚,诚心诚意地回答每一个问题,在发布会上多次鞠躬致歉,这既是对死者和伤者,也是对全社会表达铁路方面的深深歉意。包括有一位记者说,他本人在车上受到惊吓,行李也找不到了,我也连忙站起来向他深鞠一躬,表示会给他一个满意的结果。但是在应对有关小伊伊的提问上,还是存在不完整、不缜密的地方,媒体和网友对我不满意,甚至予以严厉的指责,不能说没有道理,我是应该认账的。这已成为无法挽回的既定事实,除了自我反省外,只能留给后来发言人作为引以为戒的案例了。

二、冷漠永远不会有热情的回应

送人玫瑰,手有余香;待人热情,自留温暖。尊敬人、理解人、帮助人的过程,也是对自己净化灵魂、升华人格、获得认可的过程。真挚、善意地对待社会、对待公众、对待媒体,是发言人在为传播政府信息时打开一条不堵塞的通道,也是为自己守望发布台争取一张有温度的资格证。

面对突发事件,从社会和媒体的角度看,往往更关注事故的损害、造成的原因、应对的措施和责任的追究,这是他们不可剥夺的权利和责任,政府官员、政府新闻发言人必须尊重和维护这种权利和责任。任何抹平损失、掩饰原因、逃避责任甚至评功摆好的言行,在媒体看来都是一种恶行。在这个问题上,只能做到态度诚实、说话诚恳、做事诚信。无论什么样的质疑,都不能冷漠地、粗暴地讲狠话、办狠事、用狠劲,不应该在安抚、对话的时候单方面据理力争,这种表态方式没有诚意,没有温度,不仅不能达成主观的说服效果,反而让公众觉得政府不宽容、不坦诚,缺乏担当。这种不当的处理必然造成舆情的次生和失控。

在对突发事故的发布和报道中,不是不能反映领导者处置事故的态度和行为,因为这也是公众很关注的内容,但不应该在这个时候突出领导的角色成分,此时此刻为领导评功摆好,把坏事当好事说,把丧事当喜事说,就显得太诡异、太腻味了。从政府角度,要做的是把关心、关怀和关注放在被伤害人的身上,那才是整个社会真正关注的聚焦点。而对伤害者的任何忽略和冷漠,都会被认为是对人类共情的鄙弃。

人民网负责人单学刚经常批评有些政府部门"高级黑"现象。他谈到一件事,某省高速公路发生事故,导致多人死伤。事故发生后,当地党报发出一篇事故报道,里面没有出现一位伤亡人员的名字,却提到了 16 位省市领导的名字;全文 1300 字,有 1134 字表扬领导干部如何辛苦工作,使用了"迅速""立即""有序""精干""全力以赴""难度很大""全力救援"等词语。把一篇事故报道变成对有关部门和官员的表扬稿,成了一种"高级黑"行为,引起了公众的反感和网络的热议。

从这个案例看,报道的重点放到领导者的政绩上去了,而且考虑了一个庞大的官员群体任何一个都不被落下。恰恰最不该忽视的伤亡人员却无一幸免地被忽视了。

同样的教训我也有,而且影响更大。

"7·23"动车事故的发生是集多种原因导致而成的,有自然灾害因素,有设备故障问题,有安全管理方面的漏洞,甚至有安全管理体制、机制方面的深层问题。在这个重大的责任事故面前,从铁路方面讲,决不能强调客观原因而放过自己的主观责任。四十条鲜活的生命瞬间消失,一百几十名旅客蒙受着巨大的创伤和痛苦,多少个家庭经受着生死离别、阴阳两隔的残酷煎熬。而这种血淋淋的悲剧为原本安稳、祥和、有秩序的社会生活又带来了多么大的冲击和动荡。这一切都是由于铁路方面的失责而造成的，都是我们的错啊！我们有责任，我们有愧疚，我们无法原谅自己。作为铁路发言人，我为铁路发声，就是要说出事实真相，说出诚恳态度，说出整改措施，与整个社会特别是与受害者及他们的亲属保持同样的心理、同样的情感、同样的频道，而不是为铁路掩盖错误，更不是强词夺理死不认账。当然也不能因为某些管理层方面的问题就否定中央推进高铁建设的正确决策。

在"7·23"事故新闻发布会上，我的一句"至于你信不信，我反正信了"成为媒体炒作的焦点，虽然这句话的表达是有特殊的语言环境的，但确实存在纰漏。当时网络上盛传埋车头是掩盖证据，掩盖事实。关于掩埋车体问题，我并没有从领导那里得到权威的信息，或者是一个经过缜密调查后的清晰结论，究竟掩埋了没有？为什么要掩埋？所以，当记者对此发问时，我只能将上海铁路局同志提供的解释作为答复。

当天，我下了飞机，上海铁路局党委周副书记和宣传部部长邹开伟接机。我们谈到了网上盛传埋车头的事，他们告诉我，掩埋机车属实，但目的绝不是为了掩盖所谓的"真相"。他们向我解释说，机车脱轨后，从桥上甩下来，附近有个水塘，都是泥泞，救险机械施展不开。当时在救人抢险过程中，为了腾出作业面，让300吨的大型吊车开进现场作业，同时也为了事故分析之用，必须对包括D301列车车头一部分在内的大量散碎零件进行集中安置。所以，事故救援领导小组决定，把收集起来的散碎部件集中码放在一个类似于"仓库"的取土坑中，以便调查处理。在野外抢险中，借助坑洼处所存放材料也是惯用方法。

他们很诚恳地说，退一万步，即使掩埋车头有瓜田李下之嫌，现场还有那么多脱轨车厢昭然存在，光埋一个车头有意义吗？何况当时国务院、浙江省、铁道部领导都已到达现场指挥抢险，现场还有百余名记者,光天化日之下,谁敢冒天下之大不韪"埋车灭迹"?谁会犯这等"小儿科"的错误?

我相信他们说的是真的。于是,我对记者说:"车体为什么会掩埋?其实,我今天下飞机的时候,接机的同志说在网上就已经看到有这样的信息。我问他们,为什么要做这样愚蠢的事?这么一个举国都知道的事故难道能隐瞒得了吗?他们告诉我不是想隐瞒,事实上这个事故是无法隐瞒的。我们也已经不断通过各种途径向社会传递这方面的信息。他们做了这样的解释:因为当时在现场抢险的情况和环境非常复杂,下面是一个泥潭,施展开来很不方便,还要对其他的车体进行处理,所以把车头埋在下面,盖上土,主要是便于抢险。"

此时,我没有任何掩盖事实真相的意图,但我还没来得及亲自到现场考证,具体的细节并不了解,我只能毫无保留地甚至是不加任何过滤地把自己听到的信息告诉公众。但是,别人能同样接受吗?为了在比较混乱的环境下增强媒体朋友的信任度,我接下来又补充道:"目前,他们的解释理由是这样。至于你信不信,我反正信了。"

问题就出在补充的这句话上,尽管我希望大家能接受这一解释,并没有丝毫盛气凌人、强加于人的意思,而且从后来调查的结果来看,上海铁路局同志说的事实也完全成立。但"至于你信不信,我反正信了"这句话,被普遍认为缺乏诚恳,太过强势,与媒体的感受没有在一个频道上,所以也就成为那场发布会最大的失言和失误。有很多朋友事后帮助我分析,认为如果没有这句话就炒不起来了。但是,发布台上没有如果,只有结果和后果。

说出的话如泼出的水,铸成了无法改变、无法澄清也无法弥补的事实,这句话伴随我走过漫长的舆论炒作过程,成为我的一个标签。很多年过去了,提到"王勇平"这个名字,很多人未必记得,但一说到"信不信由你",几乎没有人不知晓。对此,我不想过多解释自己动机的清与浊,不想过多分辩自己情感的真与假,也无必要再去争辩事实的是与非,只是真诚地希望此事能成为各位发言人同行的前车之鉴,不要因为一句话、一个表情而使自己连同一场发布会甚至于所代言的一个行业陷入难以解脱的困境。

三、用同理心传递政府的关切

站在人民群众的角度解释问题、阐述观点、传递信息、表明态度,强调人民政府对人民群众的最大关切和诚意,让政府和人民群众贴得更近,是政府新闻发言人竭尽全力要做的事情。

抢占道德制高点,从来为各种媒体所追求,原因在于这样做更能争取到舆论话语权,并产生强大的社会影响力。在发布台上,发言人所持的立场和发布的内容要符合道德评判。同时,发布者自身的道德水平或权威形象也会影响信息发布的效果。真挚不是作秀,真挚发自内心,真挚溢于言表。新闻发言人只有了解受众心理,才能体会和激发受众情感,才能使受众态度朝预期方向发展。只有心怀诚意,与公众和媒体在情感上共鸣,才能接近对方,才能获取对方信任,才能使对方接受信息,改变态度。

发布台不是一个令人轻松的地方,新闻发言人每一次走上发布台,无论发布正面新闻还是负面新闻,无论例行发布还是突发事件发布,都会面临挑战,都要求发言人超出常态地有胆有识、有勇有谋、有情有义,怀着正义的情怀和起码的人性去面对,实现发布效果的最大化和最优化。

在"7·23"事故新闻发布会上,有位记者问:"事故的赔偿标准,中外会有差别吗?"这个突如其来的问题的确非常棘手。据我所知,以往中外旅客事故伤亡赔偿标准依据的是不同的规章,客观上确实存在外籍旅客的赔偿额度要高于本国旅客的情况。这是历史遗留的问题,早就有人对此提出过异议。我个人也认为不合理、不公平,应该进行修订。但是这些规章并未废止,仍然有效,即使修改也要经过必要的程序,我个人能决定吗?但我又该如何向公众解释这一切呢?

此刻,在这个万众聚焦的发布会上,无论是源自我的本意,还是出于顺应民意,我都不便于在这种场合上很气粗地说中外旅客的赔偿标准就是不一样。可是,如果我在没有得到指令的情况下擅自表态,我又要承受多大的风险?会不会挨批评、受处分?犹豫片刻,最终我很坚决地、字斟句酌地回答:"我想不会有差别,因为中国人的生命和外国人的生命同样是珍贵的!"

我感到十分欣慰的是,我的回答完全符合铁道部领导后来在这起事故对中外旅客赔偿上同等对待的处理精神,铁路人身事故赔偿标准从此掀开了新的一页。回答这个问题当然需要勇气,但更多的还是因为顺应了民心。

罗素在《我为什么活着》一文中指出:三种单纯而极其强烈的激情支配着他的一生。那就是对爱的渴望、对知识的追求,以及对弱势者的苦难难以遏制的同情心。树立并展现对公众的服务意识,同样是发言人传递政府关切的基本素养。

出门在外,往往会有诸多不便。铁路作为人们出行首选的交通工具,其运输能力在很长时间都处于短缺的状态,尤其在春运时期运能与运量的矛盾更为激发,铁路行业如果不能通过软件的优质弥补硬件的不足,对待旅客群众如果不能把立足点放在精细服务上,而是无限放大自身的管理权力,长久下去,就会酿成民怨。所以,我在新闻发布中试图通过从内容到态度打造一个有亲和力的铁路人形象,并努力形成自己的发言风格。

在一次发布会上,《北京日报》记者向我提问:"春运旅客增长率比往年明显增加,旅客都很想能够顺利出行,铁道部有没有相关的出行建议?"对于这个问题,我觉得正好可以把政府部门对旅客的关心表达出来,越细致、越具体则越好。

于是我说:"春节期间准备出行的旅客,一要掌握好出行时间。据我们预测,今年春运节前客流高峰期主要在农历腊月二十六至二十九;节后有两个高峰期,第一高峰为正月初六至初十,第二高峰为正月十七至二十。高峰期间,旅客流量很大,车站和列车上都比较拥挤。建议旅客朋友尽量避开这几个高峰期,选择其他时段出行。二要通过正规渠道买票。为方便旅客购票,铁路部门提供了电话订票、网上订票、车站联网售票等多种售票方式,主渠道售票窗口比往年又有增加。旅客朋友购买车票一定要通过铁路正规渠道,防止上当受骗。三要注意候车和乘车安全。旅客朋友出行时要把确保自身和他人的生命财产安全放在第一位,不携带铁路明令禁止的危险品乘车,并配合铁路工作人员进行安全检查。要按照车站指定的区域候车,候车时要看管好个人的行李物品,防止发生意外。特别要提醒旅客朋友,一定要按照铁路工作人员的引导,有秩序地进站上车,防止挤伤摔伤,甚至发生事故悲剧。四是有困难可以请求帮助。大家出行在外,难免会有这样那样的不便和突发的困难。遇到这些情况,大家可以放心地向车站和列车的工作人员求助。一些较大的火车站都在进站大厅或候车室的显著位置设有值班站长的岗位,全天候负责旅客的求助、问询和投诉事宜,随时处置和解决站内突发情况。许多客运站还设有专门问讯处,并配备了票额动态显示屏、自助引导提示系统、触摸屏信息查询系统和列车正晚点显示系统,大家可以查询各类信息。希望旅客朋友在旅途中平安顺利,新春佳节和谐幸福!"

发布会上是忌讳长篇大论的,但这段不短的回答传播后却很受旅客欢迎。媒体朋友也认为有针对性,也比较人性化。

第七章　表真诚之意

题记　发布台是一个真诚交流的平台。有话好好说,有问细细答,是对政府发言人最基本的要求。站在台上并不是高人一等,既不能高高在上,也不能高高挂起,而是以真诚的态度发出政府的声音。在发言人诸多素质要求中,真诚是最不能缺失的。真金不镀,诚赢天下,只有真诚才能表达出政府公开透明的执政理念和为民亲民的态度,只有真诚才能建立起与媒体、与大众互信的关系。特别是在突发事件面前,真诚能让焦躁变得冷静些,让激愤变得平和些,让严酷变得温情些。"己所不欲,勿施于人",一切虚伪、冷漠和装腔作势都必须远离发布台。

一、真诚是新闻发言人最重要的品质

不可否认,我们这个社会充满着极大的生机和希望,也交织着许多矛盾和问题,社会的诉求复杂多样。新闻发言人处在直接面对社会问题的一线,媒体和网民对有的政策或某些工作不清楚、不明白甚至提出质疑、诘难,都是很有可能出现的情况,这考验着新闻发言人的信念、修养、智慧和真诚。

有一种观点认为,发言人只是一个简单的传声筒,只要照本宣科地传递政府的声音即可,不必掺入个人的态度和情感因素。虽说从某个方面讲有一定的道理,但没能体现出发言人的主观能动性及发挥作用的更大空间。《工人日报》记者夏晓玲很友善地提醒我,发布台上一定要有真情实感,媒体并不喜欢只会念稿而没有温度的发言人,反而更欢迎那些未必完美但食人间烟火的发言人。在发布台上,从语言、表情、肢体动作等方面所释放出来的内心的真诚,既是发言人的基本素养,也是发言人的作用延伸。对发言人而言,真诚能获得最大信任,真诚能获得更多朋友,真诚能化解各种误解,从而给严谨的发布内容添加温度,也给社会带来良性的情感。

我们都希望自己的工作至善至美、无懈可击,这种愿望是好的。但政府部门和行业由于各种原因,不可能在任何问题上都处理得完美无缺,会有出差错的时候,这种情况社会大众也是能够理解和体谅的。但是遇到这样的事,不是虚心听取意见,不是诚恳对待问题,不是努力推进整改,只是掩盖真相、强词夺理、强势争辩,这就是很不诚实的作风和做法了。在现实中,我们有的单位在出现负面舆情后,往往强调这只是极端个案,试图组织正面报道,形成对冲。但却往往事与愿违,适得其反,甚至还引发了次生舆情,造成更糟的后果。

古贤有言:"过而不改,是谓过矣。"犯了错误却不改正,那就是最大的过错。古人还说过:"反听之谓聪,内视之谓明,自胜之谓强。"意思是听了批评的意见,能自我反省的叫作聪明,能主动检查自己的叫作明智,能克制自己私心的是真正的强者。《传习录》中有句话:"不贵于无过,而贵于能改过。"可贵之处不在于没有过错,而在于能够在犯错之后虚心接受并改过。人都会犯错,但一定要善于改过。

用非常诚恳的态度承认自己的失误并提出改进的措施,是能够赢得人民群众的理解、信任和支持的。绝大多数公众都是通情达理的,出现舆情及时回应,有误会就解释清楚,有责任就公开道歉,有问题就迅速解决,危机一般都能平稳化解。事实上,人民群众也一直认为能够认错并知错就改的政府部门和行业,比那种一贯标榜正确、巧辞推卸责任的政府部门和行业更有公信度和凝聚力。

2009年4月初,中央电视台《焦点访谈》栏目的记者采访某站关于从火车票代售点分成服务费,不愿分成的代售点停办了售票业务的事情。这个车站对央视记者的采访不配合,不仅不正视自己的问题,反而指责媒体听信一面之词、偏听偏信,甚至猜测别人存在利益关系。4月10日,《焦点访谈》以题为"要开代售点,分我一杯羹"播出了这期节目。

节目播出后,社会上反响强烈,对铁路存在着这样的问题基本上都持批评态度。我因为没有努力设法协调撤下这期节目也受到铁道部领导的批评。但是,在这个问题上我保留了自己的看法。我对这位领导说,我的舆情工作没做好,我检讨。但是实际工作中出了问题,导致了媒体的批评,我们的立足点应以此改进工作,坚决杜绝乱收费的现象,而不应该把反思的重点放在为什么没有阻止媒体的曝光上。此后,这个铁路局的党委书记表示,"《焦点访谈》报道的问题的确存在……违反了铁道部早有的明确规定,是严重的违纪行为,是不能允许的。"

铁路作为一个老行业,最早可追溯到清末吴淞铁路和唐胥铁路,新中国还没有成立就有了军委铁道部,可以说是新中国成立后时间最长、资历最久的元老式行业。它的积累和沉淀既显示出规范、严谨和厚重的一面,但同时其运行机制、管理模式在长期的发展中也不可避免地存在着陈旧和滞后的方面。社会在发展,科技在进步,主要矛盾在变化,人民群众的物质文化需求在提高,这么多年了,怎么能够不进行根本性的改革和调整?

所以,过去很长一段时间内,社会上常对铁路有着"计划经济最后一个堡垒"的评价。特别是铁路与生产生活关联非常密切,既是生产物流的大动脉,更是百姓出行的大动脉。当时每年有13亿人次通过火车出行,坐火车的每个人都有理由对铁路工作的方方面面提出自己的意见和建议,这既是他们维护自己的合法权益,也是他们对铁路工作的关心和支持。民众对铁路工作的关切,正是公民社会责任感的表现。我时刻提醒自己:听到的任何批评,都是珍贵的民情与民意,自己都应该尽可能回应、尽可能面对、尽可能沟通。对于民众的言论,应该用欢迎和宽容的态度对待,而不应苛求他们的精准度,力求以铁路行业的真诚化解公众的质疑,吸纳公众的建议,获得公众的满意,在公众的爱护和监督下,不断提升铁路行业的工作层级。

当然,铁路工作也有很大的难度,需要全社会的理解、支持和配合。曾经有位铁路领导让我在发布新闻时呼吁一下旅客不要从黄牛那儿买高价票,不要助纣为虐,认为这是一种违法行为。但我一直没有太大的勇气说这件事。因为我始终觉得自己没有资格去指责任何一个从黄牛党那儿买票的旅客。我们知道他们买票的难度有多大,背负一张车票的压力有多重吗?他们不仅要花更多的钱,甚至还有可能买来的是假票。

虽然我从不认为从票贩子手上买票是一件好事,但是如果铁路行业能为他们提供他们需要的车票,他们能不轻轻松松地从正规渠道购票而非要冒着风险去求票贩子吗?确实还有很多人在为最基本的出行条件而犯愁,他们存在太多我们无法想象的困难。责任在我们啊!我们不能因为自己的问题而毫无道理地去责备别人,不能丧失对社会底层最起码的共情能力,我们没有权利和资格去责怪和蔑视他们。

也许我们也没有办法短时间内改变他们的处境,也许我们也需要落实自己的工作职能,但我们是可以用更文明、更人性的方式来执行的。所以,发言人发声,就要发出内心的声音。发言人说话,就要说出合情合理的话。丑事坦诚说,糟事好好说,急事慢慢说,没把握的事谨慎地说,没发生的事不瞎说,办不到的事不乱说,伤害人的事不能说,别人的事小心地说,自己的事听别人说。

记得一次我陪中央电视台记者到北京西站旅客候车厅进行现

场采访,了解旅客的购票途径,结果刚问到一位旅客从哪儿买的票时,这位旅客就回答说是从票贩子手上加价买到的。当时我很诚恳地说:"票贩子的行为要打击。但对于您,我们很抱歉,真对不起。"虽然当时场面尴尬,但我的诚恳还是换来旅客的理解。后来有媒体朋友对我说,一个发言人的诚恳是可以在一定程度上填补或缓解工作中的缺失的。

通往人心的道路并不容易,一个发言人要得到媒体的完全信任必须付出极大的诚意。在一次节目中,主持人提出一个尖锐的问题:"春运期间火车票异常紧俏,老百姓对炒票的黄牛党深恶痛绝。网友在问:每年的春运都说打击票贩,难道票贩就打不尽吗?为什么?还有网友反映,按照规定,一个人最多可购买五张硬卧票、十张硬座票,如果黄牛党利用这一规定多人排队垄断了某个方向的票源怎么办?"

在回应这些问题时,我没说那些空话套话,而是实话实说,并把自己摆进去,态度诚恳地说:"网友表达了对炒票黄牛党的深恶痛绝,我跟他也有同感,我对炒票也深恶痛绝。因为炒票现象的存在,我要经常回答这个问题,甚至接受网友对我的指责,因为我解释得不清楚,或者我解释清楚了但现实的问题没有得到解决。所以我跟网友的感情是一致的。"

拉近感情不是最终目的,重要的是让网友知晓我们正在为改变这种紊乱的状况而努力,我接着说:"我可以告诉网友,打击炒票是我们每年春运当中一个非常重要的工作。"

我举例说:"今年春运我们铁路公安系统打击炒票的'蓝盾行动'已经在去年12月25日就全面展开。今年春运我们提前到1月18日开始,但是我们打票工作已经提前到去年12月25日,说明我们对这个工作的重视程度。铁路公安局组织了大批警力,在全路范围内严厉打击制售假票、倒卖车票的犯罪活动,重点加强对车站售票处和其他集中售票场所的控制,最大限度地挤压票贩子的活动空间;加强对网络售票的监控工作,及时打击整治,坚决防止网络倒票形成气候;组织专案侦查,深挖团伙,力争破获制假、倒票大案,全力维护春运售票环境。"

为什么要对旅客每次购票数量进行限制?对这个网友很难理解的问题,我给出了铁路方面的想法和理由。我说:"据铁路公安机关的调查,票贩子主要是在客流高峰期来临前大量套购热门车票、客流高峰期伺机高价兜售车票坑害旅客,他们囤积车票的方式,主要靠雇人到窗口排队购票后,再集中转手倒卖。因此,为了防止炒票,在春运特别紧张时期,有的车站对每名旅客每次购票数量进行限制,来照顾其他旅客购票。具体的限售数量,铁路部门并没有统一的规定,而是由各铁路局根据客流变化、运输能力、售票环境等诸多因素动态掌握。比如,北京地区运力安排相对多一些,限售数量就稍高一些,而有的紧张地区一般每人次限购三张,特别紧张的地区限购两张。因为有能力准备,北京地区一旦某个方向车票异常吃紧,铁路部门就可以迅速组织临客,提供更多的票源。因此,不大可能出现网友担心的让几个票贩子垄断了某个方向车票的现象。实际上,这种限制在一定程度上是影响售票效率的,可能会增加旅客排队的时间。但采取非常措施,都是票贩子给逼出来的。我们只能在度上把握好一点。"

我用非常恳切的语调继续说:"我们希望在这个过程中得到更多的理解,因为我们面临的是各种因素、各种矛盾交织在一起,我们只能是哪个方案稍微好一点就采取哪个方案,有时候可以两全,有时候不能两全,在不能两全的情况下,我们就选择对旅客更有利的方案。"这样托底的回答,赢得了大多数网友的理解。

我在一次与网友互动中,一位网友发帖:"王部长,感觉你是新闻发言人中最开明的一个,铁道部的宣传也是最主动积极的,虽然你们的有些观点我未必赞同,但很欣赏你们这种开明开放的态度。"

我当然不是新闻发言人中最开明的一个,但我会朝这方面去努力。我当即表示:"尽管我认为自己做的还很不够,但我还是很感谢你的鼓励。我一直认为,开明的发言人很大程度上是由开明的社会环境造就的。在我的诸多发言中,肯定会有对铁道部党组意图把握不准确的地方,也肯定会有对于网友的问题回答不到位的情况。但是,广大网友给了我很大的包容。至于我们之间也会有观点不一致的方面,这很正常。重要的是沟通。在这个平台上,我既带来铁道部的信息,也带走网友的声音,我努力当好这个信使而已。"

不是故做谦虚状,而是发自内心的想法。

2010年春运前夕,我接受了新华社记者采访。记者问我如何面对旅客的批评,引发了我下面的一段肺腑之言。我很诚恳地说:"每年的春运工作,都会有一些突发事件要面对。像今年进入春运后,部分省区的雨雪天气导致高速公路封路、一些航线停运,旅客就不得不转乘火车回家,加剧了火车客运压力。作为我个人,特别理解大家一年在外此刻归心似箭的急切心情,我带着记者到候车现场或购票口采访时,也听到大家反映:'你们真的很辛苦!可是我们买一张票还是太难了!就不能再多开线多发车吗?'这样的问题我要不断地面对。但是每次回答时,我的心情都不轻松。大道理大原则我可以很容易就讲出来,也都是实情!但是,大家整宿守候在售票口买票的辛苦,就算是发发火,抱怨几句,也是人之常情!我从内心深处理解他们的批评。正因为这样,大家的批评,我当作是对我们有更高的要求和期待,我感激地吸取大家的建议。大家的鼓励、批评、监督,是一条条言路。通过这些言路,向政府传递着信任、感情!作为新闻发言人,就是要以平和的心态、虔诚的心情去听、去传递,让言路越来越宽广!"

为了使大家增强对铁路的信心,我把话题继续延伸。我说:"我国铁路事业发展的成就是大家有目共睹的,经过历史性成功实施第六次大提速,中国铁路已经进入高速时代。包括京津城际在内的十多条客运专线正在加快推进,到2010年,我国快速客运网将达到20000公里以上,春运紧张状态将明显缓解。我想把我的信念告诉大家:春运是历史发展进程中的事情,也将伴随历史的发展获得圆满的解决!"

对我这大段的表白,记者没有觉得冗长,反而认为很诚恳,发自肺腑,是大实话。于是,把我这段话原汁原味地传播出去。结果社会反应较好,对铁路有了更多的理解和体谅。我认为,这就是以心换心,以诚意换诚意。

新闻发布一般都是在发布大厅进行,我也基本上是这样做的。但是,有时为了发布的时效性好一点,现场感强一点,我也会在一些特定的场地发布新闻,实际上这也是发布台的延伸和切换。我在调度中心、列车车厢、施工地点、候车大厅、生产车间,甚至事故现场都进行过不同形式的新闻发布。我会借助现场人员、场景、气氛等各种有形无形的元素,进行更加生动形象的表述,努力把故事讲好,把信息传好。

尤其是我把新闻发布搬到了网站。在网络时代,区别于传统媒体时代新闻发布主体主要是广播、电视、报纸媒体记者,人人都是发布者,人人都有自媒体,给新闻发布工作在传播途径、话语方式上提出了新要求。考虑到不同受众群体的接受需求,铁道部宣传部网络舆情处处长王颖建议我到各大网站发布铁路新闻,回应社会关切,扩大铁路的社会影响。我接受了她的建议,开辟了网络发布新闻的新领域。在那些年,每当铁路有了大的事情,每当社会对铁路有关注,我都会去各大网站做客。可以说,我在网上发布新闻,与网友互动频率是比较高的。一些大的网站我都去做过嘉宾,甚至去过很多次,先后在人民网、新华网、中国政府网、中国经济网、央视网、凤凰网、新浪网、搜狐网等网站当嘉宾,尽着自己的力量,努力与大家打造出一个铁路与网媒、网民互相对话、深度沟通、推进了解的有效平台。

2008年5月9日,我应邀做客人民网强国论坛,有一位叫"勇敢的心怀"的网友一上来就不客气地说:"来的话我们欢迎,但是如果打官腔说套话就别来了吧。"

我觉得这位网友话说得虽然不顺耳,但表达了网民对官员不好好说话的不满情绪,也是对官员应该恰当进行公共表达的一种合理要求。于是我很诚恳地说:"我有很多不足的地方,但我对自己唯一感到满意的是,一般不会打官腔、说套话。不仅不会,而且也是我非常讨厌的。正因为对自己有这种起码的估价,我才会有勇气一次次地来到人民网。"

接下来有位叫"璇玑子"的网友直接问我:"'王勇平',意为勇于平乱吧,强坛刁民乱匪无数,屡次提一旅之师前来平乱,虽然浑身伤如刀刻,然勇气不减,剿灭刁民匪盗无数。"

我坦率地回答:"感谢你对我的关心和肯定。但是我要说明,我父母亲当初给我取这个名字时肯定是没有勇于平乱之意,而且我多次做客人民网强国论坛,从来没有感受到有刁民乱匪的存在,恰恰相反,我在这里结交了许多朋友,他们给了我很多的支持和指导,即便有些观点不一致,我仍然感觉到他们的出发点是善意的,是为了铁路工作有更好的发展,为社会做出更多的贡献。有时有一些误解,也是可以理解的。正因为有误解才需要沟通,有沟通才有共识,有共识才有友谊,这就是我经常来强国论坛的理由。"

于是,网友踊跃而友善地参与互动。

有一位网友发帖说:"现在网上流行的一个视频,年轻的女列车员被问哭了,看上去好可怜。"

他说的这件事正巧我也知道,我立即抓住这个契机,推进社会与铁路员工有更多更深的沟通和理解。

我告诉他:"我也看到了网上这段视频,后来特意做了了解。那位哭了的姑娘叫朱琳霞,是今年 3 月份才上任的列车长。故障发生后,她和她的伙伴告诉大家,铁路部门正在紧急抢修,请大家耐心等待,不要惊慌。面对旅客情绪激动的质问,她几度哽咽,流泪了。我能理解旅客长时间滞留的躁动情绪,也能理解小朱车长的流泪。我想,她心里肯定不仅是委屈,更多的是和旅客一样的着急。请大家相信,经历了许多事情,她会更加成熟、更加坚强。确实,当好一名列车长不容易:既要面对赞扬,又要面对批评甚至责问,更要面对困难的考验。我也很感谢那位上前劝解、为列车长解围的外国朋友,她的爱心、宽容和修养让我肃然起敬。我们更加反省铁路工作的不足,特别是如何在突发事件面前,能使列车工作人员第一时间掌握真实情况并迅速告知旅客,安抚好大家情绪。这是我们需要认真改进的,也应该成为一种机制。"

我的话引来很多网友的认可和点赞,不料朱琳霞此刻也在网上,她很激动地在网上给我发了一段文字:"王部长您好,我今天休班,刚好在人民网强国论坛看到您在与网友交流。我知道,这几天大家都很关心我。我想借这个机会跟网友说几句话:相信通过这次考验,在今后的工作当中,我处理问题会更加妥当一点,想得更周到一点,更好地为旅客服务,维护铁路形象。我也希望旅客朋友能够给予我们工作人员更多的理解。谢谢!"

我很动情地回复她:"你好小朱,通过你和你的伙伴在岗位上的表现,我觉得你们的素质还是不错的。至于掉眼泪,我觉得那也不仅仅是你感到委屈,可能更多的是一种着急。有时候眼泪是脆弱的,但是有的时候眼泪是坚强的。所以,很多人看到你掉泪,不是感觉到你的脆弱,而是感觉到你的坚强。我相信,你们会在磨炼中不断提高业务素质和服务水平,把工作干得更好,不辜负广大旅客和网友对你们的关爱和理解。"

此时此刻,网上充满了人情味和正能量。网友 xiatiandegushi 发来一段话:"相比于其他人,同事们都比较喜欢铁道部这个发言人,形象不错,特有亲和力,大话空话少、语言很实在。而且有很高的新闻发言人素养、很了解铁路行业。"我回答:"非常惭愧,我一下变得局促了。"

对于我的探索和努力,网络媒体给予了认可和鼓励。2008 年 7 月 18 日,人民网特地以"两年六次做客人民网,网络时代的新闻发言人王勇平"为题对我进行报道。人民网记者季金波这样写道:

他曾经在铁路系统干过 20 年的宣传,当过 4 年的警察,如今是铁道部的新闻发言人;他在自己的书中自称为"政府化妆师";他主张和媒体记者"交朋友"。他,就是铁道部新闻发言人王勇平。

2007 年至今,王勇平已经六次做客人民网强国论坛,是各个部委里和网络"亲密接触"最多的新闻发言人之一。他曾经说,没有特殊情况,上班后要做的第一件事就是上网浏览与工作相关的网民观点和意见,并且常常能从中获得推进工作的启迪和动力。除了以做客论坛的形式与网友交流,2008 年,他还在人民网开通强国博客与网友互动。

谈起人民网的老朋友王勇平,强国论坛的访谈主编曾这样说:他是一个严谨的性情中人。说他严谨,是因为他的职业要求他必须一字一句地斟酌自己的言论,向外界发表铁道部的声音;说他是一个性情中人,从接受访谈到受邀开博,他乐于与我们"古灵精怪"的网友面对面,乐于接受这种被"刁难"的压力,乐于与网友分享喜怒哀乐。

两年来六次做客人民网,难道这个新闻发言人回答网友"毫不客气"的尖锐问题还答上瘾了?究竟是什么赢得了众多网友的好评?从他的六次访谈中,我们似乎慢慢找到了答案。同时,代表人民网的网友,我们期待下一位这样亲近网络的新闻发言人。

那一年,我被人民网评为最受网友欢迎的十大嘉宾之一。

由于与网友经常互动,也增强了自己在社会上的认可度。我离开发言人岗位后的一段时间,是我一生中接听手机频率最高的时段。为了求得安宁,我把过去 24 小时都开通的手机关闭了,让自己与外界暂时隔绝。于是,很多朋友找不到我,便用短信的方式与我联系。他们或对我开导,或对我慰问,或对我鼓励,手机容量

做客人民网强国论坛

很快就被完全挤满,我便不断地删去。读完一批,删去一批,又进来一批,犹如潮水,前仆后继,奔涌而来。在那个时候,它们消散了我的孤独,平静了我的内心,我常常是动情地去读、去感受的。这不仅仅是一条条短信,更是一份份珍贵的情,是一颗颗灼热的心!

出国去波兰工作前夕,我准备送母亲由北京回湖南老家,全家人在楼下的湘菜馆吃了一顿离别饭。吃到一半,只见几位服务员在领班带领下进到包间里站成一排,眼里噙着泪花对我们唱起了《好人一生平安》的歌曲。末了还送了几瓶湖南产的辣椒酱,每个瓶子上都贴着一个心状的红纸签,上面写着"家乡人念着您""好人有好报"等文字。我把这饱含乡情的辣椒酱放进有限的行李里,准备随飞机带到波兰。

行李在北京首都机场安检时,那几瓶辣椒酱被挑了出来。安检员查看了我的护照,又盯着我仔仔细细地瞧了瞧,然后问:"您是铁道部新闻发言人吗?"我回答:"曾经是的,现在不是了。如果这些东西不能带,我可以把它们留下。"安检员再看了看封好瓶口的辣椒酱,看了看心状的红纸以及那上面有温度的文字,然后微笑着说:"带走吧,祝您一路平安,在国外心情舒畅,工作顺利!"很多年过去了,我至今没有忘记那一刻眼眶湿润的感觉。我知道,这是真诚的回报。

二、真诚地把记者当朋友

2005年1月10日,中央电视台《新闻会客厅》录一场节目,采访的主角是赵启正先生。赵启正先生当时是国务院新闻办公室主任。作为嘉宾,我和其他几位政府部门新闻发言人也参加了访谈。

赵启正先生一直不遗余力推进中国新闻发言人制度建设,在对政府官员、政府新闻发言人与媒体的关系上有过很多精辟的见解。比如,他说:"领导干部的新闻素养已经是执政能力的要素之一,不善于和媒体沟通,执政能力就不完整。我们所处的是信息时代,信息就如同空气,每天都要呼吸,都离不开它。一个现代人不可能不关注信息,特别是领导干部,每天要有一定的时间阅读信息、思考信息、发出信息,那就必须重视媒体,要利用媒体做桥梁和接力棒。如果你做不到,就给小道消息留了空间和时间,再去辟谣就事倍功半了。"他还说过:"记者是新闻人,他追求的是新闻。他们不是你的学生,不是你的部下,也不是你的'敌人',甚至不是你的朋友(作为个人关系当然也可以是朋友,这里是就新闻发布的场合而言)。他是你的挑战者。记住这点很重要!这会使你随时处于发言人状态中,不会松懈。记者不是你的学生,所以你没有必要像讲课一样长篇大论;记者不是你的部下,所以你不能以做指示的口吻讲话;记者也不是你的朋友,不能说我只告诉你们,千万别说出去;他们更不是你的敌人……"这些精辟的观点和语言,给领导干部和新闻发言人留下深刻的警醒和思考。我对他更是敬佩有加。

  在接受央视这次采访中,赵启正先生机智幽默,内涵深刻。很多机敏的回答,无不令我们发自内心喝彩。当主持人白岩松问到"新闻发言人和记者到底该是什么样的关系"时,赵启正先生回答道:"新闻发言人和记者的目的都是传播新的信息,这是一致的。在工作关系上,一个是新闻的发布,一个是新闻的传递。政府部门和记者的关系不是上下级的关系,我不能说你们应该怎么做,你们不该做什么。发言人对记者也不是老师对学生,不能像在大学讲课,先说 ABC,ABC 下面还有一、二、三,这样记者不知道哪句话重要。另外,记住记者是有一定的素养的,因此不能给他们讲定义、做过多的解释,他们不是你的学生。记者也不是你的挑衅者,专门与你作对,不是的。记者为了报道好才发问尖锐,因此有时候话就很厉害,但是这是职业需要。对发布会上的记者,我觉得最好的描述是'挑战者',问题问得好,回答得更好,就叫双赢。"

  接下来的对话变得十分有趣了。主持人白岩松问赵启正:"我不知道您是否同意我的判断:我一直有这样的说法,新闻发言人和记者的关系就是'刺猬和刺猬的关系',离得太远就太冷,离得太近扎得慌,所以保持一个合适的距离是两者特好的关系。"赵启正反问:"你经常被扎吗?"主持人白岩松坦言:"有的时候,当回答不够准确时,或者老百姓想知道他又不能提供信息时。"赵启正又问:"那你扎人家[指发言人]?"全场都笑了起来。

  这时,主持人白岩松把话题抛给了我:"因为大家都是'刺猬'。我想听听新闻发言人的回答。铁道部新闻发言人,你认为两者的关系是什么?"

  对于这个问题,我做了这样的回答:"两者应该是有挑战性的朋友关系。我记得刚刚当新闻发言人的时候,有一位老师告诉我,'记者不是你的朋友,是你的敌人,你应该警惕。'我始终不敢把这个理念付诸我组织的新闻采访活动,因为那样我的处境会非常糟糕。我在把记者当朋友的过程中体现我们互相尊重,即便有不同观点,我们也能够达成一致,或者他说服我,或者我引导他。所以记者对我非常的友善。正因为这一点,我觉得铁道部应该说有一个良好的舆论环境。"

六年之后,即 2011 年"7·23"动车事故新闻发布会的第二天,我被白岩松这只"刺猬"实实在在地扎了一下。他在《新闻1+1》这个央视栏目中对我进行了毫不客气的批评和指责,在这些批评和指责的影响下,很快引发了一场大面积舆论炒作。终究是职务行为,不涉及个人恩怨,所以我坦然面对白岩松,并没有改变我们之间的正常关系。特别是后来白岩松对自己的做法进行了很大程度的改变和反思,坚定了我的这种看法:发言人与记者是互相尊重、互相支持、互相监督的朋友关系,尽管这种朋友关系充满了挑战性。特别是像白岩松这样优秀的媒体人更有着令人敬佩的秉性,敢于肯定自己,也敢于否定自己。对于新闻事件,他们有自己的思考和观察,有自己的原则和坚持。在实践中发现是对的,他们就敢于坚持,但是,经过实践发现不合适,也敢于对自己既有的观点予以否定。其实,公开否定自己有时比肯定自己更需要襟怀和勇气,因而也更能展示人格的丰满。

我一直坚持地认为,发言人与记者的交往是语言的交往,是信息的交往,也是情感的交往。与记者打交道、交朋友,不仅是一种方法,也是一种态度。发言人是信息提供者,记者是信息传播者,二者之间是伙伴关系、合作关系。双方都应自觉维护和珍惜这种关系,努力为对方着想,并尽其所能地为对方的工作创造条件,因为这对谁都很重要。在发言人的岗位上,我努力践行这种理念。

2007 年腊月二十日,北方数省大雪纷飞,天寒地冻。这样恶劣的天气往往要给铁路行车运输带来难以预测的消极影响,旅客出行的正常秩序也会被打乱,因此常常引发媒体的普遍关注。当天晚上 10 点,我已回到家,正与家人谈起这恶劣的天气对铁路运输会造成困难,这时电话响了,来电话的是中央电视台记者刘茨。刘茨说有旅客向中央电视台反映北京铁路西站列车大面积晚点,旅客严重滞留，为此向我求证此事。

我马上与铁道部调度指挥中心取得联系，得知情况确实如此。京广铁路北端由于持续连降大到暴雪，郑州以北已暂时中断运输，造成了北京西站旅客列车既接不进又开不出，形成客流大面积滞留。铁路运输部门正在采取措施，努力保证旅客安全和有序。

听到这种情况，刘茁提出要到北京西站现场采访。我知道这是一个记者的新闻敏感和职业责任，我没有理由不支持和满足她的要求。于是我不仅答应了她去现场采访，而且主动提出陪同他们去北京西站。

当我们到了北京西站，看到的情况比我们想象的还要严重，候车厅、售票厅、地下通道、南广场、北广场，到处挤满了旅客，他们焦虑而疲惫地等待登车时间。而且人流越来越多，危险系数也在上涨。铁道部、北京铁路局领导也都赶来了，他们与车站领导共同制定了应急方案：组织旅客迅速疏散，安排旅客自愿退票，保证旅客绝对安全，加强重点旅客服务，加开临时列车中途待避。于是，忙乱中有了头绪，焦躁中开始镇静。刘茁他们把现场情景直接地、真实地摄入镜头。然后，他们提出让我接受采访。

在站台上，迎着风雪，对着待发的列车，我就这次旅客留滞的情况和原因、铁路方所做的工作以及预想的目标回答了央视记者的提问，并且代表铁路向因列车晚点造成不便的旅客朋友深表歉意。

央视播出这条新闻后，各方反应都好，央视向我表示感谢。我对他们说，该感谢的是记者，他们的快速报道，让社会了解了真相，稳定了旅客情绪，维护了运输秩序，支持了铁路工作。

这些来自实践的工作积累，逐步上升为一种理性的认识：发言人与媒体人是信息传播共同体、情感交流共同体、价值判断共同体。

我后来应邀去中央电视台讲课，专门结合高铁发展实践，谈到发言人与媒体人的关系。我认为，发言人对媒体人而言，存在"四个需要"：

一是需要媒体人坚定的支持成就事业。在现代社会,经济发展、社会进步从来离不开媒体的正确引领和持续助推,媒体人承担了重要的社会责任。中国高铁的发展过程凝聚了媒体人的极大热情和智慧。事实雄辩地证明,没有媒体人的大力宣传和推介,很难想象整个民族最终对高铁有如此高的认同和支持。

二是需要媒体人默契的配合回应关注。新生事物的发展从来不会一帆风顺,中国高铁发展之路很不平坦,各种观念、各种认知、各种言论的碰撞和震荡伴随着高铁建设全过程。每当社会上对高铁出现大的关注和质疑时,总是在媒体人默契而坚定的配合下,发言人比较有效地完成了回应。

三是需要媒体人诚恳的帮忙彰显公道。媒体对热点问题所呈现出的公道、正义和宽容,往往折射出整个社会的文明程度。"多帮忙,少添乱"是政府部门在舆论危机中对主流媒体的热切期盼。事实上,政府部门包括政府新闻发言人处在困难的情况下,总会得到许多主流媒体的热情鼓励和衷恳帮忙。境外个别记者经常会没有节奏制造节奏,没有矛盾制造矛盾,没有对立制造对立,没有情绪煽动情绪,但总是在我们的主流媒体澄清和反驳中呈现真相和公道。

四是需要媒体人善意的监督改进工作。新闻媒体与党和政府部门的新闻发言人,虽然职责不同,但都自觉服务于党和国家事业。在我国,新闻媒体是党和政府的喉舌。一般政府传达什么思想,媒体就传播什么信息,媒体与政府的立场是一致的。但是媒体也有监督功能,新闻媒体要传播的东西远远比政府表达的意思要多,新闻媒体要从多个角度诠释一个事件的各种面貌。媒体人必须依法积极履行采访报道和舆论监督职能,当然,这个监督是善意的,是为了改进工作。

同样,媒体人于发言人也存在"四个需要":

一是需要发言人最快速的资讯发布。在全媒体时代,资讯的快速发布和传播,对媒体人和发言人而言是双赢。

二是需要发言人最真实的情况阐明。网络空间,一则"疑似"传闻骤然而起,急剧升温成为热门话题,基本上都混杂了信息不对称、情绪化宣泄等多重成因。在各种非官方信息满天飞的情况下,主流媒体需要发言人提供客观真实的权威信息。

三是需要发言人最直接的画面提供。新闻报道是否鲜活?是否夺目?与新闻人物、新闻场地有直接关系。新闻发言人组织媒体到场地采访,近距离、无障碍地捕捉、采集和传播出生动、具体、画面感强、接地气的信息,可大大增强新闻报道的吸引力和权威性。

四是需要发言人最权威的政策诠释。对于一项政策举措的出台,社会上会有各种不同的解读和看法。非官方的传闻往往产生偏离和曲解政策原意的现象。这时,政府新闻发言人往往承担着通过主流媒体诠释政策举措的责任。

这不仅对中国社会形态是这样,即便在西方社会也同样如此。2005年11月,我作为铁道部的新闻发言人,随国务院新闻办公室组织的中国政府部门新闻发言人到美国杜克大学交流培训时,有位叫提夫特的美国教授给我留下深刻的印象,她把新闻发言人与政府部门和新闻记者之间的关系比喻为"一仆二主"。

她认为,作为"仆人"的新闻发言人应当对政府部门和新闻记者这两位主人负责。这二者并非任何时候都利益一致,而皆大欢喜的结果不仅会使政府得分,也是发言人的成功。这就要求发言人和记者要有相互的信任和良好的关系。这虽然是一个比喻,但较为形象地说明了发言人在面对本部门和媒体时所扮演的角色。

在那次学习交流中,我还听到了另一个比喻。我们代表团来到了总部设在纽约的联合国,联合国秘书长发言人斯蒂芬尼·杜加里克先生接待了我们。他很肯定地说:"发言人与媒体的关系是互相信任的关系。"

他说:"记者知道发言人不可能把所有的内幕都告诉他们,他们也能够理解。但是,重要的是发言人绝对不能说谎,说真话是建立互信的关键,否则就会失去记者的信任。发言人一定要了解记者的期待,他们得不到信息,他们的工作就会受到影响,这对联合国的工作也十分不利。因此,联合国秘书长发言人始终与媒体保持着互信的关系,当然这并不是说发言人和记者都是朋友关系,有时也是对手,但建立在互信基础上这是没有问题的。就像拳击赛一样,双方都知道必须遵循基本的规则。"

斯蒂芬尼·杜加里克在谈到与记者的交往最不愉快的事是什么,怎样化解这些不愉快的事时,他坦言:"与记者打交道很多时候是愉快的,但也有不愉快的时候。我能够理解他们对发言人回答的某些问题不满意,未必是针对我个人的。但对我个人来说,有些事情令人难以接受,比如有些记者当众很粗暴地教训我,对此尽管我心里很不高兴,但是我不能表现在脸上,我不能意气用事搞僵与媒体的关系。我暗暗地安慰自己,这不是对我个人来的。媒体反而认为我很有修养。"

其实,对发言人来说,善待记者就是善待自己,尊重记者的采访权利就是尊重自己的职业实践。新闻记者是一个充满激情的群体。他们永远被自己的热情燃烧着,对重大事件有不可遏止的"渴望"。一旦有大事发生便格外亢奋,进入采访现场情绪顿时高昂。发言人应当理解和尊重这种职业特征。英国哲学家培根说:"你希望别人如何对待你,就先如何去对待别人。"美国文学家爱默生也说过:"人生最美丽的补偿之一,就是人们真诚地帮助别人之后,同时也帮助了自己。"真诚地帮助媒体,与媒体交往也会有意想不到的收获。新闻发言人与媒体建立密切的关系,就是使自己的工作能够顺利推进和完成。新闻发言人不是光靠自己的努力就可以把所有的信息都传播出去的,要通过媒体来反映信息和意图。发言人面对记者,既不仰视,也不俯视,而是平视。只有平视才能平等对话、平等交流,心态才健康。

我曾经问《光明日报》记者、教科版主编雷轲:作为媒体人,对新闻发言人在发布会上有什么期待?他很诚恳地说了一段话:"记者总是希望在发布会上获得社会公众所关心的权威信息，使自己采写的报道具有较强的新闻价值。在媒体人眼里，受欢迎的发言人应该做到三点：第一，没有官气。与记者平等相待，诚恳沟通，尊重事实，不说空话、套话，更不说假话，习惯用口语化、人性化的语言与记者交流，能让媒体感到政府的务实和诚意。第二，透出灵气。知识面广，信息量大，并且准备充分。对记者提出的各类提问，都能认真对待，快速反应，提供高质量、有价值的信息，表现出胸有成竹的自信。善于讲故事，能用生动的案例支持观点，有提炼信息重点的能力，说出朗朗上口、易于传播的金句，以供媒体用作新闻报道的标题。不照本宣科，埋头念稿，更不一意孤行，答非所问，将公众关注的信息无误传导出去，用生动、可读的信息主导记者的报道内容。第三，体现静气。充满自信，心中坦荡，静而生慧，在复杂的情况下不慌乱，不回避任何敏感的、尖锐的问题，始终给记者一种信任感。在发布过程中不出现失误，如有出错，也坦诚迅速地更正，切忌误导媒体，以讹传讹，造成公众关注点发生偏移，形成舆论传播次生灾害。"

新闻发言人要赢得媒体人的信任，并在媒体人中建立起自己的信誉，就应该满足媒体人这种起码的期待，用他们的要求和标准打造自己的形象。

2003年5月，我从铁路公安系统调任铁道部政治部宣传部部长。到新岗位不久，便到钓鱼台国宾馆参加铁道部与邮政总公司签订战略合作的仪式。那天主办方请来了中央各大媒体记者，一同见证这个值得纪念的时刻。我来到记者人群中，便听到一位女记者在说："铁道部找了一个警察来当宣传部部长。"我知道是在说我，便接住话头附和了一句："谁说不是。"她看了我一眼，不认识，便问："请问您是谁？"我回答道："我就是那位警察，我叫王勇平。"她"哎哟"一声说："你为什么不早说？"后来我知道她叫矫阳，是《科技日报》记者。我就这样与跑铁路口的各大中央媒体的记者开始了接触，矫阳后来成为我工作中支持力度最大的记者朋友之一。

我在担任新闻发言人期间,总是提醒自己要细心地了解记者及其所在媒体的情况,只要是打过交道,我都可以熟悉地叫出他们的姓名,甚至还会了解到他们很多人的性格脾气及兴趣爱好。平时,私下里常有联系和交流。在新闻发布会召开时,我更会热情地与他们打招呼,完全是一种老朋友见面的感觉。即使在不能兴奋的气氛里也准确地把握表情向他们点头示意,释放出友善的信息,赢得对方的信任和亲近。

在工作中,我把每一个媒体都作为自己的友军,为中国高铁这个主题同唱雄浑壮丽的音律。对待所有来访的媒体,从来都是一视同仁,一样对待,不分厚薄。无论是主流媒体还是都市媒体,无论是中央媒体还是地方媒体,无论是国内媒体还是境外媒体,无论是传统媒体还是网络媒体,媒体不分大小,态度不分亲疏,我都一律认真对待,热情接受采访,尽量满足需求。

《21世纪经济报道》采写铁路报道,有着与众不同的风格和角度,喜欢深度探求和独辟蹊径。而长期以来,我们习惯了主流媒体的报道语境,对他们这种财经类媒体的报道方式感到不是很适应。部内有的同志建议我不要接受他们的采访,常常为我挡驾,甚至不给他们发参加发布会的邀请函。跑铁路口的记者叫高江虹,便向我抱怨。我觉得封杀他们的做法是不合适的,便对高江虹表示歉意,也向大家做工作。后来不仅对他们有求必应,而且帮助他们提炼主题、选择角度,既适合于他们的报道风格,又保证报道的客观真实性,使这份报纸成为宣传铁路工作、传播铁路信息的一个重要平台,实现了双赢。我离开新闻发言人岗位被派往波兰工作后,高江虹利用出国旅游的机会绕道来看我,一再表达对我当年善待他们报纸的谢意。

我接受过很多媒体的采访,但是我最难忘的是接受《中国少先队报》小记者的采访。那次采访的小记者是由三个女学生、一个男学生组成,三位女学生都在十岁上下,男学生更小,估计七八岁,长得都可爱。他们一见到我,便在我的脖子上系了一条鲜艳的红领巾,我顿时便有了时光倒流的感觉,是那种过滤了生命历程中的杂质而完全回归纯真的感觉。小记者们虽然年纪小,但很聪明,表现出与年龄不相称的成熟,他们是为了采访高铁建设而来。

孩子们是祖国的希望,是我们事业的接班人,高铁的未来属于他们。对于他们的采访,我没有丝毫的马虎随便,像对待其他媒体人一样予以礼貌和尊重。我非常认真地向他们介绍了中国为什么要建设高铁,中国高铁的发展过程,中国高铁为我们的生活带来了什么影响以及中国高铁的发展方向和目标,小记者们听得很认真,也很兴奋。我介绍完后,他们提了一些他们感兴趣的问题,我很惊讶他们的提问居然类似成年记者所提问题的眼界和角度。他们问:中国高铁是不是我们国家自己的品牌?中国高铁在世界上有没有处于领先地位?学生乘坐高铁能不能享受乘坐其他列车通常能享受的学生票?我向他们一一做了回答。最后那位小男孩问:中国高铁今后会跑得更快吗?我很肯定地说:一定会的!希望你们努力学习,掌握更多的科学技术知识,将来为中国高铁和其他建设事业更快更好的发展而贡献自己的聪明才智。

采访结束后,他们送了我一幅他们自己创作的水彩画:一个小男孩骑在动车上,骄傲地伸着大拇指。画面表现了孩子们对高铁的喜爱和自豪,这种纯真而奔放的孩子审美风格深深地感染了我。我回赠他们的礼物是一个动车模型,小记者们也高兴地接受了。末了,我和小记者们拿着他们送的画一起合影。我将这张照片一直作为自己手机里的相册封面,让它清晰而深刻地留存在自己后来的生命流程里。每当目光有意无意地接触到这张照片,看到孩子们幸福的笑脸时,心里总会一动:我们为高铁所做的一切努力和付出都是值得的!

对于媒体现场采访报道,一方面,应该理解和体谅媒体朋友这样做的必要性,这是媒体工作特性所决定的。面对任何突发事件,各家媒体都存在着报与不报、怎么去报的选择。谁都清楚,只有到了第一线,才有可能使报道做得更客观、更扎实、更生动、更富有现场感,也更能表现出职业的正义感和神圣感。每当突发事故发生,各个媒体都集中到了一个可以大显身手的竞技场,大家在这里拼敏感、拼视角、拼速度、拼体力,拼出新闻的数量和质量,拼出作品的震撼效应和持久影响。同样是干媒体的,而且是在媒体总量庞杂、竞争激烈的情况下,你报得多,我报得少;你报在先,我报在后;你报得夺眼球,我报得较平淡;你报的是自采稿,我报的是通稿,其名气、利益、领导认可度和社会知名度就截然不同。

但另一方面,对于承受巨大压力的责任单位来说,媒体这把双刃剑的介入往往会让局面变得复杂,甚至失控,未必有助于问题的解决。首先,各类真真假假的信息构成了一定的舆论导向,不排除极个别记者没有节奏制造节奏,没有矛盾制造矛盾,没有对立制造对立,没有情绪煽动情绪。这无论对事态的发展以及事后的追责处理都具有不确定的影响,而这导向未必是公正理性的。其次,施救活动本身对救援力量的调度、事故现场的保护、抢险秩序的维持提出较高要求,需要一个高效顺畅的环境,而此时记者大量涌入,带着质疑进行采访,带着情绪进行调查,都于救援无益,难免成了不受欢迎的不速之客。这种处境也许是媒体人难以接受的,但事实就是如此。

因此,我对自己也对本系统宣传部门提出要求:要理解和善待所有来访记者,他们也是职责所在,要尽力为他们的采访提供便利条件,不能让新闻采访本身成为新闻事件。

孟子有言:"爱人者,人恒爱之;敬人者,人恒敬之。"我对媒体朋友的这种诚意使我收到了很大回报。他们对铁路建设事业给予了大力支持和热情鼓励,为高铁发展奠定了良好的舆论氛围。一次,《经济日报》副总编王若竹对我说,国家机关某部委的一位司长用半开玩笑半认真的口吻问他:"你们媒体老往铁道部跑,关系那么铁,他们究竟给了你们什么好处?"王若竹回答他:"还真没给什么好处,如果硬要说给了什么,那只能说铁路人给了我们真情实感。"王若竹很真挚地对我说:"媒体人与政府新闻发言人不需要庸俗的关系,需要的是相互之间的信任和诚恳。"

许多媒体朋友特别是熟悉我的跑口记者都非常支持我的工作。在顺利的情况下,他们会锦上添花;在困难的情况下,他们会雪中送炭。"7·23"动车事故新闻发布会后,正是这些媒体给了我极大的理解和慰藉。就在铁道部党组召开会议,决定调整我的工作那一天,上午开的会,中午便有一个硕大的花篮被送进我的办公室。花篮上还系着一张卡片,上面写着:"王主任,这些记者兄弟姐妹都非常惦记您,但是觉得这会儿可能不太方便打扰您。所以,大家决定,今天给您送上鲜花一篮,代表我们这些有良心和良知的记者,表示对您最坚定的支持!相信会有澄宇清明,相信理解您的人会一直理解您,爱您的人会一直爱您!今天送上心意的兄弟姐妹有:王士伟(中央电视台)、苏民(《经济日报》)、林惠(《工人日报》)、刘娟(新华社)、郎峰蔚(中央人民广播电台)、矫阳(《科技日报》)、周伟(《中国青年报》)、邵文杰(《光明日报》)。"他们都是跑过交通口的记者,也都是我在工作中建立了很深友谊的好朋友,他们成为最先一批向我表示难舍难分的媒体朋友。

由于不知内情,许多媒体朋友对我的离去都表达了自己的不满和不解。他们甚至直接找到铁道部领导陈述自己的意见。

中央人民广播电台中国之声晚间部主任郎峰蔚在自己的微博上著文:"我的一个朋友,即将远赴万里之外。此前,他并不宽厚的肩膀,承担了太多所谓的责任。当众人都躲到大屋之下,他却被抛到狂风暴雨中接受洗礼。然而风雨过后,不是彩虹,却是来自内部的万钧雷霆。"

郎峰蔚说的那个朋友指的是我。郎峰蔚是一个曾经跑过交通口的记者,多次获得中国新闻奖,2005年团中央授予的首届中国十大优秀读书青年奖获得者,并被中国记协评为全国优秀工作者。我知道她为人正派而善良,平时性格柔弱,待人平和,现在却这样尖锐地为我说话而不惜开罪"大屋内"的众人,让我感激也让我吃惊。

很快,互联网到处转载她的博文,许多记者还要求找她采访。我立即找到她,向她解释我不是被抛到狂风暴雨中去的,内部更没有万钧雷霆。现在这样的结局,于我来说或许更好。日本作家村上春树在《海边的卡夫卡》中写道:"暴风雨结束后,你不会记得自己是怎样活下来的,你甚至不确定暴风雨真的结束了。但有一件事是确定的:当你穿过了暴风雨,你早已不再是原来那个人。"

她明白了我的意思,很快删除了博文,并送我一句话:"守拙以清心,淡然而浅笑。"后来,她又托人送给我一封信和两盒眼贴。信中写道:"王主任,见信如面,您这一段时间多有操劳,千般委屈一人承担。看在眼里,我们替您忧在心里,不敢扰您,估计后续事情还会很多,您会更加操劳。唯愿您身体健康、心情略好,送您眼贴两盒,届时贴在眼睛上,效果非常好,盼望收到礼物也能开心一笑!祝好!郎峰蔚于 2011 年 8 月 11 日。"那份浓浓的真情与暖暖的温馨,在一定程度上化解了内心的垒块,唤起一种宽容和释然的心态来面对外在世界和当时生活。

中央电视台一位朋友给我寄来一封信,信中说:"王主任,您好。我是您媒体的朋友,去年曾一起做过'五一'晚会,这一段时间发生了这么多事情,有些话想对您说,您是我接触过的部委负责宣传的官员中最敬业最真性情的一个。我很明白在这场风波中您承受的压力和无奈,其实公众也明白,但是总要有人站出来面对这些。作为普通人,我也认为铁道部在这件事的处理上并不明智,但是作为一个了解您这个人的媒体人,我觉得一些评论是不公的。不过一切都过去了,尽了自己的本分就无憾了,工作只是生活的一部分,知道您会换个全新的工作环境,很为您高兴,祝开心健康顺利!"

《新快报》上登载了一位女记者的反思。她参加了 2011 年 7 月 24 日那场发布会,她说,回首发布会现场记者态度强硬发泄式的提问,当时就觉得很不舒服,估计现场也有记者觉得不对,但大家都不敢说,这种负罪感甚至让她重新思考自己的职业责任,而她现在仍然只敢匿名。

我很感谢这些我认识或不认识的媒体记者,让我看到了媒体人的职业道德和人性最美好的地方。作为媒体人,能在舆论情绪偾张时还保持着思维的清醒,在社会众口铄金时还保持着独立的判断,在网络舆论野马脱缰时还保持着必要的约束,也在一定程度上折射出社会的文明、社会的公正和社会的良知。

三、真诚的道歉能获得真诚的谅解

有一次,我应邀去人民网做客聊天室,由于路途较长,市内公路塞车严重,尽管我出来比较早,但还是迟到了十几分钟,堵车时我的心情十分焦急。当时一些网友等久了,在网上对我留言,毫不客气地批评我不遵守时间。我一上来,首先表示诚恳的道歉,解释了因路上严重堵车而迟到。然后,我把话题引到列车晚点的问题上。我说:"这次迟到,使我联想到列车晚点给旅客带来的不便,旅客不满意,我们完全能够理解。铁路部门应该尽最大努力保证旅客列车的安全正点。"由于感同身受,我态度诚恳,语言朴实,很快赢得了网友的理解,马上有网友表示这个新闻发言人态度真挚,值得信任。那次在线交流非常顺利。

在我与网民打交道的过程中,有一种明显的心态转换。刚开始到网上与网民接触时,担心网民身份不明,言论不受约束,情绪上来时我少不了被"拍砖"、挨骂。但后来发现他们并不可怕,他们通情达理,可敬可爱。当然,前提是与他们聊天不能端架子、打官腔,必须敞开心扉,实实在在,是成绩说成绩,是问题说问题,该接受的要接受,该道歉的要道歉。聊得多了,话也投机了,他们把我当作老朋友,什么话都和我聊。我从他们的言谈中掌握了情况,学到了知识,他们从我的话语中了解了信息,解决了疑惑,我们是双赢。

2008年7月25日,我做客人民网强国论坛谈京津城际铁路,当时,京津城际高铁运行中有些设备出现故障,社会议论较多。互动中,一名叫"琴江对语"的网友问我:"作为老铁路人,你是如何看待世人对高铁的质疑和指责?"

我知道,铁路工人为了满足全社会对铁路运输产品的需求,付出了极为艰苦的努力。正是因为铁路人的奋斗,才构成了今天中国铁路的姿态和节奏。但是,工作没有最好,只有更好;况且,更好的工作思路和措施往往隐藏在质疑和指责里。

于是,我坦诚地回答:"作为一个老铁路人,我和铁路所有的职工一样,非常珍惜并维护铁路的声誉。但是,对于工作当中存在的一些问题,我们不能回避。社会对高铁的一些质疑和指责会督促我们更好地解决问题,从而更好地维护铁路的形象。而且,我并没有感觉到,世人对高铁发出的都是质疑和指责的声音,我更多地感受到人民群众对高铁发自内心的喜爱。"

网友"天行健铁路人"打出一行字:"中国人能够拿出这样一条高铁来,就是很了不起的事情了,究竟是高铁脆弱还是国民心理脆弱?"

对这位网友的问题,我回复道:"首先要说,当我们建成这样一条举世瞩目的高铁的时候,全国人民引以为自豪,给予了很高的评价。而当这条高铁在运行初始阶段发生某些问题时,国民也实事求是地正视。因此,这不是国民心理的脆弱,而是国民心理成熟的表现。就高铁而言,也不应该说是脆弱,我们的技术装备还是非常先进的。经过不断地暴露矛盾、解决矛盾,中国高铁将会表现得更加出色。"

我的话刚说完,马上另有一个网友接着说:"中国高铁长了中国人志气!强烈支持。中国高铁还是一个初生儿,还要经过磨合和锻炼!给予理解。"

我的心情顿时激动,我接上他的话说:"非常感谢网友的理解。此刻,我的心情跟你一样。我想,一个初生儿要健康成长,是要经历风雨的,每一步都是他成长中无法逾越的。高铁在发展的过程当中,同样会遇到各种各样的问题。但是无论怎样,我想人民群众都会用心爱护它。只是可能爱护的方式、表现形式会不一样。"

这时,另一位网友出来说:"嘉宾,我不提问你,我只想对你说,并请你转告铁路人,你们走的是一条探索的路,本来就是在创造,出点问题很正常,千万不可气馁。"

此时,我已是心潮难平,我回复他说:"我想,此刻上网的所有铁路人,都会因为你这条帖文而感受到一种关爱和温暖。确实,我们在推进中国铁路现代化建设的过程中,经历了甜酸苦辣,创造了不少奇迹。而这一切都是在党中央、国务院的正确领导和全国人民的大力支持下取得的。我们感受到了一种巨大的支持力量。因此,不管在前进的道路上遇到任何困难,两百多万铁路职工都会勇往直前,绝不气馁。"

事实证明,只要真诚,完全能够聚集更多正义的呼声和善良的情感。政府部门新闻发言人的出发点就是维护人民群众的利益,包括尊重他们的知情权,以及沟通社会公众与政府部门之间的意向和情感。为了人民群众的利益坚持好的,为了人民群众的利益改正错的。

铁路是国家重要的基础设施、国民经济发展的大动脉和大众化的交通工具,是社会经济发展中生产与消费环节的纽带和桥梁,一直以来都备受社会公众关注。我国具有国土面积广袤、人口数量庞大、人员流动频繁、资源分布不均衡、经济发展存在着地区间的不平衡等基本国情。这些特殊的基本国情,决定了铁路必然成为社会公众的关注"焦点"。而很长一段时间铁路运输能力又非常紧张,当客流量与运力形成矛盾的时候,致使"一票难求"、有货难运等现象严重存在,这就更加剧了人们对铁路的关注程度。运输能力不足这个最根本的问题会派生出很多其他的问题,比如说炒票、服务不到位等。民有所呼,我有所应。铁路部门只有通过与新闻媒体和公众积极沟通反馈,认真妥当解决媒体以及公众反映的问题和矛盾,才能赢得社会各界对铁路的理解和支持。如果铁路发言人只是为本部门进行辩解,只是说"我们现在很困难,请大家站在铁路的角度考虑问题",显然这是不可能达到目的的,只会引发社会公众的抵触和不满情绪。

在这种情况下,铁路部门所能做的是什么呢?第一,努力尽快改变这种运输能力不足的状况。第二,在铁路运力不足的情况下怎么把我们的工作做得好一些,也把话说好一点。作为铁路发言人,我要做的就是把铁路部门正在做的努力向社会公众说清楚,争取理解与支持。

2007年2月1日,铁道部召开新闻发布会,作为铁道部新闻发言人,我介绍了铁路春运工作并回答记者提问。那次发布会,共有《人民日报》《光明日报》《经济日报》等43家报纸类媒体,中央人民广播电台、中国国际广播电台、中央电视台等14家广播电视类媒体,中国政府网、新华网、人民网、中国网、中国经济网、中国广播网等6家网络媒体和《人民铁道》报等5家路内媒体共68家媒体、120余名记者与会采访。其中,中国政府网、新华网、人民网、中国经济网对新闻发布会现场进行文字、图片直播,中国网进行了全程视频直播,新浪、搜狐、网易等主要门户网站全程转播了发布会实况,铁道部关于坚决杜绝火车票加价行为,现执行折扣价的新型空调车不得恢复原价,突发事件应急,一票难求问题2010年将缓解,严控列车超员率等焦点问题的情况介绍得到众多网民的高度赞扬。

在发布会上,中国国际广播电台记者向我提问:"我们看到,每年春运购票难都是一个特别突出的问题,今年铁道部采取了哪些措施来缓解这一矛盾?您觉得如何彻底地解决购票难的问题?"

对此,我回答:"这个问题在往年的春运当中,新闻界的朋友也多次问过。正如你所说的,春运期间铁路运力与需求之间的矛盾十分突出,目前我国铁路的运营里程才7.6万多公里,全年人均乘车的次数还不到1次。我国铁路每天提供的席位是242万个,但是在春运期间每天运输的数量是这个数字的2倍。所以说,客运能力是严重地不足。

"在这样一种情况下,今年我们采取了很多应对的措施,其中有几个最主要的:一是整合全国铁路运力,坚持全路的统筹安排,主要是突出重点地区、重点线路、重点车站,力求使运力资源得到最佳的配置,使运输能力的效应最大化。二是运力的安排方面,我们今年安排了中长途直通临客 318 对。此外,原来运行图上客车延长运行的区段有 16 对,加上固定的中长途直通旅客列车增加了 4.5 倍,应该说,今年我们安排的车次是历年来最多的。三是我们尽可能减少施工,最大限度地腾出运力空间。春运期间除了一些特殊情况以外,繁忙干线我们原则上不安排大修、施工改造。四是在售票方面,我们合理地调整票额,充分发挥车站售票的主渠道作用,增开售票窗口,延长售票时间,最大限度地方便旅客的购票。

"至于您说到如何彻底解决春运买票的问题,我想要解决这个问题关键是要发展铁路。我在这里很高兴地告诉大家,中国铁路建设正处在一个黄金时期,我们有 11 条客运专线在建,还有一大批工程已经开工,而且进展良好。在'十一五'期间,我们将要新修铁路 1.7 万公里,其中有 7000 公里是客运专线。到 2010 年,发达的铁路网将初具规模,到那个时候,将会形成客运专线、城际铁路、既有线提速线路、相配套的快速客运网,我们的运力就有了极大的发展,一票难求的问题我想会得到很大的解决。到那时候再开新闻发布会,我想您可能不会再提这个问题了。"

对于铁路工作中的不足之处,我也应该代表铁路向社会公众表示最诚恳的歉意,并努力促进工作的改进。

2009 年,曾经发生一件残疾人状告铁道部的事情。据事发铁路局反映,状告铁道部的是残疾人栾先生,原在某残疾人工厂任厂长,由于存在税务问题,受到当地工商部门处罚,一气之下带领一帮人砸了工商部门,被判刑三年。刑满出来他通过网络推介产品,但是产品的网络关注度极低。也许他认为,"状告铁道部"最有影响,最容易引起人们关注,他特有的身体残缺更容易引发民众的同情心。因此他特意买了一张没有座位的火车票。列车从北京开车后，他便向车长提出给他找座位的要求。当时列车超员率80%以上，车长给他找好了位子，但由于车上人多，不能马上到座位处。结果在杨柳青站停车时，车长过来准备送他到座位时，发现他已提前下车。返程时，他再次找到列车员要求安排座位，列车员把工作人员的休息席位安排给他，栾先生以感激的姿态要求同列车员合影。事后这张照片作为残疾人在火车上没有座位的证据，成为网上热转的照片，也成了他状告铁道部的证据之一。

这件事造成整个舆论场对铁路部门为残疾人服务意识淡薄的批评和指责。虽然这件事有其特殊原因，但毕竟反映了我们工作中的问题，特别是与对残疾人的特别关怀还存在很大差距。不管这位残疾人采取的方法如何，也不管他过去有什么问题，但他在列车上不方便却是真实的。而且，从更高的层面讲，对残疾人的态度，不仅反映了一个行业的服务水准，也折射了一个社会的文明程度。我向部领导表达了我的想法，并陪同一名部领导特地去残联表达铁道部门的歉意以及改进工作的措施。

在同残联同志沟通的过程中，一位原籍沈阳的残联领导提到因为自己的地位受到特殊待遇，所以相对而言上下车比较容易，而目前沈阳站在一些设置上连普通人出入站都不是很方便，何况残疾人。又说到一次他在北京西站，在停留等人的短时间内便发现有13个残疾人出入很不方便。假设在具体的工作中这类问题没有解决，即使这次这位残疾人撤诉了，下次还会有其他残疾人状告铁道部。"存在决定意识"，只要问题没有得到彻底解决，这种情况还有可能重复出现。这位残联负责人的话，对我震动很大。

在研究解决方案时，我向铁道部运输局的同志了解在相关的规定中是否有"残疾人特殊对待"的条款，并提出运输部门是否能将其做得更好。在部领导的指示要求下，运输局赶紧起草相关的改进文件，推出便民措施，全国所有铁路局都进行对照整改，铁路运输系统在方便残疾人，帮助他们解决操心事、烦心事、揪心事方面的自觉性更强了，工作也有了明显提升。

有一次,我在中央电视台《新闻会客厅》栏目接受专访,节目主持人李小萌女士采访我如何当好一名新闻发言人。

节目一开始就录放了一段背景资料,录像里搜集了我在发布台上一个个低头弯腰的道歉动作。这时,主持人李小萌女士对我说:"你可是道歉最多的部委发言人啊。"

这样的切入提问,我虽然感到意外,但并不难堪。是的,我是经常在媒体上道歉,每次道歉也都是那么竭诚、那么恳切,甚至那么谦卑。可是,每次道歉都与我个人没有丝毫的牵扯,我只不过想用我的谦卑告诉人们:"铁老大"绝不是大家想象的那么蛮横无理,铁路人是虚心友善的,是诚心诚意为大众服务的,也是知错认错、有错必改的。

作为铁路的代言人,我的道歉没有理由不真挚,因为铁路这么大一个行业,尽管做了很多工作,总还是有不尽如人意的地方,总会有给旅客在出行当中带来不满意之处,向他们表示歉意这是理所当然的事情。正视存在的问题和矛盾,不回避、不护短、不诿过,并加以改进,当然要有诚恳的态度。道歉是一种诚实,是一种虚心,也是一种境界。现在多点道歉,恰恰是为了今后少道歉。被社会批评,这说明还有改进的空间,还有可塑之处。退一万步,即使批评的99%都不对,只有1%是对的,那就不要考虑99%,而去认真考虑如何改进和完善这1%,让工作有更好的发展。

2011年7月,京沪高铁开通半个月时间里,由于设备设施需要一个磨合期,因此连续发生故障,影响列车按点正常运行,旅客对此很不满意,网民更是议论纷纷,火药味很浓,甚至有的指责超出事情的本身,直接对高铁提出质疑。这个时候,我告诫自己,一定要克制好自己的情绪和冲动,不带偏见、不想当然地去认识事物,并对事情的每一方都投入感受,去切身体会他们内心的诉求,尽最大可能做到客观和公正。7月14日,我特地做客人民网,就这个问题与网民直接交流。

一上来,我就表明态度。我说:"各位网友好!首先我要感谢人民网强国论坛为我提供与广大网友再聚的机会。我在来之前,看了许多网友的留言,其中就有一位网友提醒我要做好挨骂和挨拍的准备。是的,我今天来到这里,就是代表铁路系统向大家真诚道歉、说明情况。京沪高铁开通半个月以来,总体客流和服务情况是好的。但近几天连续发生故障,影响列车正常运行,耽误了很多旅客的时间,延误了不少旅客的行程和计划,特别是造成旅客在旅途当中的不适。对此,我代表铁路部门再次向大家真诚致歉,并负责任地告诉大家,铁路部门正竭尽全力以最快的速度走出京沪高铁开通后故障相对集中期,希望大家理解和支持我们。"

然后,我诚恳地回答了网友提出的各种疑问,在沟通过程中,网上的情绪逐渐变得平和友善起来,由质疑变为理解,由指责变为鼓励。经过铁路各方的努力,京沪高铁故障发生率很快下降,网上的议论彻底平息。

第八章　扬正义之气

题记　从某个方面讲,发布台也是阵地,尽管不是刀光剑影的战场,但却是政府新闻发言人牢牢坚守的道德高地。在这里传递出来的应当是真相,是正义,是公理,是正能量,同时也要用事实回应各种谣言、恶搞和诋毁。在这个阵地上,政府新闻发言人是守土有责、守土负责、守土尽责的战士。事关国家利益,该严肃的必须严肃,该坚定的必须坚定,该反驳的必须反驳,该抵制的必须抵制。虽然不主张造成剑拔弩张、唇枪舌剑、火药味浓的紧张气氛,但决不能无原则地回避和迁就。柔中带刚,笑里藏锋,也能震荡出不怒自威的浩然正气。

一、让发布台弘扬正能量

做一名合格的新闻发言人,固然要讲究新闻发布的方法和技巧,这是很重要的,但归根结底是要坚持正确的世界观和价值观,而这是更重要的。

当今,全媒体不断发展,出现了全程媒体、全息媒体、全员媒体、全效媒体,信息无处不在、无所不及、无人不用,导致舆论生态、媒体格局、受众对象、传播技术、传播方式发生深刻变化,但不管如何变化,发言人对社会的正义感、责任感永远不会丧失和改变。

舆论有导向,发布有立场。身处媒体深度融合发展的风口浪尖,发言人需要信念与精神的支撑,洞察时代发展大势,从国家、民族、时代的需要找到自己的定位,把握正确的政治方向、舆论导向、价值取向,坚持底线思维,着力防范化解重大风险。

保持清醒头脑,具有战略定力,是新闻发言人的基本素养。试图取悦所有人,现在做不到,未来做不到,永远也做不到。对与错、好与坏、合理与不合理,都得分得清、辨得明。赞成或反对什么,提倡或抵制什么,肯定或否定什么,都要清清楚楚、明明白白,来不得半点含糊,容不得任何摇摆。在是与非,尤其是大是大非问题上,要既做明眼人,又做明白人。一味地"不说话、说好话、好说话"的发言人,绝不是一个称职的发言人。

宣传战线流行着一句话:"看天气、接地气、聚人气、冒热气",含义很深刻,道理却很朴实。我是这样理解的:"看天气"就是要掌握政策,"接地气"就是要通晓下情,"聚人气"就是要凝聚人心,"冒热气"就是要生动活泼。这对发言人而言是很适用的。践行这几句话,使任何一次发言都传递蓬勃向上的力量,都焕发正气充盈的精神,都守住不容逾越的底线。在更高的思维层面上,建立起强大的精神信念,维护党和国家的形象,把利益落实在发布台上,做党和政府政策主张的传播者、时代风云的记录者、社会进步的推动者、公平正义的守望者。努力通过自己的新闻发布和舆论应对,使大众在理想信念、价值理念、道德观念上形成更大的共识,让正能量更强劲、主旋律更高昂,就可以真正实现守土有责、守土负责、守土尽责的初衷。

经过几代铁路人的奋斗,中国高铁跑出了中国速度,更创造了中国奇迹。在广袤的祖国大地上,中国高铁正织出一张流动的巨网,改写着整个中国社会的时空格局,也提供着助力世界发展的中国智慧。但是,中国高铁的发展并不一帆风顺。在探索的路上,会有很多矛盾,重要的是不回避矛盾。2004年,铁道部按照中央关于"引进消化吸收再创新"的决策部署,启动引进法国、德国、加拿大、日本的高铁技术。这一重大决策和行动引起全社会的广泛关注。一时间,赞成、拥护者有之,反对、抵制的声浪也随之而起。某网站发布了《告全球华人书》,历数铁道部引进外国高铁技术,特别是引进日本高铁技术的"卖国行径",发起全球华人通过网络签名的形式进行抵制。当时,社会上很多不明真相的网民纷纷参加签名活动,网络签名人数迅速攀升。在网络舆情发展势头十分关键的时刻,我带领新闻处处长李强立即向有关部门登门汇报,阐述了引进消化吸收国外高铁技术的意义和过程,表明了基本立场和态度:我们理解网民的爱国热情,但我们不能接受由于狭隘的爱国主义情绪而干扰中央的正确决策,影响中国高铁发展进程的行为。我们的想法和要求得到了有关部门强有力的支持。铁道部会同各有关部门积极应对,我们连续几天吃住在办公室,密切关注事态的发展,及时研究应对措施。李强还每天参加国家有关部门的碰头会,通报情况,研究对策。经过反复做工作,终于平息了这一舆论风波,消除了引进高铁先进技术的阻力。

  高铁发展初期,境外媒体也盛行"中国高铁技术不值得信赖""中国发展高铁决策失误"等说法。如果对境内外某些谣言和谬误视而不见,静默无言,那就失去了中国政府部门新闻发言人起码的责任和存在的价值。所以,无论出于正义、原则,还是出于良知,我都会及时发声,敢说实话、敢说真话,也敢说硬话。在一系列新闻发言和发布中,较好地维护了国家发展高铁的正确决策。

  我在新华网做客访谈时曾经说过:"中国高铁是中国人民在中国共产党领导下创造的人间奇迹,是我们国家实力的象征,每个中国人都为之感到骄傲和自豪。"有人在网络上公开批评,我这是对中国高铁进行漫无边际的吹嘘。那么,中国人民创造出来的中国高铁算不算是"人间奇迹"呢?

  对于这个问题,我后来接受《环球时报》记者采访时明确地表达了我的立场和态度:"中国高铁从起步至今天,站在宏观的角度看,是一个完美的过程。中国目前已经拥有全世界营业里程最长、在建规模最大的高速铁路网。日本人、法国人、德国人、美国人没做到或做得还不够的,中国人做到了;中国仅用十余年时间就跨越了发达国家半个世纪的高速铁路发展历程,成为造福十几亿中国人以及子孙后代的业绩。这样的辉煌成就被誉为'人间奇迹'有什么不妥呢?如果这也不配称为'奇迹'的话,那么,什么才配称呢?而且中国高铁早已跨越出铁路行业,它属于中华民族,属于中国人民,我们不应该好好宣传吗?"

当然,在这个问题上,我并不盲目乐观,而是以客观、科学的态度做进一步的说明:"在高铁发展中,国外一些公司有成功之处。与之相比,中国高铁虽然起步较晚,但发展较快。这除了中国政府高度重视,制度优越,全国人民大力支持外,还有一个重要的原因,就是后发优势,我们在学习借鉴别国的先进技术基础上,结合自身实际进行不断再创新,充分体现了中国人的智慧和创造精神。"

对合理的批评,坚决接受,认真改正;对无理的指责,决不承受,必须澄清。在大是大非面前,发言人没有理由沉默。中石化企业文化部、宣传工作部、新闻办公室主任兼新闻发言人吕大鹏经历过一件事:2012年12月30日晚,网络上出现图文并存的帖文,指责中石化公司"负责招标的女处长在某项目中接受性行贿"。对于这种恶意诬陷,他们第一个步骤是报案,并同时发布消息称某女处长已经向派出所报案。但是舆论风波并未平息。第二个步骤是起诉传谣网站。公众因他们有底气的举动对之前的消息产生了怀疑。后来,公安机关揭开了造谣者因竞标失败而造谣报复的真相,谣言制造者被抓获,有力震慑了社会无良媒体和网络造谣者。对于这件事,吕大鹏很有感触地说:"遭遇诬陷,采取的措施一定是斗争、斗争、斗争。因为这时,事实层面的真相尤为重要,危机主体必须对真相负责,将对真相的查证视为一种责任。这既意味着讲真话的勇气和原则,同时也是让自己脱离危机的唯一正确方法。这个时候不解释,最后就会一直被陷害。"吕大鹏进一步引申:"一个企业,平常宣传说自己好,没有人关注,但是一旦遇到舆情危机,探照灯都在身上聚焦了。这时候如果能把舆情危机处理好,借机展示自己良好的形象,就可以起到免费广告的效果。"

我也经历过一件事。武(汉)广(州)高铁建设正如火如荼推进时,施工被突然叫停,原因来自某家媒体的一篇报道。该报道曝光武广高铁施工建设中使用了假粉煤灰以次充好、以假代真,说得事实确凿、性质严重、危害极大。这个报道出来后,社会哗然,领导重视,整个工程施工即刻停了下来,等待审查。武广高铁施工建设是国家大型工程项目,在关键时刻停下来不仅影响工期,也造成直接的巨大经济损失。

工程指挥长陈章连心急如焚,立即向我通报情况,让我向新闻媒体解释说明,请予以理解和支持,不能再以讹传讹,造成更大损失。我问陈章连:对媒体报道内容核实了没有?原因分析了没有?有没有事实依据?有没有合理成分?总之,这粉煤灰是不是有假?陈章连说:以党性和良心作保,粉煤灰没有假!但是在配料上有一些变化,这些变化经有关科技部门做过鉴定,认为成本降低了,质量提升了。这些情况也向该记者做过反复说明。那么,这位记者虚假报道的动机和理由究竟是什么?陈章连说,这个记者的亲戚向工程施工单位曾多次推销粉煤灰,但因其批量、质量和价格等原因而没有达到目的,便放出言论报复,这当中可能牵涉利益问题。得知这一切,我的心情无法平静。尊重媒体批评监督,是应有之义。但借批评监督之名谋求个人私利的行径决不能放纵,涉及国家利益,涉及道义公理,谁也没有权利妥协让步,谁也没有资格拿原则做交易。

我指定铁道部宣传部副部长方铁壁具体负责处理这件事,并向方铁壁表明我在这件事上的基本立场和处理意见。方铁壁是一个疾恶如仇、是非分明的人,接受任务后立即行动,向上级部门反映情况,找专门机构求取鉴定,与责任媒体沟通意见,请主流媒体正面报道。最后请当事媒体负责人及当事记者与工程施工负责人、科技专家聚集在一起,大家当面对话,摆事实,讲道理。当事记者无法自圆其说,哑口无言。结果这家媒体做了公开道歉,处理了有关人员。武广高铁施工立刻复工。

新闻发言人,特别是国家部委的新闻发言人,代表的是这个部门的形象,陈述的每一句话都可以引发公众的无穷解读。尤其是在一些特定的敏感时刻,如何通过信息发布总结大势、统揽全局,是一个高难度的任务。对于新生事物,社会有误解,不是社会出了问题,而是新闻发言人没有把政府的政策和意图说清楚,没有把事情的真相和道理讲明白。所以,每一次新闻发布、每一次接受采访,我都努力地把握住机会,不敢懈怠,反复琢磨,虽然做不到"语不惊人死不休",但至少做到自己说的话自己先能接受,自己说的事自己先能相信,自己说的理自己先能服气,最大限度地解答清楚来自社会的各种猜测和疑问,努力提升信息发布的高度,为铁路事业发展创造良好的舆论环境多做一些工作。

2010年7月29日,《南方周末》发表了采访我的报道《火车是怎么飞起来的》。全文如下:

> 编者按:广州到武汉,3小时;北京到上海,4小时;北京到广州,8小时。这是中国高铁时代的"和谐号"高速动车组已经或即将创造的纪录。去年12月,世界上里程最长、时速350公里、全长1068.6公里的武广高速铁路开通运营。而在接下来的三年中,中国还将投资9000亿元建设新线,届时高铁总里程将达到1.3万公里。
>
> 目前中国投入运营的高速铁路已达到6920公里,中国已成为世界上高速铁路系统技术最全、集成能力最强、运营里程最长、运行速度最高、在建规模最大的国家。
>
> 外媒在评价中国高铁时,都不约而同地将之与19世纪横贯美国的铁路或者是20世纪50—60年代美国州际高速公路的开通相比较。美国当年的基础设施建设为其贸易的发展提供了极大助力。

但在短短五六年间,中国高铁技术的领先优势是如何获得的?中国高铁走向海外的命运又会如何?地方政府对高铁的态度从最初的排斥到后来的"跟风",他们是如何意识到高铁站所带来的隐性价值?

本期专题通过对铁道部新闻发言人、南车及韶关地方政府的采访,将为您揭开这个谜底。

已成为中国新名片的"中国高铁"正四处出击。7月13日,这个雄心勃勃的新巨人刚刚获得海外一单100亿美元的铁路合作协议。

而在国内,中国的铁路投资和建设正热火朝天,预计在未来几年,中国国内铁路系统的投资,在全球铁路建设支出所占的比例,将远超一半。

在高铁正日益缩小中国城市之间、东西部之间的距离,促进中国地区之间的融合和产业转移的时候,关于高铁运营亏损、投资浪费以及人民"被高铁"等各种质疑仍挥之不去。近期,铁道部新闻发言人王勇平接受了本报记者专访,全面回应外界对高铁的各种质疑。

《南方周末》:中国高铁的发展速度令世人瞩目,不过我发现,国内仍然有一些怀疑的声音,这其中也包括一些负责中国技术创新的官员。他们认为,按照常识,不可能这么快,之前同样实行引进吸收再创新战略的比如汽车和大飞机的经历还记忆犹新。2006年,铁道部才正式实施这一战略,之后在短短几年内就生产并运营着全世界跑得最快的高铁,怎么会这么快?

王勇平:国内有人对我国高铁发展速度质疑,其实不奇怪,发展太快了,超出常规,超出人们的想象。不仅仅是他们,就连美国议长佩洛西这样的外国人体验了京津高铁后都感到太震撼了,难以想象。

高铁发展很快的原因,一是党中央国务院的高度重视、正确领导,是铁路部门贯彻落实科学发展观的具体实践;二是各级政府各个部门和全国人民的大力支持,包括国家有关部门、科研院校等;还有一点,就是我们走的这条引进消化吸收再创新的道路,是正确的、科学的、符合中国国情的。

《南方周末》:汽车、大飞机走的也是同样的路,但结果至少证明,他们走了很大一个弯路。为什么你们就行?

王勇平:我们在引进别国先进技术的时候,与其他工业可能有一点不一样的地方:我们不主张国内所有的厂家自行其是地跟人家签合同,我们只有一个进口方,这个进口方就是铁道部。无论是日本、法国、加拿大,还是德国,要谈只能跟中国铁道部谈,而不是还要去和机车车辆生产企业谈。与国际巨头相比,我们的任何一家企业都处于谈判的弱势地位,只能听命于人,但形成一个拳头,情况就大不相同了,谈判的主动权就必然易位。

我们谈判的要点,就是按照国家确定的战略方针"引进先进技术、联合设计生产、打造中国品牌"。"引进先进技术",就是要引进当今世界最先进的技术,包括核心技术;"联合设计生产",就是不是光买别人的车,不是光买别人的技术,而是竞标者得和中国的一个厂家联合起来设计生产;"打造中国品牌",就是生产出来的产品是中国品牌,知识产权是中国的,比如说动车组的名字叫"和谐号"。

这就使我国研究设计制造人员直接主持参与动车组等高铁技术装备研制、试验,那些拥有高铁原创技术的企业不可能对我们采取技术限制,我们也不会亦步亦趋地跟在它们后面。

经过这一过程后,我们再在原来的技术平台上提升,也就是引进消化吸收之后的再创新。这一提升使原来的

200—250公里时速一下子就达到了350公里及其以上，这是一个创新的飞跃。有人说我们剽窃它们的技术，铁道部的总工程师回答得很精彩：哪有350公里的高铁技术拥有者去剽窃时速250公里的技术？

中国高铁的成功，确实应该好好总结，这条发展的路子对其他行业有什么启发？这样做可以加快发展少走弯路。

《南方周末》：我也注意到，欧洲的高铁公司有人对外媒说，中国只是在它们的技术体系上改变了5%，然后就称自己进行了再创新。

王勇平：我不知道你讲的这个5%是哪里来的。车速从每小时250公里提高到每小时350公里，这是一个庞大的综合体系。只有把线上部分的高速列车和线下部分的路基、桥隧、轨道、通信信号、牵引供电等结合起来，速度才能起得来。

我们从来不回避中国高铁的发展是吸收了人类共同创造的先进技术。有没有创新就是看你在别人的基础上有没有提升，当提升超过一定程度的时候，成功就属于你。在高铁体系中，线下部分、通信信号、牵引供电等，基本上是国内为主研发建设的。高速动车组，我们也拥有自主知识产权，国产化率达到85%以上。

按照国际惯例，在原有技术上有大概15%以上的创新，甚至是对某项关键技术的创新，就属于自主创新了。

《南方周末》：据我们了解，中国高铁申请了很多专利，请问这些专利主要集中在哪些领域？有国家称中国偷了它们的技术，您怎么回应？

王勇平：据年初的统计，近年来，我国高速铁路申请相关专利达946项。

发达国家是从来不会在专利问题上吃一点亏的。我们发展到现在,有哪个国家正式向中国提出了剽窃技术的指控?包括对媒体说这些话的人,当我们找到当事人的时候,他们会说:"我说这话原意不是这样,是媒体歪曲了我的意思。"

在这个问题上没有任何一个国家对中国高铁的产品、专利公开质疑,我们非常理直气壮。中国高铁不是中国铁路一个行业的骄傲,而是整个国家、整个民族的骄傲!

这是一个积小胜为大胜的过程。我们认为,一条铁路的效应更多地应站在整个国家的战略高度来考量。比如就说青藏铁路,世界上海拔最高的一条铁路,单靠本身的运营是亏损的。

《南方周末》:有消息称,京津高铁在开通一年后亏损超过七个亿。也有专家指出,光靠票价是不能收回高铁的高额投资的。对这种观点您怎么看?

王勇平:据我了解,实际情况不是这样的。中国高铁的经营,其实是一个综合因素。高铁在投入的起始阶段,总是有一个从亏损到打平到盈利的过程。世界几乎所有的铁路都是这样,关键是看这段时间有多长。应该说中国在高铁的运营当中,比其他国家的初始阶段都要好。亏损的面不是太大,亏损时间预计也不会太长。

还需要说明的是,对高铁效益的评估,仅仅从一个点、一条线来估测是不全面的,到2012年,我国形成"四纵四横"高速铁路网,运输能力和效率将会极大地释放,现在才处于初步收获期,全面收获期的效益还表现不出来,但高铁只能一段段地修建和运营,一条条地修建和运营,这是一个积小胜为大胜的过程。

《南方周末》:您刚说预计亏损的时间不会太长,大概是多长?

王勇平：今年以来，高铁客运量大幅度增加，上半年高铁完成旅客发送5947.5万人次。据测算，京津城际铁路今年可以实现大幅度减亏，会比预计提前实现收支平衡。

这几乎是个悖论。如果很快盈利，人们会说高铁票价是暴利；如果说不能马上盈利，又会说没有考虑好投资回报，造成了亏损，没有必要建高铁。

其实，铁路所带来的效益并不是铁路本身的狭义经济效益。一条铁路建成以后对沿线经济社会的拉动、对人民生活的改善、对产业发展的拉动效应是非常巨大的。

我们认为，一条铁路的效应更多地应站在整个国家的战略高度来考量。比如就说青藏铁路，世界上海拔最高的一条铁路，单靠本身的运营是亏损的。如果光是从铁路部门自身利益考虑这条铁路，确实没有必要修建，但是青藏铁路对当地经济社会发展和各族人民生活改善带来多大的影响，大家有目共睹。

中国铁路还具有很强的公益性，这在很多方面都有体现，比如对学生实行半票，对抗震救灾、"三农"等重点物资减免运费。所以，算账应从国家和民族战略利益来算，才能真正算出铁路的社会效益是巨大的！当然，我们自己要加强管理，控制成本，提高本行业的经济效益。

《南方周末》：其实，高铁对中国经济的拉动和融合作用还体现在它为货运腾出了更多的空间，加快了物资的流动，为产业转移也创造了条件。

王勇平：是的。高铁从表面上看跑的是客车，但实际上，还为货运列车提供了更大空间，而货运又影响到整个经济社会。

中国铁路经过六次大提速，从每小时100公里以下提高到250公里，这在既有线改造方面是一件很了不起的事。但是提速扩能毕竟有限,不可能完全满足中国经济社会发展的需要。

铁路是国民经济的大动脉。中国铁路一直在既有线上承担双重任务:一是运客,二是运货。运客讲的是速度,运货追求的是重载,两者有冲突,因为客运影响货运,货运影响客运的例子比比皆是。比如每年春运时,京广南段的货运列车全部停开,而春节期间正是运输物资最旺盛的时候。

修了高铁以后,客货分线,可以达到两个目的:一是人们出行更加便利,旅客有了更多的选择,时空距离缩短了,比如武广高铁使广州到武汉从11个小时缩减到3小时,高铁成为客运专线;二是在既有线路腾出更多能力跑货运,我们采取各种措施,千方百计用足用好客货分线后的既有线运能。

说到底就是我们能力太低。现在,全国铁路营运里程8.6万公里。去年,全国铁路旅客发送量完成15.25亿人次,相当于中国人均一年坐一次火车,而有的国家人年均达几十次,日本人年均乘火车有80次之多。

《南方周末》:除了亏损,老百姓对高铁的质疑还包括"被高铁"。

王勇平:随着社会的进步和经济的发展,人们的消费观也在不断改变。高铁在我国的出现和发展,为人民群众出行提供了前所未有的便利、快捷和舒适,在一定程度上提升了人民群众的生活质量,得到大家的青睐是自然而然的事情。

当然,我们也注意到一些媒体的质疑和社会的一些呼声,这都会引起铁路方面的重视,我们尽可能兼顾好各方面群体的利益诉求,优化运输产品结构和运行方案,使人们出行有更多选择的空间,有更多的机会享受国家现代化的成果。

《南方周末》：我是否可以这样理解，归根结底，还是铁路资源太紧张。

王勇平：目前的情况是平常还基本能适应，一到节假日"黄金周"、春运、暑运等客流集中期，一票难求就特别突出。包括货运，在一些紧俏的线路上，也是一车难求。

尽管这几年有大的发展，但运输能力还是不能满足运输需求。我们正在努力改变。按照中长期铁路网规划，到2020年，我国铁路营业里程将达12万公里以上，其中高铁是1.6万公里。其中到2012年，将达到11万公里的营业里程，高铁1.3万公里。

《南方周末》：据报道，中国高铁正谋求拓展到十几个国家，包括雄心勃勃的高铁"丝绸之路"，也包括竞标美国加州的高铁。您能否介绍一下中国高铁出口的最新进展？

王勇平：我们对中国铁路"走出去"战略的实施很有信心。我们深切地感受到很多国家对中国高铁的强烈兴趣，而我们也确实与一些国家就高铁合作形成了意向，其中有些已经签署了备忘录。沙特麦加朝觐轻轨铁路、委内瑞拉迪拉科—阿纳科铁路项目正在按计划推进。对包括美国在内的一些国家的高铁项目我们也在深入研究。

总的态势很好。但我们对"走出去"战略实施也要有理性的态度和视角，毕竟这不是一个简单的过程，不能一蹴而就，绝不意味着我们一走出去，合同马上就能签下来。

任何国家在考虑修建高铁时，都要经过多方面的反复论证，要广泛听取民众意见。能不能立项，立项之后采用哪个国家的技术，都有多种可能。

现在，高铁供应商并不止我们一家，在我们之前有法国、德国、日本等国,它们的技术也都比较成熟。而且它们在技术出口方面,比我们做得早。有的国家盯某些国际项目一盯就是十几年,甚至几十年。相比之下,中国铁路起步较晚。虽然铁道部成立了中美、中俄、中巴等十多个境外合作项目协调组,但现在大都处在商谈、投标准备的过程中。

中国高铁具有的优势和实力是明显的,中国是世界上高速铁路系统技术最全、集成能力最强、运营里程最长、运行速度最高、在建规模最大的国家。

《南方周末》:正如您所说,中国高铁出口并不是一个简单的过程,比如进入美国市场,美国人考虑的不仅有技术问题、政治问题,现在又多了一个财务问题。

王勇平:我觉得美国是一个比较务实的国家,谋求最大利益始终是他们考虑问题的出发点,他们不会做明显吃亏的事。我们要相信美国政府和民众的智慧,我想他们在质量好、效率高而价格又低的高铁产品面前不会无动于衷。美国总统奥巴马、议长佩洛西等多次在公开场合对中国高铁表示出羡慕和钦佩。事实上,我们正与美国加州等好几个州处于洽谈中。

《南方周末》:但是我们也注意到,美国政府在修建高铁时的态度很明确,就是希望80%的零部件在美国制造,新雇用的员工中80%是美国人,这也是出于美国国内经济复苏和就业压力的考虑。而如果这样的话,那中国高铁的成本和建设速度优势就没有了。

王勇平:美国有美国的想法,这是很正常的事。我们能理解美国在拍板决策时会有很多制约和压力。国际贸易本身就是双方不断寻求最佳利益结合点的过程。

我们认为,中国高铁从设计到建设是一个完整的体系。现在输出的是高铁综合技术和装备,不像过去输出的只是劳务,当个小"包工头"。若割裂开来,某个方面要,某个方面又不要,影响施工建设速度、质量、标准和成本是完全有可能的。

我认为既然明智地选择了一个具有多方面优势的合作方,如果又在实际操作中削弱和制约其优势的发挥,那么,影响的绝对不会是一方,显然也包括输入国本身的利益。

不过这些都是方法、技术上的问题,在谈的过程中我们会找到共同点。

看到中国铁路发展得这么生机勃勃,美国总统奥巴马在国情咨文中表示,"没有理由让欧洲和中国拥有最快的铁路",我们可以从中强烈地感受到美国急于发展高铁、不甘落后的迫切心情。美国有需求,我们有实力,合作就有了前提和基础。

《南方周末》:据说,现在美国加州修建高铁的资金缺口高达300亿。我也注意到此前外媒说资金缺口达100多亿的时候,他们说中方表示可以承担其中的大部分。如果是这样的话,那中国高铁出口的盈利模式是什么?

王勇平:中国高铁实施"走出去"战略,与其他国家合作有很多种方式。美国或其他一些国家,能承担建设资金当然好。即便拿不出资金,也可以,通过比如BOT,也就是建设—运营—转让方式,采用获取一定期限经营权方式等作为回报。国内的一些金融机构对中国高铁"走出去"也很有兴趣。应该说,我们现在对外合作方式非常灵活。要合作就要双赢。不能说我们赚了别人吃亏,也不能说我们什么都不考虑,那是不现实的。

《南方周末》:您刚才提到的方式中包括获得一定期限的经营权。然而高铁在中国都尚未盈利,而且盈利前景普遍认为很渺茫,那么到其他国家,特别是在一些政治经济环境与中国很不一样的国家,我们怎么就能保证盈利呢?

王勇平:我们对中国高铁经营很有信心,中国高铁目前还处于市场培育期,现在下结论说不能盈利为时尚早。

至于说采取以获得一定期限经营权的方式与别国合作高铁,这当然是一种于双方都有利的选择。在国内,我国铁路承担了许多社会职能、公益性服务,境外高铁经营这方面的压力会很少,如果要承担也会有政府补贴。

总之,这要看我们怎么经营。你提到的所在国政治经济环境肯定也会是我们考量的重要因素。

还有一个观点,考虑利益不能是短期行为,要有长远眼光和宽广的视野,高铁作为一个国家重要的基础设施,其效益考量指标不仅要看本身的经济效益,还要看它的社会效益。这样国与国之间的合作意义就更大了。

《南方周末》这篇报道发表以后,产生了一定的社会影响。很多读者通过各种方式向我表示,这次访谈回答了大众普遍关注的一些敏感问题,消除了人们心中的一些疑虑。特别是华为公司总裁任正非签发了一份总裁办电子邮件,向公司领导成员和各大部门及驻外机构转发了这篇报道。任正非在签发的总裁办电子邮件中指出,"这是一篇绝好的公共关系教材。在读这篇文章的时候,应看看中国的铁路发展史,看看高铁在中国的发展过程,特别要看看对高铁的批评,而且不带偏见去看待这些批评。学学铁道部如何做好公共关系的。我们的各级行政主管和从事公共关系及媒体关系的员工,利用假日,多读几遍,呼唤像铁道部那样又能修高铁,又能说清问题的人才,在华为大量产生。"

任正非的肯定和鼓励,我自然是感激的。而我更多的还是通过这件事看到了一个优秀企业家的媒介素养。也许正是这种素养的养成和保持,才使华为后来在面临巨大的舆论危机时,能以高超的公关手段见招拆招,逢凶化吉,越战越勇,越做越强。不仅在科技战上打了一场漂亮仗,在舆论战上也赢得了主动。

一直以来,任正非都显得谦逊低调,过去二十年很少接受媒体采访。但是,我认为他应该是一直在进行自我学习和思考,待到一定的时候,这种潜能就能够迅速调动起来,厚积薄发,十分成熟。任正非后来表示,不断地发声,是为了让世界媒体传播我们的真实情况。可以说,历史上从未有过一家公司被美国政府如此大规模地动用国力全面打压过。任正非接受BBC专访时愤然说道:"美国不可能扼杀掉我们。"面对美国政府的无理打压,任正非为了尊严也为了正当的利益,以一敌百接受全球媒体采访,充分展示他高超的与媒体打交道的能力和技巧,让整个世界无不折服地看到了一个中国企业家的胸襟、气度和睿智!对于美国的起诉,任正非表示,既然美国坚持要这样做,那我们就奉陪:法庭见!任正非的这番表达,不仅有力回击了美国对华为的无端指责,更长了华为的志气,显示了一个中国企业家的政治风范和媒介素养,被中国网友称为"中国的最佳辩手"。在一定意义上说,任正非以及他率领的华为是一面镜子,也是一个标杆。我感觉到,这自然与他们长期培育的媒介素养有关。但后来,在对内部一名员工的处理上,却遭到国内诸多网络的发难和炒作,我对任正非、对华为产生了极大的同情和不平,我想到"7·23"动车事故那场炒作,感同身受。

二、原则问题决不让步

政府发言人代表政府或政府部门发言,经常会要面对国际国内各种各样的问题,客观上要求准确、清晰地传递政府或政府部门的立场和态度。尤其是事关原则的大是大非问题,是没有擅自妥协和让步的权利的。在发布台上,可以不纠缠小事情,但不可以回避大问题。所以,发言人掌握话语权,除了要具备语言技巧和传播技巧,更要具备正确理解大政方针、敢于主持社会正义、坚决维护国家利益的政治素养和政治立场。在关键时刻,挺身而出。对于某些舆论压力,不低眉顺眼,不摧眉折腰,尊重提问者,直面质疑者,批驳造谣者。在发布台上理直气壮地说明事实真相,陈述公正答案,释放正义能量。

在这方面,国务委员、外交部部长王毅做出了表率,在重大问题上从来都是大义凛然,毫不退缩。他在访问加拿大并出席加中外长发布会时,女记者康诺丽代表加通社、路透社、《环球邮报》等多家媒体向加拿大外长提问,说道:"中国对待人权倡导者的态度令人担忧。"王毅脸一沉,立即表达了严肃的态度:"你的提问充满了对中国的偏见与不知道从何而来的傲慢。我完全不能接受。中国已经把保护人权写进宪法,我告诉你,最了解中国人权的不是你,而是中国人,你没有发言权。"斩钉截铁,掷地有声,大快人心。面对外交攻击,王毅一改过去外交部发言的绵软无力,直接回击,非常硬气。同样,在中日冲突面前,王毅态度更是强硬:"日本输掉过战争,不要再输掉良知。"在东盟会议上,王毅会见日本外相岸田文雄时,意味深长地用力拍打了岸田文雄的肩膀,岸田文雄一时来不及反应,只能尴尬地笑着。事后,当记者再次问起中日关系,王毅的回答充满风趣:"我们希望日方能对中国的发展有一个客观和冷静的认识——否则的话,他就活得太累了。"

2020年3月17日,中国驻美大使崔天凯接受AXIOS和HBO联合节目的采访,就新冠肺炎疫情、媒体关系、涉疆问题、中美关系等回答了记者乔纳森·斯旺的提问。斯旺问:"周一晚,特朗普总统首次将新冠病毒称为'中国病毒'。您怎么看?"崔大使回答:"我不是白宫发言人。但世界卫生组织在疾病命名方面是有规则的,就是要避免污名化,不予人病症与特定地理位置、人群甚至动物相关的印象。希望大家都能遵守世卫组织的规则。"回答得很精彩。第一句"我不是白宫发言人",特朗普这样说的用意是什么?去问白宫发言人吧。第二句"世界卫生组织在疾病命名方面是有规则的,就是要避免污名化,不予人病症与特定地理位置、人群甚至动物相关的印象",特朗普这样说,违反了世卫组织的规则,是对中国污名化。第三句"希望大家都能遵守世卫组织的规则",谁都应该遵守世卫组织的规则,特朗普也不例外。整个回复没有点特朗普的名,但就是冲他而去的,且义正词严,层层递进,逻辑严谨,不容辩驳。斯旺不得不附和:"美国总统没有遵守这一规则,您想向他传递什么信息?他会看我们的采访。"崔大使态度坚决地说:"我的信息很明确,我希望世卫组织规则得到遵守。"

在这次采访中,还涉及新疆问题,对于斯旺挑衅性的提问,崔天凯也表现出毫不退让的立场。

斯旺：大使先生,我的下一个问题是,如您所知,人群聚集的场所传播病毒的风险很大。中国当局在新疆采取了哪些措施确保"集中营"中好几十万穆斯林能安然度过这次新冠肺炎疫情?

崔天凯：抱歉,我时不时就得纠正你的话。首先,新疆没有集中营。那里曾有一些职业培训中心,不是"集中营",是校园。教培中心的所有学员都已经毕业,找到了新工作。幸运的是,新疆是新冠肺炎确诊病例数量较少的几个省份之一。因此那里的卫生形势可能比其他不少省份要好。

斯旺：那么,您可以向世界保证吗?您知道联合国和世界各地有很多人关心这些"集中营"里的维吾尔族人和哈萨克族人。您可以向他们保证,已经没有穆斯林在没有被控犯罪的情况下被迫进入这些"集中营"吗?

崔天凯：每个国家和地区都有违反法律或受恐怖主义影响的人,美国有,中国也有。这样的人必须依法受到处理,但这并不针对任何特定民族,法律面前人人平等。任何企图对无辜民众发动恐怖袭击的人都应受到法律惩处。对任何受到恐怖主义思想影响的人,我们都应竭力阻止他们进一步沦为恐怖主义的受害者。

斯旺：当然，大使先生。没有人想……

崔天凯：这种做法不是针对特定民族，法律面前人人平等。

斯旺：问题是，大使先生，没人反对您说的这一点，也就是将恐怖分子投入监狱。

崔天凯：正是如此。

斯旺：但这些人，据估计大约有100万穆斯林没有被控犯罪，却被投入"集中营"。

崔天凯：你怎么得出100万这个数字？

斯旺：不是我得出来的，是联合国。

崔天凯：不，不是联合国，我不认为这个数字来自联合国。

斯旺：来自联合国小组，那些研读卫星图像的专家、独立记者、观察员等等，您知道的。

崔天凯：我来告诉你，过去几年，许多外国外交官、记者以及来自伊斯兰国家的人们都访问了新疆，他们可以告诉你真相。为什么不听听这些去过当地的人讲的话呢？

斯旺：我听美国广播公司新闻团队的人讲过，这是一次有人"看管"下的参观，有些"集中营"他们不能去，也没法去看哨岗和大门。但我的问题是，您既然说这是职业技能教育培训中心，那恐怖分子就不应该被送到这些地方去。

崔天凯：不是。这些中心针对的是可能受到或曾经受到恐怖主义影响的人。他们大多数不是真正的罪犯，也不是真正的恐怖分子。因此，我们向他们提供了培训，让他们学习法律和专业技能等，从而有更好的工作前景。这也是发生在大多数人身上的事。

斯旺：很多没有被控犯罪却被迫进入的人称自己被监禁、单独关押、殴打、剥夺食物。哈萨克族人凯拉特·撒马尔罕对美国全国公共广播电台说自己遭受酷刑，必须穿着铁做的衣服。这么做就能帮助他们了吗？

崔天凯：坦率说，如果你继续列举这些充满偏见和成见的材料，我们之间的交流不会起到任何有益的作用。

斯旺：为何无益？大使先生，这是美国全国公共广播电台的主流新闻报道，我不是在读什么不入流的新闻。

崔天凯：为什么大家不去看看事实是什么，不去听听真正去过那些地方的人的话呢？为什么你要坚持这些偏见和成见？我不明白。

斯旺：大使先生，我没有编造。我正在引用从"集中营"出来的人对媒体说的话，这是公开发表的。这就是我所能做的，这些被引导的参观……

崔天凯：我努力告诉你事实，但你却拒绝听。

从这一问一答中，人们可以看到双方的交锋是激烈的，在整个过程中，谁是谁非，谁高谁低，谁在胡搅蛮缠，谁在据理力争，清清楚楚。同时，也让国际社会对某些抹黑中国的做法有了更多的了解。

全媒体时代，公众对于事实和观点一开始并不一定能够全面掌握。如果媒体态度不明，摇摆不定，甚至做出错误判断和报道，那么，发言人就必须以坦诚相待的姿态、以理服人的方式、机智幽默的语言，正面阐述自己的看法，表明立场，列出事实，合理推断，对一些错误的、失实的舆论进行深入分析，以更加缜密的答案剔出其逻辑错误或失实细节，获取公众理解和支持。

2009年1月，英国《金融时报》编发了一篇报道，说世界第二大火车制造商、法国阿尔斯通公司的一位高管日前在接受该报采访时，呼吁西方国家不要购买中国产的火车，因为中国"偷窃外国技术",并指责中国政府"排斥外国厂商,拒绝其参与竞标"。这篇报道一推出在西方吸引了不少眼球,很多媒体进行了转载。

针对这篇报道反映的情况,我立即接受媒体采访,毫不客气地予以反驳,多家媒体及时给予澄清式报道。中新社在1月10日做了《中国铁道部官员反驳法阿尔斯通公司高管对华指责》报道,报道说:

中国铁道部新闻发言人王勇平10日在北京表示,法国阿尔斯通公司某高管如果真如媒体报道的那样,对中国进行了指责,这将是极不负责任的行为。中国铁道部的官员王勇平进行了逐一反驳。王勇平指出,"排斥外国厂商,拒绝外国厂商参与竞标"一说,没有事实根据。在经济全球化的大背景下,中国铁路对外开放的大门从来都是敞开的,外国公司可以根据中国的法律法规进入中国市场。中国与许多外国公司已经进行了良好的技术合作,并欢迎它们与中国继续合作。王勇平介绍说,目前法国阿尔斯通公司和中国公司的合作仍在进行之中。相反,世界主要铁路机车车辆装备市场却没有对中国开放,中国铁路装备制造企业进入欧盟市场一再受阻。坚持引进消化吸收再创新,是中国铁路提高技术装备制造水平、加快实现现代化的正确选择。本着双方自愿、互惠互利的原则,中国利用自己的市场优势与跨国公司联合设计生产,投入大量人力物力进行再创新,形成中国品牌。王勇平表示,在合作中,外国公司已经拿走了自己应得的商业利益,而中国自主集成开发的整套技术,知识产权属于中国公司。王勇平说,自2004年以来,中国与德国、法国、日本、加拿大等国家的公司开展合作,在引进消化吸收时速200公里动车组技术平台的基础上,自主研发制造出时速300到350公里"和谐号"动车组,并投入批量生产。这是中国完全拥有自主知识产权的创新成果,根本不存在"偷取了西方的技术"。中国机车车辆制造业还处在发展阶段,国内需求很大,目前主要着眼于满足国内需求。王勇平介绍说,随着中国铁路装备制造业的发展,中国将按照国际准则,以拥有自主知识产权的中国品牌参与国际技术合作和市场竞争。

这篇报道在国际上产生了较大的反响,发出了真实声音,说明了实际情况,压制了西方一些媒体的蓄意炒作。

随着京沪高铁的开通,有关中国高铁知识产权的议论再起,受新华网之邀,2011年7月7日,我来到新华网专门谈中国高铁知识产权与技术创新。记者一开始就引出话题:"我们注意到,京沪高铁成功开通运营后,日本媒体对中国高铁的纠结心态表现得十分明显。"

我回答道:"并不是所有日本媒体都纠结,也有不少的日本新闻从业人员很客观公允地评价和报道京沪高铁的成功开通运营。比如,我就知道日本东京广播公司记者真下淳先生在体验京沪高铁接受采访时说:'京沪高铁科技水平很高,内部设施很豪华,日本的新干线是没有的。日本新干线经常弯曲前行,很难像中国高铁那样保持高速运行。'但确实有相当多的日本媒体不顾事实,说了一些蛊惑人心的话,这是我们不能接受的。"

记者问:"一些日本媒体说中国高铁'是在日本新干线基础上发展起来的中国版新干线',日本《产经新闻》则干脆说是'盗版新干线',您怎么看待这个问题?"

这涉及中国高铁自主权,涉及中国高铁及其创造者、建设者应有的尊重。我毫不客气地回答:"什么叫'盗版日本新干线'?这有点大言不惭了。可以说,新干线与京沪高铁完全不在一个相提并论的层次。无论速度还是舒适度,无论是线上部分技术还是线下部分技术,差距都很大。例如,我们创新制造的CRH380A型车与过去从日本川崎重工引进技术、合作生产的 CRH2 型车相比,功率由原来的 4800 千瓦增加到 9600 千瓦;持续时速由原来的 200 公里、250 公里提高到 380 公里;脱轨系数由 0.73 降低为 0.13;头车气动阻力降低 15.4%,尾车升力接近于 0,气动噪声降低了 7%;转向架轮对实现了'踏面接触应力'比欧洲标准降低 10%~12%的新突破;车体的气密强度从 4 千帕提升至 6 千帕,提升了 50%,保证了列车在时速 350 公里隧道内交会的结构安全可靠性,等等。我认为,打嘴上官司毫无意义,一切靠事实说话,靠数据说话。"

记者接过我的话,继续问:"您说'打嘴上官司毫无意义',可是人家却提出要打官司。据日本《朝日新闻》7 月 5 日报道,'川崎重工的总裁大桥忠晴称,如果中国高铁海外申请专利的内容与中国和川崎重工关于新干线技术出口的契约相抵触,将不得不对中国提起诉讼。'"

我告诉记者:"我也注意到了这个报道。大桥忠晴先生对记者说,川崎重工当时对中国出口新干线技术时的契约规定技术只能在中国国内使用,目前还不清楚中国就高铁申请海外专利的详细情况,所以无法对应,但如果中国这次申请内容与中国和川崎重工的契约相抵触,将不得不对中国提起诉讼。连中国高铁申报什么专利都还没搞清楚,就反应如此强烈。这种敏感、脆弱的心态,只能说明不自信。至于说要对中国提起诉讼,那我们悉听尊便。他应当了解中华民族的性格:无事不惹事,有事不怕事。但我们还是提醒一下日本某些政治人物和媒体要控制情绪,不要因两国发展现状引起的心理落差而影响对两国关系大局的判断,共同履行维护两国和平友好睦邻关系的责任。"

说完这番话后,我又补上一层意思。我说:"我们从不回避在发展高铁中我们与别人在合作中受益的话题,我们感谢包括日本在内的世界上一切为中国高铁发展提供许多有价值劳动的合作者;我们也愿意与世界各国分享高速铁路建设和发展的经验和成果,推动高速铁路在全球的发展。据日本媒体报道,日本计划在未来新建五条总长870公里的高铁。中国愿意按照有关国际法规和国际贸易规则,为日本提供相关技术帮助。"

记者让我介绍中国高铁整个创新过程。我是有备而来的,做足了功课,对整个创新过程进行了系统的介绍。这个时候,我完全成了中国高铁的代言人,心中很骄傲,也很有底气。

我在宏观上介绍了这个过程之后,记者要求我再具体举一两个例子。我说:"这方面的例子太多了,比如时速380公里CRH380A动车组创新。在系统分析总结京津、武广、郑西线路试验数据基础上,结合京沪高铁的运用需求,中国南车四方股份公司对CRH380A动车组列车提出了顶层技术指标和各系统的创新方向。通过系统分析、统筹策划、分步实施,以仿真分析为依据,以完整的部件试验、系统试验、线路运行试验、运营跟踪试验为验证,以安全可靠为核心,对动车组进行了全面验证,共完成仿真260余项,零部件及系统试验650余项。京沪高铁线路试验从2010年11月开始,长达150多天,分别进行了18大类54项型式试验、31大类126项科学研究试验,以及8大类40项联调联试试验。通过CRH380A的自主研发,我们系统研究了高速运行条件下动力学性能、空气动力学性能、振动模态匹配、结构可靠性等关键技术。在系统集成、低阻力流线型头型、气密强度与气密性、振动模态、高速转向架、减振降噪、牵引系统、弓网受流、制动系统、旅客界面等方面进行了全面创新,在安全、可靠、舒适、节能环保等方面达到世界先进水平。"

记者接着又问:"这是关于高速列车的例子。除了列车,高铁还应该包括线路,以及其他方面的技术吧?"

我对他说:"你说得对。高铁的主要技术,概括起来,就是列车技术、线路技术以及使列车在线路上安全平稳运行的控制系统技术。刚才,我已经介绍了有关列车的例子。线路的例子,就不展开说了,中国高铁修建在中国的国土上,地形地貌地质完全与别的国家不一样,这部分是中国自己的原始创新。我再向大家介绍一下中国高速列车控制系统。列车运行控制系统,我们简称为'列控系统',这是通信信号系统的核心系统,被称为高铁核心技术之一。列车运行控制系统就是指挥列车安全、高效、有序运行的'大脑'和'神经控制中枢'。中国列车运行控制系统,简称为CTCS,它结合我国铁路运输特点和既有信号设备制式,考虑未来发展,借鉴欧洲列控系统建设经验,是我国完全自主的列控系统技术体系。"

记者问:"这种自主知识产权,也就是说我们的自主创新具体体现在哪些方面?"

我回答道:"通常,衡量是否具有自主知识产权有这么三个基本要素:第一,创新性,即与别人不同,而且这个不同是有价值的;第二,自主性,创新成果是以自己为主创造出来的;第三,专利性,也就是要取得专利。按照这三大要素看,中国高速铁路的自主知识产权,特别是关键技术的自主知识产权,毫无疑问已经完全掌握在我们自己手里。比如铁路车辆,一百多年的历史,基本的问题就是轮轨关系问题,一直没有变。唯一变的是运行速度和环境,但是基本的技术问题还是在轮轨关系上,决定轮轨关系的是转向架技术。从我们国家的高速列车来看,转向架无论设计指标还是速度指标与国外的都不一样,与我们之前引进的转向架无论是结构上还是性能上都有质的变化,这个变化完全是在我们主导下完成的,对于转向架技术我们已经有了国家专利,受到了法律的保护。在气动外形设计的技术创新方面,高速条件下和低速条件下最大的区别是空气动力学,气动效应对高速列车的安全性、稳定性、舒适性等各方面的影响。比如气动升力的问题,大家知道飞机要靠升力飞到天上去,而为了保障高速列车的安全性,必须把高速列车压在轨面上,速度越高升力越大,这是气动问题。包括气密性问题、气密强度问题、音爆问题等,都是气动性问题。这些问题的综合解决,是靠气动外形设计来解决的。大家已经看到了CRH380A型高速列车,气动设计的整个设计规范、设计流程、设计手段,都是我们自己的创造。它的头型,从美工设计到技术设计、工艺设计都是自己完成的。这些头型不仅有专利,而且还有版权。再看结构安全性的设计。结构安全性决定了长期运用的条件下保证列车不裂损、不松动。在结构强度设计上,中国高铁有自己的规范。比如说复杂的地面效应问题,高速条件下,地面效应和气动的紊流对车体影响相当大。这是世界高铁技术的重大难题,要解决这个问题需要靠大量的试验积累。中国高铁在武广、郑西、京津等线路上,开展了大量专项底边效应的试验,提取了它的特征,这是只有中国才有的。按照这样一个特征,我们进行了气动载荷、气动强度的设计,形成了关于强度检算、分析、评估、地面试验的整套技术。再比如驱动系统,就是牵引传动系统。现在的列车从动力的单元配置、功率大小、牵引功率实现方式到控制策略的优化、控制场景的丰富性,与国外或引进当时的情况是完全不同的。这套完整的系统创新也是我们自己完成的。这方面的例子太多了,就不一一列举了。"

记者接着提问:"您认为相关企业在申请海外专利时是不是理直气壮?有没有法律和政策障碍?"

我反问:"为什么不理直气壮呢?"我接下来说:"我们要郑重地告示,中国高铁相关企业申请海外专利会严格按照国际法律法规和国际经济贸易的相关规则。世界贸易组织中的'trips'协议,也就是《与贸易有关的知识产权协议》制定时的宗旨,就是要减少国际贸易中的扭曲和障碍,促进对知识产权充分、有效的保护;同时保证知识产权的执法措施与程序不至于变成合法的障碍。中国高铁申请海外专利,是为了充分有效地保护新的知识产权,减少国际贸易中的摩擦和障碍。我们会按照'trips'协议的相关规定进行申请。根据国际规约,知识产权的保护和执法应有助于促进技术革新和技术转让与传播,使技术知识的创造者和使用者互相受益并有助于社会和经济福利的增长及权利和义务的平衡。我举个例子吧。中国的新一代'和谐号'CRH380A高速动车组的头型,为满足列车高速运行的需要,全面提升动车组气动性能,通过20个头型概念设计、10个头型仿真分析、5个头型风洞试验和1个1∶1头型实物模型验证,全新研制了低阻力流线型头型。CRH380A动车组头型,无论是美工设计还是技术设计都是我们自己完成的,这些头型具有新颖性、创造性和实用性,拥有专利权所要求的三个基本特征。今天,中国把世界高铁的技术等级从时速250公里级提升到时速350公里级,正如当年日本借鉴欧洲的技术,把列车的速度从时速100多公里,提升到时速200公里以上,都是世界铁路发展的重大进步。这两个进步,都遵守了国际法关于知识产权约定的宗旨,也就是,一方面要减少国际贸易中的扭曲和障碍,促进对知识产权充分、有效的保护;另一方面要保证知识产权的执法措施与程序不至于变成合法的障碍,所以,我们申请高铁的相关技术专利是合理合法的,是为了更好地促进高铁技术的革新、转让和传播,更好地为人类社会服务。也因此,我们的底气十足。"

记者说:"有网友说,吸收、消化、创新的过程就是侵权?那日本的文字里,不也明显带有汉字的痕迹吗,我们中国人也没告他们侵权啊!人类文明是共享的,日本太小气啦!您怎么看这位网友的话?"

我回答:"我们不能因此就断言整个日本民族小气。我认为,日本是个善于学习的民族,对外来文化消化吸收能力很强,有着开放的学习态度。日本在明治维新时期就曾举国学习西方科学技术,还曾依据英国模式建设铁路。就高铁技术而言,也是这样。20世纪50年代,日本开始研究'动力分散式'新型电气列车技术,就是受到了欧洲列车技术的启发。领军人物是岛秀雄。他在欧洲留学时,偶然发现这种没有传统火车头的城市轨道列车,这就是现在'动力分散式'高铁列车的雏形,受到启发,回国后力主研发这种技术的列车。可以说,是善于学习的民族习惯大大推进了日本国文明的进程,也为今天日本的发展开辟了道路。所以说,科学技术是全人类的共同财富,只有善于学习,又能在此基础上不断创新的民族,才会在各个时期都不断进步,不断发展。"

碰巧,那天正是"七七事变"的纪念日(这个访谈时间并不是刻意安排的)。在访谈结束前,我说:"顺便提一下,今天是'七七事变'的纪念日。在这里,谈论中日两国的有关问题,我们感慨很多。对于20世纪的那场战争,中日两国人民都不应该忘记。战争已经远去,但是教训发人深省。让我们以史为鉴,面向未来!"

这次访谈,网友们给予了热情的支持和认可,认为我言辞严谨有力,有理有度、不卑不亢地维护了祖国的尊严。我也感觉到自己的回应比较客观,比较准确地表达了中国铁路部门的立场和观点。

这个采访报道发表后,国外某些爱好没有根据地胡乱评价中国高铁的人士不再太明目张胆毫无顾忌地制造新闻噱头了。大桥忠晴先生还特地向中国铁道部发了一封致歉信,并声明《朝日新闻》曲解了他的原意。

当我看到这封致歉信时,我还是很欣赏大桥忠晴先生的诚意的。客观地说,剔除这件事情本身,大桥忠晴先生在推进中日高铁技术交流合作中还是发挥了一定作用的。但显然,他低估了中国人民坚韧不拔的毅力和源源不断的创造力,他曾劝告中方技术人员不要操之过急,先用八年时间掌握时速200公里的技术,再用八年时间掌握时速350公里的技术。也许中国高铁的迅速发展大大超出了包括大桥忠晴先生在内的外国人士的既定预期而造成强烈的心理失衡。

我真切地感觉到,在这场外媒的炒作中,不管是大桥忠晴先生的本意也好,还是《朝日新闻》的曲解也罢,作为中国铁道部新闻发言人,面对某些有损我国高铁利益和形象不负责任的言论扩散时,我代表中国政府部门及时地表明了态度,说明了真相,改变了国际舆论的不公正炒作,这才是最重要的。

三、在逆境中保持自信

自信,是政府新闻发言人站立在发布台上一种自我激奋的持久的精神力量。这种自信,不仅是政府新闻发言人对自己驾驭发布台的信心,更是政府新闻发言人对发布内容必然成功的坚定决心和意志。在发布台上,心情紧张是很正常的事,应对紧张的最大"法宝"是自信。坚信我们的道路是正确的,事业是正义的,主张是正当的。对事业充满信心,对未来充满信心,对广大人民群众的支持理解充满信心。做到这些,发言人面对社会的各种议论、媒体的各类提问,就能坦然淡定、进退有据、应对自如。

对一名发言人来说,自信是一个不可或缺的起码素养。政府新闻发言人在与媒体打交道的过程中,注定要为事业发出持之以恒的声音——自信的声音!无论是在高歌猛进的顺境之中,还是在陷入低谷的逆境之中,都保持着激昂向上的基调。这不是头脑发热的盲目乐观,而是对事业的一种坚定信念和科学预见。坚定、自信不仅能振奋自己,也能感染他人。"人不自信,谁能信之。"让坚定、自信充盈着自己的内心,并体现在每一次新闻发布之中,体现在每一次回答媒体提问之中,向社会传递政府的这种信心,动员和激发更大、更多的社会相向的智慧和力量,无疑是政府新闻发言人坚持到底的职责所在。

一般来说,在顺利的情况下,保持乐观自信比较容易;而在低潮的处境中,仍能保持高昂向上却非易事。但任何事物的发展大都呈现波动式的曲线,总是要经历从不成熟到成熟的过程,出现低谷和反复的现象符合事物发展规律。有多少失望,就会有多少希望;有多少压力,就会有多少动力。重要的是不要轻易妥协,更不要随意放弃,不能因暂时的挫折而放弃责任和信心,也不能因偏激舆论的压力而改变正确的看法和动摇内心的坚定。

毛泽东同志曾经说过:"当着天空出现乌云的时候,我们就指出,这不过是暂时的现象,黑暗即将过去,曙光就在前头。"在井冈山革命处于低潮时,当行军打仗人困马乏,吃不上喝不上,许多人悲观失望时,毛泽东坚信"星星之火可以燎原",并用诗一样的浪漫语言预言革命高潮的到来:"它是站在海岸遥望海中已经看得见桅杆尖头了的一只航船,它是立于高山之巅远看东方已见光芒四射喷薄欲出的一轮朝日,它是躁动于母腹中的快要成熟了的一个婴儿。"人类在前进中总会遇到各种挑战和机遇,应对的关键是要顺应潮流、把握大势、保持定力。在逆境中练就对信仰和目标的坚持。

习近平总书记在2020年新冠肺炎疫情中向党员干部提出"四心",第一个就是必胜之心,此外,还有责任之心、仁爱之心和谨慎之心。在以习近平同志为核心的党中央坚强领导下,中国人民上下一心,全力以赴打响了全国抗击新冠肺炎疫情阻击战,坚定了人们群防群治的信心和决心。中国政府采取了最坚决、最果断、最彻底的有效措施将疫情控制在中国境内,最大限度遏制疫情输出,并为此付出了巨大的代价,取得了显著的成效。在中国疫情防控取得阶段性成果的时候,疫情呈现全球流行的趋势。在各国政府应对措施、各国防控要求、国际间流行病防控合作等各类焦点问题交错之际,国务院联防联控机制在京汉两地同步举行全英文记者见面会。国新办新闻发言人,也是这场发布会的主持人袭艳春在记者见面会上坚定地说:"面对全体人类,流行病的传播是不分国界的,全世界唯一正确的事情就是齐心协力,同时在家里与疾病做斗争,中国将与世界各国携手努力,贡献出我们的力量和智慧,以获得最后的胜利。"表达出中国在这场国际疫情防控合作中的态度,不仅向世界传递中国态度、中国经验,而且也传达出共同战胜疫情的信心和决心。

袭艳春这段英文发言在抖音平台获得六万个点赞。看着中国境内新增确诊病例清零,看着病毒在全世界肆虐,看着中国政府和中国人民战胜疫情的信心和决心,中国世卫组织总干事谭德赛不禁感叹:武汉零新增为世界提供了希望。是的,武汉清零告诉全世界,积极抗疫是可以消灭病毒的,这给了世界信心。

面对困难和挫折时,要求发言人必须看到成绩、看到光明,努力把政府的决心与信心传递给媒体和社会。再困难也要坚持,再艰苦也要坚定,再严峻也要坚守。因为这是发言人的职责。

在"7·23"事故新闻发布会上,我就是基于这样一种信念坚持到最后。在那次发布会上,我首先介绍基本情况,然后回答了记者十几个提问。其中,第一个提问是:"铁道部表示对高铁非常有信心,在'7·23'事故发生之后,这个信心从何而来?"

我感觉到,这个提问本身可能就对发展高铁事业存在着质疑。美国"挑战者"号航天飞机在万人仰视中升空数十秒即变成一个火球,美国人没有丧失信心,也没人追问他们有没有丧失信心。发生了"7·23"重大铁路交通事故,损失惨痛,教训深刻,铁路愧对党和人民!这一重大挫折也让铁路工作和声誉进入了低谷。但我们能够放弃信心吗?偶然的事故非要以整个事业作为必然的代价,这是不合适的。我只能用自己的信念来传递不可逆转的信号。何况,从技术层面上看,我国特有的"举国体制"被发挥到了极致。我们动员了全国最优势的科技资源,中央与地方纵横一体化统筹,形成了强有力的技术保证。这在铁路行业历史上前所未有。

因此,我坚定地说:"我们是不是对高铁仍然有信心?我在这里再一次重复,尽管这次发生了事故,对铁路的形象造成了影响,而且也会有很多人认为这是高铁产生的安全问题,但是事故还在调查之中,肯定有它特殊的原因。我想对社会说一声:中国高铁的技术是先进的,是合格的,我们仍然具有信心。"

那场发布会的第二天,某电视台专门做了一期节目。主持人解说:"在'7·23'甬温线特别重大铁路交通事故发生之后,铁路部门的行动在努力确保人们对于铁路的信心。就在昨晚的新闻发布会上,铁道部新闻发言人王勇平也在对社会进行了解释。对于接下来铁路发展的信心,王勇平也做出了回答。"

主持人继续说:"在刚才王勇平记者招待会的那段同期声里头,有一段话我个人是持不同意见的,我为什么会不太认同呢?我们不能把技术是先进的,就等于合格,就等于我们拥有信心。话为什么要这么说呢?仅仅是技术先进,但是你的管理是否先进?监督是否先进，对人的尊重是否先进，所有的细节是否先进？归根到底，综合下来，你的运行能力是否先进？如果综合下来的运营能力是先进的，我们才可以说，它是先进的，是合格的，我们才会有信心。举一个例子，比如我们形容一个人身体非常健康，怎么去说呢？说他心脏功能40岁像20岁一样，肝、肺都是40岁像20岁一样，你觉得他身体好极了，是吗？但是他弱智，你能说他是健康的吗？只有当他各种身体器官，包括大脑全部是健康的，我们才可以得出他是健康的结论。因此，只有技术是先进的这一点不能说是合格的，也不能等同于信心，需要一个综合运营下来，给予我们一种先进的感受。很多人在这次事故发生之后开始质疑速度，说速度是不是可以降下来？其实跟京沪高铁的300公里每小时比起来，动车速度没那么快，尤其这次出事的是第一代的动车，它的公里数可能也就是一小时200多公里。针对这方面，今天我看到英国的交通事务学者胡德说的一段话，'高速交通的关键在于调度和轨道维护。是否仅仅把速度降下来就能保证安全呢？2002年的英格兰赫特福特郡脱轨事件后来被发现原因不在车速，而是路轨接轨处螺钉没拧紧。'回到《三联生活周刊》李鸿谷的这段话，'速度，看来是我们必须面对并且认真思考的重要问题。不仅火车的速度、铁路发展的速度，甚至中国经济发展的速度……我们都要跟着配套。'所以我个人的感觉，不是我们的高铁太快了，速度不是问题，而是另一种速度有问题。什么呢？是只求效益，只求政绩，一路向前走，但是忽略了以人为本，忽略了规律，忽略了科学，忽略了我们生活中很多乘客的感受，尤其忽略了科学的管理和监督。这样的一种快速度才是真正可怕的，所以还是要给我们铁路部门的速度正一下名，速度不可怕，大家另一方面的冒进太可怕了。"

当然，对这位主持人的话，我也是持不同意见的，我为什么会不太认同呢？因为我认为，且不说主持人用"弱智"这个比喻极不妥当，就说有没有信心也是很值得商榷的。

信心是一种定力、一种坚忍,是锲而不舍、百折不挠、矢志不渝、历久弥坚。不因暂时的挫折悲观失望,也从不幻想成功从天而降。一个民族的自信就如同浩浩荡荡的江河,无论急流险滩还是九曲连环,都将一路奔涌汇入海洋。回顾历史,人类社会、科技发展的哪一次进步是没有付出巨大代价,甚至于付出了血和生命的代价而臻于完善的?从总体上说,中华民族是拒绝颓废的,总是在失望中孕育着某种希望,这是中华文明五千多年延绵不断的一个主要原因。假如遇上错误和挫折就半途而废,那么这些代价岂不成了无谓的牺牲,中华民族的振兴之梦不就成了纸上谈兵,我们的国家还能立足于世界强国之林吗?没有信心,就意味着失去定力,没有了主心骨,其结果将会是人心惶惶,一败涂地,溃不成军!在铁路运输历史上曾多次出现过由于一次事故的发生便乱了方寸,导致连锁事故接踵而至的情况。

此时,全国每天还有成千上万的列车还在线路上运行,每天有600多万旅客还在铁路上位移,每天有900多万吨货物还在发送,每天有220多万铁路职工还在辛勤工作,每天有几千名专家还在进行铁路技术攻关,信心是精神支柱,信心是力量保证。更重要的是,发展高铁,这是中国铁路乃至整个交通格局的一个战略性调整和选择。中国人口多,国土面积相对少,资源不足,特别是能源匮乏,东、西端与南、北端直径距离都在5000公里以上。建设高铁,对我国的经济建设、文化建设、国防建设以及提高人民的生活品质都将起到重要的基础作用。

我们能没有信心吗?我们敢丧失信心吗?针对这起事故,铁路部门在分析原因,吸取教训;在举一反三,全面查摆;在制定措施,采取对策;在痛定思痛,确保安全;在加强管理,整纪正风。但是,我们决然不能丧失信心!

我承认,我在对高铁的宣传中可能掺杂了一般铁路人都会有的特殊情愫。毕竟,我们曾经为改变"一车难请,一票难求"的局面而孜孜不倦、苦苦探求;我们曾经为延长国人人均铁路只有一根火柴长的长度而含辛茹苦、节衣缩食;我们曾经为圆中国铁路"人便其行,货畅其流"的梦幻而殚精竭虑、无私奉献。当高铁终于在我们手上建成并奉献给祖国和人民时,当高铁终于为中国人民的运输需求提供前所未有的便利和快捷时,当高铁横空出世而让中华民族、炎黄子孙扬眉吐气时,我们确实有一种溢于言表的自豪感。"当好国民经济先行官""当好国民经济大动脉"这些一直可望而不可即的词语,变得如此的具体和现实。经过几代人的不懈努力,我们的初衷和心愿终于在今天实现了,长期压在心头的困惑、憋屈、积虑终于得以舒放和释怀。难道不应该给这个高铁、给这个时代、给这个国家一点掌声?难道我们不应该为此骄傲一把、说几句自豪的话?中国高铁的实力允许我这么说,需要我这么说,我也必须这么说。

就我本人而言,我是中国高铁的见证者、参与者和宣传者。我曾经到京津城际铁路、武广高铁、郑西高铁、京沪高铁、沪昆高铁等高铁的开工现场进行宣传;我曾经深入到中国中铁、中国铁建等高铁施工现场为建设者鼓劲;我曾经到当时的中国南车集团、中国北车集团等动车生产单位为劳动者喝彩;我曾经与清华大学、中国铁路科学院、东南大学、北京交通大学、上海交通大学、西南交通大学、兰州交通大学、中南大学等参与高铁设计实验课题的高校研究人员一起座谈;我曾经在开行时速 300 多公里、400 多公里的高速试验列车上接受采访;我曾经在几乎每一条高速铁路正式开通运营的日子里发布新闻;我也曾在中南海聆听中央领导同志有关高铁建设和发展的指示和要求。与中国高铁有关的许多大事、要事我都有幸亲身经历过。

我明白自己怀有一种激情,而且这种激情很自然、很真实地渗透在我组织和参与的各类宣传活动中,当然也包括在新闻发布中。但这不是最重要的。最重要的是,如果因为一次极不应该发生的事故的发生,我们就对中国铁路现代化事业丧失信心,那么,以此类推,一次卫星发射失利,我们就对航天航空事业失去信心;一次医疗手术失利，我们就对医疗卫生事业失去信心；一次军事演习失利，我们就对人民军队的战斗力失去信心；一次国际体育比赛失利，我们就对中国体育事业失去信心，这难道不是因噎废食、自毁前程吗？如果我们的事业越走越窄，甚至半途而废，往往不是因为从业者不够聪明，而是因为某种挫折而不再相信。因为不再相信，便避免了一切美好的结果，也违背了我们的初心。

卡夫卡说："信仰什么？相信一切事和一切时刻的合理的内在联系，相信生活作为整体将永远继续下去，相信最近的东西和最远的东西。"只有我们相信并努力争取的东西，才有可能反过来成就我们的追求。追求事业的过程并非一帆风顺，暂时的挫折不是质疑整个事业的理由，眼界会让我们变得更加聪慧和坚定。只有始终相信事业成功的必然，才不因为某个环节失利而局促不前。

就技术上讲，按照中央的部署，中国高铁在不到六年的时间内跨越了三个台阶。第一个台阶：通过引进消化吸收再创新，掌握了时速200～250公里高速列车制造技术，标志着中国高速列车技术跻身世界先进行列；第二个台阶：在掌握时速200～250公里高速列车技术的基础上，自主研制生产了时速350公里高速列车，标志着中国高速列车技术达到世界领先水平；第三个台阶，中国铁路以时速350公里高速列车技术平台为基础，成功研制生产出新一代高速列车，标志着世界高速列车技术发展到新水平。特别是2008年2月，科技部、铁道部联合开展《中国高速列车自主创新联合行动计划》，汇集了"863计划""973计划"以及全国上百个基础、应用及产品研发方面的院所力量，对高速列车进行技术攻关。参加研发生产的有国内一流重点高校25所、一流科研院所11所、国家级实验室和工程研究中心51家，63名院士、500余名教授、200余名研究员和上万名工程技术人员。中国南车青岛四方机车车辆公司、中国北车长春轨道客车有限公司、中国北车唐山轨道客车有限公司等装备生产企业数十万人参与生产制造我国高速列车。我国高铁不仅在高速列车技术创新方面取得了重大成果，而且在系统总结研究成果的基础上,通过大量工程试验和实践制定了100余项高速铁路建设标准规范,覆盖了工务工程、牵引供电、通信信号、系统设备、运营调度、客运服务六大系统,实现了各系统的协调衔接,形成了具有世界先进水平的中国高铁技术标准体系和成套工程技术。而且这种技术发展势头方兴正艾。这就是在技术上我们的信心所在!

但是,当时很多媒体和网站并不接受这种观点。温州"7·23"铁路重大交通事故发生后,中国高铁被境内外一些势力极力抹黑,更成为一些专家教授问责政府的由头。在这样一个舆论环境中,高铁一度被迫降速降标,撤回"走出去"的工作组,压缩建设资金。高铁在国内外遭遇到了极大的信誉危机和发展厄运,造成高铁极大的挫折,这不能不说是一个深刻的教训!

温州动车追尾事故首场发布会一周后,即2011年8月1日,是一个周末。那天上午,我在办公室处理一些工作,得知北京《法制晚报》有位记者要采访,记者叫郭媛丹。为其执着和诚恳所感动,我接受了她的采访,回答了当时许多媒体都想获知的一些问题。这篇报道后来登载在《法制晚报》上,并被各类媒体无数次转载和引用。报道的标题是"王勇平回应发布会争议:我没有说假话和违心的话"。其中有这样的对话:

记者问我:"觉得委屈吗?"

我回答道:"当时,我要是能在那个大家都很焦急的特殊气氛中,再冷静一点,再诚恳一点,也许就会让记者朋友们少一些不满。至于说到委屈,想想在这次事故中不幸失去生命、受伤的旅客和他们的家属,想到那些受到损失的旅客,我面对的这些又算什么?"

记者问:"面对这些谴责的声音,你如何回应?"

我知道,别人的批评,可能是对的,也可能有误解,甚至完全错了。但只要是善意的,都要认真对待、认真思考、认真接受。之所以别人还能对你讲出来,一定是对你抱有信心和希望,这对增强自身素质和能力是有裨益的。如果别人一提出批评,就立即产生抵触情绪,那么就堵塞了言路,也失去了信任。于是,我回答:"作为新闻发言人,面对关注和批评,我的一贯态度是虚心接受,'有则改之,无则加勉'。我只有不断虚心听取批评,努力把工作做好。但我可以问心无愧地说:尽管自己在新闻发言中可能有不足,但在那个需要我站出来的时候,我站出来了,而且没有说假话和违心的话。"

记者再问:"高铁的安全性是否有保证?"

我仍然坚定地回答:"我不仅对自己的工作有信心,而且仍然对中国高铁有信心。这是220多万铁路职工日日夜夜的辛勤付出,有教训我们要汲取,但不能失去对中国铁路的信心。因为无论一个人、一个行业,乃至一个国家、一个民族,在任何时候都不能失去信心——哪怕是在最严峻的时候。"

这是我的真心话,一点也不做作,一点也不虚伪。我感受到自己在那场发布会中还有很不到位的地方,感受到自己的委屈比起在事故中的伤亡者和他们的家人实在算不了什么,感受到这段时期来自亲人、同事和朋友的至诚关怀和极大温暖,感受到对别人的伤害要往好处理解并予以谅解,感受到对中国高铁仍然有信心而且任何时候也不会失去这种信心!

令人欣慰的是,党中央、国务院十分英明,审时度势,坚定不移地发展高铁,加大投资力度,继续保持加快铁路尤其是高铁的建设势头,并积极推动高铁"走出去"。特别是习近平主席、李克强总理在多个重要外交场合宣传推介中国高铁,坚定了国人的信心,也扩大了中国铁路的国际影响力。显然,这给了我们为高铁辩护和正名的勇气和信心。也唯有这样,无数曾为推进中国铁路现代化早日实现而殚精竭虑的人看到了希望,凝聚力、创造力和生命力才能够更强劲地激活焕发。

也许,很多事情要站在历史的高度和长度上才能看得清楚。斗转星移,岁月如梭,今天回眸发展历程,不仅印证了"中国速度"的持续提升,也印证了中国高铁惊人的生命力与活力。伴随着京津城际铁路开通的第一声汽笛，历史的强音与时代的步伐都在这里回响。这一刻，中国铁路人把国家的进步与昂扬书写在自己不可磨灭的记忆里。京津城际铁路已经不仅仅是一个线路坐标，而且是一个精神标杆，它使世界认识了中国铁路人，认识了中国高铁，使各国铁路同行望而生敬，也使中国铁路人更加自信、自豪和自强。

从京津、武广、郑西、沪杭、京沪、哈大高铁，到沪昆、兰新、海南环岛高铁，每一条新线路开通，都是一个新的试验环境，都是对自主创新成果的验证。国产系列高速列车经历多种高铁线路条件、多种自然环境的考验，不断提升质量，表现卓越。从此，风驰电掣的高速列车将中国人出行的版图不断缩小，让"双城记"成为城市化生活常态；星罗棋布的高铁路网，让"一日达"成为互联万物时代的现实愿景。

中国高铁动车组四种车型面世后，铁道部决定将其分别命名为 CRH1、CRH2、CRH3、CRH5，因为"4"与"死"读音相谐，被认为不吉利，就没有用 CRH4 标名。CRH 是 China Railway High-speed（中国高铁）的首字母大写组合。四组类型动车组整装待发，准备上线。就在这时，《中国青年报》记者周伟对我说："CRH 系列动车组既不好念，又不好记，还不好懂，中国创造的产品应该有个中国名字，否则老百姓很难接受。"

周伟对中国高铁建设一直关注，撰写了不少有关高铁建设的报道。我觉得周伟建议动车组应该有中国名字很有道理，立即向铁道部领导做了汇报。于是，铁道部决定对这四种动车组类型正式统一命名为"和谐号"，所有动车组全都印上"和谐号"三个大字。2007 年 4 月 16 日下午，我应邀做客新华网，在介绍全国铁路第六次大面积提速调图的情况时，就部分网民关心关注的"和谐号中文名称的来源""动车组安排""最高速度和平均速度的差别"等热点问题做了回答。我向媒体解释"和谐号"的含义：要构建和谐社会，必须解决铁路存在出行难、运货难这个突出矛盾。只有多修铁路、修高等级铁路,才能解决铁路瓶颈问题,为和谐社会的建设做出贡献。

"和谐号"很快被叫响,旅客们把高铁直接叫"和谐号",叫得很顺口,叫得很自豪。一个名字往往成为一个时代的象征,中国高速列车携着"和谐号"的名字和内涵跨山越水,南来北往,成为一道道流动的亮丽风景。

高铁一直在发展中,在原有基础上又有了新型中国标准动车组,与"和谐号"相比,其速度更快,舒适度更高,综合性能更好,技术更先进,当然也就有了更响亮的新名字,谓之"复兴号"。

2017年6月30日,两列具有完全自主知识产权、时速350公里的"中国标准动车组",分别在中国中车青岛四方股份和中国中车长春客车股份下线。它们的面世标志着集物联网、传感网、列车控制网络、车载传输网络的多网融合技术于一体的中国智能化高速列车由此诞生,标志着中国高速列车完全建立起了自己的标准体系,中国高铁成套技术装备,特别是高速列车已经走在了世界前列。这个叫"复兴号"的高速列车进行了60万公里运行考核,比欧洲标准还多了20万公里。降低了全寿命周期成本,提高了安全之余,整车性能指标实现较大提升。"复兴号"高速列车的设计寿命达到了30年或运行1500万公里,比"和谐号"动车组延长了10年,并且在世界上首次实现时速350公里自动驾驶功能。

"复兴号"高速列车亮相中国,以一种无与伦比的崭新形象奔驰在神州广袤的大地上,承载着中华民族伟大复兴的中国梦奔向未来。两代动车组比翼齐飞,交相辉映,为中国社会的发展和进步做了最为广泛,也最为生动的注释。

习近平主席在2018年新年贺词中豪迈地指出:"复兴号奔驰在祖国广袤的大地上……我为中国人民迸发出来的创造伟力喝彩!"这是对中国高速铁路成就的充分认可,更是对过去几年特别是党的十八大以来高铁发展成果的高度肯定。

更令人振奋的事情还在按照既定的程序持续发生。2019年

12月30日,北京至张家口高速铁路开通运营,中共中央总书记、国家主席、中央军委主席习近平做出重要指示。他指出,1909年,京张铁路建成;2019年,京张高铁通车。从自主设计修建零的突破到世界最先进水平,从时速35公里到350公里,京张线见证了中国铁路的发展,也见证了中国综合国力的飞跃。回望百年历史,更觉京张高铁意义重大。谨向参与规划建设的全体同志致以热烈的祝贺和新年的问候!

是的,我们一直在发展!我们一直在见证!

2018年12月,中宣部学习大讲坛邀请我做了一次演讲,演讲的题目是"这个时代让我们信心满满"。这次演讲地点安排在深圳大学,面对坐满报告厅的师生和各界人士,我的激情伴随着演讲喷涌而出,获得了阵阵掌声。

我在结尾时说道:"今天,中国成为世界上高速铁路建设里程最长、运行速度最高、运营场景最丰富、对自然环境适应性最强的国家。当中国高铁突破了29000公里营业里程,占了世界高铁总里程三分之二时,当中国高铁实现了四纵四横,再向八纵八横豪迈挺进时,当中国高铁在造福中华民族的同时并走向世界、让世界刮目相看时,当中国高铁让中国老百姓从此不再为出行而犯愁时,作为一名中国人,哪能不豪情满怀?虽然一路走来不容易,但我们终于走到了今天并将继续走下去!我要由衷地感谢我们这个时代,感谢这个让我们始终信心满满的改革开放的好时代!"这时达到了高潮,台上台下形成了强烈共鸣。

曾经有一位朋友撰文指责我为高铁漫无边际的吹嘘,我只能说,我确实为中国高铁发布过一系列激动人心的消息,也真实地说明过中国高铁在建设过程中某些不尽如人意的地方。我为中国高铁代言,无须为中国高铁吹嘘,因为铁路人在党和人民的关怀支持下,用双手托起了高铁的惊艳呈现,用赤诚创造了世界上罕见的高铁奇观。中国铁路成功构建了具有完全自主知识产权的高速、普速、重载三大领域铁路技术标准体系,总体技术水平迈入世界先进行列。实现了对世界高铁先进科技水平从难以望其项背到跟跑、并跑乃至领跑的历史性跨越,成为具有重要国际影响力的高铁大国。这是不能磨灭的客观事实,中国高铁本来已经够美够靓,本身已经具有令所有不抱成见和偏见的人们发自内心认可和赞誉的魅力,何来吹嘘?何须吹嘘?

历史只会眷顾坚定者、奋进者、搏击者,而不会等待犹豫者、懈怠者、畏难者。怀有希望、抱有信心,希望与信心始终赋予我们前行的力量。对事业毫不放弃的坚守不仅有益于国家和民族,自己的生命也因之而更丰富和厚实。在某种意义上,中国高铁的发展奇迹,正是一种崇尚奋斗、民族自信的价值观的胜利。

第九章　怀宽容之胸

题记　发布台是包容的,八面来风,包罗万象,包容着各种观点,允许不同声音碰撞。即使媒体记者发出逆耳甚至偏激的言论,政府新闻发言人也不能小家子气当场指责和呵斥。大海能容万物,明月不常圆满。人与人之间,是一种尊重;情与情之间,是一种交换;心与心之间,是一种体谅。包容是一种胸襟,也是一份自信,心平气静地摆出事实,和颜悦色地说明真相,客观理性地进行分析,远比简单粗暴的压制、颐指气使的傲慢更有力量。一旦言路在发布台上被堵塞,疑惑并未消除,问题并未解决,舆情必将在社会上更加泛滥,剩下的便只有新闻发言人在发布台上茕茕孑立、形影相吊地自话自说了。

一、有理也要让人

对一个发言人来说,需要拥有多种素质,其中最重要的就是情绪稳定、包容心强。发言人与媒体打交道始终需要一种宽容、谦让的态度。有人说,情绪像水,稳定的情绪是涓涓细流,滋养万物;不稳的情绪则是咆哮波涛,摧毁一切。在发布台上,发言人遇到的最大敌人不是能力,不是条件,而是情绪。思维逻辑永远大于情绪。要想得到媒体的信任和认可,必须拉近双方的距离,缺少理解的坦率,让情绪一泻千里,只能越走越远。毕竟,相互之间敞开怀抱远远好于握紧拳头。

发言人希望记者在采访过程中带着善意和诚意,使采访变得正常,甚至充满轻松自然的气氛,这是不言而喻的。但在现实中并不能保证不会有例外发生,记者脾气性格不同,认知程度不同,采访风格不同,动机目的不同,决定了发言人不可能对每一场采访都会轻松愉快。重要的是,发言人应具备与不同个性的媒体人打交道的本领和能力。这既是技巧,也是胸襟。

最难处理的自然是有对抗情绪的记者。新闻发言人如果也以对抗情绪应对,则无疑是一种错误的选择。要知道,记者提出一些尖刻甚至刁难的问题,多数是出于职业的需要。记者是新闻传播链上不可缺少的一环,他们要逼新闻发言人说出惊人的消息,希望新闻发言人说出自己本不想说的话,对新闻发言人确实构成了挑战和压力。但是,只要不是原则问题,新闻发言人都应谦让和大度。面对有的媒体记者咄咄逼人的提问态度,甚至无端的指责与抱怨,在不触犯底线的情况下,都应以宽广的心胸去面对,尽力保持冷静,温和淡然,克制情绪,收住脾气,与人为善,适度退让。公安部原新闻发言人武和平认为:对舆论危机要客观分析、理性对待。特别是对待批评和指责要有包容的胸怀,对激烈的反面声音也要"发乎于情,止乎于礼",只要不是诋毁与诽谤,就要像太极拳一样讲求"以柔克刚""圆润含化""以静御动",做到避免斗气、争锋和"掰手腕"。须知政府组织的心胸开阔度,决定百姓批评的尺度。政务公开的程度,反作用于突发事件的"裂度"。

老子说过:大道之行,不责于人。曾国藩也说过:话不说尽有余地,事不做尽有余路,情不散尽有余韵。这对今天的发言人来说都有借鉴意义。有效控制自己的情绪,是发言人的一个重要能力。如果轻易指责记者,那一定是不清楚记者更有指责你的空间;如果向记者卖弄聪明,那一定是不知道记者有比你更聪明的地方。这就决定了新闻发言人对媒体记者要明其之长,知其之短,避其之锋,容其之锐,用微笑这个最好的办法去化解冲突和分歧。笑着低下头说话的,往往是真正聪明的新闻发言人,能够让事情朝着自己的预期发展。

由于出席新闻发布会的记者兴趣各有不同,所提问题涉及面比较广,不管记者提出什么问题,不管这些问题有多么偏激和片面,都要告诉自己诚恳地听取和耐心地回答,不被其激怒而做出有失风度的事情。只有很好地听取别人的,才能更好地说出自己的。理直气壮在胸,心平气和在外。碰到尖锐的问题,始终要放低姿态,降低音量,以事实回应提问者,以逻辑说服质疑者,以和善软化冲动者。也许,正是刁钻的记者,才会使发言人更加显示出睿智;接受有挑战性的提问,更能激发发言人的热情和才华。平平庸庸的提问反而使发布会黯然失色、淡然乏味。

发布会上会出现这种情况,记者提出某些问题,发言人或完全不知情,或过于刁钻,无法当场回答。遇到这种情况也不必紧张,仍然保持正常的状态,坦诚告之自己还没有掌握这个问题,但会重视这个问题。可以说"等我了解清楚,会及时告诉你",或者"很抱歉,这个问题我不能回答"。并记下提问者的姓名和电话,事后查问清楚了再告知,或指引他到什么地方可以得到这个问题的明确答案,切不可以敷衍搪塞,更不能乱说一通。

谦让不是放弃,平和不是迁就,坚持信息发布的初衷,坦诚而成功地表达政府的立场和观点,才能表现出一个发言人的驾驭能力和潜质。政府各部门的新闻发言人在台上时不是代表自己,而是代表政府讲话,不能感情用事。一定表达政府的立场,而不是表示个人的情绪与好恶。因此,在回复记者的提问和质疑时,要尽可能做到"软硬兼施"。软在情绪,硬是立场,用和风细雨、富有人情味的讲述传播出事实真相和政府立场,将外界的质疑转化为传播的机遇。

毛泽东当年让领导干部看柳宗元的《敌戒》,就是提醒领导干部:如果没有对立面,没有不同声音,就容易懈怠,容易自以为是,容易犯错误。因此,要善于听取不同意见,哪怕是说错了的意见。我在与媒体打交道中,也有争辩,也有交锋,甚至有过脸红气粗,这方面的经验和教训都很多。

我在进铁道部政治部宣传部不久,就遇上一件这样的事。一次,有家通讯社某个部门编发了一篇内参,说铁路公安干警监守自盗,说得活灵活现。由于这篇内参反映的问题太典型,被上级领导做了批示,铁路部门非常重视。但是,经过认真调查并无此事,完全属于毫无根据的编造。我给编发内参的负责人去电话提出质疑,对方不客气地说,编发网上舆情并不一定要有事实根据,我连这都不知道,还当什么宣传部部长。我当时没有按捺下情绪,反怼他说,如果任由这样胡编乱造而一声不吭,做这样的宣传部部长将一钱不值。吵归吵,怼归怼,但并没影响我们后来的正常交往,相逢一笑泯恩怨。更重要的是,这件事给我提了一个醒,对容易发生的事情,一定要把工作做在前,防微杜渐,防止网上的杜撰成为真实。

"7·23"动车事件新闻发布会的第二天下午,按照盛光祖部长的要求,我乘飞机返回北京。在登机时,被乘坐同班飞机的凤凰卫视的一位记者认出,记者要求在飞机上对我进行采访。我回答,在飞机上采访不方便,等抵达北京后再说。这位记者偷拍了我在飞机上的一张照片发到网上,并配发一段文字:"对高铁有信心的王勇平从事故现场乘着飞机跑回北京了。"看了这个网上报道,刚开始,我很纳闷,对高铁有信心就不能乘飞机了?但我并没有去责备这个记者,而是冷静下来,对自己选择返回北京的交通工具做了反思,如果不乘坐飞机而乘坐高铁,效果会好很多,不仅是在表达一种姿态,媒体记者也不会产生这样的联想。这件事很快过去了,没想到不久,凤凰卫视董事会主席刘长乐特地向我表示歉意,网上那段有关我的信息也被删除了。

一直以来,我们宣传部和凤凰卫视就像与其他媒体一样保持着良好的工作关系,我本人与刘长乐、王纪言、何新京、吴小莉、陈晖等凤凰卫视的领导和记者也都是好朋友。对凤凰卫视记者的采访要求我从未拒绝过,总是尽可能提供便利条件。这不仅因为凤凰卫视在境内外有较大的覆盖面,也基于他们对铁路特别是高铁的发展给予了舆论上的极大支持。从总体上说,他们对中国铁路的报道是比较客观公正的。

2010年2月11日,凤凰网特地邀请我做了一次关于2010年春运的访谈。在那次访谈中,我向凤凰网网友介绍了2010年铁路春运以及实名制售票试点工作进展等情况。网上一开播,凤凰网主持人直接进入主题:"您好,王主任,欢迎来到凤凰网。今年春运铁路预计发送旅客2.1亿人次,同比增长9.5%。铁道部采取了哪些措施来保证这么多人的出行?铁路春运高峰预计在什么时候出现?"

我在正式回答这些问题前,先做了一些情感铺垫。我说:"主持人好,凤凰网的网友好。非常高兴到凤凰网做客。我也借这个平台,向凤凰网网友以及关心铁路发展的广大网民朋友拜个早年,祝大家节日快乐,在新的一年有新的希望和新的收获。衷心祝福那些准备回家和正在回乡路上的兄弟姐妹们一路顺风,全国铁路200多万干部职工正奋战在春运一线,为大家都能有一个欢乐团圆的传统佳节而不懈努力着。"

访谈播放完成后,凤凰网负责人夸我在网上有人缘,而这是由自己对网友的尊重和真情换来的。那次访谈,凤凰网用了大标题:"铁道部发言人向归乡旅客拜年!"

有两件事情,更是加深了我与凤凰卫视的友情。

一件事发生于2006年7月1日青藏铁路全线通车。这是世界上海拔最高、线路最长的高原铁路建设,不仅是通往西藏腹地的第一条铁路,也是中国最美的铁路。从此,坐着火车去拉萨由梦想成为现实。当天青藏铁路开通庆典主会场设在格尔木,分会场设在拉萨。时任中共中央总书记、国家主席胡锦涛亲自到格尔木为青藏铁路开通剪彩。在中央有关部门的领导下,我们邀请了中央各大媒体到现场采访,我带着时任宣传部新闻处处长(后任中国铁路文联秘书长)李强与青藏铁路公司党委副书记(后任铁道部政治部宣传部副部长)才凡具体牵头负责媒体的采访区域确定、新闻稿件提供、采访事务接待。

凤凰卫视也派出了由吴小莉负责的采访报道组,但是他们虽然到了格尔木,却没有办好有关采访申报事项,吴小莉急得不行。得知此事后,我觉得有一定境内外影响力的凤凰卫视不能失去这个重要信息报道的机会,否则这无论对凤凰卫视还是对铁路行业都是很可惜的。于是,我向有关部门领导反映此事,特事特办,帮助他们现场解决了这个问题,并给他们提供了较好的摄像机位。当筑路工人友善地向吴小莉打招呼时,我看到了吴小莉眼中闪烁着激动的泪光。她告诉我,在那次报道中,她充满了一个中国人的骄傲和自豪。"7·23"动车事故新闻发布会后,吴小莉特地给我发来短信,以一个新闻人的职业情操和良知对高铁表达了坚定的信心,并向我表示真挚的慰问。

另一件事发生于2010年8月,当时凤凰卫视决定做一件见证两岸同宗同族的文化盛事,促成对660年前黄公望创作的旷世名作《富春山居图》毁开两部分的合璧。《富春山居图》一半保存在台北故宫博物院,一半留存在浙江博物馆。凤凰卫视董事会主席刘长乐陪同台湾地区文化名人李敖赴杭州参观珍藏在杭州博物馆的半部分——"剩山图"。他们已在上海,打算从上海乘动车去杭州。铁道部派我特地赶到上海,会同上海铁路局宣传部副部长(后任上海铁路局宣传部部长)陈万钧上动车陪同他们去杭州。我与刘长乐早已相识,和李敖则是第一次见面。不曾想到,在上海南站站台上,李敖一见到我便说:"你叫王勇平,湖南衡阳人,是铁道部新闻发言人。"我不知道李敖是怎么得知这些信息的,但顿时从内心对他的这种为人处事风格深感敬佩,连忙拱手说:"李先生,久仰久仰!"在列车上,李敖和刘长乐对中国高铁的发展很感兴趣。对于他们关注的问题,我和陈万钧都一一细心解答。他们也不休息,一路谈兴很浓地到了杭州。第二天从杭州返回上海,又兴致勃勃地延续着前一天的话题。临别时,李敖对我说:"你们真是出色的高铁推介员。"我则笑着说:"欢迎先生常来大陆体验不一样的高铁。"并给他和刘长乐各送了一幅我在杭州临时创作的书法作品。

由于凤凰卫视的传播风格较为独特,有的栏目主持人对中国高铁的发展持有不同的看法,在评论中也曾出现过一些过激言辞。对此,我们并没有与他们针锋相对,而是让他们实地考察,眼见为实,从宏观上了解其必要性,从微观上了解其可行性。在我们的邀请下,凤凰卫视董事局主席刘长乐亲自带领何亮亮、陈鲁豫、窦文涛等主持人来到北京,体验京津城际高铁。

京津城际高铁从北京南站到天津站全程120公里,时速350公里,运行时间不到半个小时,其快捷、平稳和舒适度都让他们感到吃惊和欣喜。在动车上,凤凰卫视著名评论员何亮亮掩饰不住内心的激动对我说,通过这次不同寻常的体验,他对中国高速铁路有了一个全新的认识,为中国铁路现代化建设成绩感到深深的骄傲

在北京南站接受记者采访

和自豪!表示今后他不仅要在他主持的栏目里为中国高铁鼓与呼,而且还要在香港境内其他媒体真实地为高铁写评论文章(他在香港舆论界较有影响力)。后来他真的是这样做的,成为中国高铁积极的支持者和呼吁者。

二、给媒体留下理性思考的时间和空间

新闻发言人是因为媒体而存在的,告诉传播对象以真实情况,满足传播对象的信息需求,尊重传播对象的政治智慧是新闻发言人的基本原则和价值取向。

对同一事件,由于所处的角度不一样,掌握的信息不一样,甚至怀有的情感不一样,发言人与媒体人的观点和看法完全有可能会不太一样。在这种情况下,发言人应当尊重和相信媒体的判断力和自主权,不能试图把自己的意图强加于人,更不能歪曲事实制造假新闻误导受众。即使有很多困难甚至有很大压力,新闻发言人都始终肩负着帮助媒体获得正确信息的使命。作为公众信任的公仆,政府新闻发言人既要发布有利于本行业的信息,也要发布不太有利于本行业但却是真相的信息;要发布已经确实发生的事件,也要发布连缀这些事件并凸显其意义的背景材料;要发布事件的宏观形态,也要发布事实上也非常重要的细节和数据。这种全面性、准确性的发布就是公允性、权威性的体现,也是对传播对象负责任的态度,这也表现出化解危机事件负面影响的胆略和能力。

突发事件发生了,造成了巨大的损失,惊慌、恐惧等情绪笼罩整个社会,也会影响媒体记者的情绪和态度。在强烈的社会情绪裹挟下失去对整个事态的冷静把握,在某个阶段、某个环节的失利中失去对终极目标的坚持,政府新闻发言人在这种情况下往往会受到更多的媒体质疑和更大的舆论压力。这是对政府新闻发言人的另一种考验。是坚持还是放弃,是自信还是沮丧,是宽容还是埋怨,需要政府新闻发言人做出明智的选择。有时候,耐性比急躁更

有意义,淡定比冲动更有力度,不妨给媒体留下理性思考的时间和空间。

2014年7月7日,《人民日报》旗下的《环球时报》发表社评《3年前猛打高铁的活跃者应羞愧》。文章说:

> 由于李克强总理多次向外国领导人推荐中国的高铁技术,带动高铁出口,高铁不仅在外交领域,也在舆论场上重新增加了曝光率。7月3日李克强总理在长沙视察高铁施工现场,再次赞扬这一中国突出的技术成就。
>
> 离甬温线"7·23"动车事故很快就3周年了,当时中国媒体和互联网铺天盖地抨击高铁的情形历历在目。那场事故和随后出现的舆论运动沉重打击了高铁的发展,全国的高铁计划出现曲折,各条高铁线路的车速降了下来。舆论对高铁的口诛笔伐还直接影响了国际市场对中国高铁的信心,造成部分订单的流失。
>
> 甬温线事故本身是个沉痛教训,那一段时间中国舆论对高铁的冷酷态度同样是个沉痛教训。前一个教训属于高铁研发和运营部门,后一个则属于全社会。
>
> 这个社会里似乎对于否定本国最先进的东西有某种激情,蕴藏了自我否定的巨大能量,"7·23"事故足以把这一切轰然点着,而且几乎没有人敢在那样的舆论局面下为高铁说句"但是"。
>
> 当然这不全是舆论的错,社会上很多力量都客观上纵容,甚至推动了那一轰轰烈烈舆论场面的形成。今天很难具体要求某几个当时的活跃人士,或者某个部门、机构为那一局面的出现负责,但反思应当是普遍的,一些人的确应当为当时自己扮演的恶劣角色悄悄忏悔。
>
> 中国在艰难追赶世界最高端的制造业,高铁是其中最辉煌的成就。它固然有不完美之处,在打造安全性上

尤其永无止境。对甬温线事故的认真查处过程，是对这一态度以及不断改进和完善能力的验证。

然而甬温线是动车，还不是普通中国人所认为的高铁。甬温线事故引起高铁警觉是应当的，但因为它而发生打压高铁的舆论运动，却是严重的扩大化。

中国逐渐走到人类技术探索的前沿，这里的各种风险同尾随在发达国家身后是不一样的。我们都知道，美国的航天飞机爆炸，失事了两架，美国最终放弃了航天飞机，改为发展其他运载工具。还有苏联，当年也出过悲剧性宇航事故。但是无论美国还是苏联，航天探索本身都没有受到民众的抨击。

大国需要有宏大的规划，需要有国家级骨干性技术创新项目，它们往往不是一家企业能够胜任的。推动这一大格局的成熟，需要全社会的支持、鼓励，包括宽容。而想一想，当时一哄而起的各种呼声，包括高铁因为票贵而"不如绿皮车"，以及"祖国请放慢你飞奔的脚步，等一等你的人民"的煽情说法，是多么肤浅可笑，多么民粹主义得彻头彻尾。

这些年来，我们身边有这样一群人，国家一出事，他们就特别兴奋，国家出了成就，他们也一定要鸡蛋里挑点骨头。他们的名声和影响力总是要以国家倒霉出事做垫背，他们捞取个人好处的方式就是猛戳国家的伤口，让国家的各种痛苦更痛更苦。他们的影响力就是靠挖公众对国家信心的墙脚挖出来的。

中国的大飞机项目、生物制药、精密仪器等都面临艰难的成长过程，如果它们遭遇国内舆论的挑战，将是外国资本力量求之不得的。事实上，海外的好恶在很多时候都同中国国内舆论对本国创新项目的态度高度一致，这样的"巧合"很值得深思。

挺中国高铁,挺中国每一项冲击世界顶级水平的创新项目,这应是中国社会上爱国主义最基本的面貌之一。如今的中国高铁正打破僵局,重新大踏步走向世界,让我们祝福它,鼓励它,因为它的确是组成21世纪中国希望的崭新元素之一。

读到这篇文章时,我正工作生活在波兰华沙。当我从互联网上读到它时,感慨不已,内心积蓄了很多话想倾诉,便与《人民日报》驻波兰记者李增伟在维斯瓦河畔散步聊天。李增伟当时说了一句很深刻的话:"人们总是在经历过一些事情后才更加理性和成熟,这也包括我们媒体。"

我知道,其实很多媒体人都在反思。

我特别钦佩和欣赏白岩松的态度转变。在"7·23"甬温线特别重大铁路交通事故发生之后,他对我在第二天的新闻发布会上的表现给予了尖锐批评,有的观点和言辞确实对中国高铁发展以及对我本人造成了一定的负面影响。但我丝毫不怀疑他的初衷是好的,他的本意是希望中国高铁更具有安全性能,他是希望乘坐高铁的旅客更具有安全感,这是一个正直的人。掌声、歌颂未必真帮忙,批评、反对不一定都添乱。

当中国高铁打破僵局,走出困境,以不同凡响的姿态赢得人民群众由衷认可和在国际上的美誉度时,白岩松以一个媒体人的良知和职业操守,在不同场合对自己当初的观点进行了较大更改,他后来在对中国高铁的报道中充满了热情并独具特色。

五年之后的一个傍晚,我们在一起进行了坦诚而愉快的交流沟通。两个男人完全敞开胸襟,心无障碍,一吐为快。我接受了他的道歉,也接受了他的采访。

2018年12月22日,中国农历冬至。这天晚上,白岩松主持的《新闻周刊》播出了一期特别节目——《走向公开》。国务院新闻办公室原主任赵启正、国务院新闻办公室原副主任王国庆、北京市政府原新闻发言人王惠、卫计委原新闻发言人毛群安和我在这期特别节目中讲述了一代新闻发言人在中国走向信息公开中的故事。这期节目是白岩松邀请我参加的。

白岩松还送了我一本他的新作《白说》，这本书中也提到了我。从这段经历中，我更感觉到，白岩松不仅是一个优秀的媒体人，也是一个坦荡、敞亮、值得交的真朋友，尽管他有刺猬的属性。我特别欣赏白岩松说过的一段话："在一个大时代里，如果你受到很多委屈或者不平的待遇，别着急，把它交给时间。不能简单地以当下的得失论成败，很多所谓失败，只不过是此时的一个世俗观念，或者某种立场下的判断而已。做人，要有一种心理准备：历史上见，时间上见，不能总是当下见。当你一门心思，只想成为现实中的成功者，也许就会失去历史和时间，甚至成为历史的阶下囚。"

我回赠了白岩松一份礼物，是我创作的一幅书法作品，上书："岩峻松挺"。

三、在批评声中进步和成熟

新闻舆论监督是党和政府新闻工作中的一项重要工作，更是一门高超的艺术，运用得好能起到化解矛盾、促进工作、团结鼓劲的效果。面对媒体和网民的批评，新闻发言人决不要轻率地认为是挑衅、是找碴、是无理取闹，而要认真地、安静地审视自己的失误。

国防部原新闻发言人杨宇军说过一件事。2018年4月23日，国防部发布官微发帖祝贺海军节，配图被眼尖的网民挑出问题：在中国航母旁出现了俄罗斯的米格-35、美国的圣安东尼奥级两栖船坞登陆舰。国防部新闻发言人为此公开致歉，表示网民的意见是爱护和帮助，不会删帖或关闭评论功能，把图和网民评论留在那里作为一种警示，不断改进本领，更好地为粉丝服务。这种接受批评的态度不仅没有产生任何的负面影响，反而赢得了网民一致的认可和点赞。

习近平总书记指出:"新闻媒体要直面工作中存在的问题,直面社会丑恶现象,激浊扬清、针砭时弊,同时发表批评性报道要事实准确、分析客观。"这不仅要求新闻媒体要承担自己的责任意识和政治担当,正确引导舆论热点,敢于向错误思想亮剑,同时也要求新闻舆论工作者坚持职业道德操守,自觉维护新闻舆论环境的风清气正。

媒体也会有报道失实或失误的时候,相信它们的初衷都是善意的,或者是中性的。它们导致了一些负面效果,尽管给我们的工作会带来一些暂时的被动,但或许这正是我们这个社会治理正常需要付出的成本,也可能正暴露了我们工作需要加强的方向。因此,不要过于计较,抓住不放,非要形成势不两立的关系不可。

有一次我接受央视采访,聊天中话题谈到了法学博士郝某身上。当时,随行的一位同事说:他是一个刺儿头,老跟铁路过不去,央视不应当为他提供讲台。央视主持人回答:你们也可以在央视与他辩论。

说实话,我对他的感觉是复杂的。一方面,我觉得他确实喜欢挑刺,有炒作自己之嫌,我对他多次状告铁路行业并引起媒体不断炒作感到不快(这可能是一个铁路宣传工作者的一种本能心理);另一方面,我也深感,他有的话对当事部门来说虽然听起来不舒服,但并不是完全没有道理。他说的事情有的是我们铁路方面应该做,但却由于长期习以为常的惰性而根本没有意识到需要改变,有的是我们意识到了,却因为各种原因还没来得及改进。正是由于他一次次的状告,才形成了一次次来自外界的冲击波,在一定程度上促进了铁路行业内部不断修改过时规章,加快推出便民措施的出台。不管他的最初出发点如何,不管他的动机是不是纯正,但客观上在某些方面起到了改进铁路工作的最终效果。从一定意义上说,批评和告状不一定都是坏事,对于铁路这样一个联结千家万户的行业而言意义更加重大,既可以帮助解决旅客货主不满意的各种老大难问题,也可以帮助警惕或规避可能存在的政策失误,还可以抵消因为意见过于趋同而导致的独断和冒进。甚至宽容和欢迎这样一个批评者、告状者的存在,本身就是一个行业是否开明、是否发展、是否有希望的评判标准。

退一万步说,即便他说的未必对,我们也不能因此就去堵住他的嘴,更没有资格要求媒体限制他说话的权利。在我们这个社会里,任何合法的维权意识和行为都应该得到最起码的尊重和保护。有不同意见很正常,不正常的是只听得到一个声音。所以,我说了一句:"他是刺儿头,但是,我们的社会也需要这样的人。"这种脱口而出的话恰恰表露出我当时的真实感觉,或许正是由于站在新闻发言人的位置上才会自觉或不自觉地接受来自各个方面的意见和诉求。后来,这位主持人将这一情节写进了她的新书之中,看得出,她是以赞赏的态度来表述这段过程的。

"7·23"温州动车事故新闻发布会后,我很长时间都在面对公众的质疑和媒体的拷问。在舆论炒作中,也出现了很多偏激的情绪。再加上教育部原新闻发言人在网上给我写了一封公开批评信,我确实承受着很大压力。当时有媒体认为,"这种经历也让现任的每个新闻发言人都产生了危机感,并进行深刻的反思。"我本人如何看待和面对,大家都很关注。

2011年8月1日上午,我在办公室接受了北京《法制晚报》记者郭媛丹的采访,我很坦诚地回答了当时许多媒体都想获知的一些问题。记者直问:"面对这些谴责的声音,您如何回应?"

说实话,谁也不愿意接受无辜的谴责,我也一样。但越是在这种情况下,越需要一种内省和放下的心态。我在回答这个问题的时候很坦率,我说:"作为新闻发言人,面对关注和批评,我的一贯态度是虚心接受,有则改之,无则加勉。我只有不断虚心听取批评,努力把工作做好。但我可以问心无愧地说:尽管自己在新闻发言中可能有不足,但在那个需要我站出来的时候,我站出来了,而且自己没有说假话和违心的话。"

记者又问:"事件发生后,有很多相关的新闻随即出现,比如教育部原新闻发言人王旭明在网上致您的一封信。您怎么看?"

王旭明在网上给我写的那封公开信,对我在发布会上的表现进行了批评。尽管当时内心对他的这种做法不太理解,但我相信他的出发点是好的。更重要的是,我不希望网上和媒体因为两个新闻发言人互怼而引发新的炒作。于是我说:"王旭明和我是朋友,他曾是教育部的新闻发言人。他对我的这次新闻发言提出自己的看法和建议,我觉得这是同行、朋友之间的沟通,并没有什么。"

由于媒体和网络对这件事已经有了很多议论,甚至网上盛传这样一句话:"炒了王勇平,火了王旭明。"记者显然也知道这种情况,便继续提出问题:"朋友之间为什么不私下沟通?"

我回答:"每个人都有不同的风格、不同的行事方式。而无论什么方式,如同我前面所说,'有则改之,无则加勉',我都会把其中有益和善意的部分认真汲取。"

这次采访报道,与其说是语言技巧的运用,莫若说是内心修养的磨砺。报道发表之后,无论是媒体对我本人的评价,还是对我与王旭明关系的处理,乃至对在特殊事件、特殊环境中坚持批评与自我批评的原则,都产生了正面的效果。至少对那场声势浩大的舆论炒作,在某种程度上起到了减缓作用。

第十章　站大局之位

题记　发布台是一个凸起的信息平台,它的高位也衬托了政府新闻发言人的站位。新闻发言人的高度并非与生俱来,也不是站在台上形象就一定高大。"居高声自远,非是藉秋风。"在新闻发言人群体中,有高低之分,有优劣之别。站位高,则眼界高,格局高,水平高;站位低,则把握不了全貌,透视不了本质,预测不了长远。既然是政府新闻发言人,理所当然要站在政府的高度,从政府的角度去思考,去发声。有时,授权回答一个提问,就是授权回答政府的一种态度,就是授权回答政府的一项政策,就是授权回答政府的一个决心。没有这个高度,就必须不断攀登、不断完善,努力使自己达到这个高度,名副其实地完成好这一特殊角色的工作任务。心向往之,身亦至之。否则,就无法适应这个发布平台。

一、政治站位要高

政府新闻发言人不仅仅是代言者、传播者,还应成为人类社会主导价值的鼓吹者、实践者。如果这个定义能够成立,那么也就意味着政府新闻发言人的站位要高,视角要高,境界要高,视野要开阔。站得高,才能看得远、厘得清、说得准,才能够以鲜明的观点、坚强的勇气、务实的精神铸就思想舆论的引领力,营造意识形态的清朗空间。通过思想观照和信息传导让社会主义创造成就振奋和鼓舞人们的意志,让社会主义核心价值观叩击和感染人们的心灵,让公众相信社会、相信人心、相信主流、相信中国。

肃立发布台,实际上给予了新闻发言人一个政治站位。站在发布台前,新闻发言人必须要有自己坚定而独立的信念。这种信念要求新闻发言人要有坚定的政治站位和政治本色,坚持马列主义真理,有一双"不畏浮云遮望眼"的政治慧眼,坚守住社会责任,维护好政府形象。政府的新闻发言人是代表政府发言,理所当然要站在政府的位置上考虑问题、回答问题、处理问题。面对纷繁世界、各种舆情,新闻发言人要审问、慎思、明辨、笃行,通古今之变化,保头脑之清醒,忌人云之亦云,扬向上之正气,自觉地把站立点延伸到自己的人生理想状态,并推及至社会国家的高度,不断提高把握方向、把握大势、把握全局的能力,不断提高辨别政治是非、保持政治定力、驾驭政治局面、防范政治风险的能力,始终传递振奋人心的精神力量。在发布台上随意降格降调,看风使舵,人云亦云,盲目接受社会上流传的各种观点,都有可能犯方向性、原则性、颠覆性的错误。

2010年秋,在国务院新闻办组织下,我参加了中国政府新闻发言人赴英国培训交流代表团。尽管日程安排得很紧凑,但是我和几位中国政府部门新闻发言人特地去瞻仰了马克思墓。马克思的墓位于伦敦海格特公墓,同他的妻子燕妮葬在一起。马克思墓在整个墓区里显得相当伟岸醒目,硕大的青铜雕像给人一种肃然起敬的感觉。想起了恩格斯曾在墓前致悼词时说的一段话:马克思是一位天才的革命家,是世界上最遭嫉恨和最受污蔑的人,但他的英名和他的事业,人类将永远不会忘记。我们几位中国政府部门新闻发言人心中都充满了对马克思的崇拜。大家表达了一个共同的心愿:一定结合中国改革和发展的实际,用马克思主义的立场、观点和方法,分析问题,解决问题,诠释问题,在传播事实、表明立场的基础上传导价值、捍卫真理,努力做一个有马克思主义理论水平的合格的新闻发言人。

当天,下着毛毛细雨,虽然天气显得很冷清,我们都热血沸腾。大家手挽手地在马克思墓前唱起了《国际歌》。激情偾张,我写了一首诗——《在马克思墓前》:

> 那个萧瑟的秋天
> 英国海格特公墓东园
> 我们几名远道而来的中共党员
>
> 作为大胡子的忠实信徒
> 心头汩汩流进
> 一百年前陈望道喝着墨水
> 如痴如醉译出的信仰之源
> ——《共产党宣言》
>
> 信仰的力量真大
> 真理的味道真甜
> 冲出牢笼的思想
> 与幽灵一同徘徊
> 风暴似的疾行
> 飞越万里长天
>
> 仰望导师的雕像
> ——思想浇筑的丰碑
> ——理想铸造的宝库
> 满腔的热血
> 早已沸腾

资本主义的最后阶段
尚未落花流水
终究要彻底砸碎
一切有形无形的锁链
让自由之花
在全球开遍
任还重,道犹远

献上美丽的鲜花
燃烧心灵的火焰
然后,手挽着手
肩并着肩
用中国特色的音韵高唱
英特纳雄耐尔
一定要实现

那天,下着淅沥的雨
我们在雨中
唱得酣畅
立得庄严

  站位高了,视野广了,用心深了,新闻发言人观察才会有深度,眼里才会有世界,才能在干本位、谋大局、为国家之间找到最理想的视角。在对铁路重大建设项目的新闻发布中,我总是把说铁路的事与说国家和民族的事连在一起,从更高层面上考虑其中的意义,使发布内涵更有影响力和穿透力。

  2011年6月30日,京沪高铁正式开通运营。这使我国铁路发展达到新的高度,意义重大而深远。

  京沪高铁是世界上一次建成线路里程最长、技术标准最高的高速铁路。从 2008 年 4 月 18 日正式开工，仅仅用了三年半的时间，中国人依靠自己的智慧和力量就建成了这条全长 1318 公里的高速铁路。这不仅仅是中国铁路建设史上的一大壮举，也是世界铁路建设史上的一大成果。

京沪高铁的开通运营对于完善我国综合交通运输体系，从根本上缓解京沪间铁路运输紧张局面，加快"环渤海"和"长三角"两大经济圈以及沿线人物、物流、信息流、资金流的流动，促进区域经济社会协调发展，改善沿线人民群众的出行条件，具有十分重要的意义。

2011 年 6 月 1 日，我做客中央人民广播电台。主持人对京沪高铁正式开通运营非常关注，她问道："京沪高铁的开通会对北京到上海之间的航线航班造成一定的影响，这个影响到底大不大，不知道王主任在这里能不能站在铁路这边。航空的人今天没有在，我们说说京沪高铁和京沪之间的航班比较起来，它的优势到底在哪里？咱们百姓比如说出行的话，是选火车还是选飞机，能不能达到一个平衡，让我们真正受益？"

在这个问题上，显然不能只从部门利益看，而应从更大的视角来看这种即将呈现的新的交通格局。

我回答："你刚才说民航的同志没在这个地方，但他们可能也在关注我说些什么。实际上京沪高铁开通运营，对于京沪通道既有的交通运输格局而言，确实会带来变化，至于具体的影响有多大，还有待于时间的检验。对于这种变化，我觉得我们首先应以积极的眼光来看，因为作为一种新兴的交通工具，京沪高铁的出现将会给旅客提供一个新的选择，也会促使其他的交通运输企业以旅客利益为中心，不断加强管理，降低经营成本，优化运输产品，提高服务水平，最终把全社会的物流成本和旅客的旅行成本降下来，把运行的品质提升上去，这样一来，最后得利的还是旅客。当然在这种竞争的过程当中，无论是民航也好，高铁也好，或者是其他的交通工具也好，都会提升自身的素质。高铁与其他交通工具，包括民航在内,是一种互补,也是一种互励,应该得到协同的发展,这是我们共同的追求和愿望。事实上,以北京、天津为中心的环渤海地区和以上海为中心的长三角地区以及沿线地区,这些地带都是我国经济社会发展程度最高的地区,无论是客流还是物流,应该说需求总量是非常旺盛的,是很大的,没有哪一种交通工具可以包打天下,谁都有自己的运输市场份额,所以这就要充分地发挥综合交通运输体系的整体作用,需要互相协调,共同满足广大人民群众的出行需求,共同促进沿线经济社会的发展。在这里我可以给大家举一个例子,青藏铁路运行马上就要五周年了。刚开始开这条铁路的时候,社会上有一种声音,说青藏铁路运营之时,就是这条线路民航停飞之日。五年过去了,我们看看它的结果怎么样,结果是铁路运输量非常旺盛,而民航不仅没有停飞,而且客流量比过去大大增加了,实现了双赢。这个例子说明了什么?只要结合得好,就可以完全达到谁都会有自己的经营市场,谁都会有自己的发展空间。因为良好的运输方式会刺激和拉动消费,大家只要协作好,完全建立在一种良性竞争的基础上,大家都会赢。关于京沪高铁我们也与其他交通部门进行了很好的策划和协调,比如说上海虹桥站,我们高铁和民航就实现了零换乘,这对旅客来说非常便利,对我们两个部门来说也相得益彰。请大家相信,京沪高铁开通以后,我们会共同前进、共同发展。"

可能这种顾虑很多人心里都存在,所以同样的问题不久又出现在另一次采访中。2011年6月27日,距京沪高铁正式开通运营还剩三天,铁道部召开了京沪高铁新闻通气会,媒体对京沪高铁开通后和民航的竞争问题仍然很关注。

中央电视台财经频道记者提问:"千里京沪一日还,京沪高铁开通以后对沿线经济拉动作用非常明显,人流、物流、货运进一步加大,还会形成一小时、两小时经济圈,王主任提到对京沪高铁的今后收益是比较乐观、有信心的。京沪高铁开通之后,势必对民航业造成一定的竞争,京沪航线一直是民航相对比较挣钱的一个航线,京沪高铁开通后和民航有竞争也有冲击,铁道部怎样看待这种冲击?"

毫无疑问,我必须始终保持着态度的鲜明性和口径的一致性,我再次表明自己的观点。我说:"铁路与民航在京沪高铁开通以后会不会存在竞争的问题,坦率地说,竞争是存在的。京沪高铁的开通,为这一地区的整个交通格局增加了强有力的新的运输工具,高铁无疑对整个社会将产生巨大的吸引力,说对民航不会构成某种程度上的影响,这是不现实的。我认为,我们应该以积极的态度来看待这种竞争。通过竞争,各种交通工具都会不断提升各自的服务水平和技术质量,以及降低成本。最终受益的是消费者,是旅客群众。而且,哪一种交通工具都不可能包打天下,这是一个综合性的、互补的关系。我曾经跟媒体的朋友举过一个例子,青藏铁路在开通的前夕,曾经有人预测,青藏铁路开通之日就是这条航线关闭之时。五年过去了,我们看到的现实是什么呢?青藏铁路客流非常旺盛,民航的客流也非常旺盛。这说明,合理的交通格局会刺激、拉动旅客的出行需求。我们期盼京沪高铁的开通会推动各种交通工具的发展。当然,我们相互之间也会很好地进行配合,比如说我们在上海虹桥车站实行了民航、公路、铁路、公交、磁悬浮等交通工具的零换乘,这已经迈出了令人欣喜的第一步,未来我们会看到各种交通方式共赢的现实。"

我的这些观点被媒体广泛传播,逐步为社会所接受。这对于国家新的交通格局的形成,提供了舆论支持。

政府新闻发言人应是舆论发展的引导者,而决不能让舆论发展的结果牵着自己的鼻子走。对一些重大敏感问题的回答,新闻发言人必须拿出坚定的原则、坚毅的意志和坚决的态度。发布会上难免会出现意料不到的问题,这些问题可能是新闻发言人从未遇到过的,显然会构成一时的心理压力。但是立场和原则是一以贯之的,千变万化,不离其宗。只要对政策和原则能够把握住,就完全可以临危不惊、随机应变、灵活对答、化险为夷。在这方面,虽然我做得很不够，但我努力去实践，力求贯穿在自己接受的每一次采访之中。

2010年春运期间，由于客流爆满，东莞火车东站工作人员帮助乘客爬车窗上车，造成列车大量超载，站领导因此被免职。这件事立即引起了热议，中央电视台即刻对我进行专访。央视记者从这件事入手，对包括买票难、黄牛党炒票、实票制、服务质量，特别是高铁建设等社会关注的问题对我一一提问。对此，我客观坦诚地进行了回应。我始终把握一个基本原则：发展才是硬道理。很多问题都是运力短缺而派生出来的，不是说不要对这些问题加以足够的重视，而是要从根本上解决运输能力这个根本问题，当运输能力问题真正解决了，其他问题也就可以迎刃而解了。

最后我说："再过十年，当铁路营运里程达到12万公里以上，其中高速铁路达到1.8万公里，京广、京哈、京沪这些主要的干线都可以实行客货分流，到那个时候我们梦寐以求的人便其行、货畅其流的目标就可以实现。"

记者问："那您向我们通俗地描述一下，您认为那时的春运是什么样子呢？"

我描述道："我觉得大家买票已经比较方便了，乘车更加舒适了，铁路的人文关怀会变成普遍的一种感受。我们将有足够的运输能力保证旅客出行，各类舒适的列车可供大家选择，随到随走就会成为一种常态。"

记者说："您确定吗，十年之后，我们今天谈论的这些焦点问题会成为历史？"

我回答："那我们拭目以待，我有信心。我们铁路人有信心。"

记者说："那好吧，十年之后请您还是坐在这里。"

我说："那个时候我都已经退休了。"

记者坚持说："我们一样可以回头看历史。"

我回应："如果我们都还能够在这个地方对话的话，我们会兑现今天这样一个期望。"

今天回过头去看这场采访,不仅兑现了当时的预见,而且中国铁路的发展速度和质量更是超出了预期。可以说,这实际上是立足于改革开放大背景下,对中国铁路发展一次没有多大难度的预测。可喜的是,这种预测的结局竟是如此的圆满。

二、大局观念要强

格局是新闻发言人眼光、胸襟、胆识等心理要素的内在布局。大境界才有大胸怀,大视角才有大目标,大格局才有大作为。

面对媒体的关注,新闻发言人必须立足大局、关注大局、了解大局、胸怀全局。不仅要知其然,还要知其所以然,照应事业的系统性、整体性、协同性,充分考虑不同部门、不同行业、不同群体的利益诉求,准确把握各方利益的交汇点和结合点,因势而谋,应势而动,顺势而为。"不谋全局者不足以谋一域,不谋万事者不足以谋一时。"无论是台下的思考还是台上的表达,新闻发言人都要窥一斑而知全豹,处一域而观全局,不能言此失彼,言表失里,突出部门利益而淡忘国家利益,强调自我声誉而损伤他人声誉,从而在权衡利弊中趋利避害,做出最佳的抉择和回应,从容面对各种复杂问题,胸有成竹,灵活自如,在发布台上鼎扛起事业的大局。

2008年2月19日,我做客人民网强国论坛,介绍了铁路部门应对冰冻雨雪灾害情况,并就关心的问题做了回答。当时网友连续问了几个有关铁路与其他部门关系的问题,我都坦诚以待,严谨作答,始终从大局考虑,维护铁路与各方正常而珍贵的工作关系。

开始,有网友问:"听说灾害期间,对广州地区几百万滞留旅客是'运'还是'留'的问题,铁路部门和广州当地政府有些分歧,铁路方面承诺节前想办法把旅客送回家过年,广州方面则希望滞留旅客在广东当地过年。"

我回答:"在关心、爱护、帮助滞留旅客这样一个重大问题面前,铁路部门和广州当地政府没有分歧。在劝留旅客的同时全力疏运旅客，这是铁道部和广东省广州市根据中央精神共同做出的决策，这一点双方是完全一致的。根据灾情的变化和铁路抢通的情况，双方实施各种应急预案，采取多种方法组织旅客疏运或不得已时进行劝留，在当时抗击灾害极特殊的阶段，都是非常必要的，也是非常现实的，无论采取什么方法都完全是替旅客着想，是为了维护旅客的根本利益。事实上，决策形成后，铁路和地方政府密切配合，各尽其职，团结协作，共同努力，取得了成功疏运广州地区节前350万持票滞留旅客的阶段性胜利。"

又有网友问："铁道部门和气象部门如果沟通好了就不会造成铁路中断的严重后果，你们是否从中吸取了教训？"

我继续回答："事实恰恰相反，正是因为铁路部门与气象部门在这场突如其来的灾害面前，互相支持和配合，才保证了这场战役的阶段性胜利并将取得最后胜利。我们认为，我国气象部门提供的服务是良好的，对铁路运输提供了有力的支持。铁路部门历来高度重视气象预报，各级组织与各地气象部门保持着密切的联系和良好的合作关系，特别是遇到灾害性气象时，铁路系统与气象部门会直接沟通，研究分析恶劣天气可能给铁路运输造成的影响。铁路对任何冰雪天气的影响都是有准备的，在春运期间更是高度戒备。当然，对于某些突发性极端自然灾害，我们在预测和快速应对上还须进一步加强。"

接下来，又有网友问："因为电力线路中断，很多列车停运，是不是意味着铁路电力输送和地方电力之间的联动存在问题？"

我再次回答："铁路电力来自国家各大电网。铁路与电力部门的合作是十分紧密和良好的。电力部门为保证京广动脉的畅通付出了艰苦努力，甚至还有职工付出了宝贵的生命，我们向他们表示崇高的敬意。长期以来，各大电网公司和铁路部门紧密配合，相互支持。各大电网公司积极支持电气化铁路项目建设，统筹规划电气化铁路供电工程，满足电气化铁路快速发展的用电需求；铁路部门积极支持各大电网公司发展，在电气化铁路建设中积极采用新技术、新设备,维护公共电网安全可靠运行,开创了和谐发展、互惠双赢的新局面。"

最后有网友问:"民航飞机停飞、高速公路关闭给铁路部门造成极大的交通压力,铁路部门是如何承担这种压力的?"

我坚持回答:"现代交通是一个综合交通体系,各种交通方式紧密联系,相互配合,优势互补,增强了整体能力。当一种交通方式出现障碍,其他交通方式义不容辞地要承担起更大的社会责任。中国铁路是人民铁路,我们必须始终把国家利益和人民利益放在第一位,敢于面对挑战,敢于承担压力,敢于战胜困难。公路和民航在这次抗灾救灾中做出了重大贡献,给铁路运输以很大支持,我们由衷感谢。"

后来有的媒体朋友评价,面对这次连续提问,我做到了镇定自若,兵来将挡,水来土掩,四问四答,滴水不漏,大方得体。我告诉他们,这是因为我说的都是忠于事实、无须装饰的大实话,要漏也漏不到哪里去。

三、文化张力要大

世界上任何有生命力的新生事物,都必定会孕育出一种崭新的精神和文化。铺展在神州的高速铁路辐射和挥发出的文化蕴涵,以神奇的力量进入了社会机体和公众精神细胞的微小缝隙。作为铁道部宣传部部长和新闻发言人,我相信高铁时代的到来,在为社会百姓创造美好生活新时空的同时,也必将为艺术创作创造出一个新时空,越来越多富有铁路发展元素的艺术品必将进入公众的文化生活。因此,我比较注重整合各方力量,以文化的力量立体地为中国铁路发展"发言"。除了通过高频次的新闻发布,开设大量网络宣传专题,撰写大量网络评论文章,我们还注重运用文化的力量,营造了全社会赞高铁、盼高铁的舆论氛围和文化氛围。

2008年6月底的一天,铁路文联工作人员李志强向我建议,在京津城际铁路正式开通之前,邀请艺术家前来采风,让艺术家们体验中国的高铁列车。我立即表态接受这个建议,并请铁路文联副主席兼秘书长才凡具体组织策划这个活动,才凡向中国文联汇报,取得了指导和支持。2008年7月6日,我们与中国文联共同组织了中国第一次高铁体验活动,38位艺术家、文学家高兴地参观我国最早的高铁站北京南站和天津站,乘坐了高铁列车。整个活动非常成功。

活动结束后,中国文联网发出了这样的报道:

以300多公里的时速,在半个小时内从北京直抵天津,这样的速度让艺术家们赞叹不已。7月6日,作为"放眼企业看巨变——纪念改革开放30周年千名文艺工作者专题采风活动"的一项重要内容,由中国文联组织的京津城际铁路考察采风团一行亲身体验了现代科技带来的快捷和舒适,见证了祖国在现代化道路上取得的新成就。中国文联党组副书记、副主席覃志刚,铁道部政治部宣传部部长、新闻发言人王勇平,中国文联国内联络部主任夏潮以及吴雁泽、吕厚民、阎肃、韩作荣、雷抒雁、孙德全、林莽、张志宽、朱琳、韩浩月、杨梅、耿国彪、蓝野、李浩等著名艺术家参加了此次采风活动。

7月6日上午9时,采风团一行乘坐CRH3"和谐号"动车组列车从北京南站出发,开始了考察之旅。一进列车,宽敞明净的车厢和宽大舒适的座椅就引起了人们的赞叹。采风团成员按捺不住好奇,在车厢内走来走去,仔细观察。不知不觉中,列车时速已平稳升至300多公里。吴雁泽指着桌子上的一杯水对记者说:"你看它始终一动不动,就知道列车行驶得多么平稳,中国有这样舒适、环保、科技含量高的列车,让我感到自豪。"吕厚民同样为此感到自豪,他说:"几乎感觉不到晃动,也没有眩晕的感觉,很让人惊叹。"

车行进至京郊,透过车窗,可见盛夏北方的原野晴朗开阔、绿意正浓,列车疾驰而过,令人更觉心旷神怡。雷抒雁一直凭窗而坐,欣赏窗外的景色,他对记者说:"在这么高速行驶的列车上,看外面的景色仍然有一种沉静的美,这样的速度提升是人性化的。这也是改革开放30年来中国综合国力提升的一个具体体现。"在此之前,阎肃还以为列车采用的是磁悬浮技术,在听了铁道部同志的介绍后他很感慨:"原来这是我国第一条具有自主知识产权和国际一流水平的高速城际铁路,是为2008年北京奥运会服务的重点工程项目,开创了我国铁路建设史上的多项'第一',中国科技真牛!"列车于9点30分到达天津。整个旅途中,朱琳为见证了这条铁路的开通感到兴奋。她说,等到8月1日京津城际铁路正式开通之后,还要坐这列列车去天津会晤一位朋友,"怀着全新的心情坐全新的列车,去赴一次全新的约会!"中国铁路文工团舞蹈编导杨梅此前刚刚创作了舞蹈《快乐的风》,反映的就是中国铁路的变化,此次采风她更有感触:"作为铁路人我感到自豪,我要创作更多更好的作品,把中国铁路的新成就展现给大家。"

采风团一行兴致都很高,在疾驰的列车上还举行了一次小型书法笔会。覃志刚写下"飞龙"二字,王勇平写下"龙腾京津",夏潮写下"天路",众多艺术家也纷纷参与进来,用笔墨来表达自己的亲身感受。采风活动的最后,铁道部副总工程师郑健向大家介绍了京津城际铁路及北京南站的建设情况。

覃志刚在接受记者采访时说,在迎来改革开放30周年之际,中国文联组织文艺家深入基层企业和一系列国家重点建设工程,实地了解和感受产业系统30年来发生的巨大变化,根本目的是为了通过采风促进创作,热情讴歌改革开放的伟大成就,充分展示亿万产业职工的昂扬风采,表达我们在新形势下全面贯彻落实科学发展观,毫不动摇地坚持改革开放,把中国特色社会主义伟大事业不断推向前进的决心和信心。

《人民铁道》报编发了采风作品专版,并加了编者按:

这些精美的书法作品,不是来自宁静的书斋和曲水流觞的园林,而是在时速近350公里飞奔的京津城际列车上。除了印证列车的平稳与舒适之外,作为传统文化瑰宝的书法艺术与第一条具有自主知识产权、国际一流水平、集众多新时代高科技成果于一身的高速列车欣然邂逅,这本身就足以超越所有现代行为艺术的品质和意味。朋友们高兴地谈论,在时速近350公里的列车上挥毫,在中国和世界都可能是第一次。艺术家们说,在高速列车上即兴挥毫,有一种奇特的快感和美妙,可意会而不可言传。我们可以想象,大地之上飞动的笔触,叠加着近350公里时速的加速度,童叟皆知的"笔走龙蛇",正被赋予崭新而本质的意义。

"曾闻碧海掣鲸鱼,神力苍茫运太虚。"古人的诗句预言般描绘出高速列车飞驰的壮观图画。我们有理由自豪,为腾飞的祖国,为2008北京奥运盛会,为飞速发展的中国铁路,也为新事物为我们带来的新观念、新视野以及新的艺术空间……华北大平原上风驰电掣的城际列车,本身就是一道充满灵气与动感的神奇笔触。中国铁路,将在中华大地上书写越来越多的奇迹与神话。

《诗刊》也以专栏形式刊发了诗人林莽、蓝野、李浩、韩浩月、耿国彪、李志强、李金桃等人采风创作的作品。

后来,几乎每一条高铁建成通车,我们都会组织一批文艺作品在重量级报刊上为其"发言",展示中国高铁发展变化的缩影与连拍写照,比如歌颂京津城际的长诗《大地飞歌》、歌颂武广高铁的长诗《风舞南国》、歌颂京沪高铁的长诗《大地飞虹》等。不仅如此,文学、影视、戏剧、音乐、美术、书法、雕塑等多个艺术领域的艺术家,都纷纷把目光聚焦中国高铁。中国高铁的形象、中国高铁的故事、中国高铁的奇迹、中国高铁的精神、中国高铁的文化,都极大地丰富和拓展了艺术创作的表现空间,催生出一朵又一朵文艺奇葩,给人民群众带来更多、更好的精神文化享受。

2010年初,按照中央有关部门的要求,中央电视台《焦点访谈》栏目播放了两集专题报道《中国高铁奇迹是怎样创造的》,新华社编发了长篇通讯《穿越梦幻的时空——中国高速铁路发展纪实》,《人民日报》刊发了报告文学《闪着泪光的事业——和谐号:"中国创造"的加速度》,《光明日报》刊发了报告文学《中国高铁"冲击波"》,这一系列的大手笔宣传报道,全景式立体描绘了中国铁路从"追赶者"快速跃升为"领跑者"的光辉历程,除了大量的发展事实之外,更多的文化和精神内容洋溢其中。

2010年2月,带着把中国高铁通讯写成《哥德巴赫猜想》水准的想法,新华社派赵承、张旭东、齐中熙、林红梅等四位记者来到铁道部进行深度采访。铁道部宣传部作为具体对接部门,负责配合这一采访活动的全过程。我对宣传部部内人员做了分工,并确定好接受采访的各方面对象,要求大家不拔高、不保留,全面客观地向新华社记者提供资料、讲述故事。赵承等记者立足很高,作风很实,采访很细,思考很深。可以说,采访者和被采访者互相感动、互受启发,场面很感人。3月1日,新华社通讯《穿越梦幻的时空》面世。文章加了编者按:

岁月流转,日益缩短的是连接壮美神州的距离和时间;日夜兼程,历久弥坚的是中国铁路赶超世界一流的壮志雄心。在党中央和国务院的高度重视和关怀下,在人民群众的迫切期待和鞭策下,中国铁路人用最小的代价、最短的时间,实现了中华民族的高铁之梦。当风驰电掣的"和谐号"将百姓的出行带入高铁时代,高速发展的铁路事业正悄然改变着我们的生活。不远的将来,条条银龙又将带我们穿越何等梦幻的时空,打开更加壮丽的时空之门。一个开启伟大复兴之路的民族正巍然屹立在世界东方!今天刊登新华社记者采写的长篇通讯《穿越梦幻的时空》,全方位展现了中国高速铁路发展的追梦之旅和辉煌成就,以飨读者。

这篇长篇通讯面世后,被认为是"充满生命灵动的历史诗篇",在社会上引起强烈反响。2010年两会召开期间,时任中央政治局常委的李长春同志看望广东代表时,特别向广东广大干部群众推荐阅读3月2日《人民日报》刊登的这篇文章,他说:"中国高铁用五年时间,团结一致,奋发图强,从寻梦、追梦到圆梦,从向外国学、跟着跑到领跑全球,事迹感人,催人奋进!"

随即人民日报社以两个整版的篇幅发表了报告文学《闪着泪光的事业》,不久专门为此举办了作品研讨会。人民日报社和中国作家协会的领导都参与了研讨,专家们纷纷表示,这部作品是对中国铁路尤其是中国高铁发展历程的全景记录,更是对中华民族自强不息、改革创新伟大精神的衷心礼赞。在这次研讨会上,我也做了一个《泪光的质地》的发言:

> 我和很多同志一样,含着眼泪读了蒋巍同志的报告文学《闪着泪光的事业》,感受颇深。在信息发达、资讯海量的当今时代,能够让人含泪反复阅读的作品并不多见。为什么这部反映中国高速铁路发展奋斗历程的作品,能

够引起读者如此强烈的情感共鸣呢?

第一,蒋巍同志抓住了一个令人感动的好题材。中国铁路经历了艰难坎坷的发展历程。长期以来,中国铁路不能满足客货运输需要,一直落后于世界铁路发展的步伐。一代又一代的铁路职工一直在努力地艰难地改变着铁路的状况。直到今天,几代人的夙愿才开始实现,中国铁路终于昂首走在世界铁路的前列。可以说,写这样一个为国争光的题材,完全是一个可以拨动整个民族心弦的大题材。蒋巍同志以敏锐的艺术洞察力把握住了这一点,以优秀作家的责任感和使命感写出了《闪着泪光的事业》这部精品力作。这让我想到了改革开放初期反映数学家陈景润摘取世界数学皇冠上的明珠的《哥德巴赫猜想》和描绘中国女排团结拼搏、为国争光的《中国姑娘》。这三部跨越改革开放三十多年的报告文学作品,拥有一个共同的特点,那就是热情讴歌致力民族振兴的伟大事业和拼搏精神。从这一点上说,没有感动人心的事业,就不会诞生感动人心的作品。

第二,蒋巍同志是饱含深情进行采访创作的。在这部作品中我们不仅看到了一位作家深湛的学养与高超的艺术表现力,我们更看到了他的社会责任和澎湃激情。蒋巍同志多次对我说,他写过不少令自己心动的作品,但从没有像对这部作品倾注了如此深沉的感情。在两个多月时间里,他行程上万里,深入数十个基层单位和建设工地,上至部委领导,下至普通工人,采访上百人次,做了大量采访笔记。每到一个地点,集体采访结束,他总是留下来或者再返回去进行深入细致的采访,有时直接到设计室和车间,有时甚至跟到干部职工的家里去采访,挖掘出了很多感人的故事和素材。一次次地被铁路人所感动,蒋巍同志也一次次感动着被采访的铁路人。双方是含着热泪进行心灵的沟通与交流。有一次为了采访铁道部何华武总工程师,他一直等到晚上八九点钟。而何总也不顾一天的劳累,一边画着草图一边讲解,两人一直动情地谈到深夜,情到深处,四目相对,泪光闪烁人无语。正是这些闪着泪光的交流,让他把一个个铁路人不平凡的事迹凝注到笔端。

第三,蒋巍同志创作出了一部感人肺腑、催人泪下的劳动者之歌。《闪着泪光的事业》在《人民日报》发表后,迅速在广大读者中引起强烈反响,尤其深深感动了广大铁路职工。这部作品之所以感人至深,我认为,一个重要原因是作家把深情的笔触更多地伸向了普通的劳动者,工程师、火车司机、电焊工、工人技师、列车长、接线工……这些可亲可敬的人物,身上洋溢着劳动之美、创造之美、奉献之美,闪现人性至善的光辉。铁路人有着铁一般的意志,面对长期的巨大压力和艰巨任务,练就了有泪不轻弹的铮铮铁骨,但这部撞击心扉的作品却让那么多人流泪了。因为作者以饱蘸激情的笔,准确、系统、形象、艺术化地描绘出了铁路人走过的不平凡的道路,劳动者在读作品时也在回眸和憧憬自己的人生,他们是为自己的奋斗历程与理想追求而深深感动。我由此想到了泪光的质地,有委屈的泪、欣慰的泪、激动的泪、自豪的泪、镀亮思想和心灵的泪……在《闪着泪光的事业》中,我们看到更多的是由泪水激荡出的精神钙质和前进动力。落泪是金,为热爱的事业慷慨挥洒,这也是一种豪迈与壮美!或许这也是文学艺术的震撼力与感染力所在。

蒋巍同志通过真情投入的艰辛创作取得了成功。在此,我代表广大铁路读者向他表示祝贺,并道一声感谢。

就像我对蒋巍的感激一样,蒋巍对我的发言也很感谢,两双手

代表高铁建议者和文艺工作者,紧紧地握在一起,传递着信任、温暖和鼓励。

很多铁路职工读了《闪着泪光的事业》长篇报告文学后,动情地说:"我是多么自豪,又是多么幸运,赶上了铁路大发展的时代,见证了铁路发展振奋人心的历史时刻。""作为生产一线的铁路人,我们肩负着时代的重任。我更深知,在这闪着泪光的事业背后,有我们的欢笑,有我们的自豪,还有我们和时代一起搏动的心跳。"职工子女在体验了沪杭高速铁路之后,激动地在博客撰文表示:"我们体验了什么叫贴地飞行,见证了什么叫奇迹。当我来到车头驾驶室参观时,这种骄傲的情感溢于言表。"

《穿越梦幻的时空》和《闪着泪光的事业》面世之后,我们又组织力量采写了报告文学《中国高铁"冲击波"》。从政治、社会、经济、文化角度立体阐释中国高速铁路的意义和作用。我指定铁路文联创作员李志强,北京铁路局文联副秘书长刘惠强,铁道部政治部宣传部干部解晓文,《人民铁道》记者肖培清、胡艳波,广铁集团党委宣传部新闻科科长何志文组成编写组,在八达岭詹天佑纪念馆创作,恰逢农历八月十五,我带着宣传部王雄、梁成谷前去看望大家,并进行审稿讨论。我们一起在山坡上赏月,眺望灯火映照下蜿蜒起伏的八达岭长城,一种自豪感油然而生。

后来,这篇报告文学以"本报记者"署名发表在《光明日报》上,引起了社会各界广泛关注。其中的很多段落语句生动精彩,令人击节,这里略做摘录:

> 短短几年,中国高铁横空出世,一鸣惊人。大地山川上飞奔的高速列车,像追云赶月的神行使者,一次次创造着世界铁路的纪录,一次次刷新着中国大地的版图,实现了世纪伟人邓小平当年乘坐日本新干线时感慨"像风一样快,我们很需要跑"的民族夙愿。
>
> 高铁带来的强劲冲击波改变着中国的交通格局,改

变着中国人的生活。这种改变,延伸到经济、政治、文化、社会等各个领域,催生出一个全新的高铁时代。

"不管风吹浪打,胜似闲庭信步。"一列列高速动车组像一道道闪电,将华夏大地装扮得熠熠生辉。中国高铁像一位奔跑的巨人,有力地拉动中国经济复苏的新引擎,高铁时代,正把中国带向一个崭新的时空……

经济圈的辐射半径并不仅仅局限于地理距离,很大程度上取决于交通是否发达。高铁构成的交通圈,形成了强劲的冲击波,像层层涌动的波涛,推动着经济发展方式的转变,激荡着更多城镇和乡村焕发出新的生机和活力。

人类历史上,每一项新技术的产生,必然要带来生产力的发展,生产力的发展必然引来生产关系的变革。工业革命让人类跨入了机器时代,生产力的巨大飞跃,带来了城市化和人口的大变迁,促进了社会阶级结构的变化;信息技术革命带来信息产业的蓬勃发展,推动着经济社会转型,引领人类走进信息时代。

高铁时代开启的铁路革命,不是一场普通意义的变革,而是一次无须动员就广泛带动起来的新的产业革命。

是啊,中国高铁的意义将远远超越当下经济发展的功用价值和现实利益,远远超越铁路的本身。历史长河,奔流不息。在更加遥远的未来,当我们的后人回望今天我们创造的历史时,中国高铁对中华民族伟大复兴的价值必将得到更加深刻的认识。

如今,高铁以现代化的乘车环境,高铁精神和高铁文化的立体辐射,直接或间接地提升着国民文明程度和道德素质,潜移默化地影响着人们的社会道德认知与实践,促进了社会良好风尚的形成。

走进高铁,如同进入了一个崭新的时空,人们会发现,世界和"我",瞬间改变了模样。如今,在动车车厢高雅的生活空间,乘客大都是在看电脑、看杂志或休息,很少有吵吵闹闹、大声喧哗的,人们的形象和气质与快捷舒适的动车以及温馨自然的服务形成默契。

如果说高速铁路像铺展在神州大地上的根根银线,那么从现在到未来三年,800多座现代化的高铁客站就是800多颗闪光的珍珠。它们又像镶嵌在大地上的星座,将华夏版图辉映得更加璀璨多姿。

无论线路、桥梁,还是车站、列车……高铁已成为现代的文化符号,成为美的化身。

一站一风景,一站一特色。独具匠心的设计,人与自然的和谐,让每一个车站都像雕刻在中华大地上的一件精美的艺术品,都像镶嵌于文明古国中的一颗璀璨的文化明珠。

著名诗人林莽说,崭新的高铁车站不是到达一个城市的终点,而是进入一个城市的起点。

现在的新客站,遵循"功能性、系统性、先进性、文化性、经济性"的"五性"原则,满足当前,着眼长远,深度融合地域文化,打造传世精品工程。客运服务实现数字化,购票、引导、广播、查询、监控等每一个细节都融入先进的环境和人文理念。

从线路、桥梁空间结构到车站功能和造型的设计理念,甚至车厢地板和座椅面料的图案,都蕴涵着文化的新观念和美的新元素,让公众在潜移默化中得到文化熏陶和精神享受。

世界上任何新生事物,都必定孕育出一种崭新的精神和文化。铺展在神州大地上的高速铁路,辐射和散发出的文化蕴涵,正以神奇的力量进入社会机体和公众精神细胞的微小缝隙。

随着高铁的发展,在大地上旅行,地域文化的地理界桩在人们的感觉中淡化。"遥远"和"漫长"将在人们的记忆中模糊。地域文化通过高速铁路互补、交融,衍生出新的内涵。

高铁的中国速度,催生文化融合,迸发文化活力,激发文化创造,推动着中国文化的大繁荣、大发展,让中华民族的精神家园更有魅力、更有生命力、更有创造力。

当"中国速度""火车提速""动车组""和谐号"等成了社会生活的流行语,人们对高铁已经从认知到接受,高铁进而成为生活中不可或缺的一部分。因为有了高铁,越来越多的人,无论物质生活还是精神生活,正在变得更加丰饶。

中国高铁,已经成为集中展示中国速度、中国创造、中国智慧、中国力量、中国骄傲、中国精神的文化标志。

这是一条改变中国铁路发展轨迹、迅速占领世界铁路制高点的道路,这是中国的强国之路,这是民族的复兴之路。

中国高铁开足了马力,以超常的加速度开始了从追赶到全面超越的快跑,中国人用自己的聪明才智、勇气力量和辛勤付出,纵横捭阖,吐故纳新,问道天下,4年间疾驰跨越了40年的世界高铁时空,终于羽化成蝶,后发先至,惊艳世界。

当许多中国人还以平静抑或茫然的目光注视横空出世的中国高铁,注视着宛如一条条飞腾的白色蛟龙在中国大地起舞的"和谐号"动车组时,全世界惊诧不已:中国创造了又一个现代化奇迹。

而此时,中国以世界高铁发展集大成者的身份,登上了绚丽的舞台,成为高速铁路系统技术最全、集成能力最强、运营里程最长、运营速度最高、在建规模最大的国家,成为世界铁路再次复兴新的领航者。

作为世界高新科技的集成,中国高铁是从"中国制造"到"中国创造"跨越的典型代表。这不仅是我国对外经济贸易格局的重大变化,更是国家形象的全新亮相,也是展示国家软实力的一个有效载体。

74岁的卢强是中国科学院院士、清华大学教授。他将毕生精力献给了空气动力学研究。他和他的团队参与了时速350公里"和谐号"高速动车组空气动力学特性项目研发全过程。每当谈起中国高铁,他就像一个激情澎湃的青年:"我们的祖先曾经点燃了'四大发明'的智慧火炬,照亮过人类前进的道路。今天,我们不能永远躺在老祖宗的功劳簿上做强国的梦想,我们必须用最新的高科技向世界证明,中国人有能力进行高科技创新!我们的能力和技术不光要造福中国,也要为世界文明进步做出新的努力。"

中国高铁之所以取得成功,关键在于有中国共产党的坚强领导和社会主义制度的政治优势,有中国铁路网完整和集中统一指挥的管理体制优势,有一支高素质特别能战斗的铁路职工队伍。人民的支持,给了中国高铁跨越的无穷力量。贯穿科学发展观这条红线,走出了一条有中国特色的自主创新之路,树起了一座民族复兴的时代丰碑!

180多年的世界铁路史揭示:铁路,作为大地的动脉,从来都不仅仅只是其本身,它深刻影响一个国家的经济、政治、文化、社会等诸多方面,推动着人类的文明进步。

中国高铁领先世界,不仅给老百姓日常生活带来了极大的便利,更增强了国民的自信心和民族自豪感,增强了国家的凝聚力和向心力。高铁作为目前世界上陆地交通最快的工具,具有运量大、全天候、机动灵活等比较优势,大大增强了军队的机动能力,有利于国家的国防建设。

百年后,中国高铁犹如一台强大的加速器,让新鲜血液在体内加速奔流,古老的中国正焕发出年轻的活力,张开钢铁的手臂去拥抱整个世界。

中国,正在编织着一条条新的通向世界的"丝绸之路",由此带来的新一轮交汇、融合,必将改变中国,影响世界!

在共和国的历史进程中,矗立着一座座光辉的里程碑,它们标志着新中国走过的铿锵步伐,彰显着中华民族的不屈精神,鼓舞着华夏儿女勇往直前的决心和勇气。

如今,中国高铁的冲击波再次映亮了人们的眼睛,激荡着人们的心扉,振奋起人们的精神。中国高铁不仅是中华民族智慧的结晶,标志着中华民族沿着伟大复兴的道路又前进了一大步,而且是中华民族对人类的贡献,深刻地影响了世界交通运输业的发展,促进了人类的解放,成为自由与文明的高速助推器。

"沿着你的道路,鲜花将不断开放!"让我们借用泰戈尔的诗句,祝福中国高铁的美好未来,不断创造中国高铁的美好未来!

这些语句透出强劲而持久的文化张力,至今读来仍让人心情激荡。

2010年"五一"前夕,我与央视《当代工人》节目组编导陈镭策划了一场表现铁路工人生活的"五一"专题晚会:将高速列车开进中央电视台的演播厅。在这年"五一"晚上的央视一套黄金时间,由铁路工人代表中国工人阶级与全世界劳动者一道分享节日的快乐。

陈镭是一位资深电视人,毕业于北京师范大学中文系,曾担任

《道德的力量》《感动中国》等晚会总策划,参与策划《纪录》《讲述》《半边天》《艺术人生》等名牌栏目。当时,央视正在全力打造两个品牌栏目:一个是《感动中国》,一个是《相信中国》。《感动中国》是让观众因感动而流泪,《相信中国》则是让观众因坚信而自豪。经双方研究,将晚会的题目定为"相信中国·走进高铁时代"。我让宣传部王雄具体对接这项工作,并采纳了他将演播大厅直接搬到刚刚竣工的北京铁路动车客车段检修基地的建议。这个集传统的机务段、车辆段、列车段、生活段功能于一体的现代化高速列车的检修基地占地1800亩,可承担300列动车组的检修,是亚洲规模最大、具有世界一流技术水平的动车组基地。演播大厅设置在检修基地的三级检修库中部,该库有四条检修线,依托其中的一条检修线搭建舞台。蓝色的地面、红色的钢梁、银色的车架,使舞台显得时尚、大气、现代。舞台搭建好后,一列洁白色的"和谐号"动车组稳稳地贴身停在了舞台的左边,与整个演播大厅十分和谐地融为一体。

整个节目由现场采访和文艺演出两部分构成。我将演出任务交给中铁文工团党委书记赵奇克,赵奇克接到演出任务后,动员全团主要骨干力量,选派最优秀的演员,创作演出了一组反映高铁检修车间职工无私忘我工作的小品等节目。

央视主持人敬一丹担任整个晚会主持,在节目现场采访了高铁工程技术负责人、动车司机和列车长等铁路嘉宾。访谈将人与事交织一起,将具体情境与精神风貌融为一体,彰显了"勇攀科技高峰,争创世界一流"的中国高铁精神,以及这种精神所包含的国家情怀、人文思想和文化底蕴。敬一丹在节目最后坚定地说:"我相信是一种态度,而我们相信就汇聚成了一种共同的力量!"节目播出后获得极大的成功,人们从中看到了中国铁路人的力量,看到了中国的力量。这事已过去近十年,后来我与敬一丹在中国传媒大学同为授课老师,提及此事,仍是感慨不已。

在铁道部政治部宣传部工作的八年间,按照上级要求和部署,我的确是带着一种炽烈的情感,满怀激情地带领铁路宣传文化战线的同志们一起奋斗,乐此不疲地与大家一起"如琢如磨"地打造铁路文化作品。

时任铁道部政治部宣传部副调研员、现任人民铁道报业有限公司副总经理的郝文杰,曾这样回忆我们修改创作《火车头路赋》的情景:

> 2019年冬天,因为参加一个会议,终于有机会去了百色。到了那里,我稍一得空,就去南宁局集团公司党员教育示范基地看了镌刻在一块巨石上的《火车头路赋》。那是2009年的一个仲夏之夜,王勇平部长带着我们几位宣传干部一起修改创作的作品,虽然已过十载,那种其乐融融的工作氛围,那种辛劳而愉快的工作场景,还像电影一样在脑海闪现。
>
> 很多朋友都有这样的印象,夜晚走在长安街上,总是看到铁道部大楼大部分房间的灯光还亮着,而东辅楼二层宣传部的灯火总是亮到很晚很晚。的确,对宣传干部而言,安静的晚上是我们工作的"黄金时间"。
>
> 2009年,南宁铁路局捐赠资金援建了百色起义英雄雕塑园项目,将纪念园区环园大道命名为"火车头路",一是表达铁路广大职工对邓小平等老一辈无产阶级革命家的崇敬之情;二是表达铁路人奉献国家、服务社会的应尽职责;三是表达铁路对广西、对百色经济社会发展的良好祝愿,以及加快广西铁路建设的信念和决心。百色起义英雄雕塑园环园公路建成后,极大地方便了游客参观游览,百色起义英雄雕塑园也成为百色人民的精神高地,成为全国红色旅游的一个亮点和品牌。
>
> 王勇平部长告诉我们,南宁铁路局党委宣传部陈鸣部长组织力量创作了一首《火车头路赋》,希望得到铁道

部政治部宣传部的支持,并帮助把关和修改。

我想,假如将百色起义英雄雕塑园比作一幅画和一首诗,那么这篇《火车头路赋》就是"画眼"和"诗眼"。王勇平部长对我们说,这不是一篇普通的作品,它承载着铁路的文化传承和历史积淀,在铁路人的血液里,流淌着这些代代相传的红色基因,铁路人应当写好这个赋。王部长指派我来完成这个任务,我和正在宣传部助勤的郑州铁路局党委宣传部干部章金辉、哈尔滨局党委宣传部干部黄利武、铁路文联创作员李志强几个小伙子忙完白天的工作后,查阅百色革命和南昆铁路建设历史资料,结合当地风土人情和铁路发展现状,对《火车头路赋》进行再创作。一词一句地推敲,谁想出一个精彩的句子,就大声吟诵。听到我们的动静,斜对门的王部长忙完了当晚手头上的工作,笑着走过来说:"几位秀才有灵感了,让我分享一下。"他索性坐下,参与到创作中。这首《火车头路赋》很快完成,被镌刻在百色起义英雄雕塑园一块显眼的巨石上:

"千年百越,八桂之西。巍巍山城,革命圣地。起义公园,铭刻红色记忆,火车头路,传承代代接力。

忆往昔,邓公振臂,工农唤起,两江漫卷红旗。点点星火,燎原之势,百色风荡雷激。看今朝,莺歌燕舞,换了人间,神州翻天覆地。改革开放,科学发展,山清水秀人喜。

南昆铁路,连滇桂,通南海,越黔西。前揽右江奔流千秋,背依云贵纵横万里。六年鏖战,天堑通途,云桂命脉托起人民希冀。十载风雨,巨龙驰骋,钢铁脊梁挺起三省经济。出海通道通往幸福,黄金走廊走向胜利。爱洒老区百万乡亲,情牵壮乡姐妹兄弟。

起义公园,层障叠翠,淡墨写意。大路远伸,风正道平,坦荡如砥。树高丛低,每醉远客之心。触景生情,常动赤子之意。漫步坦途,多想开路坎坷险崎。极目远山,更思进取风振征衣。南昆毗邻,时代车轮滚滚风疾。大江守望,春潮涌动滔滔不息。

城生路名,铁路发展任重道远,风生水起。路助城兴,各族同胞活力迸发,同心协力。

火车头路,延伸华夏,奔向未来,所向披靡。"

没错,今天的中国铁路越铺越密,越铺越快,越铺越好,在华夏大地一往无前,所向披靡。

四、国际视野要宽

方寸发布台,连接大世界。视野洞悉一切,视野决定一切。视野小了,小事就大了;视野大了,大事都小了。只有视野大,才能容天下之物,观天下之事,论天下之理,应天下之变。对于新闻发言人来说,必须具备内知国情、外知世情、小中见大、见微知著的视野和能力,以"会当凌绝顶,一览众山小"的气魄勇往直前,不辱使命,守望公平和正义。

有个典故叫"离朱之明",相传黄帝时期有个叫离朱的人能视百步之外,见秋毫之末。百米之外的一只蚂蚁也能看得一清二楚。一般人都无法达到离朱的程度。有几只蚂蚁爬在一根弃置于地的木棒上,离朱自然一目了然。有人对离朱说:"没有啊,我看地上只有一根木棒,并没有蚂蚁爬在木棒上啊!"这是目力之间的差别、知识之间的差别、智力之间的差别。目力的差别体现于观察的差别,知识的差别体现于学识的差别,智力的差别体现于智慧的差别。

我担任铁道部新闻发言人期间,会经常性地对中国铁路的历史、现状和未来进行纵向的分析,也会把中国铁路与世界各国的具体情况进行横向比较与学习借鉴。这种立体式背景资讯的思考和掌握，往往在运用时会增强自己所表达的观点更具有纵深感和说服力，从而以平实理性的事实和分析给媒体以准确前瞻的信息，彰显出政府部门的影响力与公信力。新闻发言人的经历开阔了我的视野，使我对各种问题的把握更加全面和深刻。

2010年1月，由我建议和组织遴选，中国铁路派出铁路宣传文化考察团，到日本东日本铁路公司进行学习考察。考察团团长是中国铁路思想政治研究会秘书处处长倪菊明。倪菊明是一位军转干部，工作责任心强，作风严谨。他率团在堪称技术和管理一流的日本东日本铁路公司进行了深入而高效的学习考察，从技术状况到企业管理，从文化观念到宣传策略，对中日铁路特别是进入高铁时代后的宣传文化工作进行了广泛深入的比较、借鉴与分析思考。

考察团在东日本铁路公司的考察交流收获很大，认为日本铁路的亲和力和公交化、商务化属性强。在日本，铁路是公众主要的交通工具，年人均乘火车次数达200次以上。这可能与日本国土幅员因素、效率因素、安全因素、节能因素、环保因素等有关。由于日本国土资源"寸土寸金"，必须善于"螺蛳壳里面做道场"，东日本铁路总部所在地的新宿车站，有上下七层，是世界上日发送旅客最多的车站，达300万人次以上，是我国大站的十倍左右。日本的路网建设、服务水平和服务体系，广报部门的信息通报和事故展示、资料积累和安全反思等都值得借鉴。而在文化建设方面，运用载体塑造形象和对非物质文化遗产保护等方面，日本铁路的做法也值得学习。

考察团还考察了东京铁路新干线运行本部、东京综合指令室和仙台站，参观了大宫铁道博物馆，还到新宿东日本铁道公司本部拜会了董事长兼东日本铁道公司财团理事长大冢陆毅先生，参加了由大冢陆毅先生主持的考察研修结业式。在学习考察过程中，考察团成员了解了日本铁路的经营发展状况，对日本铁路如何营造文化环境以及如何培养人们特别是孩子对铁路的感情感触颇深。

而在中日铁路发展的比较中,考察团普遍看到了"中国优势"。日本铁路的基本骨架形成于20世纪三四十年代,日本的很多铁路线已经像筋脉一样与城市肌体"长"在了一起,这样就给铁路的新线建设及设备改造带来难以克服的制约和掣肘。日本土地私有化,又特别注意维护地权,而狭窄的站场施工使现代化的大型机械施展不开手脚,造成"土木工程不敢擅动"的局面,发展和改造的空间相对就小了。而我们就不一样,幅员辽阔,在技术上"引进吸收消化再创新",可选择空间大,高铁建设后发优势明显,一上手就站在了世界一流的高平台上。通过出国考察,大家对中国高铁发展增添了信心。

回国后,考察团写出翔实的考察报告。对铁路宣传战线而言,如何虚心学习国外的先进理念和管理模式,进而完善提高我们的工作水平,这次考察带回了鲜活的第一手资料和宝贵经验。在与代表团成员的座谈交流中,他们高兴地告诉我,中日两国铁路宣传文化工作者进行坦诚的交流、碰撞乃至交锋,我们的宣传干部表现出了与中国铁路气质相匹配的形象和水平,向对方介绍了中国铁路宣传文化工作的做法和特色,可以说是一次成功的对外交流"集体发言"。

人生总是在不停地演变,舞台总是在不停地更替,生命就是一场又一场地抵达,告别了过去的一天,必然要迎接新的一天。"7·23"重大行车事故新闻发布会后,没给我太长时间的自我调整,我又匆匆赶路了。

2011年10月15日,我乘飞机离开祖国前往波兰华沙,被派到铁路合作组织工作,出任中方委员,并被提名通过担任这个国际政府组织的副主席。

这是一个政府间的国际合作组织,成立于1956年,其宗旨是促进各成员国发展铁路运输、汽车运输和公路方面的国际联运以及科学技术合作。有包括我国在内的25个成员国,总部设在波兰华沙。亚欧大陆桥从中国东部的沿海港口,沿陇海铁路、兰新铁路、北疆铁路,通过中亚、西亚、俄罗斯到欧洲的铁路线路。这条横贯亚欧大陆,联结太平洋、大西洋的铁路,越过亚欧数国,穿过不同地域,蜿蜒万里之遥。在它蜿蜒穿越的这一片广阔的疆域里,有欧洲和亚洲25个国家,面积超过3000万平方公里,人口超过20亿。这些国家的铁路总里程约为28万公里,每年运送超过50亿吨货物,其中国际联运运量6亿多吨。

铁路联结亚、欧两大洲,已有一百多年之久。一个多世纪以来,亚欧铁路栉风沐雨,饱经沧桑,见证了战争与和平、贫困与繁荣、对抗与合作、灾难与安稳等自然风云的变幻和人类社会的变革,是一部近代史上最为难得的亚欧社会缩影和演绎佐证。亚欧两大洲各民族有不同的语言、不同的信仰、不同的文化和不同的生活方式,但却为了一个共同的目标,同在这条通道上相向而行,互通有无,互利共赢。不仅缩短了亚欧两大洲的地理距离,也拉近了沿途各国人民的心理距离,东方文明与西方文明也因此亲密接触,不断碰撞、不断激荡、不断融合,获得相互的尊重、理解和运用。

我后来在我的纪实文学《行走在亚欧大陆上》中写道:

"我毫无预料地开始了一种全新的国外生活,从当时的铁道部政治部宣传部调至总部设在波兰华沙的铁路合作组织担任中方委员。在我乘坐从北京飞往波兰华沙的飞机降落在华沙肖邦机场的那一瞬间,刺耳的发动机轰鸣声和飞机与地面摩擦的噪音,让我的心情犹如落叶坠地般的孤寂。我的未来将会是一种什么样的生活?我的人生价值在另一个社会将以什么样的方式来体现和释放?至此,于我来说还完全是一个谜团,虽然我并不怀疑生活变化本身存在的正面意义和对未来的热切期待。

"离开了我朝夕相处的亲友和同事,离开了火热繁忙的铁道部大院,从万里之遥的故土风尘仆仆赶到欧洲中部的这片土地上,七个小时的时差、充满异域风情的景观,以及身边各种蓝色咖色的眼睛,让我即使偶尔看到一块中国字的牌匾都会感到心头一震。在陌生的地方从事陌生的工作,虽有对过往的眷恋和纠结,也不乏对未来充斥着向往和新奇。

"后来三年多的日子里,我在这个国际组织中几乎每天面对、思考和处理的问题都与亚欧大陆桥有着直接和间接的关系,年年月月地朝夕相伴、风风雨雨的人生苦旅,已经使它成为自己生命中不可分离的一部分。我每天行走在这座无形又有形的大桥上,看着那铁轨向地平线的漫漫延伸,感受着桥上的风云跌宕、深邃浪漫。随着时间的推移,我对亚欧大陆桥的理解与日俱增,越发深刻,仿佛它静静伫立百年,是在等候我的到来,让我的生命在这一阶段里从大陆桥上华丽地转身,踏出不同凡响的旋律和精彩来。

"在这里,我逐渐清晰地了解了亚欧大陆桥的蓝图,透视了中国在亚欧大陆桥中不可替代的作用,感受了中国铁路在国际上无可置疑的地位,并由衷地产生了一种强烈的民族自豪感。我越来越乐观,越来越自信,也越来越热爱这项宏伟的事业。对于我个人来说,这里是人生新篇章的开始,处于中国及亚欧各国在21世纪初叶对这座大陆桥的重新认识和关注的时代环境中,更觉得在这阳光洒播的大桥上前行是一种责任、一种感奋和一种幸运。"

2013年9月7日,这是一个非常值得纪念的日子。中国国家主席习近平在哈萨克斯坦纳扎尔巴耶夫大学发表题为"弘扬人民友谊 共创美好未来"的重要演讲,倡议用创新的合作模式共同建设"丝绸之路经济带"。作为一项造福沿途各国人民的大事业,习近平主席首次将其在国际舞台上浓墨重彩地描绘出来。

这是一项传播和平、助力共赢的倡议,也是既传承中国和平共处文化历史基因,又融合全球经济一体化新思路的新倡议。"一带一路"倡议表现出无穷的魅力和强大的生命力。

铁路在历史上曾带来深刻而迅猛的工业革命,那么,从那时开始并面向未来,亚欧大陆桥在互联互通中将寻找到自己的准确坐标,其特有的功能作用,必将为亚欧大陆崛起并导致世界大陆时代的重启提供坚实的基础和强劲的动力。这种自信不仅源自亚欧各国政府从战略高度形成发展亚欧铁路合作运输的共识,还源自蓄势待发的亚欧铁路运输潜力、日益优化的亚欧铁路运输政策和清晰可观的亚欧铁路发展战略。

2012 年与俄罗斯、白俄罗斯、波兰等国铁路官员在中欧班列前

作为一条钢铁"丝绸之路",亚欧大陆桥像磁石一样,正把沿线的数十个亚欧国家紧紧地吸引在一起,并预期将形成一个牢固而充满生机的发展共同体、命运共同体和利益共同体。整整三年里,我们每天的工作几乎都与这项倡议有着直接和间接的关联。一条条中国人修建的铁路在"一带一路"不断延展,与世界共享中国高铁的发展成果,寻求利益契合点和合作最大公约数;一家家中国企业赴海外建设铁路,为东道国扩大就业、培训技术人才,促进了当地社会文化、经济发展;一趟趟中欧班列将中国产品运输到世界各国,"一带一路"朋友圈不断扩大。中欧班列已经形成了多国协作的国际班列运行机制。

到任波兰华沙的铁路合作组织不久,中国人民的老朋友、波兰原驻华大使古拉尔赤克先生邀请我到他家做客。我愉快地接受了邀请,就在要到他家门口时,我发现有一面宣传墙上面都是达赖肖像和达赖集团的反华言论。我的心情顿时凝重。进到古拉尔赤克先生家后，我表达了自己的不满。

　　我虽然不再是新闻发言人，虽然不再干新闻发布这份活计了，但要扮演另一个代表国家形象、在国际组织为国家发言的角色。我不仅是中国派驻铁路合作组织的委员，也应该是中国声音的传播者、中国文化的诠释者、中国故事的讲述者、中国高铁的推介者、中国形象的塑造者。要认可人类文明的多元形态，了解不同的文化构成，了解不同的价值体系，在此基础上为促进多元社会群体和多元文化群落之间的相互理解、和谐共生进行有效的信息传播工作。

　　在国际舞台上发声，是代表中国在与国际社会互动过程中有效回应外界关切、减少疑虑误解、赢得话语权、展现自信的重要途径。因此也是中国软实力的重要组成部分。所以，一切可以发声的讲坛、一切可以利用的场地，我都不会轻易放弃。在波兰、俄罗斯、白俄罗斯、阿塞拜疆、以色列、泰国以及波罗的海三国等国召开的国际会议上，我都自豪地代表中国发言，如实地阐述中方的立场和观点，传递中方的信息和资讯，表达中方的意图和诉求，特别是介绍中国高铁的砥砺和成果。与中国代表团成员共同努力，一方面正面诠释中国的发展成就和内外政策，另一方面坚决同抹黑中国形象、歪曲中国立场的行为进行交锋，形成"客场中的主场"。

　　与媒体互动也是一种国际发声和展示自我的重要途径。在国外，我分别接受过波兰、俄罗斯、泰国等国家媒体的采访。新闻发言人的经历，特别是在与境外媒体打交道的经历，使我学会了如何用西方人的思维考虑问题，如何用西方人的眼光观察问题，如何用西方人的语言表达问题，这为我在国际舞台上长袖善舞，使自己精彩转型、华丽转身打下了意想不到的基础。在与境外这些媒体的交流中，我感到自己完全处于一种轻车熟路的状态。

　　我在铁路合作组织工作，有机会接触许多国家铁路领导和专家，也实地考察过欧洲诸多国家铁路的历史沿革和现实状况。我可以很有底气地对我的同胞说：中国高铁在国际上是先进的，也是外国同行非常认可和信服的。我们一定要有民族自信！我来这个国际组织不久,铁路合作组织委员会副主席、俄罗斯委员维克托·朱可夫先生就诚恳地对我说:任何一个国家的铁路都无法完全避免交通事故的发生。中国高铁的辉煌成果和发展前景不要因为一个"7·23"事故而被自己的舆论毁掉。

2014年3月21日,铁路合作组织委员会举办了韩国铁道公社成为铁路合作组织加入企业的签字仪式。韩国作为半岛国家,是东北亚最发达的经济体之一,拥有良好的科技研发和制造业基础,也有一个宏伟的西进计划。韩国铁道公社是韩国的国有铁路经营人,为国家所有制。公司成立于2005年1月1日,公司总部位于大田广域市,员工人数约为2.8万人。韩国铁道公社社长崔妍惠女士率15人代表团参加了签字仪式。

韩国铁道公社参加铁路合作组织范围内的合作,可以为欧亚大陆国际铁路联运的发展注入新的动力,有助于开展铁路合作组织铁路运输走廊的工作,以及修复朝鲜半岛铁路与俄铁和中铁实现联网互通。铁路合作组织将欧亚大陆铁路网视为一个统一的系统,全系统的发展将有助于缩短运达时间,并将大量的旅客和货物吸引到铁路运输。但目前釜山港(韩国)通往欧洲的集装箱列车无法经朝鲜民主主义人民共和国境内通过。

签字仪式结束后,崔妍惠女士便径直走向我,主动与我握手致意。崔妍惠女士对我说:"韩中两国是近邻,两国关系发展很好,在国际事务中我们有很多共同点。我们成为铁路合作组织加入企业后,下一步将努力争取成为正式成员,希望能得到中国的帮助和支持。"

崔妍惠女士接着说:"我对中国有很好的印象,我多次去过中国,我的两个女儿在中国学习。中国铁路发展很迅猛,特别是高铁世界瞩目。我在中国乘坐过北京—天津城际高铁,速度很快,也很舒适。"

我对她表示感谢,也祝贺他们成为铁路合作组织加入企业,并希望她的孩子在中国生活快乐、学习进步。

　　崔妍惠女士告诉我:"韩国在旅客运输领域取得了极大的进步,自 2004 年首条高速铁路投入运营以来,最近五年间高速铁路运送旅客总人数超过 2 亿人,年增长率超过 10％。2013 年,高速列车运送旅客每天达 149983 人。高速旅客运输取得稳定增长,改变了韩国的生活方式和经济状况。如果连接韩国与朝鲜的铁路经中国通往欧洲,铁路就会发挥重要作用了。现在运往欧洲的货物是海运到中国连云港,再走欧亚大陆桥。如果铁路连通中国,可从中国中转至俄罗斯和欧洲,将是一件很好的事。"

　　崔妍惠女士还很骄傲地向我介绍韩国高铁的发展情况,说从首尔到釜山的高铁运营时速已达 350 公里。而她问中国高铁运营时速时,由于我国高铁运营时速当时已下降到 300 公里及以下,所以,我只是笼统地说,我们好几年前就跑了时速 350 公里,如果需要,我们有能力还可以跑得更快些!

　　在这次非正式的会谈中,我比较慎言。我知道,实现朝鲜半岛铁路互联互通,不仅对韩国、对朝鲜、对中国,甚至对整个亚洲乃至对亚欧铁路运输都将带来好处,但我对这件事只能保持相对的沉默。毕竟办这件事的许多条件尚不成熟,我们对有些事还无法仅从经济层面上考虑;毕竟东北亚陆地在高铁时代的今天,交通运输限制客观上已经大大减弱;毕竟回答这些问题,不是我这个层次所能承载得起的。可以肯定的是,东北亚的经济贸易一体化在快速形成,这对东北亚的政治外交格局将产生极大的塑造力。东北亚经济贸易一体化也会加速发展环半岛区域,加速融合经济贸易一体化、人员流动一体化,这为朝鲜半岛铁路的互联互通创造了较好的条件,前景还是看好的。但是,总有一些事情要从根本上去做好,是需要时间和耐性的。我将此情况迅速地报回了国内,为国内处理相关国家关系提供现实资料。

　　一次,中国国家铁路局代表团来铁路合作组织参加国际会议,代表团负责同志目睹我与其他国家代表进行辩论,会后感慨地对我说:"你还保持着中国政府部门新闻发言人的风采。"我回答:"这是祖国给予我的力量。"

三年后,我完成任期要回国了,铁路合作组织委员会主席绍兹达·塔捷乌什先生给我写了一段送别的话:"尊敬的王勇平先生:在您即将卸任铁路合作组织委员会副主席、委员会中方委员职务之际,我谨代表铁组委员会全体领导和同事,以及我个人向您卓有成效的工作表示衷心的感谢。我们高度评价您在铁路合作组织委员会工作期间对于拓展欧亚国家在铁路运输领域的经济联系以及解决其他铁组问题所做的贡献。我们不管是在工作上的合作,还是生活上的交往,都是令人愉快而难忘的。我们必将回忆起我们曾经的共同岁月。尊敬的王勇平先生,再次向您表示敬意,并祝您在新的工作岗位上取得更大的成就。请接受我最真挚的感情,祝您身体健康、阖家幸福。"各成员国委员和工作人员也都纷纷友好地在这段文字后签下了自己的姓名。

临行前,各成员国委员都热情地为我送行。俄罗斯委员维克托·朱可夫先生与我紧紧拥抱,对我说:"感谢您总是及时而准确地传递中国的信息和态度。从您这里,我们了解了中国各个方面,特别是中国高铁令人钦佩的发展成就。"这些经历使我感悟到:国家的形象固然是干出来的,是建设、创造出来的,但同时,国家的变化和发展也需要说出来。只有说出来,才能展示形象,才能消除偏见,才能矫正歪曲,才能澄清真相,才能让世界了解真实的中国。做好说好,形象美好。从某个角度说,新闻发布也是在塑造国家形象。只不过,这是另一种塑造,是一种不可替代的塑造!

而我在这三年里,也对欧洲文化和欧洲铁路发展有了更加真实而深刻的了解。根据自己的考察和分析,我向铁道部领导和有关部门撰写了20多篇考察报告,为国内铁路的发展开放以及参与国际事务活动,特别是理解和推进"一带一路"倡议提供参照。同时,我还坚持不懈笔耕,在外三年,正式出版发行了纪实文学《行走在亚欧大陆上》、散文集《维斯瓦河畔》和诗集《在诗的王国里》,向国内读者介绍自己在国外的政治观察、生活体验和文学创作等方面的成果。也许,那段新闻发言人经历使我保持了对外界事物的敏感力、观察力和表现力。这正是一个新闻发言人生命疆界的拓展和延伸。

原本铁道部领导还希望我在国外再干一段时间,我感谢领导的信任,但没有再答应留下。原因只有一个:为了我的母亲。

当年我受到舆论炒作时,母亲为我操尽了心。记得有一天,我在办公室正在和同事谈工作,手机突然响了,是母亲打来的电话。她问我究竟做了什么对不起国家的事?为什么媒体和网络对我炒得这样厉害?我顿时语结,真对不起老妈,让她老人家担心了。但我很坦然地对母亲说:请相信您的儿子!两行泪水从我眼眶里落下。在旁边商谈工作的《人民铁道》报副社长方铁壁见状,这个也曾做过铁路警察的硬汉子居然泪流满面。母子爱、战友情洋溢在我的心头,使我久久无法平静。我离国工作后,80 岁的母亲在家,身体又不好,还进医院做了一个大手术,躺了几十天。而我却飘零在外,长年不能在她老人家身边尽孝。老人家为了与万里之外的儿子保持经常性的联系,居然与时俱进地学会了 QQ 视频。为此,我曾含泪赋诗——《视频中的母亲》:

> 我的母亲,因为漂流在外的我
> 学会使用了 QQ 视频
> 一双苍老而颤抖的手
> 一双痴痴守望的眼睛
>
> 在中国与波兰的千崖万壑之间
> 将思念的时空隧道打通
> 那头的母亲与荧屏贴得很近
> 这边的我也向荧屏靠得很拢

母亲的白发已拂到我的脸上
是无言的牵挂、无言的叮咛
母亲睁着火苗跳动的眼睛
燃烧着我的灵魂我的生命
朝着那深邃的瞳孔驶去
母爱是我永不降落的帆篷

母亲轻轻地呼唤我的乳名
唤回我被岁月淹没了的童真
母子一下哽咽无语默然相对
感情的洪流敞开了闸门

泪水在母亲的面颊流淌
说不清是愉悦还是疼痛
我只知道,那是爱的泉源涌溢
将我干涸的心汨汨滋润

忽然,母亲伸出颤抖的手指
梦幻般地触摸着视频
她没有摸到自己的儿子
我却沐浴到了徐徐春风

我是一只悬浮的风筝
一直寻觅更高更远的天穹
总有一种力量系着我生命的归宿
那是拴住在母亲心里的线绳

情愫无法倾诉得尽
我和母亲有了心的约定

视频是母子心灵的通道
这通道，永远都会畅通

三年后,我回到了祖国,回到母亲身边。踏上国土后,心潮澎湃,诗情大发,我又为母亲写了一首诗——《妈妈,我回来了》：

一踏进国门的时候
我最大音量地放开嗓喉
朝着家的方向
毫无顾忌地呼唤
——妈妈,我回来了

我以为这不再是我的风格
这些年我一直喜欢静悄悄
有话从来都藏在心里
哪怕心里翻滚起巨涛大潮
可是,我已憋了很久
感情的潮水冲出了闸口

三年了
一千多个日日夜夜
妈妈,我在想您啊
记得出国的前夕
您把叮嘱的话儿
说了一遍又一遍
千言万语在心头
我安慰着妈妈
放心,我已老大不小
我看到妈妈笑了

那带着泪光的微笑
温暖了我一腔离愁
彼时我的那颗寸草心
对接了千年前的孟郊

国外的工作确有惬意
在外的生活也有情调
总觉得有种情绪如影随形
思念是漂泊的最大困扰
国外的面包奶酪
怎么也不对胃口
妈妈的味道
让我一生咀嚼
米粉面条
萝卜辣椒
妈妈携来这种味道
缓解我生命的渴求

我哪能感受不到妈妈的惦记
三春的晖光时刻在身上照耀
八十多岁了还学会微信
每天都在相约的时间
与万里之外的儿子网聊
在视频里
我看到妈妈的目光柔柔
白发飘飘

情愫拉长了在外的每分每秒
终于,我结束了任期

带着近乡情怯的一片冰心
我的翅膀飞越了欧亚两端
万里迢迢
我回来了
回到人生的源头
一如年幼时每次归家
都会从门外很远就呼叫
妈妈,我回来了

回到了祖国,回到了母亲的身边,我感到格外的幸福,也格外的踏实!

2015年3月,我回国已是三个月。一天,《澎湃人物》记者吴玉蓉找到我,说三年前我出国时就要求采访我,拖了三年,该兑现了。这是我回国后第一次接受采访,看来不与媒体打交道是做不到的。

2015年3月9日,《澎湃人物》发表了吴玉蓉对我的专访《王勇平归来》:

> 2011年7月24日,时任中国铁道部新闻发言人的王勇平在温州"7·23"铁路重大交通事故新闻发布会后,奋力冲破记者的围堵,离开现场。不久他卸任铁道部新闻发言人,前往波兰华沙出任铁路合作组织中方委员和副主席。王勇平悄无声息归来。从飞抵波兰华沙出任铁路合作组织副主席、中方委员,到卸任回到祖国,已三年整。
>
> 他回国已经三个多月了,他没有告诉媒体朋友回国的消息,甚至还换了手机号。
>
> 在归来的这一段时间里,他回了趟湖南老家,然后又和老母亲一起过了个春节。
>
> 这段时间里,他一直刻意保持着和媒体的距离。他想尽最大努力让自己安静下来,不被打扰。

这种状态他也保持了三年。记得当年去职铁道部新闻发言人时,他曾对本记者说"我再也不想和媒体接触了,我只想过安定的生活"。

这句话后来被广为流传。

回国时,他唯一发过的消息是在微信朋友圈,以此和波兰的朋友告别。

但消息近日还是见诸报端:"2014年11月29日,周六,在旅波友人的簇拥下,王勇平前往波兰肖邦国际机场搭乘回国的飞机。路上,他不断用微信与波兰的朋友们一一道别,'语句中充满了感激和留恋'。"

近日,澎湃新闻记者从铁路部门内部权威人士处了解到,王勇平回国之后回到了中国铁路总公司。他的新职务是:中国铁路文联主席兼秘书长。

这是一个看来很对王勇平口味的职务。据澎湃新闻记者的长期了解,喜欢舞文弄墨的王勇平,骨子里其实是一个文人——他写诗歌、散文,而且书法也相当有造诣。在波兰三年期间,他就出版了两本书,一本是诗集《在诗的王国里》,一本散文集《维斯瓦河畔》。他是中国作协会员、中国铁路书法家协会会员。他在波兰的"外交"活动中,经常向国际友人赠送他的"墨宝",同时,把那些异国他乡的奇闻轶事都写进了他的散文与诗歌里。

但更具体的消息是,王勇平的"主席"之职,可能只是一个平缓的过渡。因为有准确的消息说,王勇平还有几个月就将退休。

铁路部门内部这位人士介绍,在这最后工作的日子里,没有人比王勇平更强烈地渴望一个安安静静的环境。他现在最大的愿望之一,就是快乐地工作完这一段时间,安安静静地退休。然后安安静静地享受退休后的生活乐趣:写写字,写写书,走走路,带带孙子。

他在《维斯瓦河畔》也这样写道:"放下,放下,通身放下"——

但是,王勇平仍然是一个"明星",只要他回来了,而且回到了铁路系统,他就不容易得到安静,不容易真的能"放下"。因为还有太多的媒体想了解,有关于他及铁路部门当年的一些谜团。

前往华沙

他远赴异国他乡的工作之因,离不开2011年7月23日温州动车事故。

时任铁道部新闻发言人的王勇平在面对众多记者时说了两句"名言":"至于你信不信,我反正信了","这只能说是个奇迹",随后他本人及铁路部门被卷入巨大舆论漩涡之中。

不久他被调任波兰,担任铁路合作组织中方委员。虽然还没有证据显示,他出任铁组中方委员和此次发言有关,但很多人还在猜测其相关性。

王勇平的人生轨迹由此发生重大改变。年届天命之年的他,不管是情愿还是不情愿,最终要远赴一个陌生的国度。虽然远离了"是非",但仍操着一口地道"湖南普通话"的他,要去讲他之前从未讲过一句的波兰话,与各种金发碧眼的朋友们打交道。

这三年的寂寞与无奈,只有王勇平自己能体会。以至于他最日思夜想的事情之一,竟是有人能与他用家乡话聊天。

《维斯瓦河畔》里有一篇《乡音乡情》的文章,说他到华沙之后情绪一直高涨不起来,因为他一直没有在那里发现一个除他之外的衡阳人,满嘴的话无法向人表达。他一次又一次打开微信,听他弟弟用方言发过来的一段话:"果甲奶几冒要朽,安局一区起,居巴一歪起,一脑毛一吊起,背一踆起。又死懒好恰……"(这段话意思是:这个男孩不行,整天眼珠眍着,嘴巴歪着,头发吊着,背驼着,还又懒又好吃),这段话比较生动地描绘了一个吊儿郎当的小青年形象,又乡音地道,不知排解了王勇平多少寂寞,带来多少轻松与欢乐。

此前,王勇平在铁道部新闻发言人这个岗位上干了八年。

那时他给澎湃新闻记者的印象是,对这份不乏挑战的工作,充满了激情与活力。他尽可能多地出现在各大网站,和公众直接交流,他脸庞圆润又显得文质彬彬,给媒体以亲和的形象,他也尽力和媒体维持着友好的关系。每一次在铁道部的新闻发布会之后,他总会被记者里三层外三层围个水泄不通,他似乎"知无不言",把手机号码毫无保留地告知"媒体朋友们",那时在记者们面前出现的,是一个直爽而颇有哥们义气的湖南人形象。

但温州动车事故给了他巨大的改变。他对"媒体朋友们"不再有问必答。他感觉自己一夜之间在舆论面前承担了所有的责任与压力,他本人也已经成为一个被放大言辞、被丑化的角色,这是他事先没料到的。

他终于知道,无论用什么态度,无论想说什么,或想做什么,他都被贴上了标签,动辄得咎。方方面面的压力很快把他逼进了墙角,他无力反抗。

去职铁道部新闻发言人而远赴异国他乡之后,王勇平仍不忘关注偶尔出现的对他的报道,尤其是那些更深层次分析事故原因,以及更理性看待新闻发言人的角色的报道。让他略感宽慰的是,这些报道大都还算客观。

但王勇平仍是一个积极乐观的人。尽管在波兰郁闷难解一时,但他很快就以开放的心态融入了当地社会,他参与铁组活动,关注平凡人的生活,感受欧洲文化,享受当地的青山绿水。

放松之后,他明显比在国内显得心宽体胖了。

代表中国

刚到华沙那天,王勇平一夜无眠。

"既有语言障碍,又有专业短缺,却履中方委员之职,又领铁组副主席之衔。如何不负期望,报效祖国?还有对过去岁月的反思,对国内亲友的留恋,便觉得月冷夜长,竟然少见地多愁善感起来。"王勇平后来如此记录了他在新的工作中的紧张与不适。

铁路合作组织,成立于20世纪50年代,位于波兰首都华沙。作为规范欧亚大陆铁路直通联运和多式联运,以及不同轨距铁路运输系统间技术协作领域的专门机构,现有27个成员国,只不过有两个国家,古巴和阿尔巴尼亚,自20世纪90年代后不参与铁组活动。现在在铁组委员会的大厅里依然挂着包括这两国在内的27面成员国国旗。

铁组主席由所在国波兰的委员担任,铁组副主席由俄罗斯和中国的委员担任。

除了成员国,铁组还留下了观察员的交椅,比如德国、希腊、法国、芬兰等。甚至有时候观察员国比成员国还积极参与活动。

王勇平作为铁组中方委员,同时也是铁组副主席,参加的首次办公会议议题是铁组委员会办公室的搬迁问题,因为房屋年久陈旧,要大修。这在我们中国人看来,简直就是小事一桩,但是他们不仅作为重要的议题进行讨论,而且还在会上讨论得热火朝天。

铁组的定期会议反映了欧洲人的性格。王勇平认为有点"一根儿筋"。铁组委员会所有委员一律平等,所以定期会议上,谁想吵都可以吵,想与谁吵就与谁吵,一年至少大吵大闹六次。各方固执己见,毫不妥协的劲头,让人感叹。一次关于一项工作到底应该由哪个专业委员会来负责的问题,两个专业委员会主席吵得不可开交,口才都很好,只是风格不同,再加上助阵的、劝和的,一场混战,"至于谁胜谁负,我最终没闹明白,只是觉得吵得很精彩"。

"刚才还在定期会上吵得一塌糊涂的同仁们,会一散,又称兄道弟、勾肩搭背一块儿喝啤酒去了。"这样的事在波兰时有发生,王勇平觉得他们其实单纯可爱、耿直可交。"尽管他们的脑瓜不灵光、不活络、不妥协、不变通、认死理,但是,客观地说,也不用担心他们会算计,与他们打交道心里踏实。"

高铁骄傲

有了比较,才有了鉴别。走出国门,才知道骄傲。

王勇平代表铁组从华沙乘火车到莫斯科参加一个国际会议。华沙至莫斯科1300公里,列车在树林里穿行。

波兰铁路采用的是国际标准轨,而白俄罗斯采用的是宽轨,一趟列车行走在两种不同类型的轨道上,来往都要换轮。乘客不用下车,待在列车上等候工人们的作业完成,时而被吊起来,时而又被放下。车库换轮一停留就是半个多小时,抵达莫斯科,已经过了22个小时。

"为什么中国铁路运输时速都开到300多公里了,而你们这趟国际列车却还在时速不到100公里地磨洋工?"王勇平在国外才越发为自己祖国的铁路发展感到自豪。

在俄罗斯,作为铁组委员会副主席,也是铁组的中方委员,他向大会介绍了铁组的工作,同时也在会上介绍了中国铁路发展的状况。与会人员都非常关注他对我国铁路的介绍,甚至忽略了他代表铁组参会的身份,都直接询问有关中国铁路的事情。在他们看来,中国铁路发展太迅猛了,简直是铁路发展史上的奇迹,不仅是中国铁路的骄傲,也对世界铁路发展有重大的意义。

趁着这个机会,王勇平考察过欧洲多国的铁路发展。他认为,中国高铁在国际上是先进的,是足以让我们为之自豪的。

新鲜的体验,对于喜爱舞文弄墨的王勇平来说,恰是创作的来源。

铁组的上下班时间是七点半到下午三点半,他便有大把的时间用来体验欧洲文化,观察身边的平凡人,写诗写文,生活倒也过得别有一番滋味。

最大的问题仍然是语言不通。王勇平说,学波兰话是"要我的命,或者说我的波兰话会要波兰人的命"。于是他选择最实用的语句来说,比如波兰"你好",用汉语读音标音标就是"见多不累"。练上几遍,就能说得和波兰人一样拿腔捏调。

不仅在铁组里"见多不累",出了圈子仍然"见多不累",大到外交场合,小到街道问候,统统"见多不累"。一句"见多不累"就能消除两个不同国籍的陌生人之间的隔膜,迅速拉近彼此之间的距离。

甚至关键时刻,"见多不累"还帮他渡过难关。

有一次,他乘车由华沙去俄罗斯莫斯科,半夜波兰边检上车询查,对方只会说波兰话。怎么办?王勇平灵机一动,递上护照,说一句"见多不累"。对方又连问几句,王勇平全用"见多不累"回答。对方问得口干舌燥,王勇平回答得从容不迫。对方终于无可奈何不再问就撤走了。

还有一句高频率使用的"谢谢",叫"敬姑爷"。一般情况下,他见人先问候人家"见多不累",离别时再说一句"敬姑爷",有始有终,却也得了不少乐趣。

这样的"小事",还有当地的风土人情,在最初的两年里,常见诸他的笔端。

家乡牵挂

从国内到波兰的熟人见到王勇平,第一句话就是"到底是这里水土养人,精神多了"。

其实,毕竟是在异国他乡,思念也是刻骨铭心的。

因为QQ视频不仅可以听其言,还可以观其形,费用也不用另计,备受在外游子的喜爱。在国内没上过QQ的王勇平,一到华沙,很快就学会了这门工具。不仅如此,他还影响了国内的同龄朋友和同事,都学会了上QQ,与他视频通话。

不过,在澎湃新闻记者与王勇平的QQ聊天中,他话语不多,通常以短句回复,比如"我很好""很快乐""很精神""长胖了"。到了我国的传统节日,他就会说"非常思念祖国,想念亲人"。

最让他牵挂的,还是年迈的母亲。八旬老母总以为他在国外"受资本家的压迫与剥削,即便不是生活在水深火热中,也是寄人篱下"。虽然他反复说,在洋人面前丝毫没有低人一等,反而还可以对他们吆三喝四、指手画脚,让他们牢记中国人是不好惹的,但母亲还是不信。

后来家里安装了摄像头,老母亲竟也很快学会了QQ视频操作。"看着年迈的母亲,满头白发,满脸慈祥,目不转睛地盯着我,心里不免又有些凄然。突然,老人家伸手朝荧屏摸来,可能是想摸摸儿子的脸。顿时便觉心头一热,鼻子发酸。'谁言寸草心,报得三春晖。'"他在书里写道。

如今,王勇平回来了,他和老母亲再也不用隔着千山万水、隔着屏幕相见。这是让他最感幸福快乐的事情。

第十一章　做正大之人

题记　发布台面向全社会,横亘天地间。政府新闻发言人,作为公众人物,在享受着聚光灯以及宽广的舞台时,也被这个角色所拥有。他们得天地正气,传政府声音,对民众负责,一切都曝光在大众的视野中,一切都传播在大众的口舌里。人们在闻其言,也在观其行、明其心、察其德。所以,要想发好言,先要做好人。只有做好了人,才有条件、有底气,也有资格代表政府去发好言。若是不能成功地完成这个角色所赋予的全部责任,就成了一个负债的人。因此,政府新闻发言人不仅要以真实的信息告示,还须以清白的名节立世、以正大的形象示人。当然,新闻发言人不是圣人,不是完人,不能太过于理想化。但至少要有底线,决不能做糊涂人,更不能做小人。做人该做这样的人:光明正大。台上台下一个样,口里心里一个样,仰无愧于天,俯无愧于地,行无愧于人,止无愧于心。这样的新闻发言人,才能获得社会最终的认可。

一、知责任而不断完善自己

2020年1月17日,中国传媒大学中国领导干部媒介素养培训基地召开迎春座谈会,我以中国传媒大学新闻发言人研究培训中心共同主任、客座教授的身份参加了座谈会。我和其他老师从基地理事长王国庆、学院院长董关鹏手中接过一个荣誉证书,上面写着:"在2019年度全国领导干部媒介素养培训项目中,您深厚的学识、精彩的授课、非凡的人格魅力深深地打动每一位学员,被评为年度最受学员欢迎教师奖。"这是我连续三年接受这样的荣誉证书了,心里自是高兴。

参加座谈会的都是经常授课的老师,他们由新闻发言人、媒体人和学院教授三方面成员构成。这些活跃在课堂上的专家教授,此刻欢声笑语话新春,一个个口吐莲花,妙语连珠。中国新闻社原总编田惠明朗然宣读他的一篇感言:

>在传媒培训学院这个大家庭里工作,倍感温暖。
>
>常言道:"近朱者赤"。与诸位良师益友结识,使我获益匪浅。恕我不揣浅陋,为几位老师[注:当时在场的老师]"画像":
>
>王国庆老师:东北插队,美国镀金,学贯中西懂外宣;政坛高官,暖男形象,不惧敏感发言人。居庙堂之高,则忧其民;处江湖之远,亦忧其民。
>
>董关鹏老师:永远那么微笑平和,永远那么恭谦温润。案例信手拈来,故事脱口而出,金句接二连三。听君一节课,如沐春风,胜读十年。正是:桃李三千,天下谁人不识君。
>
>武和平老师:高屋建瓴,气势如虹。唐风宋韵,浸透辞章。激情处,掷地有声;细微处,润物无形。能文能武亦和平。正是:潘江陆海,便引诗情到碧霄。
>
>王勇平老师:诗人气质,文人风骨。外柔内刚,舒张有度。娓娓道来,饱含真情,真挚,真话,真实。正是:唯楚有材,腹有诗书气自华。
>
>杜少中老师:实话连篇,白话连篇,线上线下,微言之

中有大义;风趣之语,幽默之语,微博微信,嬉笑怒骂皆文章。正是:天马行空,万顷波中得自由。

顾勇华老师:对人,热情真挚,温软如春;对事,字斟句酌,一丝不苟。旁征博引,独特视角讲马列;寻章摘句,细节故事说中国。正是:传道授业,桑榆非晚霞满天。

刘笑盈老师:教授博导,著作已等身,白衣卿相真高雅;纵酒放歌,诗酒趁年华,中州名士自风流。正是:流水浮云,闲忙皆是自由身。

杨宇军老师:热血男儿,军人情怀。谈吐儒雅,后生可畏。一句"航母不是宅男",让国人温暖,令敌人胆寒。正是:上马击狂胡,下马草军书。

李新民老师、郭晓科老师、杨文霞老师及众多年轻人:如红日初升,如潜龙在渊。希望之寄托,事业之未来。少年智则院智,少年强则院强。

三代同堂,老中青少,美哉!壮哉!我可爱的大家庭!

刘笑盈教授接着说:"好人集中就会漾溢出正能量,我们这些人是好人扎堆,王国庆啊,武和平啊,王勇平啊,都是好人。所以我们这里都是昂扬向上的正能量。"话未说完,杜少中和在座的其他人都喊叫起来:"我们不是好人吗?"刘笑盈连忙赔笑说,"我说大家都是好人,他们是代表。"整个座谈会笑声朗朗,高潮迭起。

我却对刘笑盈"好人"之说陷入思考。其实,关于"好人"的评价,本来不算特别高,这是做人的基本标准,也可以说是个低标准。可是在今天,能被称为"好人"也算是个高标准了。那是因为,社会生活更复杂了,道德滑坡,人心不古,确实存在不少坏人和小人。正因为这样,我们更要在这个讲台上,弘扬正能量,传授做人的道理,扩大好人队伍。说实在话,发布新闻,需要伶俐的嘴,需要犀利的眼,更需要正大的心。有人说,"新闻发言人"这一词组在语文教学上讲是偏正结构,偏是"新闻发言",正是"人"。这是有一定的道理的。

那么,应当做什么样的人?朱熹曾经说过一句话:"大抵圣贤之心,正大光明,洞然四达。"也就是说,做人就应光明正大、襟怀坦荡、磊磊落落、堂堂正正。做正大之人,就是展示正大气象,体现时代精神。所谓"正",就是形象正、能量正、思想正。所谓"大",就是格局大、胸襟大、眼界大。正大气象的生成,首先在于新闻发言人思想人格正大。代表政府发言,更要具备做人的基本准则和素养。为政府发声,为真相发声,为社会的正义发声,这样一个与政府形象、社会福祉、人类进步最为息息相关的领域,新闻发言人当然要讲究发言的方法和技巧,但更重要的是要彰显"修身,齐家,治国,平天下"的胸襟和责任。不忘初心,方得始终。正如北宋理学家张载所说的"为天地立心,为生民立命,为往圣继绝学,为万世开太平"。

站在发布台上,精神高度集中,思想格外活跃,每一个细胞都在跳动,每一根神经都在抖擞。那是一种集敬畏、责任、兴奋和神圣等各个情绪于瞬间的特殊感觉。新闻发言人的精神气质、思想内蕴和道德操守,都必须适应政府授权的那份特殊信任和要求。每一次新闻发布,都是对心智的全面历练;每一次答记者问,都是对民意的直接回应;每一次现场调查,都是对社会的深刻触碰;每一次直面真相,都是对灵魂的严厉叩问。成功的新闻发言人毫无例外地,都是不懈努力,历尽艰辛,埋头于事业,通过艰苦卓绝的奋斗,在成就伟大事业的同时,也造就自己完美的人格。

这个过程,虽然艰辛,虽然负重,但新闻发言人可以看到别人看不到的角落,能走进别人走不进的内心,能体验别人难以企及的丰富人生。担起一份新闻发言人的勇气与责任,去传递政府的声音,感受世界的丰富,体会人性的温热,推进社会连接与共识,做时代的亲历者、见证者与发布者。

习近平总书记曾指出,有信念、有梦想、有奋斗、有奉献的人生,才是有意义的人生。新闻发言人发言,不仅是从嘴里发言,也是从心里发言。心里的无声发言往往支配和决定着嘴上的有声发言。言为心声,心口如一。其心正,嘴亦正;其心真,嘴亦真;其心善,嘴亦善。《论语》中提到四毋:"毋意""毋必""毋固""毋我"。意思是要杜绝四种毛病:不主观臆测、不绝对肯定、不固执成见、不自私自利。也许,有人认为,政府新闻发言人是授权发言,照搬照套、原汁原味地表达政府的意图即可。这没错,但即便是政府的意图,新闻发言人也应弄明白、搞清楚,并在内心接受和坚信。也就是说,新闻发言人发布的信息,要让大众相信,自己先要相信;要让大众认可,自己先要认可,不能以其昏昏使人昭昭。

二、知不足而不断充实自己

有人问我:干了几年新闻发言人,最大的感受是什么?我的最大的感受是:新闻发言人,不是一个容易承担的角色;发布台,不是一张容易表现的平台。这当然是就我本人而言的。我深知,"及时发布者""权威定调者""自觉把关者",这是新时代赋予新闻发言人的职责和使命。新闻发布需要一定的政策水平、表达技巧、知识素养、专业门槛和技术含量等基本功底来支撑。发布时,新闻发言人是用嘴在发言。发布前,却是用眼在观看,用耳在倾听,用笔在记事,用脑在思考,利用各种器官吸纳各类知识和信息,这是奠定站在发布台上"发声"的先期工作和必备条件。

有一种说法,优秀的新闻发言人,需要具有政治家的眼光、实干家的品格、哲学家的思辨、文学家的文采和外交家的口才。这个标准太高了,很难达得到。特别是我,天赋低,学识浅,囿于各种条件,更是可望不可求。但是,我却特别喜欢这种人生境界。我认为,定一个高的目标,并朝着它不懈地去努力,虽不能至,心向往之,则是一种不断充实自己人生厚度、高质量完成新闻发布任务的应有态度。

如果人们钦佩新闻发言人面对媒体能够做到有问必答、灵敏反应的话,那一定要知道,这并不一定是发言人天赋过人,其实更多的还是一个厚积薄发的结果。华罗庚有一句名言:"聪明在于学习,天才在于积累。"从某种程度上讲,发布台最大的考验在于不可知。因为记者提出的问题不可知,才成为发言人的奋斗空间,让自己经受着的压力能够演变为动力,让不可知成为可知,在发布台上完成一次次人生的蜕变。

在发言人风光和魅力的背后,是辛勤的劳动和不懈的努力,是一种长期不懈、时时刻刻的认真和严谨。尖锐的发问,快速的回应,对谁都构成压力,对谁都是严肃的挑战。发言人胸有成竹地快速做出符合要求的回答,这种底气和能力全在于平时的学习和积累。在聚光灯照射不到的地方,新闻发言人有着处于媒体视野之外更加丰富而勤奋的生活侧面。辛苦是把握主动、获取成功的定律。非经艰难困苦,不能玉汝于成。不管是谁,其成功都不会是偶然的。台上的从容是由台下的努力打造而来的。可以肯定地说,只有坚韧不拔、勤奋努力的人,才有可能成功地站立于发布台。历经了甜酸苦辣,品尝了人生百味,在担当中净化灵魂,在压力中淬炼生命。

新闻发言人不是"养兵千日,用兵一时",而是"养兵千日,用兵千日"。随时都在观察国内外的舆论风向,研判本领域的舆情动态,吃透相关的政策精神,与时俱进地进行"议程设置"。为一篇讲稿,为一个口径,为一个金句,甚至为一个词、一个字,都会绞尽脑汁,苦费思量,容不得半点怠慢和松懈。这是发言人注定要受的苦和累,其中的慰藉与惋惜、自信与自责,别人不可能知道,也不可能享有,这是属于发言人的独特体验。正是因为台后的自强和自律,才会有台前的自信和自如。可以说,发言人的魅力来自忠诚,来自担当,来自勤奋。这个重要的光荣的职责,无疑是一个辛苦、担当的岗位。

古人说:"学者非必为仕,而仕者必为学。"学习非必为发言人,但发言人必须学习。被赋予这个职位的时候,只能说明具有担任这个职位的初步潜质。而要真正适应这个职位,还必须狠下功夫,始终保持求新、求真、求深、求精的进取状态,使自己的知识储备、文化修养能够承担起这项任务。对政策的理解、对情况的熟悉、对专业的把握、对知识的通晓,对发言人来说都是一座座必须攀越的大山。谁又能在攀越中不费气力、不掉汗水?当然,这个职位本身也是自己拥有的优势,能得天独厚地促进自己提升能力,健全素质,实现目标。

时代在不停顿地前进,就像奔流不息的长河。世界变化快,科技进步快,生活节奏快,是当今社会的显著特征。要适应这种社会特征和社会要求,发言人就得与这个社会同步。如果永远待在原地,就算没有退步,也会被社会进步的车轮远远抛在后面。当才华还撑不起发言人责任的时候,就应该静下心来学习;当能力还适应不了媒体和社会的期待时,就应该沉下心来历练。持续地学习,持续地追赶,持续地积累。在知识吸取、知识积累、知识储备、知识更新上,任何的不达标、不充分,都会成为新闻发言人落伍的必然结局。发布台上,每天都有新的问题出现,过去的口径未必能应对今天的问题,过去的经验未必能处理今天的质疑。新闻发言人要随时回答新问题,达到高质高效的发布目的,就要使自己的知识适应新的变化和更替,就得不停顿地学习。作为一种职业需要,发言人应当始终保持本领恐慌、本领不足的危机感,一刻不停地增强本领。用更具层次、更有深度的视角去看待世界和世间的事情。只有自己弄懂了,才能告诉别人;只有自己厘清了,才能回答别人;只有自己相信了,才能影响别人。就像奔驰的列车需要持续不断地充电和加油一样,如果动力系统停摆了,靠着惯性虽然也还可以跑一段,但最终必然会停止下来。

问题还在于,我们正处在全媒体时代,这个时代对发言人的要求更高,甚至近乎苛求。发言人在发布台上的任何表现,都会受到全方位、全过程、全社会的反复审视和评价,不会被轻易地放过。

一处语法有错，一个读音不准，一个用典不当，都会被捕捉、被放大、被热议，更不要说发言中事实是否精准、观点是否正确、态度是否诚恳的问题了。这种差错的曝光，不仅影响发言人自身形象，也影响政府的声誉以及发布的严肃性和效果。不要埋怨社会的苛求，越是文明的社会越需要这种苛求。

"梅花香自苦寒来。"知识是学习出来的，才干是耕耘出来的，能力是积累出来的。这种奋斗和耕耘就得吃苦受累，就得流汗，有时甚至流血流泪。一分耕耘，一分收获。正如《论语》所说，"不患无位，患所以立。不患莫己知，求为可知也。"不必担心自己没有发言的舞台，而应该担心自己没有可以立身的本领。不要担心没有人了解自己，而应该担心自己不具备让人知晓的能力，从而使自己的人生达到对知识博学、对事业博命、对他人博爱的境界。

社会是一个大课堂，对一个发言人来说，处处皆有学问，人人都是"吾师"，关键在于用心。对于那些与我们"擦脑而过""擦眼而过""擦耳而过"有新意的学问，只要做个有心人，都可以抓住，成为自己新的知识。在生活中，看到一句眼睛为之一亮的新说法，听到一个精神为之一振的新观点，碰到一个心灵为之一动的新事例，悟到一个大脑为之一激灵的新理念，都能自觉地、敏锐地像海绵吸水一样贮存和积累下来。试想，如果一个发言人时时处处都能这样地留心，何愁自己在发布台上不能胸有成竹、对答如流？我注意到几乎所有我认识的新闻发言人都很注重学习。公安部原新闻发言人武和平平时随身都会携带一个小本子，有什么好的句子就会随时记下。有时在与别人交流时，觉得有意思的谈话也会记在本子上，经过咀嚼和吸收，成为自己的营养。所以，他的知识面总在不断地扩大和更新。

每个人都有自己的优势和劣势，真正有智慧和才华的发言人，必定是肯用心学习的人。老子说："天之道，损有余以补不足；人之道，损不足以奉有余。"只因天地无限，重在均衡，需要通过取长补短去实现。每个发言人都有自己的长处，都有别人所比不了的地方。重要的是发现自己的长处在哪里,自己的长处是什么,然后有意识地去培养和发展。常照照镜子,了解自己的优势与劣势,给自己下一个理性的定义,并且不断地反思自己,不断地改进自己,才能在履行自己的职责时注意扬长避短,关注他人的感受,避免产生不良情绪。

作为铁道部曾经的新闻发言人,我担当着做好公众与铁道部之间桥梁和纽带的责任。我的纽带工作做好了,政府部门得分;我的纽带工作没做好,就可能给政府部门造成负面影响。铁路是一个有着200多万人的庞大的行业,工种复杂,业务专深,我不可能对每一个工种、每一项业务都了解透彻,回答记者和网友的问题时表现局促也是常有的事。如果因为要维护自己的自尊而说一些自己并不清楚的东西,不懂装懂,装腔作势,就有可能会造成误导社会舆论的可怕后果。

同时,新闻发布工作是有规律的。尊重新闻发布规律,按照新闻发布规律办事,把握好舆论引导的时机、节奏和力度,使新闻发布的理念、内容、形式和方法不断优化,应该是新闻发言人孜孜以求的目标。我的天资不强,学识有限,我对自己提升的办法就是恶补,坚持利用各种机会,哪怕是碎片化的时间去学习,从书本中、从实践中吸收别人的知识和经验,使自己跟得上事业发展和时代的步伐。有记者朋友称赞我,说我把铁路特别是高铁的事都搞透了。其实我还差得很远,如果说能掌握到一些肤浅的东西,那也是我下的笨功夫可能要比别人多一些的缘故。

三、知授权而不断约束自己

政府新闻发言人是一个要求德才兼备的岗位,需要用真相守护社会价值,用正义守护一方净土,用自律守护内心纯净。发布台带给我们光环的同时,也带给我们责任——既是有所为的责任,也是有所不为的责任。新闻发言人要能有资格、有底气站在发布台上,前提是应该具有严以修身、严以用权、严以律己的自觉和自律。

国家安全生产监督管理总局原党组成员兼总工程师、新闻发言人黄毅很有感触地说:"把握好新闻发言人的角色定位,这是新闻发言人为人处世、履职尽责的首要前提。有人讲,新闻发言人是一种制度设计,这话没错。但是这种制度是由自然人承载的,而人是有思想感情的。不论你过去是干什么工作的,担任什么职务,一旦走上新闻发言人这个岗位,你就不再是原来的你。身处这个岗位,背负方方面面的压力,一言一行都令人关注。比如,你在正规场合不经意说的一句话,人家就认为代表了所在部门的立场观点;你在非正式场合开的一个玩笑,别人就可能认为是一个新闻点或爆料;你随便与媒体记者的电话交谈,就有可能成为电话采访的记录。所以新闻发言人必须具有岗位意识,时刻保持好自身的形象,知道自己是干什么的,脑子里始终有这根弦。"

用道德和法规约束自己,这是新闻发言人必须坚守的伦理底线,更是新闻发言人的神圣责任和光荣使命。新闻发言人应当有足够的能量去面对困难,也应当有足够的能量去面对诱惑。讲理想的人要有理想,讲信念的人要有信念,才会让新闻发布令人信服。只有对职责如履薄冰的敬畏,才会有谨慎的、潜心的、合格的发布,否则必然德不配位。在这个万众瞩目、媒体聚焦的地方,没有这种境界,怎么会有胆量踏前一步?

生活在全媒体时代,众说纷纭,各抒己见,人们对发言人的评价未必一致,或褒或贬,或誉或损,都很正常。重要的是发言人要有定力,要能自律,不要自毁形象。"传道者自己首先要明道、信道。"你站立的地方,就是你的岗位、你的境界、你的责任。站在聚光灯下,身上会笼罩光环;对着麦克风发声,声音会成倍放大,这往往让人晕眩,莫名其妙地会有一种成就感、优越感,把握不好,就会膨胀。德要配位,厚德载物。讲自己所信的、做自己所讲的,切实担负起发言人的神圣使命。自律者出众,不自律者出局。放纵如山倒,自律如抽丝。不要给自己找借口放纵,让自律成为做人的一种习惯和法则。心中有敬畏,行为有准则。身上不容一点尘埃,心中不进一丝杂质。没有功名缠身,没有利欲熏心,只有一片干净、明媚的心灵花园,活得自然有质感。在茫茫人海中,我们每个人都只是微尘。暴风雨会在不经意间忽然降临。如果没有自律,就没有干净的灵魂,就没有坚强的筋骨,就没有高贵的气节,就根本站立不起来。发言人是授权发布,不能越权,不能揽权,不能弄权。政府新闻发言人不是政府本身,决不能说一不二,强词夺理,反问提问者,训斥质疑者。

一名严肃而负责任的政府新闻发言人,时刻都会以政府利益和声誉规范自己的言行,而不会太过张扬自己的个性,不会在发布台上采取某些夸张的言语、夸张的表情、夸张的动作、夸张的着装,来引得媒体和公众的关注,求得个人在舆论场上的名利。其实,新闻发言人持久的生命魅力在于始终精准地表达政府的核心信息,并在这个过程中尽可能抹平或淡化自己不合时宜的个性表现。做到少一点指点江山、舍我其谁,多一点脚踏实地、低调平和。不戚戚于是否凸显自己的业绩,不耿耿于是否留下自己的赫赫声名。

某位教授在接受一个权威媒体的采访时,将中国新闻发言人分为"无可奉告型""大包大揽型""照本宣科型""自我辩护型""报喜不报忧型""恼羞成怒型""感情错位型"等等。对我个人来说,或许有某些针对性,但对新闻发言人这个群体来说,却有失偏颇。尽管如此,还是值得每个新闻发言人警醒。《论语》提到君子有九思:视思明,听思聪,色思温,貌思恭,言思忠,事思敬,疑思问,忿思难,见得思义。意思是有九件事要思考:看的时候要明察,听的时候要听清,脸色要温和,态度要恭敬,说话要忠诚,办事要谨慎,产生疑惑要询问,生气时要避免惹祸,得到利益要考虑是否符合道义。新闻发言人是代表政府发言,有一定的影响力,也有一定的平台和资源,能不能稳得住心神、管得住行为、守得住清白?在人心浮躁、言论喧嚣的社会生活中,说话能不能做到精准、精确、精细?行事能不能做到慎重、庄重、自重?这是一种考验。只有不忘初心,不追时尚,不慕虚荣,强化自我修养、自我约束、自我改造,坚守精神追求,看淡个人得失,心无旁骛工作,才能经受得住这种考验,才能为政府做好事、发好言。

发布台,不是追名逐利的平台,不是加官晋爵的阶梯,不是金字招牌和豪华跳板,不会"好风凭借力",送新闻发言人直上云霄,走上仕途巅峰。也许会有人把发布台当作谋求私利的名利场,把在发布台上的经历作为向组织上伸手要官要权的理由。一旦没有达到自己的私欲,或是遇到挫折,就萎靡不振,欲哭无泪。不能因为做了一些职责范围内该做的事,没有被上级及时发现、及时提拔而心生郁闷、抱怨。甚至埋怨组织,贬低别人,抬高自己,无节制地发泄私愤,这种行为不仅玷污了自己的灵魂,也玷污了新闻发言人的称号。正确对待荣誉、利益,保持阳光的心态,在工作中找快乐,虚荣只会让自己活得很累。在发布台上的所言所行,会慢慢变成自己的肉和骨头,慢慢铸成自己的灵魂。在人生中面对诱惑时不苟且,面对邪恶时不妥协,面对挫折时不气馁,面对打击时不沉沦,始终记得自己的珍贵,坚信自己的珍贵,爱己所爱,行己所行,不违己心,做真实的自己,才会有一种从心灵深处满溢出来的不懊悔也不羞耻的平和与喜悦。曾经有一位铁路领导对我转达来自上级领导部门的表扬,虽然我内心充满感激,但是我还是冷静地说:不求有功,但求无过。也许正是这种心态的养成和强化,才使得自己在人生道路上能够做到宠辱不惊、去留无意,尤其是在后来经受着潮水般扑来的舆论压力时还能够坦然从容地走过。

新闻发言人最应该知道的是:自己是谁,发言为了谁并依靠谁。只有解决了这个问题,才能在人民的生命财产受到损失时不掩盖真相坚持说实话;才能大胆地说符合人民群众利益的话,决不说违背人民群众利益的话。无论顺境还是逆境,无论得意还是失意,心中都要保留一份坚守和执着,都要有一条红线横在自己面前,那就是:不自欺,不欺人。这是发言人做人的尊严,是发言人行事的底线,也是发言人对天理良心最基本的敬畏。即便是为本行业说话,也必须坚持真相、坚持正义、坚守道德,否则再卖力,也会被整个社会共同体所鄙视。因为对公众瞒报事故,就是事故的帮凶;对社会掩盖问题,就是问题的保镖。

北京市环保局原副局长、新闻发言人杜少中有句经典的话:"新闻发言人培训应该做什么?第一告诉你怎么在做好事的基础上把话说好。第二告诉你,如果你做错事说错话,应该怎么改过来。第三告诉你,有一件事你想都别想,就是做了坏事缺德事,怎么逃避追责文过饰非瞒天过海,门都没有。"为私者有畏,利己者胆怯。如果曲意逢迎,以此获取自己的权力和名利,而把人民和国家利益置于脑后,就不会敢于直言、敢于担当,无力直面重大敏感问题。明知有问题听而不闻、视而不见,甚至只唱赞歌不说问题。视重大敏感问题为畏途,大事化小、小事化了,那又怎么可能做一个合格的新闻发言人?

作为公众人物,发言人会引来社会更多的关注,誉与毁、宠与辱会经常遇到。当公众崇拜发言人的励志成就时,一定要保持清醒,切忌得意忘形。新闻发言人只是被授权发布新闻,只是政策的发布者或诠释者,不是政策的制定者,没有任何理由以政策制定者和先知者的身份来面对媒体和社会公众。在与记者和网民打交道时,千万不要给人以居高临下的感觉,秉持诚实至上,摆正位置,用坦诚换取坦诚,用尊重赢得尊重。而当受到挫折时,也没有必要妄自菲薄,沉得住气,弯得下腰,抬得起头。

"7·23"动车事故新闻发布会,成为新闻发言人制度逐渐健全和完善的一个重要节点,各级政府部门在分析这次发布会的成败得失中不断地提升认知水平,对新闻发布工作显得更为重视,一系列的制度措施相继出台和实施,各种新闻发言人和党政干部培训班也纷纷举办。在培训班里,各位授课专家教授自然言必谈"7·23",他们从各个角度剖析这一案例的特殊意义。这对实际工作是有价值的,对我本人的反思也是有裨益的。所以,我曾经坦然面对媒体说,如果对新闻发言人制度确实有好处,我愿意接受"反面教员"这样一个角色。

当然,这也需要实事求是的态度,否则就显得虚伪,显得矫情,也达不到初衷。确实有一些专家教授为了追求讲课的轰动效应,在讲台上对我进行上纲上线式的指责以及道听途说式的演绎,我从来不会去"论战"。舆论场上够热闹了,更无必要把更多的时间和生命耗费其中。但是,很多朋友往往会当场或事后向这些专家教授提出不同意见和看法。

有一位老师在交通运输部新闻发言人培训班讲课时,说了王勇平的新闻发布阻碍了中国高铁发展之类的话。对这种偏离了事实真相和培训初衷的授课,我当然无法接受,感到很委屈,但也不去争辩和解释,让别人说去吧。

新华社资深记者刘娟也听过这类授课,是非分明、心直口快的她一点也不客气地评价那些批评家:"站着说话不腰疼。充当事后诸葛亮,品头论足,一味指责,进行道德审判,这谁都会。如果是你面对那场险恶的发布会,还不知道会弄成什么样子呢?"当然,不少专家教授一旦知道真相后,也会很快转变自己原有的观点和看法,调整自己授课的案例情节。刘娟特地劝慰我别太在意,再优秀的人也会有一段暗淡的时光,重要的是不要因为别人有意无意的伤害而趴下。

至于曾在铁道部政治部宣传部工作过的同志,比如王雄、王滨、王颖,都在这类培训班上与授课老师进行过商榷和解释。在"7·23"动车事故发生时,国家铁路局综合司副司长梁成谷当时是铁道部政治部宣传部新闻处副处长,对事故的发生和事故新闻发布会全过程非常清楚。几年后,他到中国浦东干部学院参加培训,听到了学院教授周光凡在讲课时以"7·23"动车事故新闻发布会为案例。周光凡是一位优秀的年轻教师,讲课比较受欢迎,但周光凡在讲"7·23动车事故"新闻发布会教训时并没有掌握当时的真实情况,有些事实说得不准确。梁成谷当即纠正了他的说法,并讲明事情的真相。当得知周光凡的这些材料都是从网上获得的,梁成谷告诉他网上造谣者已为此承担了法律责任。周光凡对梁成谷表示真诚的感谢,并修正了自己授课的观点和内容。后来,我有幸与周光凡同台授课,周光凡坦诚地告诉我这些情况,他的真挚和大度反而感动了我,我们成了好朋友。

在发布台上,新闻发言人要立足于对灵魂最起码的尊重,说过的话,做过的事,不会后悔,良心能安。虽然新闻发言人会有自己独特的风格,但在信息的发布中不能滥用个性的张扬,一定要把自己的价值观与政府的价值观清晰地区分开来,其间的界限务必真正拎得清、掰得开。如果它们之间有差异的话,出于个人原因的好恶或情绪波动,不应当成为处理公共事务关系的决定因素。在被授权发布政府的信息时,必须原汁原味,不塞私货、不泄私愤、不徇私情。

有一次,在一家网站做嘉宾,有网友说道:"中国高铁创造了时速 350 公里的世界铁路运营纪录,这是中华民族的骄傲!是每个中国人的骄傲!可现在调整为 300 公里,心里总有点说不出的滋味。"其实,我的心里也不是滋味,但这是铁道部领导班子做出的新决定,个人再有想法也不能流露,而且还必须考虑到我的回复将在社会上所要产生的影响。于是,我回答说:"在党中央、国务院的正确领导下,中国高铁的确走在了世界的前列,高铁的成就得到公认并已经载入史册。这确实是中华民族的骄傲。我们在掌握和运用时速 350 公里这一成熟技术之后,在主要长大高铁线路运营初期适当调速运行,这会使我们拥有更大的安全冗余。而且通过适当调整速度以降低票价,可以让更多的旅客承受,满足多样化的市场需求。"

我接着说:"但这也不是绝对的,既有的京津城际铁路仍将保持 350 公里时速,未来一些城际铁路也可能根据需要安排 350 公里时速。"

为了使大家对高铁发展方向有信心,最后我明确表示:"我们可以告诉大家,中国高铁发展不会停步,对包括速度、安全、平稳性等主要指标在内的高速技术,我们仍将不断追求和完善,但我们必须坚持实事求是。200多万铁路职工在党中央、国务院的正确领导下,在全国人民的大力支持下,一定会以实际行动创造更多的辉煌,让伟大的中华民族拥有更多的骄傲与光荣。"

新闻发言人有自己的见解和情感,但必须服从本单位本部门决策层的既定意图,同时,也必须对整个社会的利益和期待负起责任。

四、知负重而努力磨砺自己

在外人看来,站在发布台前,是一种洒脱,是一个很耀眼、很风光的存在。但是只有政府新闻发言人自身才能够真切体会到,这是一种负重。这种负重当然不是针对体力而言,而是贯注于整个心理、整个精神之中的一种无形的压力和责任。这是新闻发言人在特殊场地用自己的肩膀在鼎扛着政府的形象、政府的责任和政府的职能。

每当站在发布台前,我都会感到很大的压力。面对各位记者提到的各个社会热点问题,都会觉得自己才疏学浅、知识贫乏,总是战战兢兢,诚惶诚恐,小心翼翼,不敢松懈。我在没有任何心理准备的情况下就被推到发布台上,推到这个众人关注、众人评判甚至众人吐槽的风口浪尖上。但是,我觉得这是一种机会,是一种磨砺。能够自慰的是,在担任新闻发言人的那些年中,我逐步在压力下成长,实现了从缺位成到位、从无为成有为,从被动成主动的转换。我在发布台上没有一次照本宣科读完就走,没有一次不答疑就拂袖而去,没有一次回避记者、怒目以对,包括在"7·23"动车事故新闻发布会上,以其虽不耐看但敢担当的姿势完成了自己最后一次新闻发布。

"7·23"动车事故新闻发布会引起舆论炒作而造成我的工作变动,中止了新闻发言人的身份,使我前往总部设在波兰的铁路合作组织出任中方委员。有人替我惋惜,有人替我鼓劲,当然也有人认为我咎由自取,各种不同的看法存在,都很正常。

2011年8月20日,光明网发文《王勇平:留任不必喜,换岗未必忧》。文章说:

> 甬温"7·23"高铁事故发生后,网民朋友对铁道部新闻发言人王勇平同志的态度在不太长的时间里,有了一个戏剧性的变化:先是"炮轰"要他走人;走人后又有人为他"惋惜",为他说了很多的好话。
>
> 本人认为,国人的这种想法都有点过头,要换一种平常的心态视角来解释:留任不必喜,换岗未必忧。这也许是王勇平同志在政治上难得的一次新的发展机遇。
>
> 国家在公共管理工作中若是发生了特大事故,总归是要有人挨板子的。即使他在新闻发布会中不发明所谓的"高铁语",也是这样的一种必然的结局。
>
> 中国几千年历史也是如此这般的。三国时期"官渡之战"中的管粮官原本是一个清官好官,不是照样因没有粮食供给,而又要稳定军心大局,以所谓的"贪污罪",被英雄的魏武大帝曹操所杀祭旗后,曹大帝在带领官兵置之死地而后生中,夺取了"官渡之战"的全面胜利,打败了胜己十倍之众的北方门阀势力代表袁绍,进而平定了北方称雄中国,做出彪炳中华民族统一大业的历史来?何况现在王勇平的脑袋还是安然无恙挂在他自己的项上,而且出国工作级别未降。这是时代的发展进步和王勇平同志的幸运。
>
> 有分析家认为,王勇平同志此时正常的换岗,既可避避国人此时"炮轰"的风头,也不能说他将来没有机会担当大任的可能性。换岗才是对王勇平同志的真正大考验,当然更是一种难得的发展机遇。关键是看他自己,有

没有这种政治品质智慧和政治操守把握得住。

20世纪80年代初铁道部部长丁关根同志,不是因为新华社等主流媒体曝光了所谓的"双城堡野蛮装卸事件"后引咎辞职,在中国部级领导干部首开辞职的先河?但丁关根同志此后升任中央政治局委员、书记处书记、中央宣传部部长……必须指出的是,丁关根同志为党的宣传事业做出了很大的贡献,成为党和人民的骄傲。

前几年山西省省长于幼军同志,在引咎辞职、坐了几年的冷板中写出了《社义主义在中国五百年》,现在重新复出担任了国务院南水北调办公室主任。这样他又可以为人民做些事情建功立业了。

我们网民也不必为王勇平离职自责。我只是想说,希望今后在国家发生其他的类似甬温高铁这样的事故问题时候,大家都要有冷静的思维和全局意识才好。因为中国当前最大的政治是发展,不可能不出一点问题。因此,从国家全局利益的高度来看问题时,是不需要过多的指责,而是需要更多的建设意识,这才是真理。

我们要在党中央的坚强领导下,少说多干,多鼓劲少指责,以"理性、深度、建设"的意识,全国一盘棋,共同齐心协力创造"科学发展、和谐发展"的新局面来。在当前世界新一轮竞争中全力发展中国自己,以加快全面建设小康社会的步伐,早日实现中华民族的伟大复兴。

现在才是真正考验王勇平同志的时候。如果他能够抓住这个难得的机会,不懈地加强政治思想理论水平和方方面面的修养,全面地提高自己,特别是要加强高铁业务管理水平素质的提高,在不断地提升自己的人生境界中,真正地把自己历练成为一个对党对人民事业忠诚、"政治强、业务精、纪律严、作风正"且具有世界眼光、能担当大任的党的优秀后备干部。如果这样,是党的事业发展需要,更是全国网民朋友们的殷殷期盼。

　　王勇平同志,请珍惜党和人民对您的考验!祝您好运!

　　这篇文章使我感到既亲切又庄重。我下载了这篇文章,在上面写了一段话:我会珍惜党和人民对我的考验和期望。不管经历多少变幻和磨砺,始终不退化善良与正直。不管面对多少诱惑和不堪,始终不忘记信念与情怀。不管遭遇多少坎坷和险阻,始终不动摇自信与豁达。不管遇到多少挫折和失利,始终不放弃坚韧与执着。不管蒙受多少误会和委屈,始终不泯灭良知与忠诚。不管收获多少鲜花和掌声,始终不改变本色与初衷。

　　在出国前夕,朋友们担心我心情不好,便以各种方式慰藉我。一天,几位朋友邀我小聚。大家在一起高谈阔论,有位部委的朋友用很权威的口吻说:"高铁是贵族阶层的运载工具,发展高铁忽略了社会底层人的感觉和存在。中国铁路的根本问题不是运输能力问题,而是运输管理问题,高铁不适应中国的国情。"我一听便沉不住气了,顿时毫不客气地怼他:"您这是武断!"对方一愣,对我发问:"你现在已不再是铁道部发言人了,还在这里维护高铁。"不是发言人讲话更加率性了,我一点也不退让地回答:"在维护中国高铁这件事上,我考虑自己的身份不是一个铁道部发言人,也不是一个铁路人,而是一个中国人。"当时,场面有些尴尬。

　　后来我也很后悔,遇事太认真。你有你的信念,别人有别人的看法,为什么不能让别人自由自在地表达自己的观点呢?即便别人的观点有偏颇,也应和风细雨地讨论。再说,正是因为自己在维护高铁上不太讲究方法技巧,才招致太多的非议和指责,乃至离开现职岗位而出往别国。自己是应该吸取教训了。

　　可是,在事关原则性问题上,让我静默无言,一旁看热闹,这实在是难以做到啊!八年的新闻发言人生涯,不断地思考,不断地实践,不断地发言,不断地强化,我对中国高铁的认知已坚信不疑,对中国高铁的情感也坚定不移！我已把自己的命运完全融入了高铁事业之中。而且无论在什么处境中,坦途也好,低谷也好,都不会轻易改变自己既定的看法和态度。真是江山易改,本性难移。只是觉得很对不起那位部委的朋友。

守住一颗正大之心,就是守住一颗善良之心,守住一颗正直之心,守住一颗淡泊之心,守住一颗平常之心。我不能说自己完全守住了,但我努力地在守着。

第十二章　扎深厚之根

题记　发布台,是政府部门或企业行业对外的话语平台。发言人作为本部门、本行业的代言人,首先要解决的一个问题,就是距离这个部门或行业的群众是否近?感情是否真?诉求是否懂?根植是否深?这是能否取得替他们代言资格的关键,是走上发布台先要跨过的一道门槛。一个发言人的境界是上升还是下沉,底蕴是厚重还是贫瘠,很重要的一个因素是,他植根究竟有多深,也就是他与人民群众的贴入度、深入度、融入度有多大。新闻发布,说到底是民众实践活动的反映,即便是领导层的决策,也是代表着基本民意而做出。从这个角度说,新闻发言人的素材、信息实际上蕴藏于民众的创造、呼声和利益之中,只有与他们同呼吸、共忧乐、齐奋斗,工作打成一片,语言汇成一片,感情连成一片,并深深地扎下发布业务之根、人生价值之根,新闻发言人才能汲取到用之不竭的养分。树大根深,根深叶茂,这是新闻发言人自我锻炼、自我提高、自我升华的根本。否则,脱离了他们,必然成为无源之水、无本之木。

一、从职工群众中吸取养料

历史是人民创造并决定发展的方向,中国铁路现代化成果也是广大铁路职工创造的。潜藏于职工群众之中的巨大热情和智慧一旦激发出来,必然成为中国铁路面目一新并持续推进的内在动力。

鲁迅先生曾经说过:"我们自古以来,就有埋头苦干的人,有拼命硬干的人,有为民请命的人,有舍身求法的人……。这就是中国的脊梁。"中国铁路人就是这样一群人,为了中国社会的快速发展,为了中国民众的便捷出行,他们吃苦、耐劳、拼搏、委屈,艰而不言,苦而不语,危而不怯,累而不歇,难而不退,肩负了一个个重任,创造了一个个奇迹,捧出了一个个惊喜。

铁路事业每前进路上一步,背后都是铁路人无数的汗水和心血推动。可以说,每一步都走得艰难,而每一步也都走得铿锵。铁路人的梦想并不是自己的功成名就,而是甘愿做衬托着列车平安快速驰过的毫不起眼的枕木和道砟,为改变长期制约国民经济发展和人民群众出行的瓶颈状态而发挥着默默无闻且又实实在在的作用。

中国高铁的成功,除了政策、科技、国力、开放等内外缘由,还因为我们幸运地拥有许许多多任劳任怨、默默无闻的铁路人。发展高铁,凝聚着党中央伟大的气魄和意志,汇集着全国人民强大的智慧和力量,也表达着铁路人巨大的决心和渴望。铁路人在最艰难的年月里,把中华民族的优良传统和中国工人阶级的优秀品格护在心口,并为之而毫无保留地奋斗。每一个铁路人都是铁路发展建设的参与者和见证人,都是"分担海的忧愁,分享海的欢乐"的"浪花一朵",使个人的际遇与铁路事业相生相伴、肌肤相贴。他们虽然有时也会被社会不理解,却仍然以共和国长子的身份凭着一股永不懈怠的劲儿,献了青春献终生,献了终生献子孙,用不朽的功绩,在铁路领域,挺起了一个民族的钢铁脊梁!

《中国应急管理报》总编辑王正民曾经评价我,说在我身上总是感觉到一种悲天悯人的情怀。这种情怀是一种自然的、与生俱来的内心流露,而不是刻意装得了的。我接受并感谢他的这种评价,因为我在处理一些事务和发布新闻时,在某些特定的事情上,确实会有这种铁路情怀的非刻意渗入。

这可能是一种本性,尽管这对新闻发言人而言,可能会被认为是不够老练、不够圆滑。这也许与我的人生经历很有关系,我来自铁路,植根铁路,服务铁路,有一种深深的铁路情结。特别是从最基层铁路人身上吸纳的营养成分,铸造了我这个略显单纯但又有着行业特征的发言人性情和形象。

我一直在想,没有铁路事业的蓬勃发展,没有铁路事业的宽广舞台,就不会有我对生活如此真切的感受,也就不会有我在发布台上敢于代表铁路发言的自信和坚定。自己的成长离不开所处的社会和时代,离不开生活的环境和工作的舞台。我是从铁路最基层的职工队伍中走出来的铁道部新闻发言人。1975年8月,我从下放三年的农村招工到广州铁路局怀化机务段。从此,便和铁路上的大多数人一样,一生都与这个庞大而封闭的系统血肉相连,难以分割。

当时我被分在检修车间当学徒。那时全段担任客货运输牵引的机车都是前进型蒸汽机车,我从事的工作是架修机车锅炉。这份工作很辛苦,既脏又累,技术要求还比较高。在三年学徒生涯中,我从工人师傅那儿学到很多东西,最突出的有三点:一是干活不怕吃苦;二是练就一身真本事;三是生活乐观豁达。他们往往是倾其一生的时光与精力,倾其一生的思维与智慧,去做好一个工种、做好一件产品、做好一种服务,做到优质,做到极致。他们没有太多的豪言壮语,工作的辛劳、生活的压力并没有改变他们开朗、豪放的性格。他们围在一起总是说说笑笑,经常开一些无伤大雅的玩笑。每一位铁路人看似琐碎的人生故事,都严丝合缝地与铁路这架大联动机发生千丝万缕的关联，这种关联是一种渗透在日常工作和生活中的文化认同和文化自觉。岁月静好，旅途愉快，风景明媚，是因为有广大的铁路人在人们看得到或更多看不到的地方替国家和人民负重前行，把不可能的变成了可能，把可能的变成了可歌可泣、可圈可点的壮丽业绩。

在与这些最底层的工人师傅一起工作生活的日子里，尽管辛苦劳累，尽管单调简约，但我感到很快乐、很满足，工人师傅那种勤奋、纯朴、乐观、厚道、敬业的种种优秀品质无时无刻不在深深影响着我。在这里，我总是被沉默的力量、人性的光辉感动着。他们对事业的坚毅、对工作的坚守、对生活的坚忍极大地改变了我，构成了自己生命中最为激荡的一段青春时光。

我的师傅夏明华从50年代末参加工作就从事机车架修锅炉工作，对这项旁人看起来又脏又累的粗活有着不离不弃的情感。这种看似傻乎乎的干活态度是他一辈子乐哈哈的人生享受。他永远是那么知足，一生所求，不过是干好本职，安居乐业，平安健康而已，其他的一切都可以不必在意。师傅待我很好，不仅教授我专业技术，而且用言行给了我很多做人的启迪。那时我还在长身体，一顿饭可以吃八两米饭，定量不够，就去师傅家蹭饭。活得简单，也活得充实。体力上的磨砺把我变得更坚忍，精神上的开导使我变得更坦荡。从漆黑的机车炉膛里检查镙撑，到高温灼人的车头里抽过热管，从呼呼生风地抡起几十磅大锤，到一丝不苟地灵巧运作锉刀，我慢慢地像老师傅一样驾轻就熟，面对艰苦繁重的体力劳动，没叫过一声苦，没抱怨过命运。

我不仅磨砺了思想，也磨砺了语言。那时我比较爱好文字，有空就写散文诗歌，写新闻报道，常被报刊采用。三年学徒期满，我就被直接调到广州铁路局党委机关报《铁路工人报》做记者。记得报社总编辑伍子杰多次表扬我写的稿件"沾着油泥香味""冒着现场气息"。在他的指导和鼓励下，我始终保持住这种写作风格，这为我后来成为铁路新闻发言人打下了根底。

生命是一个过程,没有根的生命必将过早枯萎。我从来不掩饰自己对生我养我这片土地的热爱,我的生命早已融入这片土地,我很幸运。

2010年11月,《怀化日报》记者陈甘乐特地从怀化赶来北京采访我,写了一篇题为"为铁道部发言的'书生'部长"的访谈,记录着我这份故乡人的情感:

> 2010年11月1日上午,记者赶到北京市复兴路绿意葱葱的铁道部机关大院,慕名采访了铁道部政治部副主任兼宣传部部长、铁道部新闻发言人王勇平。
>
> **记者**:王主任好,您曾经在怀化铁路部门工作多年,对怀化这座"火车拉来的城市"有哪些深刻的印象?
>
> **王勇平**:1975年我在怀化参加铁路工作,前三年在怀化机务段工作,后来调到广州《铁路工人报》驻怀化记者站,到1983年去广州工作,我在怀化工作、生活了整整八年。可以说,人生中最美好的一段青春岁月,我是在怀化度过的,怀化的风土人情浸润着我的心灵,我对怀化有着非常深厚的情感。
>
> 刚来怀化时,我感觉像是来到了一个安静的边陲小镇。这里的经济不是很发达,城市建设也相对落后,但是民风非常淳朴,自然风光也非常优美。闲暇的时候,我经常和朋友们在清澈的㵲水中游泳、嬉戏,到葱郁的莨山上散步、遐想,留下无数个难忘的瞬间。
>
> 离开怀化后,我先是调到广州工作,后来又到了北京。在广州期间,我还经常有机会到怀化看看。到北京以后,回去的时间就越来越少了。随着祖国发展的脚步,怀化也在不断发生改变,经济日益繁荣,城市也旧貌换新颜,我每次回来都有种"少小离家老大回"和"士别三日,当刮目相看"的感觉。曾经无数次游过的㵲水、攀过的莨

山,很多熟悉的景象都已经变换了容颜。一方面,这说明了怀化经济发展和城市建设的巨变,令人感慨。另一方面,留在记忆深处那些灵动自然的事物,也有很多被现代文明荡涤得找不到影子了。但同时我也能够深深感到,岁月如旅,怀化人的那种淳朴、善良的品格始终没有变。

记者: 听说您在怀化铁路部门工作时有不少亲朋好友,一直保持着密切的联系,能和我们谈谈过去的经历吗?

王勇平: 我在怀化工作生活了八年,而且相当长的时间是从事新闻工作,的确有着非常广泛的交往,亲朋好友特别多。而且我是在怀化组成的家庭,我爱人当时是怀化电务段的话务员,我的岳父是一名解放战争期间南下的干部。我到北京工作时,他们开玩笑说我现在是带着家庭"北上"了。老人还在怀化生活,是一位地道的老革命,每次我回去探望他或者我们在北京见面的时候,当年在北方打鬼子、南方打土匪的经历,都是他老人家津津乐道的话题。

我在怀化还有很多昔日的同事,他们既是我的工作伙伴,在生活中也是我的挚友,有着非常融洽、密切的关系。到北京工作之后,已经很少有回怀化的机会,但是我们一直保持着电话联系。他们到北京出差、开会的时候,也总是会抽空来看看我,一起回忆过去那些难忘的人和事。

记者: 您博学多才,从怀化到北京,从基层工人到宣传部部长,从作家、诗人到中国书协理事、中国作家协会会员,您是怎样跨越行业、跨越时空,书写人生华章的?

王勇平: "博学多才"有些过誉了,不敢当,不过勤思好学的确是我的一个特点。从怀化到广州、再到北京,从宣传干部到铁路警察再回到宣传岗位,这些都是组织的培养与安排。自己没有更多选择的理由,只能是一方面感谢组织信任,一方面扛着压力,一步步走过来,努力把工作做好。当我从宣传部部长到广州铁路公安局担任党组书记的时候,就有很多议论,说怎么让一个"书生"来带警察队伍?记得当时有一次在广州见到法制日报社的社长,他听说我是警察,有点不相信:这么一个脸庞白皙、戴着眼镜的文化人,怎么看也不像警察……后来我给他讲了很多铁路警察的故事,他听得非常兴奋,回去还在报纸上发表了文章《听警察讲警察故事》。从警察岗位到铁道部政治部宣传部担任宣传部部长并出任铁道部新闻发言人,也面对着很多评说。尤其是新闻界的朋友,当时《科技日报》的记者矫阳跟我开玩笑说:"铁道部怎么让一个警察来当宣传部部长?"其实,干什么具体工作都一样,关键还是要迅速适应新的领域、新的岗位。我到公安系统工作的时候,领导嘱咐我说,要迅速适应公安队伍的工作特色。我当时回答领导:"我不是去适应的,而是去改变的!组织安排我到这个岗位,不是让我去适应队伍的现状,一定是希望我带出一支非常有战斗力的队伍来。"到公安系统以后,我们大力开展文化育警建设,弘扬公安精神,工作的确很有成效,队伍面貌不断变化,很快得到了大家的认可。从公安队伍再回到宣传队伍,固然是重操旧业,应该轻车熟路。但这是一个更高层次的新闻宣传工作,压力自然不小。但是我感到,每一个挑战都不可怕,一步步去战胜它,就能够成就自己,更成就事业。

记者: 您对文学和书法情有独钟,造诣颇深,一定有不少体会吧?

王勇平: 文学、书法是我的业余爱好,同时我觉得又是作为一个宣传干部应该具备的基本素质。我从小就很喜欢书法,在长辈的影响下开始临帖,上中学的时候,书法在全校书法比赛中拿过第三名。当时这对我是很有力的促动,后来就一直坚持了下来。这么些年不断地努力,书法得到了老师和同仁的认可,也激励着我继续努力。当然,身为宣传部部长和新闻发言人,工作是很繁忙的,首要是把本职工作做好,把铁路思想文化和宣传报道工作做好。在这个前提下,尽量挤出时间来读书写字,一方面可以让自己的思绪从纷繁的工作中暂时抽离出来,可以说是一种休息和放松,从而以更好的状态投入工作。另外通过文学和书法的熏染,可以让自己在工作中更好地和新闻界的朋友、文化界的朋友进行沟通交流,让工作的效果更佳。同时,文学与书法也让我加深了对事物的理解,给了我很多工作上的启发。

我练字临帖一般都在晚上或者周末。有一次国庆长假,利用加班的间隙,我把《书谱》临习了两遍。第一遍追求"形似",有的字反复临摹,直到满意为止。第二遍则追求"神似",在字里行间融入自己的体悟。经过这样一个过程,拥有了一种手摹心追、心手相印的感觉。有时候没有条件铺纸挥毫,我就采取读、记、思、揣的方式,宁少勿多、宁精勿滥,力求心有所悟,提升境界。此外,日常有空我会研读些书法理论和学术文章,提高自己对书法艺术审美更深层次的把握和理解,深学传统,以古为宗,不断领会、融入时代精神,掌握书法与时俱进的真谛。

写作也是我从小喜欢并一直坚持到现在的爱好。利用闲暇间隙,静下心来读一本好书,写一首诗或一段文字,对自己而言既是一种充实和提高,也是一种美好的享受。可能和性格有关系,我更喜欢写一些感情充沛、激越的长诗。尤其是党的十六大以来,中国铁路的面貌发生了脱胎换骨的巨变,"中国速度"举世瞩目。我有机会亲身参与了铁路建设发展的历次重大事件,每一次都会有许多的情感与冲动堆积在心口,这个时候我就会用文字记录、抒发我的所思所感……朋友说我是"用文学点亮生活、用书法温暖人生",实际上这恰恰是我正在不断追求的境界——以更全面的个人修养,和大家一道进一步做好铁路新闻宣传工作,为中国铁路及至我们的国家做出自己应有的贡献。

记者: 对您的第二故乡——发展中的怀化,您有何感想?又有哪些美好的祝愿?

王勇平: 对怀化的感情,可以用一个词来形容,"魂牵梦萦"。八年的工作和生活,怀化的一切不光看在了眼里,更深深地印在了心里。她是我的第二故乡,也是我工作和事业的起点,感情是非常深的。此外,在文学、书法艺术追求方面,我从心里感谢怀化山水风物的滋养,我总是自然而亲切地把怀化认定是很多灵感迸发的具体地址。

怀化是湖南的"西大门",被誉为"大西南的桥头堡、原生态的植物园",是一座正在崛起的年轻而美丽的城市。湘黔铁路、枝柳铁路、渝怀铁路等像一条条钢铁的河流,灌溉和促生了她的发展和成长,所以怀化人民对铁路都有着深厚的情感。我相信,随着怀化地区铁路、公路、航空、水运等立体化交通体系的日益完善和发达,她的发展必然将迈出更大的步伐。我衷心祝愿她的明天更加美好。

我还有一点感受,在现代化的推进过程中,湘西那些特有的自然景观和人文景观,当地的风土人情,特别是淳朴的民风民俗,不应该被现代文明吞没与遮蔽,而应该继续保持下去,并加以保护和弘扬,因为这是我们这个民族前进的魂魄和精神的血脉。

一段真实的表白,一段难忘的情怀……

二、为职工群众忠实代言

铁路人以铁一般的精神和性格战胜各种自然灾害,承受各种运输压力,创造各种工作奇迹。在市场经济条件下,这个行业强调的是铁的纪律,锤炼的是铁的意志,铸就的"铁魂"融入每位中国铁路人的血液里,他们用巨大的贡献、巨大的奋斗写成了巨大的"铁"字招牌!

可以说,一部波澜壮阔的中国铁路发展史,是中国铁路人在中国共产党领导下、在全中国人民支持下书写的一部感天动地的奋斗史;是铁路人用个人的点滴努力和切身经历在铁路发展的重要阶段书写出多彩人生的创业史!铁路人用智慧和汗水以及不懈的努力,为新中国现代交通事业贡献了巨大而持久的力量,交出了合格而动人的答卷。这些铁路人的成长轨迹,正是中国铁路不断发展,从"跟跑者"变成"领跑者"的轨迹缩影。为中国能成为世界上高速铁路运营里程最长、速度最高,唯一能在各种气候环境和复杂地质条件下建设运营高速铁路的国家,提供了力量和底气。正是有了这些铁路人的付出,中国高铁才能创造多个世界之最:世界上运营列车试验速度最高的高铁,世界上第一条穿越高寒季节性冻土地区的高铁,世界上运营里程最长、跨越温带亚热带、多种地形地质和众多水系的高铁,世界上第一条热带环岛高铁……

2008年2月,铁路运输经受了重大雨雪冰冻灾害的考验。一天,我在办公室里突然接到一个旅客打来的电话(铁路发言人的电话对社会公开),说他乘坐的广州铁路集团公司的这趟旅客列车已在中途停了一天一夜,没吃没喝,冻饿交加,铁路部门还顾不顾他们的死活。我让他把电话交给列车长。我向列车长了解情况。列车长告诉我,这趟旅客列车因猛烈的冰雪造成长时间晚点,餐车食品和水已耗尽,旅客的情绪十分激动,列车遇到了极大的困难。列车员都是 20 岁上下的女孩子,她们把自己的饼干、八宝粥全部拿出来送给了老人和孩子。

我顿时心里一阵激动。我想,这些女孩子在穿上列车员制服之前,只是普通的女儿,和旅客一样有血有肉、有父母牵挂的普通人!此刻,她们要超越自己的年龄、超越自己的经历、超越自己过去从未遇到过的身心承受能力,承担起一份沉重而特殊的责任。我问列车长:你是共产党员吗?列车长回答:我是入党积极分子。我对他说,现在对你是一个特殊的考验,希望你以一个党员的标准来接受这种考验。发挥主心骨作用,带领全体列车工作人员,做好旅客的服务和稳定工作。

然后,我立即接通广州铁路集团公司董事长、党委书记何玉华的电话,请他们想方设法为这趟车解决困难。何玉华即刻要求附近车站工区组织铁路职工翻越 20 多里山路,为这趟列车送去食物和水,解了当时的燃眉之急。何玉华又亲自与调度部门联系,努力创造条件安排这趟列车的开出。

正是这些普普通通战斗在一线的铁路职工,在极其恶劣的环境中,没有埋怨、没有畏惧,也没有高调地做自己责任范围内的事,众志成城地战胜了这场自然灾害,塑造了铁路人坚强的群体形象。

2008 年 2 月 5 日,大年三十的前一天下午,我应邀做客央视国际网站,就铁路系统抗击雨雪冰冻灾害相关问题接受访谈,并回答了部分网友的提问。

我首先向网友打招呼:"各位网友,大家好!明天就是大年三十了。在我们即将欢度中华民族传统的新春佳节的前夕,铁路职工向全国人民献上了一份厚礼:在党中央、国务院的正确领导下,铁路部门经过连日来艰苦卓绝的奋战,取得了抗击雨雪冰冻灾害的阶段性重大胜利,京广南段滞留旅客全部疏运完毕。广州地区的 300 多万名旅客安全回家过年了。同时,我们在抢运电煤战役中也取得了较大胜利,四天来日均抢运电煤 42819 车,同比增运 400 万吨,为保障人民群众生产生活、夺取全国抗灾救灾的全面胜利做出了重要贡献。在这里,铁路部门衷心感谢全国人民的支持和广大网友的关心。"

主持人让我谈谈怎么看待当年的春运压力,我说:"每年春运对于铁路部门来讲都是一次考验。在我看来,今年的春运是充满挑战的春运,是充满感动的春运,更是带来许多启示的春运。今年春运客流量大,上升速度快,铁路部门提前六天进入春运。1月25日,我国南方地区遭受了大面积雨雪冰冻天气,特别是1月28日之后,雨雪冰冻灾害进一步地恶化,京广线、沪昆线等主要干线牵引供电网和通信信号系统中断,导致铁路运输瘫痪,大量列车晚点和停运,使许多旅客滞留车站,铁路运输遭受了罕见的影响。在这场前所未有的抗灾救灾斗争中,铁路广大干部职工认真贯彻党中央领导的重要指示,加强组织领导,发扬不怕疲劳、连续作战的精神,日夜坚守在第一线,经受了巨大的挑战。春运开始后的每一天,我们都充满感动。我们为中央领导同志心系人民,深入铁路重点地区慰问职工、看望旅客、领导抗灾而感动!我们为各级政府和人民群众理解、支持铁路工作,特别是为通过铁路出行受阻的广大旅客群众对铁路工作最大的信任和谅解而感动,当然,我们也为投入这场抗灾斗争的铁路职工的出色表现而感动。为了让京广铁路南段、沪昆铁路部分区段尽快恢复运输,铁路职工迅速抢修设备,采取调集内燃机车进行'摆渡'运输、迂回运输等措施,使这两大干线的运输能力在最短的时间内得以恢复。为了缓解煤电油供应紧张局面,铁道部迅速组织抢运电煤,有力地支持了全国的抗灾救灾工作;为了让滞留旅客不冻不伤、平安回家,数万铁路干部职工迅速组织起来,向受阻旅客列车提供食品、饮用水等供给,协助解决受阻列车旅客的困难,保证了旅客基本需求。这次抗灾斗争为我们今后的工作提供了宝贵的经验,让我们更加感到铁路作为经济大动脉所承担的责任,增强了加快铁路建设的信心和紧迫感。"

主持人提问:对铁路部门而言,这次灾害造成多严重的影响?我回应:"京广线南段近4400公里、沪昆线600多公里的接触网两套供电系统断电。供电和通信陷入瘫痪,灾情波及广铁和南昌、武汉等铁路局,受此影响,同时经这两大干线断电区段运输的成都、上海、南宁、西安八个铁路局,影响京广、沪昆、京沪、湘黔、湘桂、焦柳线等主要干线,铁路运输秩序出现比较混乱的局面,客车大面积、长时间晚点,站车旅客滞留严重,全路累计始发终到晚点客车3100多列,停运客车639列,影响货物列车8000多列。最严重时,京广线滞留客车247列,沪昆线滞留客车近140列。1月30日全国铁路滞留旅客182.7万人。铁路职工受灾也很严重。灾情严重的广铁、南昌、成都、上海、武汉等铁路局,有203间职工房屋倒塌,8万多户职工家庭因停电停水造成生活困难,上万名通勤职工上班受阻。特别是京广线株洲至郴州段,100多个小站工区断粮,500多个工区停水停电,职工生产生活受到严重影响。"

主持人再问:面对灾害,铁路部门采取了哪些应对措施?我应答:"我们很自信地说,这次抗灾斗争,铁路部门反应迅速,决策果断,效果显著。面对严重的灾情,全国铁路系统坚决贯彻党中央、国务院关于抗击雨雪冰冻灾害、保障煤电油运和人民群众生产生活的要求,铁道部连续召开紧急电视电话会议,部署救灾、疏运滞留旅客、确保电煤供应工作,迅速实施了超常的抗灾救灾措施。一是尽快抢通线路。针对接触网供电中断等情况,紧急调集内燃机车到受灾区段,替代电力机车进行'摆渡'运输。针对电力贯通电源供电中断的情况,紧急调集和购置发电车、发电机275台,用于自行供电。在受灾最严重的郴州至衡阳间,组织职工充当人工信号,用手持电台替代信号机指挥列车运行,保证了铁路应急运输的基本需要。二是调集全路资源驰援广州地区,为疏运滞留旅客提供运力保障和动力需求。三是对列车运行径路进行调整。在京广线南段运输瘫痪的情况下,充分运用京广线两翼的京九线、焦柳线、三茂线等铁路通道,组织迂回分流运输。四是做好滞留旅客的服务保障工作。紧急组织数万名干部职工,为滞留时间较长的上千列旅客列车免费提供食品、饮用水;紧急组织公安民警,加强治安管理,维护站车秩序。同时,在旅客滞留较多的大站,增加退票窗口,为旅客退票、改签创造条件。积极做好情绪疏导和治安防范工作,保证了大量滞留旅客情绪稳定,没有发生严重的群体性事件和旅客伤亡问题。正是通过实施这些强有力的自救措施,我们才会在1月31日保证了京广线运输能力基本恢复。"

主持人又问:在这次雪灾中,铁路部门最大的体会是什么?我回答:"铁路部门经受住了这次严重的雨雪冰冻灾害天气的考验,我们有很多宝贵的经验,也有很多深刻的体会,其中最主要的一条就是,在社会主义制度下,在构建社会主义和谐社会中,我们做到了'一方有难,八方支援'。京广南段供电中断后,广铁集团公司干部职工没有孤军奋战,而是得到了全国铁路强有力的支持和配合。铁路局迅速调集内燃机车和应急人员,驰援京广线因灾损坏接触网的区段,替代电力机车进行'摆渡式'运输,以尽快让滞留在途中的列车动起来,驶向目的地。与此同时,哈尔滨、沈阳、北京、太原、呼和浩特、郑州、武汉、济南、南昌、南宁、兰州等华东、中原、西北、西南地区的11个铁路局,紧急调集1800辆客车1000余名乘务人员,向广州地区集结,为疏运滞留旅客提供运力保障。各铁路局还紧急调集200多台内燃机车、1200余名机车乘务员,增加京九线的牵引能力,保证迂回列车的动力需求。在这里,我举个小例子。1月26日,武汉客运段调度接到铁路局紧急调令,上午10时开行21次临客支援广铁集团。调令就是命令,在大批列车晚点、乘务车班无法连乘套跑的情况下,这个段在半小时内迅速抽调18名机关干部值乘。来不及和家人道别、来不及携带生活用品的值乘人员立即登乘走车。列车所需卧具备品、餐料等物资也迅速装上列车。此外,铁道部公安局还从全路公安系统抽调警力,奔赴广州地区维护治安秩序。我们深深感到,铁路'一盘棋''大联动机'的特征和协作精神,不仅不会过时,而且是战胜各种艰难困苦的重要武器。"

主持人问:铁路部门是如何做好滞留旅客的服务工作的,也就是说,总理说的"安民",铁路部门是如何落实的?我回答道:"让滞留旅客不冻不伤、平安回家,是铁路部门的紧急任务。1月26日,风雪造成40多列旅客列车约4万旅客滞留京广沿线小站。铁路部门100多个中途小站紧急组织数万干部职工,向受阻旅客列车提供食品、饮用水等供给,协助解决受阻列车旅客的困难,保证了旅客基本需求。由于湖南地区冰冻导致大部分公路封闭、中断运行,沿线职工不得不徒步运送应急物资。运行中的各次旅客列车全部成立应急小分队,实行双岗值乘,做好旅客服务及安抚工作。面对300万等待进站上车的巨量客流,广州地区各大火车站启动了同方向集中候车、集中上车等非正常情况下运输组织应急措施,积极做好情绪疏导和治安防范工作,保证了大量滞留旅客情绪稳定。旅客滞留严重的车站组织医疗小分队,对旅客进行不间断的巡诊,为旅客提供免费医疗服务。在这一过程中,为实现温家宝总理提出的'安民'目标,铁路系统涌现出了很多可歌可泣的人和事。"

　　主持人让我具体谈谈铁路职工在抗击冰雪灾害中可歌可泣的人和事。我回答:"灾情发生后,广铁集团公司上万名抢修人员第一时间赶赴现场,配合地方电力部门投入抢修,3000多名供电系统维护人员坚守在京广全线每一个区间小站,24小时巡视监控,确保供电设备状态良好。广铁集团管辖区域内株洲、广州、怀化等多个机务段紧急组织100多台内燃机车车头进行增援,换掉了此前的电力机车车头。春运期间,加班加点不能回家过年,对于铁路人来说是常事。在暴风雪面前,铁路人更是义无反顾!有的夫妻双双跑车,十天半月难得相见,家人只能把孩子抱到站台,让他们匆匆看一眼。有的同志刚刚从列车乘务岗位下班,还没走出车站又立即上岗添乘套跑其他方向的临客。有的家人生病,他们也无法照料,只能把愧疚埋在心底。有的身患多种疾病,依然强忍病痛折磨,坚守岗位。有的白天坚持工作,晚上抽空到医院打吊针,拔掉针头又重新回到岗位。连云港开往广州的K301次列车,绕行1400多公里运行85小时,将1200多名乘客平安送达目的地。当列车滞留小站,车上水、煤、粮食全部用光后,列车长和列车员、餐车长撕下床单裹在脚上,互相搀扶着到村里为旅客找食物、饮用水和燃料。步行数公里后,他们硬是从被冰包裹的菜地里挖出50公斤白菜和80公斤萝卜。他们又千方百计找到煤,熬了米粥,做了面条,免费提供给老人和孩子。目睹此情此景,乘客们感动地说:列车乘务员们两顿饭没吃,却先让旅客吃,这让他们感到温暖!"

在整个回应中,我都在以一种感动而骄傲的心情,讲述着这一切。

事后,激情难平,我奋笔疾书,写下了一篇长诗,以"挺起钢铁的脊梁"为题,写给京广南段抗灾救灾的铁路职工。

挺起钢铁的脊梁
——写给京广南段抗灾救灾的铁路职工

(一)雪压大动脉

2008,中国铁路飞旋的车轮
载着早到的春运高歌猛进
2008,中国铁路两百万干部职工
在七万八千公里铁道线上秣马厉兵
南来北往的列车溢漾着欢声笑语
经纬纵横的路网编织着欣欣向荣
当日历翻到了元月25日
这个冬天里普通的日子注定不再普通
忍了五十年脾气的天公开始发作
像一头躁怒的狮子不再温顺
咆哮的风魔在三湘大地肆虐
暴戾的雪怪在南国上空狰狞
明媚温润的江南瞬间花容失色
郁郁葱葱的世界骤然雪裹冰封
告急!高速公路关闭
数万辆熄火的汽车排成长龙

告急！民航飞机泊港
几千个航班无奈叫停
告急！电力供应中断
冰雪压塌上千座高压线塔
上千个通讯基地无法正常运行
谁能料到，铁路也会告急
让整个中国的神经再度紧绷
断电让川流不息的列车受阻
断电让京广南段铁路陷入痛苦寂静
灾情在迅速扩大
危害在不断累积、加重
京沪、湘黔、湘桂、沪昆……
条条钢铁大道被雪灾波及、扯动
告急信息雪片般飞往北京

(二) 情牵中南海

灾情
十万火急的灾情
灾情
历史罕见的灾情
吸引了全社会关注的视线
牵动了全民族的中枢神经
北京与灾区紧紧相连
党中央与受灾群众息息相通
政治局常委会议果断决策
打一场抗灾救灾的人民战争
集人力、集物力、集财力
保交通、保供电、保民生
总书记踏着大雪来到铁道线

总理挟着寒风走进候车厅
有力的双手
传递着领袖与人民的浓浓深情
坚定的眼神
流露着对铁路工人的期待与信任
亲切的问候
温暖着冰雪中滞留旅客的心灵
一定让大家回家过年
京广大动脉必须迅速畅通
这承诺义薄云天
这要求掷地有声
人民铁路是忠诚的队伍
维护大局,赤胆忠心
人民铁路是人民的队伍
纪律严明,步调齐整
人民铁路是过硬的队伍
招之即来,战之必胜
请党中央检阅
请全国人民放心
就为那心系人民的殷殷嘱托
就为那双双渴望亲情的眼睛
铁路职工集合在党的旗帜下
肩负保证大动脉畅通的重任
群情振奋
众志成城

(三) 紧急大疏运

集结,集结,到火车站集结
为了慈母手中那条线、那根针

集结,集结,到火车站集结
为了爱妻那封信、那个吻
集结,集结,到火车站集结
为了年三十那桌饭、那盏灯
既然积聚了一年的思念
风雨又岂能阻挡游子返家的行程
既然传承了几千年的春节文化
冰雪又岂能冷却现代人寻根的热情
于是啊,把回家的希望托付给铁路
让团聚更加顺利更加温馨
于是啊,把过年的寄托交给铁路
让民族传统一以贯之一脉相承
人们潮水般涌向京广南段端点
像决堤一样放纵着思归的感情
每天以20万人的幅度在这递增
350万持票旅客需要圆梦。350万
这是欧洲一个中等国家的人口数量
难怪会让境外媒体连呼吃惊
审时度势,指挥部火速做出决定
以超常手段组织大疏通
这需要极大的勇气和坚韧
这需要卓越的智慧和才能
这更需要对党和人民的一片忠诚
精心策划精心调度
指挥中心的灯光彻夜通明
迅速恢复京广南段运输能力
内燃机车重返战场展雄风
京九、三茂、焦柳大迂回
畅开两翼大出大进

三大干线并驾齐驱
三支铁军虎啸龙吟
——狭路相逢勇者胜
仅仅短短的几天时间
创造了世界运输史上新的奇迹
成功组织了感动中国的大疏送
疏而不堵,疏而导之
中国铁路在2008的初春
秉承了祖先大禹治水的灵性

(四)全路大联动
一队队奔驰的机车车辆
来自东北、西北、华北、
中原和华东
支支抗灾队伍日夜兼程
从北京到上海,从西安到南宁
不同的车型开往同一个方向
不同的方言喊出同一个心声
一方有难,八方支援
京广南段主战场
全国铁路大联动
一夜间,1800辆客车车辆齐到位
一夜间,6000名列车员齐出动
一夜间,500多台内燃机车齐驶出
一夜间,3000名机车乘务员齐上阵
一夜间,2500名铁路警察齐出征
顶风冒雨,风雨无阻
夜以继日,轻装前行
没来得及回一下家、看一看妻儿老小

那位刚刚退乘的列车员又出乘
没来得及换一件衣、擦一把脸
那位刚刚返乘的司机又出征
动员了一切力量与资源
调集了一切装备与贮存
汇合成力量的长江
凝聚成意志的昆仑
这就是铁路人的风采
这就是铁路人的使命
靠着它,赢得了多少胜利和荣誉
靠着它,战胜了多少困难和险情
靠着它,我们誓与风雪拼高下
靠着它,我们敢与天灾斗输赢

(五)风雨中同行

这里停靠着一趟受阻的旅客列车
前不挨店,后不搭村
既不能后退,又不能前行
这里乘坐着的两千名旅客
焦灼不安,心急如焚
这里忙碌着一群列车员姑娘
有条不紊,处乱不惊
秉承着天使般的崇高品行
危情与共,风雨同行
路基上铺满了厚厚的积雪
车沿边挂满了利剑般的冰凌
尽管内心也是同样的焦急
列车员的脸上却始终挂着笑容
窗外,一瓢雨、一把雪、一阵风

窗内,一脸笑、一声问、一片情
这群二十出头的列车员姑娘
正值在妈妈面前撒娇的年龄
此时,她们必须责无旁贷地担当
此时,她们必须义不容辞地鼎承
担当铁路的道义与情操
鼎承旅客的安危与生存
一遍又一遍的安慰
把旅客焦躁的情绪抚顺
一遍又一遍的问候
让旅客悬起的心放平
列车还在继续晚点
贮存的餐料已消耗殆尽
姑娘们把最后一包饼干献出
紧紧咬住已很久没有进食的牙床
这是人间最可口的佳馔
远远胜过所有的"海鲜""生猛"
风雪还在继续敲打车体
车上的饮水已瓶干罐空
姑娘们把最后一瓶开水送上
自己轻轻舔着干裂的嘴唇
这是人间最甘甜的清泉
远远胜过"依云""雪碧"和"柠檬"
一位老人给姑娘递上一片面包
"孩子,你让我看到爱不是交换的商品"
一个小孩给姑娘递来半杯水
"阿姨,快润润您沙哑的喉咙……"
还有什么比这个回报更加厚重
还有什么比这份情义更加真诚

当邻近车站职工家属徒步送来食物和水
姑娘们还是先递到旅客的手中

(六)母亲的牵挂
经过五天五夜的艰辛缓行
一趟旅客列车终于到站
下车旅客欣然释放又香又浓的乡情
冷清清的站台被脚步重新激醒
车上车下一片欢腾
站台上一位老妈妈在轻轻呼唤
像呢喃襁褓中婴儿的乳名
戴着列车长臂章的小伙子快步跑来
忘情地与母亲紧紧相抱相拥
儿子端详母亲熬红的眼
妈妈啊,儿子让您惦念操碎了心
母亲紧盯儿子憔悴的脸
孩子啊,你让妈做了好多梦
母亲发出轻轻的嗔怪
孩子啊,妈给你的电话咋总是接不通?
儿子溢出滚热的泪珠
"妈妈啊,儿子实在太忙
您知道我多想听到您的声音……"
离别的日子,妈妈不断给儿子打电话
把儿子深深融入自己的生命
可每次打出的电话都被儿子切断
屏幕上只显示过两条短信
"我很好,妈妈请放心"
"妈妈不要再来电话,多保重……"
虽然也有老母亲

虽然也有心上人
虽然也有相思爱
虽然也有离别情
但是啊,列车党支部有决定
列车员的手机都归公
为旅客说了多少话道了多少安
为旅客连了多少爱牵了多少情
列车长七块电池全用光
却没有与母亲叙上一句亲情
站台上,母子似一对神圣的雕塑
站台上,母子情冲撞着旅客的心灵
一对对眼睛齐聚焦
一双双脚步全靠拢
向着这对母子,向着所有列车员
深深鞠一躬

(七)不灭的信号

信号灯,铁路大动脉的眼睛
信号灯,显示列车运行的指令
冰雪酿成供电故障一处处
信号频频亮出红灯或灭灯
为保行车指令准确无误
为使钢铁巨龙纵情驰骋
人工接转当信号
冰天雪地扎帐篷
赳赳雄姿挥舞信号旗
巍巍挺立高擎信号灯
冰雪里,办理区间闭塞
寒风中,呼唤车机联控

大地如此孤寂
天空格外清冷
只有不畏寒凉的星星
偶尔露出多情的眼睛
这是一个人的战斗
战斗锤炼孤胆英雄
这是一条线的战场
人在阵地岿然不动
点点信号连成无阻的通道
片片丹心燃烧不熄的激情
三天三夜600趟列车无错办
三天三夜几十万旅客平安通行
就像钢轨上加固的螺栓
就像枕木上钉牢的道钉

(八)冰峰排故障
大雪遮盖着湘南旷野
坚冰包裹着郴州群峰
绵绵山谷鸟飞绝
茫茫大地无人踪
一支12名共产党员组成的突击队
冰峰排险似劲松
头上,雪花很密,寒风很猛
脚下,山路很滑,大地很重
身上的棉衣比铁硬
满头的乱发结成冰
饿了,啃一口面包满口渣
渴了,抓一把积雪塞嘴中
冻了,挨着身子同取暖

困了,蹲在雪地打个盹
手上刚刚凝固的创口又豁开
淌出的血结成细细的红冰凌
脸上的肌肉已冻僵
风刀雨剑无反应
一段段查啊,火眼金睛
几万条线路要查寻
每一段都那样专注
每一段都那样从容
一步步走啊,踯躅前行
几十公里雪路脚步丈量
每一步都那样艰难
每一步都那样坚定
断裂的电线被接上
倒斜的电杆重整正
先锋战士心中飘荡党的旗帜
砺剑堡垒笑傲八面裹雪风

(九)特殊的命令

抗灾之役进入了白热化状态
铁道部向前线指挥员发布一道命令
必须保证每天要有两小时睡眠
不许讲价钱,必须要完成
这命令让人心头一凛又一热
这命令使人无不为之动容
本来是很低很低的标准
此时是多么奢侈的叮咛
六天六夜抗灾没有卸甲
六天六夜与群众拧成一根绳

没有上班与下班
没有黑夜与黎明
既是指挥员又是战斗员
既运筹帷幄又冲锋陷阵
沙哑的嗓子发布道道命令
酸痛的手臂指挥车流滚滚
眼皮是这样的沉这样的沉
再抹一把热辣辣的风油精
擦一把滚烫滚烫的热毛巾
头还是这样的重这样的重
既然是旅客的主心骨
那就要把胸挺得更直更正
既然是人民的赤子
那就把心贴着母亲跳动
既然是老百姓的公仆
那就要鞠躬尽瘁,迎难而行
既然是铁路的排头兵
那就得要横刀立马,铁骨铮铮
当最后一名旅客踏上北去的列车
站着睡去的汉子
也发出惊天动地的鼾声

(十)坚强的卫士

人海中,挺立着铁道卫士
蓝天下,盘旋着矫健猎鹰
国徽在头顶闪烁
人民在心中重千钧
为了万家团聚顾不上自家团聚
为了百姓亲情顾不上自家亲情

濒危的父亲多想看儿最后一眼
临产的妻子多想听到丈夫的脚步声
身处在最关键的位置
用铁拳打响蓝盾行动
出现在最需要的时辰
用爱心垒砌爱民工程
胸怀的是琴心剑胆
展示的是侠骨柔情
公安处长晕倒在岗位上
倒下了也把指挥的喇叭
攥得很紧,搂在前胸
特警队冲上来搭人墙
五百男儿火线中人人立战功
因为他们在,风雪天气风也平
因为他们在,茫茫人海浪也静
虽然没有刀光和剑影
无硝烟之战被热血男儿
演绎得如此生动

(十一)欢快的汽笛

太阳已经出来
冰雪开始消融
鸟儿重新啼唱
大地渐暖回春
列车在春天里风驰电掣
汽笛拉出欢快的长鸣
笛声豪情高万丈
笛声流韵壮东风
那是抗灾胜利的浩歌

那是伟大时代的强音
那是人间真情的礼赞
那是和谐社会的壮吟
我们交出了圆满的答卷
我们用脊梁铸造了路徽的光荣
我们赢得了人民的信任
我们用血肉筑起了钢铁的长城
大动脉再显地位
生命线又建殊功
抗灾战斗给我们很多启示
严峻考验使我们更加清醒
铁路必须加快发展
才能走出困境,打破瓶颈
铁路必须客货分流
才能货畅其流,人便其行
铁路必须快速提升
才能应对挑战,波澜不惊
铁路必须和谐建设
才能春风送爽,五彩纷呈
客运专线建设正捷报频传
京沪高铁工程将破土动工
中国铁路
正在为中国交通的未来耕耘
中国铁路
正在为中国交通的希望播种

　　这不是诗,这是事,是真实的事。我只不过把这些发生在我身边的事分行写出来了,我把这些积压在心里的话带韵味地说出来了。虽然这首诗谈不上有多高的艺术造诣,甚至在当时盛行的意识流诗歌形式中还入不了流,但确实渗入了我的真心实情。我当时觉得内心深处有一种激情不可抑制地要喷涌而出,一通宵没有入眠,完成了这首长诗。

中央人民广播电台王晓辉副台长指示将这首诗制作了一期节目,特地请中央人民广播电台著名的朗诵艺术家方明先生和于芳、李野墨、李惠敏等优秀的青年朗诵艺术家进行朗诵。当我接到王晓辉送来的这套光碟时,心情非常激动。我知道,这是媒体人以特殊的方式对铁路人在迎战这场雨雪冰冻灾害中所做出的贡献予以肯定和褒奖!

2010年1月2日晚上,内蒙古自治区遭遇了暴风雪,哈尔滨开往包头的1814次旅客列车在集通线受阻,车上1400多名旅客被困。当时外界温度达到零下40多度,近两米高的雪墙威胁着旅客的生命安全。铁路职工在当地有关部门的配合下,积极疏导、转运旅客,最后旅客全部安全撤离,201名铁路干部职工却不同程度冻伤,其中重伤22名。在这种突发事件面前,我感到要及时加大宣传力度,宣扬铁路干部职工科学调度、顽强拼搏,确保旅客生命、财产安全的精神。我给呼和浩特铁路局的党委书记通了电话,我们商量,这是一个很好的典型,宣传工作一定要跟上,确保媒体宣传到位。最后这个事情中央电视台《新闻联播》《焦点访谈》都报道了,社会反响非常好,大家对铁路职工的奉献都十分感动。

在接着召开的全国铁路工作会议上,国务院领导对铁路抗击雪害的行动给予了高度评价,说:"这是百年一遇的暴风雪特大自然灾害,铁路员工确实很不容易,抗击雪害的过程够拍一部电影了。铁路员工特别能战斗,这是中国铁路的光荣传统,难能可贵。"

我在会议现场听了国务院领导的讲话后,立即策划拍摄了一部电影《雪暴》,我不仅到拍摄现场慰问摄制人员,还为该片题写片名,并为电影创作了一首主题歌。后来这部电影由铁道影视音像中心和北京润丰水尚文化传播有限公司联合出品,在哈尔滨铁路局的大力支持下拍摄成功。由铁路文联副主席兼秘书长才凡和哈尔滨铁路局党委宣传部部长姜建平牵头带队，哈尔滨铁路局组织了由运输、局办、安监、生活后勤等部门组成的配合工作组，大家在哈尔滨铁路局管内一个叫博克图的小站，冒着零下30多度的严寒拍摄半个多月。在拍摄即将杀青的时候，我和时任哈尔滨铁路局党委书记韩江平、铁道部政治部宣传部副巡视员王雄去慰问看望大家，看见大家在冰天雪地昼夜拍摄的情景，我非常感动。影片总监制方铁壁，总策划王雄，制片人李娅娟，导演孙文学，编剧刘惠强、李志强、魏术学、邹岱峰，主演李欣、孙荣、尹利、孙红梅，摄影孟林，美术徐一宾，作曲孟尧，还有数不清的群众演员和工作人员，大家齐心协力完成了影片拍摄和后期制作任务。影片播出后取得了社会各界的良好反响，还获得了一些奖项。

的确，中国铁路工人是值得歌颂的。中国在高速铁路、重载铁路、高原铁路等方面创下了让世界惊叹的成果。中国铁路以不足世界6％的营业里程完成了占世界25％的客货运量，在客货周转量、在列车运行密度等方面也处于世界铁路同行业中最先行列。即便是运输安全，中国铁路事故发生率无论在国外同行中还是在国内各运输行业中，概率也是极低的，这是有目共睹、众所周知的客观事实。而创造这一系列巨大成果的前提，是广大铁路职工长期处于超劳动强度、低工资收入的状态。铁路职工这种甘于奉献和吃苦耐劳的精神是处于市场经济条件下的人们难以想象和相信的。铁路员工承受着中国铁路改革和发展负面的巨大压力。不直接承受这压力，是不能完全体会究竟什么叫时代"阵痛"的。可是，很多人并未看到这一切，反而认为，铁路人坐享其成地垄断着中国铁路这个优越行业。

行业有大的目标和追求，员工更有小的尊严和利益，不能为了大的目标和追求而随便轻视个体小的尊严和利益。铁路人也是普普通通的人，是有血有肉、有情有欲、有爱有恨的普通人，他们也要养家糊口，也要享受改革红利，也要追求美好生活。平时难免纠结于收入的多少，生活的窘迫，人事关系的复杂，各种酸甜苦辣都会直接地体验到,事业中先行官的责任与生活中普通人的压力难分难解地融为一体。

他们的奉献理当得到尊重,他们的付出理当得到回报。我从不怀疑铁路人的付出终归会得到社会的理解,终归会得到社会的信任。但是,这种理解和信任不应该被动地、迟缓地等着到来。作为铁路的发言人,我有责任及时地把他们的工作状态、生活状态、精神状态如实地告知社会,让社会更多更快更好地理解和信任这样一个令人敬佩但却受到很多不公正待遇的群体。行业发言人当然要胸怀全国、放眼世界,但是归根结底还得要立足本行、干好本行、说好本行。国家层面的大事有国家层面发言人授权承担相关责任,行业发言人没必要也没条件去随意揽入,但对本行业的事则要责无旁贷、义不容辞地完成好。只有把本行业的事情说明白了,社会的疑惑答清楚了,行业的意图道准确了,就会获得更多的人来理解、关心和支持本行业的工作。每个行业的工作都做好了,就形成了整体效果的实现,这实际上就是对国家负责任的表现。

2007年春运前的铁道部春运新闻发布会上,有位记者问我:外界盛传历年春运涨价是为了给铁路职工发放年终奖,今年不涨价了,请您跟我们说说铁路职工怎么过年?

其实,春运客票上浮与铁路职工的年终奖并没有任何关系。在整个春运中,铁路职工只有更多的付出和奉献。许多铁路员工对于春节这样一个具有几千年历史的民族传统佳节的整个概念就是:舍小家,为大家,为国家!让旅客回家欢乐过年,让自己留在岗位奉献。但有时并不为社会所知,有时还要蒙受误会和委屈。当时,我无法抑制住自己内心情感的剧烈起伏,竟一分钟说不出话来,整个发布大厅静得连一根针落地都能听见。

在镜头面前,我落泪了。

这是我唯一一次在发布台前落下泪水,我为我们的铁路工人掬一把同情和感激之泪。我说,铁路职工2006年的平均收入只有27000元(发布会后,许多铁路职工在网上倾诉,他们年均收入并没有达到 27000 元,这只是一个把什么都囊括进来了的全路职工收入的平均统计数),还赶不上一个普通的打工工作者。当时,我还向记者讲述了铁路工人在春运中的感人表现和事迹,现场许多记者也非常激动。

我在接受中央电视台一次专访时,主持人在节目的最后环节对我说:"您一直是在铁路系统工作,这些年您是一个亲历者,是一个见证者,尤其是中国高铁的飞速前进,但是可能有很多旅客朋友会有些埋怨和不理解。到节目的最后就想您通过我们中央台这个大喇叭向全国的旅客朋友们说一说全国铁路 220 多万职工共同的心声吧。"

我确实应该充分地表达 220 多万铁路工人的共同心声,尽管我没有足够的智慧和能力在这么短的时间里做出一个有高度、有质量、有热度且能真正代表这个群体共同心理的语言概括。这些年来,整个社会都在变,人们迎着八面来风,思想解放,观念日新,对世界、对社会、对生活、对人生,不再盲从和僵化,众声喧嚣,多元发展,发家致富。在这样一个大背景下,铁路没有想法吗?铁路人不想改变吗?可是这个群体还在喊着"苦干、实干、拼命干"这个似乎过时但还能振奋人心的口号,怀揣着"国民经济先行官"这份已没有太多人提及的荣光,始终保持着既有的铁路行业文化和"不穿军装的解放军"的初心。即便有压力、有委屈、有误会,也无怨、无悔、无声地执着于中国铁路建设和发展的艰辛事业。社会上也包括很多媒体人都觉得铁路人已经不够新鲜、不够开放、不够灵光了,"铁老大"已被时代所淘汰、所遮蔽了。面对这些情况,面对这些说法,我,铁道部新闻发言人确实有话要说。

于是,我激动地说:"铁路职工这支队伍是一支守纪律的队伍,敢打硬仗,甘于奉献,勇于胜利。他们的工作负荷和吃苦精神可能都会超过人们对他们的了解和想象,是无法用市场通用的法则来解释的。我们可以看到恶劣的自然灾害、严重的运输压力、艰难的科技攻关,有哪一个能够阻断我们铁路职工向前的步伐,他们始终是最后的胜利者。而且不管社会如何评价,他们都有一种平常心,一如既往地坚守自己的信念,无怨无悔地履行自己的职责,正因为这样,党和人民是高度信任这支队伍的。作为这支队伍的发言人,我经常会在心中生发出一种神圣感和自豪感。我觉得如果我不能真实准确地表达他们的工作状态和思想情感,我会愧对他们的信任,我追求的是他们的认可,我报答的是他们的培养。"

我说的这些话符合实际情况,符合内心想法,也符合体制要求,但是,太平淡,太一般,我自己也不是太满意。或许,无论什么样的语言也难以表达此时我内心涌起的感动和感慨。

我不仅常对媒体说出铁路职工的实际工作状态和生活状态,争取社会对铁路职工有更多的理解和体谅,而且我也利用自己的工作条件,尽可能把职工群众的困难、呼声向铁道部领导直接汇报和反映,以引起领导层更多的重视并加以解决。有一次,时任宣传处处长方铁壁向我递交了一份调查报告,这份报告对铁路职工的实际困难和思想情绪进行了比较详细的调查分析,很多事例比较突出,报告提出的观点也较为深刻。为了引起铁道部领导的重视,我将这份调查材料报送了几位部领导。不料一位部领导看后将我严厉地批评了一通,说为了高铁早日成网,我们就得牺牲一代铁路人的利益,并让我找准自己工作的立足点。方铁壁知道我受了批评,便向我表示歉意。我回答他:"你没错,这只是看问题的角度不一样而已,我们还要继续向领导反映实际情况。但我们要讲究方法,争取好的效果。"

我离开新闻发言人岗位后,常看到很多为铁路和铁路职工呼吁的文章都挂着我的名字发出来。不少人信以为真,向我求证。一次,铁道部党组一位领导问我,说党组会上谈到这些文章是出自我手,可真?我回答,都不是我写的,我也根本不知道是谁写的,但是无论从认识上还是从感情上我都认可这些文章。更重要的是,我感到了一份沉甸甸的信任。因为铁路基层职工认为,我是他们的代言人,这些话,我会说,我敢说,我应该说,而我曾经也确实说过类似的话。

三、支持媒体走进职工队伍

在新闻发言人的岗位上，每一次调研或发布都会加深我对铁路行业的了解，使我更加热爱这个行业和这个群体。随着岁月的沉淀，这种热爱之情慢慢地融入了血液里，注入了灵魂里，成为一种生命的体状。我一直认为，媒体人、新闻发言人与铁路人是一种非常密切的相依关系。媒体人对铁路人是否理解、是否体谅、是否支持，从某种程度上讲，新闻发言人关系很大，责任很重。如果媒体人对铁路人缺乏起码的认知，那就说明新闻发言人在二者之间没有发挥好信息桥梁作用，新闻发言人应该检讨自己、反省自己、改变自己。

如何使媒体人对铁路人有真正的了解和认识？"耳听为虚，眼见为实。"不能只听新闻发言人怎么说，还应该邀请媒体人深入到铁路基层一线去，到职工群众中去，亲眼去看看铁路职工是怎样干的？是怎样想的？是怎样过的？是怎样在落后状况下创造业绩，并通过创造业绩改变落后状态的？从而客观真实地反映铁路职工在改造客观世界的同时改造主观世界，为铁路职工的工作生活以及高铁事业的发展创造良好的舆论环境和精神动力。

有鉴于此，一直以来，铁路各级宣传部门都在尽量地为媒体朋友创造现场采访和现场体验的条件。在新线建设的工地上，在南来北往的列车上，在调度指挥的大楼里，在旅客候车的大厅里，在沿线小站工区里，在整装待发的货场里……到处都有媒体朋友的身影。我本人也多次率队媒体朋友到京津城际、京沪高铁、青藏铁路、京广铁路、成昆铁路、沪杭铁路等干线，唐山、四方、株洲等机车车辆制造厂进行体验和采访。在万里铁道线上，走进生活，走进故事，走进情感。

2007年4月底，《人民日报》（海外版）记者部副主任、高级记者严冰，向我提出采访要求，准备利用"五一"黄金周，去北京开往乌

率记者团采访唐山动车生产基地

鲁木齐的 69 次旅客列车体验列车员生活,当一名临时列车员。我对他的这种要求给予了热情支持。在我的安排下,严冰如愿以偿地当了一回列车员,也采写了近万字的长篇通讯《我当上了列车员》。严冰写道:

> "五一"黄金周,跟随节日出行的旅客,我登上北京开往乌鲁木齐的 69 次旅客列车,开始了长达 3768 公里的行程。
>
> 从今天开始,我当上了列车员(当然是临时的)。一路上,我体味了列车员平凡琐细的日常服务,目睹了警察抓小偷的惊险场面,了解了异态旅客的处置过程,惊闻了与风沙搏斗的传奇经历,我感悟到一条朴素的真理——工人伟大,劳动光荣。

师傅曾经是"李玉和"

18:44,列车缓缓启动,我先来到宿营车,在乌鲁木齐客运段北京车队副队长的带领下,穿过长长的硬卧和软卧车厢,去寻找正在16号硬座车厢里忙碌的师傅——王治新。

卧铺车厢里,刚刚安置好行李坐定的旅客,开始拿出报纸杂志,悠闲地阅读起来,伴着播音室里传来的动听音乐,愉快的旅行开始了……

一过餐车,步入硬座车厢,景象就完全不同了:定员118人的车厢,此时容纳了200多人,超员100%!旅客和行李把过道和车厢连接处塞得满满的,我费力地向乘务间挪动着,为了不至于失去平衡摔倒,不得不一边道着歉,一边搂住前面男旅客的肩膀,跨过脚下的行李……

车厢中央,一位身材高大的列车员正艰难地整理着行李架,我急忙上前搭把手,他,就是我的师傅王治新。

26米长的车厢,一趟整理过来,王师傅的后背完全湿透了,额头也沁出了细密汗珠,王师傅热情地把我招呼进乘务间,自己又拿起了垃圾袋。

忙完了列车启动后的准备工作,我和王师傅返回宿营车,因为,我们正式接班是在夜晚。

王师傅告诉我,他曾经当过《红灯记》里的"李玉和",在新疆铁路沿线多个戈壁小站手提煤油灯为列车导航。提起沿线小站的艰苦,王师傅为我念了几个顺口溜:"一年一场风,从春刮到冬。""天上无飞鸟,地上不长草,茫茫戈壁滩,风吹石头跑。"在站上工作,主要是自然环境艰苦,在车上呢?王师傅说,咱慢慢聊。因为还要接班,我们各自倒头睡去。

夜深人静,扒手现形……

我和王师傅这个班是午夜1:30接班,我们必须在1:00之前洗漱完毕。(女列车员0:30就开始起床梳洗打扮,男列车员简单一点,可以晚一点起床,把宝贵的洗漱时间让给女同志。)

1:00,我们准时列队到餐车吃饭,饭后,值班车长还要组织召开一个简单的班前会,强调一些注意事项。

1:30,准时列队接班,我跟随王师傅,和下班的列车员进行了简单的交接后,就开始整理起过道的卫生并巡视车厢。此时,车厢旅客比开车时少了一些,过道比较好通过了。在车厢中部,一位旅客显然是酒喝多了,歪歪斜斜靠在座椅上,手机掉在地上,王师傅轻轻拍拍他的肩膀,提醒他注意自己的财物,并把手机拣起递给了他,旅客随手把手机放进了外衣内侧口袋。

在乘务间,因为困倦,我和王师傅的交谈开始变得稀稀落落,我问王师傅:"实在困了,能不能趴在桌上打个盹儿?"王师傅说:"那是违章的,不允许。"为了驱散困意,我和王师傅又到车厢连接处整理起垃圾袋来。

2:15,车厢里突然响起一片嘈杂,随着一阵急促的脚步声和"闪开、闪开"的叫喊声,我和王师傅被推到一边,一前一后两个男人拨开人群向隔壁车厢冲去,等我们挤进自己车厢,只见一名50多岁的男人(负责望风的贼)已被反剪双手戴上了手铐,不一会儿,刚才跑在前面的男人也被戴着手铐押了回来。此时,车长和乘警也闻讯赶来,追赶扒手的壮实的中年汉子向车长和乘警出示了证件,原来他和三名同伴都是大名鼎鼎的铁道部"铁鹰反扒小分队"的队员。得知"铁鹰"队员已经神不知鬼不觉登上列车,睡眼惺忪的旅客露出由衷的喜悦,有的还禁不住鼓起掌来,一名学生模样的旅客说:"我还是第一次亲眼看到警察抓小偷的场面,真威风啊!下车后,一定制作一面锦旗给他们送去!"

在旅客掌声中,两名扒手被押进餐车,因为这里是车厢里唯一可以办公的场所。王师傅要坚守岗位,返回了乘务间,我征得车长同意,也随一行人进了餐车。为防止串供,两名扒手被分别安置在车厢的两头,"铁鹰"队员和乘警一起开始录口供。扒手起先还想抵赖,看到队员从怀里掏出微型摄像机,顿时没了脾气,一边从裤裆里掏出偷窃的手机,一边沮丧地说:"没想到,栽在这趟车上了。"此时失主——刚才醉酒的旅客也被请到了餐车,这位老兄正不知今宵酒醒何处,在乘警的一再告知下,才恍然明白。

回到乘务间,我和王师傅睡意全无,都很兴奋。车到西安,我们看见扒手被押下了车,交到车站处理,"铁鹰"便衣则夹杂在旅客中,去向不明,但肯定是在寻找下一个目标。

列车上的异态旅客

车过西安,车窗外天光大亮,我随王师傅又开始扫地拖地、收拾垃圾,每到一站则要开门、送客、迎客、锁闭车门。就拿锁闭车门来说吧,车厢连接处有四个车门,每出一站,按照规章,王师傅都要锁闭四次车门(其中三次是再次确认,车门已锁闭),还要到隔壁车厢进行互检,确认那里的四个车门也锁闭了,也就是说,每到一站,王师傅都要做八次锁闭车门的动作,从北京到乌鲁木齐,要经停22个车站,王师傅就要做176次锁闭车门的动作。在王师傅心中,规章是天,丝毫马虎不得。

我和王师傅正忙乎着,忽然发现在车厢连接处的过道里,一名年轻的旅客一边笑着,一边将一张100元的人民币撕碎,又将碎片重新拼接起来,王师傅急忙上前询问,原来这是一名异态旅客(即精神不正常的旅客)。征得小伙子的同意,王师傅替他将包裹保管起来,防止他再次毁坏钱物,下车时再交还。

回到乘务间,王师傅告诉我,小伙子是个轻微发病的异态旅客,最可怕的是有自伤、伤人倾向的。一次,一名旅客躲进厕所,迟迟不出,王师傅根据多年行车经验,判断一定有情况,果断打开厕所门,发现满地是血,原来这名旅客因为千里寻找亲人,没有找到,再加上长途旅行,旅途劳累,引发了潜在的精神病倾向,正割腕自杀,由于王师傅发现及时,保住了一条命。还有一次,一名异态旅客在车厢里谩骂周围旅客,王师傅赶去安抚劝说,没想到旅客突然抄起水果刀向王师傅刺来,幸亏王师傅反应快,躲过了刀锋(衬衣被划破了一个大口子),在其他列车员和旅客的帮助下夺下小刀,控制住旅客,又赶忙拿出常年必备的镇定药,让旅客吃下。到站时,旅客的家属赶来,一再鞠躬对王师傅表示感谢。

在车上,我接触到的许多列车员都有处理异态旅客发病的经历。原来,由于乌鲁木齐到北京的列车线路长,时间久,一些旅客得不到很好的休息,突发精神病的现象时有发生,尤其是有暴力倾向的异态旅客,更为可怕。据测算,一名异态旅客发病时的体力相当于健将级运动员的水平,好几名武警都难以控制,乌鲁木齐至郑州的列车上就曾发生过异态旅客用餐车菜刀砍死列车员的悲剧。不过,王师傅告诉我,让人欣慰的是,随着"绿皮车"发展到"红皮车",再到今天的"蓝皮车",车厢设备不断改善,旅行时间不断缩短,异态旅客正逐年减少。以前"绿皮车"时代,从乌鲁木齐到北京要走四天四夜,车厢没有空调,车窗可以随意开闭,异态旅客中途跳车伤亡的现象时有发生,现在的"蓝皮车"是全空调、全封闭的车厢,旅行时间也缩短到40小时,跳车现象已经绝迹。

将来,旅行环境能不能更好一些?我和王师傅一起憧憬未来:如果,从哈密修一条直接向东的铁路,列车就不必绕行陇海线,就可以缩短线路1000多公里;如果,在列车上安装了淋浴设施,让一路风尘、千辛万苦的旅客和列车员都能洗上澡……太多的"如果",实现起来可能需要一个过程,但我们相信,在不久的将来是能够实现的。

在"如果"实现之前,列车上也想了许多办法,放松旅客紧张的神经,比如此时我和王师傅就要组织旅客做广播体操,王师傅一边讲解,一边示范,旅客们也跟着舒展筋骨。

我们该下班了,交接时,王师傅一一指认给接班的列车员:过道有一位异态旅客,几号座位有一位聋哑人,请他特别关照。那样子,让我联想到上甘岭上张连长撤下阵地时对战友的嘱托。最后,王师傅向旅客暂时道别,并把接班列车员介绍给旅客,规范的服务赢得了旅客的一片掌声。我们这个班的列车员一起到餐车用餐后,回到宿营车洗漱更衣休息,细心的宿营车管理员已经拉起了窗帘,每个隔断也挂上了遮光帘,不久,宿营车就响起均匀的鼾声。列车员们太疲劳了,但我却不能入睡,我在想,接班—吃饭—睡觉,列车员的生活是单调枯燥的,由于生活不规律,有的还患上了胃病和神经衰弱,但他们已经习惯了这样的生活。古希腊哲学家亚里士多德说过:"优秀是一种习惯。"他们日复一日、年复一年地恪尽职守,就是在无限地接近优秀的境界。

风沙、雪害和洪水

车过乌鞘岭,便驶入绵长的河西走廊,我和王师傅又开始接班忙碌起来。车窗外那白雪皑皑的祁连山,散布在山坡上的洁白羊群,生长着红柳的一望无际的戈壁滩,给人以特殊的美感。

回到乘务间,王师傅告诉我,风和日丽的时候,戈壁是安宁美好的,可它还有极其凶暴的一面。

一次,王师傅当班的列车滞留在武威站20多个小时,原来前面的列车突遭风沙的袭击。车长赵晓勇当时就在那趟列车上,通过王师傅联系,几天后费了一番周折在北京西站列车员公寓里,我找到了刚刚从乌鲁木齐值乘抵京的赵晓勇,望着他一路风尘疲惫的面容,我实在不忍多占用他的休息时间,可一提起那场灾难,他和同屋的几位亲历者都记忆犹新,滔滔不绝地讲起来。一个多小时的讲述为我回放了那惊心动魄的一幕,听得我毛骨悚然:

那是江南下着杏花春雨的美好春天里的一天,赵晓勇和同伴登上了大西北开往北京的列车,车过鄯善,没有当班的晓勇忙完了开车后的一些准备工作后,正通过软卧车厢返回宿营车休息,此时正是 19:00,他忽然发现软卧车厢的一块外层玻璃破裂了(这是列车上第一块被风沙击碎的玻璃),他通知检车长立即更换后躺到了铺位上。正在昏昏将睡之际,当班车长的呼唤让他一骨碌爬了起来,接下来的景象让他终生难忘:在从宿营车前往硬座车厢的路途中,他起先听到的是有间隔的一块又一块玻璃破裂的声响,后来就分不清个数了,玻璃破碎的"砰砰"声汇合成巨大的恐怖交响,伴着车厢摇篮般的剧烈摇摆、到处弥漫的沙尘土腥味以及车窗外飞沙走石、天昏地暗的背景,真仿佛世界末日来临。不一会儿,车厢迎风面的玻璃几乎全部被击碎了,风裹着沙石劈头盖脸砸进车厢,让晓勇感到脸上、身上火辣辣地生疼,在灾难面前让他感动的是,列车员和旅客表现出可贵的镇静和团结。他清楚记得,在餐车,餐车长没有惊慌,正在带领炊事员灭火之后往焦炭上浇水,防止大风引起火灾;在人员最为集中的硬座车厢,他和当班车长简单合计一下后,立即组织旅客向硬卧撤离,平日里为行李架还要争执一番的旅客此时没有一人争抢,有的捂着毛巾,有的扯下窗帘,还有的干脆扣个垃圾桶,全部有秩序地以蹲立猫腰的姿态迅速通过;在卧铺车厢,乘警长和两名乘警包括一名年轻的警花带领青壮年旅客拆下铺板,抄起被褥,挡到已毫无遮拦的车窗上,然后四五个人一班,分成几班,轮流"上岗"堵风口,老人、孩子、妇女则疏散到背风的卧铺一侧。为了便于照料旅客,他们最后不得不又放弃了两节硬卧车厢,将旅客全部集中在其余的卧铺车厢里,并拿出全车所有的食物、饮水免费为旅客发放。检车长始终坚守在发电车上,一旦断电,后果不堪设想。

此时的列车,时停时起,最长的一次停轮长达 19 小时,晓勇他们整整和"风魔"搏斗了 26 小时后,终于赶到了哈密,创造了面对 16 级强风(瞬间风力时速近 200 公里)、迎风面 256 块玻璃全部被击碎情况下,全车 689 名旅客无一伤亡的纪录。在哈密站,当车队领导表示要把他们撤下休息时,晓勇他们眨眨泪眼,拒绝了领导的好意,又继续前行,坚持圆满完成这次值乘任务后再休息。

王师傅和赵车长还告诉我,一路上的"拦路虎"除了风沙,还有雪害和洪水……

在师傅家

上车后的第三天上午,经过一段进站前的紧张"双班"作业(最累人的是卷地毯,26 米长的车厢地毯卷起来足有一百多公斤重,挪动起来十分吃力)。列车于 10:50 准时抵达乌鲁木齐南站,王师傅热情地邀请我到他家里做客。

在南站附近的一座旧式居民楼里,师母葛新兰已经把房间收拾得干干净净、整整齐齐,拿出葡萄干、烤羊肉、手抓饭招待我们。葛大姐也是位列车员,比王师傅跑车时间还长,说起列车员的甘苦,感受更多。

夫妻俩性格互补,王师傅性格内向,本分干活,车上车下,话语不多;葛大姐就不同了,快人快语:"先说苦吧,今年除夕,一家三口,天各一方,新年钟声敲响的时候,老王刚出兰州,正行驶在茫茫戈壁滩上,我刚出北京,还在华北大平原上,孩子呢?还在哈密的老人家里,一家三口,只能对着一轮弯月,发个短信,互祝新年。"

"旅客的素质参差不齐,碰到素质低的旅客,会不会受委屈?"我问。

"列车员要有豁达的心胸。一次,在硬卧车厢,几位旅客大声喧哗饮酒,影响了其他旅客休息,我几次好言相劝,还受到谩骂,后来不听劝的旅客全都醉了酒,其中一个醉得最厉害,倒在地上,吐了一身,尿了一裤,我把他扶到铺位上,又到盥洗室给他洗衣服,第二天,酒醒的那位旅客又把我吓了一跳:跪在乘务间门口,请求我原谅,还硬往我手里塞钱。钱,我当然不能要,但我好好把他批评了一通,给他洗衣服,我没觉得怎么样,谁让我把他当兄弟了呢?"

在20多年的乘务生涯中,葛大姐和王师傅体验了艰辛,也收获了喜悦,更积累了经验和智慧,最留恋的就是车厢里通过劳动获得的和谐。旅客背着大包、小包挤进人流赶到车厢,本来就心急气躁,有时会为争行李架搞得脸红脖子粗,葛大姐此时就会满面春风地赶到旅客中间,一句:"世界上这么多人,咱们几个能坐到一处,这是多大的缘分啊?!"顿时使硝烟远去,化干戈为玉帛。还有一次,一位70多岁的老大妈在漫长的旅程中,看到葛大姐一直无微不至地关心一位残疾人,一会儿端饭,一会儿送水果,临下车,还捐款,起先以为是熟人,后来得知本来素不相识,十分感动,下车前把葛大姐叫到一边:"姑娘啊,我观察了你几天几夜了,你待人真好啊!大妈想认你当个干闺女,行不?"葛大姐回答说:"我就是您的闺女,还认,干啥?"

葛大姐告诉我,她喜欢跑车,喜欢旅客,喜欢车厢里浓浓的家的温馨。

从师傅家告别时,我又问了一个师傅不可能回答我的关于女列车员的话题,葛大姐告诉我,旅途虽然艰辛忙碌,可女列车员们对美容可决不含糊,往往利用歇班的间隙,往脸上贴些黄瓜皮,抹些新疆产的优质酸奶,营养皮肤。"经常在离地三尺的车厢里作业,更要注重保养,这是出自女性爱美的天性,也是为了给旅客展现美好的仪容。"葛大姐如是说。

列车上的三百六十行

几天后,我又登上了王师傅当班的从乌鲁木齐开往北京的 70 次列车,继续列车员的经历,列车 20:03 开车,可 15:00 我们就集中了。我们列队整齐后,车长出列向"派班"(相当于调度)敬礼:"报告,北京车队第八乘务组出乘向您报到,应到 43 人,实到 43 人,请指示!"随即,"派班"进行了业务提问,并传达了有关命令指示,特别强调了黄金周期间的服务和风季防风防火工作。

随后,我们登上了尚在车库中的列车,我和王师傅以及清洁员正在整理车厢,忽然听到车厢里一片喊声:"3 号车厢着火了!3 号车厢着火了!"王师傅立即抄起灭火器,向 3 号车厢方向冲去,我也提个水桶,跟了过去,此时其他车厢的列车员也拿着灭火器纷纷赶来,但是到了 3 号车厢,并没有发现火源,可大家还是围着 6 号铺位的行李架,聚精会神盯着什么,原来这是北京车队总支书记段力临时组织的一场消防演练,因为随着棉花成熟季节的来临,大批"拾花工"就要进疆,他们返乡时,往往会携带大量棉包,消防意识必须警钟长鸣,随后段力进行了点评,她要求十分严格,指出了许多不足,比如动作还不够快,没有报告起火点的准确方位等,我们一一做了笔记。

开车不久,列车上的乘警长单东升和警花员燕开始在车厢里进行身份证比对(前几天,就是这两位乘警在进行身份证比对时抓获了一名网上通缉的杀人嫌疑犯),一名旅客被带到了餐车,原来该旅客手持的是一张假身份证,过了一会儿,单警长又跑回车厢叫我,我跟着他赶到车厢,只见持假身份证的旅客已经被戴上了手铐,原来通过乘警七问八审,旅客通报了自己的真实身份证号码,乘警上网一查,原来这是一名交通肇事逃逸的嫌疑犯。车到哈密,已是深夜,乘警把嫌犯和相关笔供材料交站处理。我祝贺两位乘警接连抓获犯罪嫌疑人,也佩服他们的细心、负责和敏锐。

在第二天的旅程中,发生了一件不愉快的事,险些让我这个学徒发了火。列车即将进郑州车站,我和王师傅一前一后收拾桌板上的废物,一般旅客都十分配合,有的还主动帮忙递垃圾,一名一直旁若无人剪指甲的女士见王师傅提着垃圾袋过来了,就开始朝着垃圾袋剪指甲,王师傅就这么提着垃圾袋弯着腰等着她剪完,她好像没看见一样照样我行我素地慢慢悠悠地剪,和她一起的男士与她的素质一样低下,此时纹丝不动躺在座位上,未脱鞋的双脚就顶在王师傅的腿上,王师傅看出我的气愤,使个眼色,让我去收拾对面的桌板了,等王师傅走过后,那位女士又开始往刚刚打扫干净的地面上剪另一只手的指甲了……打扫完卫生,王师傅对我讲:"列车是个小社会,什么样的人都能碰到,整个大趋势,还是好人越来越多。"

以后的旅程,平安无事,我帮着王师傅扫地、拖地、收拾垃圾、整理行李、开闭车门、组织旅客做广播体操,对列车员作业规章逐渐熟悉起来,不过我不是一个"称职"的列车员,经常"脱岗",去寻访列车上的其他行当:指挥若定的列车长、火眼金睛的乘警长、维修设备的检车长、举着小旗的运转车长、挥汗如雨的炊事员、推车送货的售货员、坚守岗位的播音员、寂寞旅行的行李员,还有邮政车上辛勤劳作的押运员。

　　车厢的一头一尾,分别是行李车和邮政车,这个空间,旅客是看不到的。在车长的带领下,我走进了这"旅客止步"的车厢,行李车上的王宝霞大姐已经在行李车上跑了30年,今年55岁,就要退休了,一个班八小时,李大姐就这样孤独一人看守着满车行李,寂寞旅行整整30年,伴随她的只有列车的广播;邮政车上的押运员张友志、周新力师傅和他们的两位同伴倒不寂寞,每到一站,就要卸、装邮包和邮件,有时一夜得爬起来好几次,春节前高峰期,邮包多的时候,他们得爬过高高的邮包堆,去餐车吃饭,实在爬不过去,就在车厢里啃啃馕。货仓里没有空调,作业时夏天顶着40多摄氏度酷暑,冬天又要冒着零下30多摄氏度的严寒,押运员是个高强度体力劳动的工种,又常年跑外,一个顺口溜就是讲押运员的:"一年穿破三年衣,三年只守一年妻。"这一年和三年的辩证法道尽了押运员的辛苦,身材魁梧的张师傅讲起20多年的艰辛也禁不住轻弹泪眼,为了不让眼泪落下,随即又破涕为笑了……

　　列车上往返四天四夜的旅程,让我进一步感悟了那个朴素而深刻的真理:工人伟大,劳动光荣。

尾　声

　　回到北京,一觉醒来,我的第一反应是:又该接班了,可此时的王师傅和他的班组已经行驶在茫茫戈壁上了。几天后传来新华社消息:哈密百里风区已连续五天大风天气,风力达12至13级。晚间,十三间房气象站所在的百里风区更是狂风大作,瞬间风力已达15级,风速每秒

47米。我急忙给王师傅发去短信,询问平安,王师傅回信:"很高兴认识你这位记者徒弟,感谢关心,旅途有惊无险,人车平安,勿念。"我再次回信:祝愿好人一路平安,一生平安!

这篇通讯在《人民日报》(海外版)发表后,我一口气连看了两遍。我在想,如果没有直接的角色充当,没有深入的生活体验,没有真挚的情感投入,能写出如此生动、如此鲜活而又如此真实的好文章来吗?严冰对我说,这是他的记者生涯中的一座峰峦,也是自己灵魂的一次净化。我完全相信他说的是由衷的话。而且,我们的铁路工人也很欢迎这样的新闻工作者。后来,严冰以"我当上了列车员"为题,出了一本集子,邀我为之作序,我欣然应之。写下《一片冰心在玉壶》的文章为序。文章写道:

《人民日报》(海外版)记者部副主任、高级记者严冰给我的初次印象是人如其名:"严""冰"。一米七八的个头,寸头,浓眉,一张不苟言笑的脸,显得冷峻、严酷。当时我想,这种类型的人适合做编辑,而从事与外界广泛接触为主要特征的记者职业,似乎有点"错位"。但在后来的交往中我对严冰的感觉有了很大的改变,我看到他身上几乎透射出一个优秀记者所应具备的各种品质和秉性:敬业、诚实、执着、谦虚和勤奋。就像一条冰冻的河流,寂静、萧瑟的冰层下面是湍急、奔腾的流水。严冰就是这样一个有激情、有内涵的新闻工作者,尽管他往往把这些元素蕴涵在不动声色的外表之下。

1967年8月出生于北京的严冰,从中国人民大学新闻系毕业就进入人民日报社工作,不久便分工负责铁路报道。1992年12月,大秦铁路全线通车的报道,是他的第一篇铁路报道,这篇报道发表在《人民日报》和《人民日报》(海外版)头版头条位置。他非常清楚这缘于他所报道的事件本身具有的新闻价值,而不是自己采写稿件有一鸣惊人之处。但这给了他一个清晰而深刻的信号:铁路行业是采掘新闻素材的富矿区,它绝不会让任何一位辛勤的记者失望。从此,他与铁路结下不解之缘。除了2005年8月至2006年10月,由中宣部派遣到江西省上饶市信州区挂职区委副书记这段时间外,严冰的新闻生涯没有离开过铁路系统。在铁路的发展历程中,留下了严冰一串串清晰可见的脚印。在兰新复线建设工地的戈壁滩上,他采写了《大西北再架钢铁道》《大漠风尘别有情》,分别发表在《人民日报》头版头条和头版位置。接下来,他又参与策划了《人民日报》(海外版)"京九行"系列报道,留下了大量来自铁路建设第一线的鲜活报道。京九铁路全线铺通前夕,他接连在《人民日报》(海外版)头版头条通栏推出《关山万里走京九》《千秋功业千秋事》《硝烟渐尽思悠远》等系列报道,从而让铁路发展的那段历史有了精彩的回声和留影。

严冰是一个政治责任心强、工作热情高、采访作风扎实深入的人。他采写的新闻稿质量高、有深度,体现了高度的敬业精神、可贵的职业道德和良好的职业水准。党的十六大以来,铁道部党组推出跨越式发展战略和和谐铁路建设战略,进一步焕发了严冰为铁路"鼓与呼"的激情。随着新一轮铁路建设高潮的到来,他采访的足迹踏遍了祖国的山山水水。从雪域高原到东海之滨,从塞外大漠到南国海岛,他用自己手中的笔抒写着和谐铁路建设的颂歌,记录铁路色彩斑斓的发展诗史。仅挂职回来后的一年时间,他就采写了铁路新闻60多篇。

严冰对事物本质的洞察使他有着一种常人难以企及的穿透力。按照国家《中长期铁路网规划》,到2020年全国铁路营业里程将达到十万公里,需要投资两万亿元以上。仅"十一五"期间,投入铁路建设的资金就将达 1.25 万亿,这个数字是"七五""八五""九五""十五"期间铁路建设资金总和的近两倍。当有人质疑铁路建设资金来源问题时,他通过深入采访,撰写了分析式报道《我国铁路建设两万亿资金从何而来?》,回答了部分人的质疑,并且乐观地预期,只要铁路投融资体制改革方向正确、思路清晰、措施到位,"钱从哪里来"将不成为难题。铁路第六次大提速期间,他留下了《第六次大提速将给人们带来哪些实惠?》《中国铁路提速达世界先进水平》等大量解读式报道。他在报道中写道:"第六次铁路提速,我们除了看到漂亮的列车从眼前飞驰而过,还会感受到实实在在的实惠:出行时间比以前大大缩短了,车厢里更舒适更现代化了,列车到达和开行时刻普遍得到优化。""在主要干线上开行时速 200 公里及以上动车组,大面积开行 5000 吨级货物列车和一大批先进技术装备投入运用,标志着我国铁路既有线提速水平已跻身世界先进行列。"这正是作者思想深度的体现。

  青藏铁路通车时,他还在江西挂职,他常为自己未能参加那次举世瞩目的通车庆典而惋惜,但他的目光始终关注着这条铁路。在青藏铁路全线通车一周年之际,他终于乘上了这条距太阳最近的铁路的列车,在那块风景秀丽而生态脆弱的雪域高原,目睹一群群牛羊在草地上觅食徜徉,耳闻一阵阵悠扬的藏族同胞的歌声在辽阔的大地上飘荡。那种原生态的地貌、物种和环境仍得以很好的保护。这种人与自然的和谐撞击着他的心扉,于是,他满怀激情采写了长篇通讯《"天路"青藏铁路:365 个日日夜夜,环保全面达标》,真实地阐述了铁路系统既能建好也能管好、用好青藏铁路的气概和能力,也很好地消除了人们对铁路是否会影响青藏高原生态环境的担心和疑虑。

每年的春运、暑运、"五一"和"十一"黄金周运输期间,他都积极撰写新闻报道。尽管每年这些特别时期的报道难免大同小异,对于记者本人来说很难写出有轰动效应的报道来,但是这些报道对于众多的旅客出行却是重要的信息来源。因此,严冰对于铁路正在发生和将要发生的任何变化及现象都会灵敏地捕捉到手,对于铁路任何形式的新闻发布会、新闻通气会和新闻采访活动,都会积极参加,并快速组织成文向社会发布,而这些报道往往因为他新闻视角独到而常写常新。

记者的采访作风、写作态度往往决定新闻报道的准确性和影响力,往往决定对受众认知客观世界正确、理性与否。在这一点上,严冰对自己有着令人尊敬的严谨、深入和负责任。今年"五一"前夕,从来不提额外要求的严冰对我提出一个要求:他准备放弃黄金周休息时间到北京至乌鲁木齐的列车上体验列车员的生活,希望得到我的支持。说实话,作为一名新闻记者,深入最基层,直接体验、采访一线劳动者和旅客生活中的甜酸苦辣,这是一种值得推崇和欣赏的行为。但是,从北京到乌鲁木齐全程3768公里,运行时间达40个小时。在这个过程中,不仅要像所有旅客一样经受单调、漫长的列车旅行生活,并且要以一名普通列车员的身份从事倒茶递水、整理行李、擦地抹桌、清洗厕所、通报站名等安全、服务工作。此外,更要以一个新闻记者的视角来观察、透视和记录整个过程以及相关细节。这无疑是一件很有挑战性的事。但我还是同意了他的要求,因为他是值得信任的。果然,他不负期望,在上车后的三天里,与列车员一起同吃同住同劳动。当他穿一身铁路制服以一位列车员的身份出现在旅客面前时,谁会想到为他们辛勤服务的会是《人民日报》的一位资深记者呢?很多旅客都表扬这位并不年轻的"列车员"和善、勤快和热忱。而这次体验也使他对铁路职工的情怀、付出和追求有了更深切、更准确的把握。他后来采写了近万字的长篇通讯《我当上了列车员》。由于报道是作者亲身经历,真实、亲切、感人,发表后引起了良好的社会反响,也使铁路人深受感动。

严冰参加工作18年来,有15年是在与铁路打交道,与中国铁路、铁路人结下了深厚感情,这种感情是认真而持久的。就在挂职期间,他还与地方党委、政府一起协调解决征地、拆迁中的难点问题,为铁路工程建设鸣锣开道。每次回京探亲,他会挤出时间到铁道部向我们叙说挂职中的所见所闻,抒发挂职中的所想所思,畅谈挂职中的所谋所划。"一片冰心在玉壶"是唐代诗人王昌龄的佳句,诗人以玉壶冰心设喻自明心志。我想,借用这句诗来表现严冰对铁路系统和铁路人晶莹剔透的赤诚之心也是很恰当的,他的这本集子——《我当上了列车员》就是他的"一片冰心"!

这仅仅是一个例子。当年,深入铁路采访的记者们所推出的优秀作品很多,当他们结集成册时,我都乐意为他们作序,跑铁路口的中央十多家媒体的记者朋友在出版个人作品集时,我都为之作过序文。他们在了解铁路时,我也了解了他们;他们与铁路建立了感情,我也与他们建立了感情;他们在写过铁路后,我也理当写写他们。

四、赢得职工群众由衷认可

我一直以来的工作和态度感动了"上帝"。这个"上帝"就是广大铁路职工群众。他们给予了我很大的理解和支持,特别是在我困难的情况下,许多我认识的、不认识的铁路人用各种方式安慰我、鼓励我、支持我,也温暖着我。

在我告别发布台即将出国前夕,收到了大批铁路人的信函和短信。

有豪放浪漫的:辽阔的草原,一如你辽阔的胸膛,真正的英雄好汉,哪惧雨雪风霜。是雄鹰总要在高天翱翔,是骏马总要奔向远方。献上白云般纯洁的哈达,请带上真诚的祝愿与向往。无论天涯还是海角,高山与小草都能拥抱阳光。无论你走到哪里,每天晚上我们都能望见同一轮神州的月亮。无论岁月流走,亲情友情总难忘,让我们且吟且唱。在马头琴低回的转弯处,一条小路如悠悠心曲,通向遥远美丽的故乡。

有理解支持的:王部长好!其实对于这次事件,明眼人都看得很清楚,也很能体会您的苦心和难处。责任并不在您,而您在那样艰难的局面中挺身而出,直面那么严酷的压力,这样的勇气和风范已足让人敬佩。我们也应当理解那些负面的声音也许是您在那样的位置上所不能避免的,毕竟泱泱大国,国民的层次和理解力都不同,所以让您承受了那么多非议,您辛苦了!但是请您相信会有更多明白人理解您、支持您!

有热情安慰的:部长,您很憔悴,我们很难受,您永远是我敬重的好部长,是新闻界最优秀的新闻发言人!这次当您出现在闪光灯下时不是您的错,儒雅的您为铁道部背负起了沉重的山石,全国人民心中有数。当人们趋于冷静和理智时,是非功过自有公道。我坚信随着历史的沉淀,您是大家敬仰的英雄,一个在关键时间站在矛盾前沿的英雄,因为更多的人缩着脑袋躲在了后面。您是忍辱负重的英雄,您是背负山石受着委屈的英雄!能为历史去肩负重压的都是德才双馨的人,不然就没有屈原这些值得敬重之人。部长,奋斗至今证实了我们用汗水铺成了坚实的人生之路,以实力搏击人生,就是最大的财富。部长,您应该快乐起来,这是我们最大的心愿,您儒雅书生般的肩膀能为铁道部背负如此巨石,难道还跨越不过人生的这道坎?不要去为别人的错买单,剥夺自己的幸福和快乐,若干年后回过头来看,这是一道风景线,因为您站在历史的前沿,手擎起了一块巨石为很多人挡了风和雨,您没有错,您是英雄,只要历史是公正的。全国有正义感的人们心中是为委屈的英雄呼不平的。部长,我爱您,您是我永远的老师、兄长和朋友。珍重,为了关心您的朋友们。

有倾吐衷情的:王部长,您好,昨天晚上回家看到《新快报》关于您的文章,里面有部分内容算是公正的,最后一段一位女记者反思,当她回想发布会现场那些无德无修养的记者态度强硬发泄式的提问,她当时就觉得很不舒服,估计现场也有记者觉得不对但大家都不敢说,这种负罪感甚至让她重新思考自己的职业责任,而且她说这些只敢匿名。看到这里才真正体会到当时混乱围攻的场面是多么缺乏人性缺乏理性,心里感到极度愤懑,也有种说不出的心痛啊,还有一张您一个人下楼离开会场的照片,看到这些我的眼泪都快掉下来了,这些人为什么这样啊,太过分了,毫无职业修养和道德,作为了解您的人,作为您的亲戚和朋友,看到这里大家更多的是心痛,心痛您受的委屈,心痛您一个人面对的一切,也更钦佩您的修养和品格,这个发言人不做也罢,还一片安宁平和!是的,王部长,您的这次经历牵动很多人的心,身边所有的声音都是支持您的。不知您的老母亲可好,她老人家一定是心痛不已吧,可能她是最揪心最需要安慰的了。王部长,您还好吗?我代表全家人向您问好!愿您一切都好!

有热情鼓励的:王部长:回京后一直没联系上您,很想当面表达一个老部下、老朋友对您的敬意!每当关键时刻,您都勇敢地站出来,为国家、为部里、为同事、为朋友,无论遇到怎样的委屈和误解!您的这种担当和热情是我们大家心中的一团火,永远值得我敬佩和骄傲!知道您这时候很忙,老领导、老同事、老朋友应接不暇,可能无法见到您,只好发个短信为您送行,远赴万里履职对您本人是件好事,您可以休整调理一下多年来超负荷运转的身心,可以尽情释放宣泄过人的才情。另外一种生活另外一种人生,想象无边值得期待,祝贺您!祝您一路顺利,好人一生平安!

有理性劝慰的:王部长,您好!最近您一定很忙吧,其实工作几十年可能您一直忙碌着追逐着,尤其近几年更是身不由己。人活着好像都是为别人而活,为了家人期待为了荣誉为了别人的眼光,也没办法停下来听听自己内心的需要。趁着这个机会您终于可以放下面上的一切,轻松简单地给自己放个假,什么都不想什么也不说,泰然宽容地面对一切。从某种角度来看,发言人那种站在风口浪尖上的工作对人的精神来说有时就是一种摧残,您已是把这个工作做到极致的了,没人超越您的,所以现在转换没有遗憾,只是方式有点不公平,但这种不公平反而唤起了很多人理性公正看待事件的本质。所以,万物都有两面性。您是见过风雨更见过彩虹的人,以您的博才和胸怀,您应该是更睿智更豁达,您可以还原本性,真实地享受人生。这条信息昨天就写好了没发,今天得知了您的新去向,我觉得那真好,一个安静纯朴的地方,想象着能静静走在那么美丽那么神秘的地方,人的心可以真正放空可以冥想,您又将多了一份经历,经历是人生最好的财富啊,说不定您又将写出更多的美文。一个终点也就意味着另一个新的起点,相信您在新的生活里,会活得更从容更超脱,更贴近您作为一个文化人的本色。衷心地祝您一切都好!

有友如此,夫复何求?

多少岁月过去了,很多铁路职工还牵挂着我。特别是我起步的怀化铁路地区,当年那帮老伙计们一直没有忘记我。有位叫钟奋生的怀化铁路职工一直在打听我,并从怀化来到北京,见我一切安好才回家向大家通报我的近况,并在网上写了一篇文章《走近王勇平》:

淡出政坛后的王勇平,有段时期,我觉得他离我们很远了。也确实很远了。离开祖国到波兰去了。心里便有一种莫名的苍凉之感。

那年,我正在东莞东客运段专访,准备写一部有关广梅汕铁路绿皮车时代的长篇纪实文学。突然有一天,当时该段党委书记徐晓辉向我透露一个信息,他说有一位中国民间评论家解筱文,写了一篇有关王勇平新书的评论,里面有他最新的动态。我不由精神为之一振!后来,我找到了那篇文章,通过这篇评论文章,知道不少勇平在国外工作、生活的信息。一下子感觉到勇平就在眼前了!写这篇评论文章的作者我熟悉。我曾在《广铁教育》杂志搞兼编时,他向我投过稿,我们还QQ深入交流过。

怀化铁路文学艺术界,在整个广铁集团是最活跃的。原来怀铁总公司文联,每年至少组织我们一次以上文学艺术采风活动,还不定期地举办一些相关座谈会和培训班等。虽然怀铁文友们创作的方向与特长各有千秋,但作家、画家、摄影家等常在一张桌上饮酒聊天,整体凝聚力很强!2005年3月18日怀铁总公司撤销后,怀铁文联显然也不复存在了。在这个大背景下,2018年3月29日,本人成立"怀铁文学艺术"微信群时,实际上在很大程度上起到了文联的作用。文友们纷纷奔走相告,将自己身边的怀铁人拉进群,毕竟13个春秋过去了,文友们各奔一方,没有好好相聚了!进群后都有一种回到了家的感觉。原任职于怀铁宣传部的文友蔡健,现任衡阳工务段党委书记,进群后风趣地说:文学的游子,有找到了组织的感觉……

我自然想到了王勇平。他是我们非常熟悉的怀铁人,进这个群完全顺理成章啊。我没有他的联系方式,便拜托在京城工作的文友蒋冬莺,她与他爱人关系好,是不是能动员他进群呢?她感到十分为难,回复我:王部长现在很低调,不会在一些场所露面,也不会进这个群的。我还是不甘心,又悄悄找到一位现还在职的公安处长文友,王勇平曾是他们的老领导,他拉下勇平进群显然要方便些。但他也悄悄回复我:估计会拉不动。还是算了吧。

当我看到平时熟悉的文友都进群差不多了,勇平没有进来时,又产生了一种莫名其妙的失落感。

我想走近王勇平,但命运之神似乎要将他与我们越拉越远。王勇平真的不想走近我们吗?微信群不是企业,也不是什么协会社团组织,王勇平会进到这个里面来吗?冷静头脑这么一想,我就决定从思绪上离他远去,随缘而去吧。

没想到群成立十天之后,即 2018 年 4 月 10 日早晨,文友徐晓辉就直呼要我赶快"开门",讲"池凤"王勇平要进群!真是喜从天降,我还没注意群里这个信息呢。他又给我打来电话,讲王勇平要进群,现在进不了,要我赶快点确认。我设置了群主权限。早晨 8 点多钟,王勇平进群了。

我说:"热烈欢迎怀铁精英勇平进群!"

王勇平:"很高兴在这里见到很多老朋友!"

徐晓辉:"热烈欢迎怀铁人老朋友老伙计王勇平进群!"

王勇平:"感谢晓辉给我创造了这个机会!"

刘雯:"见到您,天天都阳光灿烂。"

王勇平:"感谢你们的欢迎!"

还是这样谈笑风生,平易近人!

我们很快加了微信,在微信中交流叙旧。以前的点点滴滴,便渐渐浮现在眼前……

80 年代后期吧,我曾代表单位参加一期由怀铁宣传部举办的通讯员学习班,当时王勇平是《铁路工人》报驻怀化记者站的记者。那期学习班有四五十位基层站段的通讯员,每人要带一篇通讯报道稿来,非常优秀的稿件,报社就直接采用了。记得当时通讯员的稿件犯了一个通病,就是新闻性不强,聚焦不够,有的还写成了散文。但王勇平对我那篇稿件充满着兴趣,当众表扬说,钟奋生这篇文章才是新闻稿的写法!抓住了要点,没有偏题。后来还指定我写三源公司的稿子,那时他们正搞改革,汽车集中管理。就这样,不仅我认识了他,他也熟悉了我。后来他在广铁集团宣传部负责时,我已经在单位党办专职抓宣传了。记得有一篇党建论文稿发过去,我在上面问勇平,这篇稿件是否可用?没多久,他就回复我:将在这期《政工新探》上采用。

其实,我神交王勇平已经很久了。当时我正陷在文学创作的低谷之中,看不到一点希望。发出去的稿件不是石沉大海,就是换来一封封冰冷的千篇一律的铅字退稿信。我老兄极力反对我搞文学创作,认为我往这条道上走无论如何不会成功!他曾在怀化铁路分局当过副局长。他见我痴心不死,无可救药,终有一天,长叹了一口气,语重心长地跟我说:"你要真想往写作这条道上走呢。这样,你换一个方向行不行?那个长篇小说你就不要再写了!写也不会成功!"我老兄像跟我在谈判,"怀化机务段有一个叫王勇平的,我们铁路的报纸几乎天天有他的文章!这才是你写作的正道!"

我的人生轨迹具有奇特性。一方面我在文学的迷雾与低谷中苦苦挣扎奋斗,另一方面,在我还没有任何成绩的前提下,当时我段党办宣传专干任德光竟像发现一颗明珠一样看中了我,他说我一定会有大出息!他还破例让我代表单位参加分局的通讯员学习班,这使我深受感动。我的思维观念开始悄然发生转变,不由记起了我老兄的话,"你要真想往写作这条道上走呢。这样,你换一个方向行不行?"是啊,换个方向试试。于是,我停止了长篇小说的创作,"王勇平"这个名字就开始在我眼前跳跃!那时我经常到单位党办去阅读报纸,阅读怀化机务段冲劲很足的王勇平的文章!哈!转一个方向,我人生的道路就顺了!别人写新闻稿觉得很苦,我却在偷着乐呢!为什么呢?因为我新闻敏感强,灵感喷发,写作速度快!正如我们群"一日一垒"发书评的文友黎宏颖一样,他在"读书当玩",我则在写稿当玩呢。三下五除二就完成一篇,而且见报率极高!许多时候,一个版面要用我两篇文章,就一篇用笔名一篇用真名。有一年《广州铁道》报要抽三个人助勤,竟差点弄出一个笑话,将我的笔名与真名,看成是两个人了!发电报时准备写"钟奋生""彭光林""尹剑初",被当时正在报社办事的文友尹剑初及时发现……

　　后来,任德光调到分局组织部,又从组织部调回单位工会任主席,再后来任怀化水电段党委书记。他上任段党委书记第一件事,就是顶住种种非议,破格将我调进党办专职抓宣传。当时我还不是党员,而且超过了提干的年龄,已经38岁了!新闻写顺手了,我又转向文学,曲线救国,文学又取得了成功……这些都是后话。

　　王勇平还在搞铁道部新闻发言人挺走红的期间,记得有一次到怀化来开会,我恰巧也在参加一个学习班。在怀铁大酒店我们偶然碰面,相互热情打招呼。我没加思索,竟突然冒出一句:"到我家去玩怎么样?""你家在哪里?""离这里不远,就在水电段家属区。""好哇!我们刚吃过晚饭,正是最佳散步的时间。"于是,我们一路步行,边走边聊。走了约一半路程,他的手机响了。他放下手机,就直冲我抱歉!有一个紧急会议他要参加,必须现在返回酒店！他就独自匆匆转身走了。4月10日他进群,我在群里当众提起了这桩往事：

"勇平,那年您在怀化参加一个会议,本来决定到我家去玩,我俩走到中途,您突然接一个电话,有要紧的事,又返回怀铁大酒店了。"

"钟奋生,如果您还住怀化,下次来怀化得补上……"

王勇平的政绩可圈可点,王勇平的外交风格任由世人评说。昔日记者们的围堵直追,宣传舆论的变相放大,中国高铁要下停车令,悲观怀疑论烽烟四起……红尘滚滚,此起彼伏,绝处逢生,柳暗花明……中国高铁,高歌猛进,异军突起,名片亮丽……三十年河东三十年河西,早已急流勇退的王勇平,2018年6月24日,在"中国新闻发言人制度化建设十五周年论坛"上,又被推举为中国新闻发言人制度化建设八位"贡献人物"之一……

他并没有受宠若惊,淡淡一笑,目光仍聚焦在他的书法作品上。他从铁道部新闻发言人岗位退下,精准地说,铁道部从此没有了新闻发言人。他在原来的办公室静静待了两个月,命运之神才要他去领略波兰异国的风光。那两个月,他神态是淡定的,没有丝毫落魄感,目光清澈如镜。除了官位与政绩,他还有什么呢？他还有充实的生活,还有强大的文学艺术的底蕴。他是中国作家协会的会员,是一位诗人,已经出版过好几本诗集了。从小他就酷爱书法,跟他爷爷习练书法。他又是中国书法家协会理事。李木马先生这样评价他的书法作品：王勇平自幼醉心翰墨,自颜柳唐楷入手,直追魏晋行草书,尤对"二王"浸润最深,于怀素《小草千字文》和孙过庭《书谱》用力最勤,近年来又受张旭、黄庭坚、王铎、傅山等大家作品的启迪,手摹心追,日课不辍。师从当代书法大家李铎先生。其行草书,取法古人又极富现代气息,以苍劲生动的线条、精妙自然的结构、气息通透的章法,体现出潇洒雄浑又儒雅含蓄的书风,在平和中蕴藏力量,在流畅中体现节奏,让人能够静静地感觉到一种内在的力量与激情,感觉到汉文字的亲切与温暖,进而能得到一种"腹有诗书气自华"的精神享受……

眼下,我与王勇平在一个新的时空点上重逢,各自都有人生的辉煌,都经历了一段曲折的历程。不管他的职务有多高,文学艺术应该是相通的,应该有一道和谐的水平线。只要进入到这个氛围,就会相见如故,心心相印;就会碰撞出思想的火花,加深情感的交流。

通过"怀铁文学艺术"群的桥梁,我们的距离猛然一下又拉得很近了!近到在微信里,经常能听到他的语音留言,他亲切地呼我"光林……"。

我不由兴致勃勃地与他探讨一个问题:"当时文友徐晓辉动员您进群,是怎样讲的呢?您是怎么想到愿意进群的呢?"他含笑道:"晓辉问我,'你愿不愿意加入我们怀铁人团队?'我回答说,'好哇!怎么不愿意!我本来就是怀铁人!'"

唉!转了一个大弯。原来是王勇平在走近我们,我们却曲解远离了他!

后来我又先后两次赴京,我们在一起相聚,他热情接待了我。2018年10月24日,他给我送一幅字:"淡交如水,大道若弦",形容君子之间的友谊真挚而淡泊,互相仰慕,互相支持,达到很高境界。我很受感动。

不仅如此,他还与我们群里六位怀铁文友留下了墨宝!我到他家时,他爱人冲着我说,他刚下飞机回到家,就忙个不停,不停写呀写呀,一直写到现在……从来没见他一次写过这么多字!

是啊!他是在将他与怀铁人那份特殊的感情,那份对湘西热土的怀念,那份难以忘怀的故交,那份淡淡的乡愁与淡淡的惆怅,深深地浸透在他的笔墨之中……

下次群里搞户外活动,我一定邀请王勇平参加。我想他会欣然接受。只要他能抽出空,一定会风尘仆仆从北京赶回到他的第二故乡怀化,与怀铁人重逢相聚!至于你信不信,我反正信。

对这些淳朴的友谊、鞭策与信赖,我信,我都信!

我信纯洁的友情地久天长,我信诚恳的信任弥足珍贵,我信正义的事业必将成功!

作为铁路发言人,我肩上曾背负着一个行业信息发布的重担,虽然我尽心了,尽力了,但没有尽完责。剩下的只有对这个行业的深深遗憾和对这个行业员工的深深愧疚。

第十三章　塑良好之形

题记　对政府新闻发言人而言,发布台就是一个展台。这个众人瞩目的展台一览无余地展示着政府新闻发言人的形象、气质、学识和审美标准。政府新闻发言人的形象,是社会公众、社会舆论对发言人的基本印象与总体评价尺准。发言人的形象,往往透露出其走过的路、读过的书、做过的事、流过的泪和洒过的汗。问题还在于处在发布台上的政府新闻发言人,其形象并不单纯属于自己,在这个过程中塑造好自我形象,实际上也是在塑造着政府形象。镜头之下,发言人一言一行、一举一动全是信息,发言人是用语言发布和包括表情、眼神、肢体动作等非语言发布在完整地传递着政府的声音和态度。因此,实现态度、尺度和风度的完美统一,则成为发言人在发布台上孜孜以求的愿景。

一、保持良好的颜值与气质

发布台上,发言人每句话、每个表情都被世界关注,在发布台上展示的形象不可避免地要接受媒体和社会的审视及评价。联合国新闻发言人弗雷德里克·埃克哈德曾经说过:"作为发言人……你说什么很重要,你怎么说也很重要。"新华社高级记者、新华社经济参考报研究院院长李新民也有过这样的表达:"面对媒体,新闻发言人不仅要表达好,还要形象佳。因为记者不只在听您说,还在看您。特别是电视采访,可能会有很多人在看您。这意味着,发言人面对媒体还须掌握非语言传播技巧。"塑造自我良好的形象,就是争取媒体良好的印象。

发布信息主要是通过语言来完成的,除了语言的信息传递外,同时还有一种非语言的信息传递,即表情、着装、肢体动作等外在形象所传递的信息。外在形象是直观的、可感的。发言人的脸面是与记者打交道的第一张名片,很可能会优先于他给记者带来的资讯。英国文学家罗素说:"一个人的脸,就是一个人价值的外观。它不仅藏着你自律的生活,还藏着你正在追求着的人生。"据说,联合国秘书长会见周恩来总理,叹其风貌,说是在周总理面前,他们西方人还是野蛮人。这话不是外交辞令,而应是发自内心的真实赞叹。人的经历、经验、知识、思考深度、情感纯度、承受程度、性格特点……这些内在的累积,会逐渐地、一点一点地改变着人的气质和眼神,影响并改变容貌和长相。人的精神力量是可以注入肉体的,它会让你看起来与众不同、充满魅力,而影响精神力量的核心因素是价值观,而人的外表是价值的外衣。

五官显审美,发型表个性。更重要的是,发言人的形象不仅仅属于自己,发言人在发布台上的形象实际上是一种公众形象。政府新闻发言人更是政府的形象代表,应该具备良好的形象意识和形象素质。因此,发言人在发布台上必须对自己的外貌负责。理性感性寄于声线,真诚虚伪映在瞳仁。站姿看出才华气度,步态可见自我认知。发言人的外在形象,应当是端庄得体、干练精明、朴素大方、温文尔雅的良好形象。在发布台上,这些特质符合人们对政府新闻发言人社会定位的合理想象和心理期待,往往更容易获得认可。发言人也会更加增强自己在镜头下的表达能力和表现能力。

所以,在走向发布台前,有必要对自己进行梳妆打扮,不能容忍自己有一丝一毫的草率马虎和漫不经心,力求以最佳的颜值、焕发的容光出现在媒体的镜头里,展现在公众的视野中。努力实现态度、尺度、风度的完美一致,因为这些元素都是发言人必不可缺的标配。

中国传媒大学在进行新闻发言人培训中,专门安排了一门仪表装扮的课程,常常邀请中央电视台著名的化妆师徐丽女士主讲,她讲述央视主持人出镜前仪表仪容的精心准备和设定,很受大家欢迎和追捧。在模拟新闻发布会前,担任发言人的学员经过专门化妆师的化妆后,容光焕发地走上发布台。学员们认识到了外形的塑造对自信心理以及对外界反映所产生的良好影响,大都增强了仪表风度刻意优化的自觉。

有一次,我与几位媒体人初次相见,他们谈到我在电视中的形象,都感觉我画面中的身材比实际身材更显高大,因为面对镜头,他们看到我都是挺胸昂首,气宇轩昂,颇有些气场。我从这里得到了鼓励和启示,虽然自身的生理条件无法改变,但自身的精神气质完全可以自塑。以至后来在日常生活中,我都比较自觉地去打造和保持一种乐观自信、健康向上的心智模式,待人接物,也总是有意识地挺直腰身,努力使自己充满朝气和活力。久而久之,形成了习惯,融入了意识,成为发自心底的力量。我想,今后即使身躯佝偻了,精神风骨也许依旧挺拔。

有一位摄影家朋友,在我数年发布新闻、接受采访的生涯中,从不同的角度抓拍了我不少的照片,这些照片拍得都很传神,有的被采用,更多的从未面世。在我离开新闻发言人岗位时,他把我的这些照片都整理了出来,标出地点和时间,作为一份特殊的礼物送给了我,并说他能从这些照片走进我的内心。我也痛快地承认,自己任何真实的想法都躲不过摄影师的眼睛。

媒体记者对新闻发言人的认可,始于颜值,尊于才华,近于气质。比颜值更重要的是气质,虽说化妆能够使发言人的容貌得到一定的改观,但从根本上说那还只是在做一些表面功夫,真正打动人的是发言人无与伦比的气质。好看的外表千篇一律,有趣的灵魂万里选一。气质,语出宋代张载《语录钞》,"为学大益,在自求变化气质"。现代西方心理学的气质是指人的心理素质、内在修养与外在行为的总和,一般是指人的个性特点、风格气度。人的气质是先天与后天的统一,内在与外在的统一,率真与理智的统一。气质虽然看不见,摸不着,但一举手,一投足,一张嘴,就展现得淋漓尽致。人有净气,风雅自来。灵魂的样子,往往会投射到脸上。正如契诃夫所说:"人的一切都应该是干净的,无论是面孔、衣裳,还是心灵、思想。"

三国时曹操有一次要接见匈奴使者,觉得自己身材矮小、貌不出众,就让高大帅气的崔季珪冒充自己,曹操本人却提一把刀站在旁边。匈奴使者要回去时,曹操让间谍问使者:"你看魏王[曹操]怎么样?"使者回答:"大王容貌端庄、举止文雅,但是站在一边、提刀的那个人是个英雄。"史书上记载曹操"容貌短小,而神明英发",所言不虚!气质,不是浮躁作秀,而是沉淀和积累出来的优雅。精神长相,是一种看不到的能力和魅力,决定了发言人的精神内涵和精神力量。

相由心生,境由心转。知识改变人的外形,才华熏陶人的气质。气质和气场从哪里来?眼中的审美、身上的阅历、脑中的见识、心中的涵养。静心学习,耐心沉淀,活在当下,学在当下,悟在当下,长此下去,一定能够滋润和美化发言人的心灵及形象。很欣赏这样一段话:"读书的至境在于养心,在于悟道,在于达到对人性的了悟与同情,达到对宇宙的洞察与皈依,达成个人人格的丰富、威猛与从容。"在增长和优化知识的过程中,发言人在发布台上的笃定和自信便会自然而然地形成和保持下去。而发言人的气质,在一定意义上会成就发言人在公众心目中的公信力。

二、选择得体的服装与首饰

发言人的着装,是其展示外在形象的一个重要视点。作为一种视觉语言，合适的着装更容易被赋予某种好的特质，有着一定的引荐作用和辐射作用，从而让媒体感受到一份尊重与欣赏。没有人会乐意从你不修边幅的外表走进你不同凡响的内心，没有人有义务透过连你自己都毫不在意的邋遢外表去发现你优秀的内在。

面对镜头，发言人的着装应该庄重、大方、朴素、自然、得体，符合自己的气质和身份，给人一种稳重和可信赖的感觉。衣服不一定是名牌，但要合身、干净、有品位。选择衣服的式样和颜色要与身份、场合以及发布内容相吻合。一般情况下，政府新闻发言人在正规场所应该选择着正装，避免穿着式样奇异、颜色花哨、图案夸张、质地反光的衣服。

当然，在特殊的场合也有例外。在一次事故现场发布会上，由于来不及换衣服，我惴惴不安地穿了一件T恤衫直接进入会场发布信息，结果在着装这件事上不仅没有被指责，反而被媒体予以肯定。但那只是特例，因为在那种场面西装革履便不合时宜了。

佩戴首饰对于发言人也是一个需要重视的细节，女性发言人平常可能因讲究美观、显示特性而佩戴自己喜爱的饰物，世界因此而显得更加多彩和靓丽。但是，发布台不是T台，不主张在这种场合佩戴太多饰物，耀眼的耳环、项链、胸针和发夹往往会将人们的注意力从发言人要表达的意思上转移开。男性发言人也应当在手表、戒指、皮带、领带等饰物的取舍上保持朴素而低调的风格，把自己的身份、审美、作风等因素都考虑进形象装扮和打造之中。

美国作家约翰·莫洛对服饰很有研究，他发现许多公司招聘，最终通过面试的，无一例外都是那些打着领带的人。有一次，一位应聘者没有打领带，爱才的面试官给了他6.5美元，让他出去买一条领带再来面试。这位应聘者戴着新领带回来，结果还是被淘汰了，因为面试官嫌他选领带的审美品位太差了。

我在担任铁道部新闻发言人期间，为了随时接受记者采访和召开发布会，办公室里除了专备一套西装外，还配备了几条不同颜色的领带，各有一条代表喜庆的红色领带、代表庄重的蓝色领带以及代表沉痛的黑色领带。我会根据不同主题发布选用不同颜色的领带。

2008年5月12日,四川省汶川县发生了8级以上强烈地震,国务院新闻办公室紧接着召开了一系列新闻发布会,包括一场运输行业的新闻发布会。我在这次发布会上代表铁道部做了铁路运输方面的情况介绍,并回答了中外记者的提问。为了表示自己的沉痛心情,在那次发布会上,我穿了一套黑色西装,打了一条黑色领带,并采用了凝重的语调、缓慢的语速发布新闻和回答记者的提问。清华大学新闻学院对那次发布会进行了专门的分析评估,对我在发布会上包括着装在内的整体表现给予了正面的评价。

三、展露合适的表情与肢体动作

发言人面对媒体,理想的状态应当是举止大方、行为斯文、表情得当。得意不忘形,失意不失态,处乱不惊慌。防止和杜绝以粗鲁为粗犷、以庸俗为通俗、以浅薄为幽默的言行发生。

有经验的发言人都知道,镜头之下全是信息。发言人的语言固然传递着信息,而发言人的表情与肢体动作同样也在传递着信息。媒体会从发言人的表情中捕捉到其内心的真实,会从发言人的肢体动作中分析到其情绪的变化。这就要求发言人在面对镜头时,自觉做到语言与表情、与肢体动作互相配合、和谐一致,求得整体效应。

美国总统为了博得人们的认可和倾慕都会有一些专业人才为自己进行形象包装,不仅容貌、衣着会精心修饰,连某个举动、某句话、某种表情都会事先反复推演。因此,出现在民众眼前的总统大都是举止得体、能言善辩、活力四射、光彩照人。在总统大选时这种情况就更加登峰造极。

当年克林顿与老布什在竞选美国总统时就发生过很有意思的事情。一次,克林顿与老布什在打擂台发表演说争取选票时,一位黑人妇女向他们提问:"你们上层社会可知道我们底层人可怜的生存状态?"克林顿眼里噙着泪花久久地凝视这位黑人妇女,态度非常诚恳地说:"我知道,我就是为了改变你的状况而竞选。"

相比之下,老谋深算的老布什此时却大意失荆州,他一脸麻木地站在台上,还抬手看了一下手表。结果可想而知,底层社会的选票几乎一边倒,老布什的败局显出端倪。且不评价克林顿究竟是真挚还是作秀,但他笼络人心的策略和手段显然要比老布什高出一筹,这为把他推向美国权力的顶峰铺垫了牢固的基石。

一般而言,发言人面对镜头都应该保持微笑,让媒体和大众感受到发言人的亲切、放松和自信。但在灾难事故的信息发布中,如果仍然保持习惯性的微笑,则毫无疑问是一种不合适的表情选择。这种表情哪怕再细微,一旦被镜头放大和定格,都会对发言人的公众形象产生极大的杀伤力。通常情况下,发布喜庆的消息时,应洋溢欢快的表情;面对重大的话题时,应显示严肃的面容;处于危难的境况时,应呈现坚毅的神色;回应公众的质疑时,应表露诚恳的态度;传递灾难的资讯时,应蕴含沉重的神态。当然,这些表情都必须发自内心、流露自然、拿捏得当,决不能过度表现,让人有作秀的感觉,也不能情绪失控,给人以不稳重的印象。特别是表情与发布主题不能相悖,不该喜的喜了,不该忧的忧了,不该抑的抑了,不该扬的扬了。这不仅影响到现场的效果,甚至有可能造成人们对发言人心智和动机的怀疑。

一次,有位记者采访我,问我在一次灾难事故发布会上有过短暂的微笑状态,是不是我的习惯?我坦言:"我当时表情始终是凝重的。至于网络视频画面一帧一帧地扫描,将我某个瞬间说话的表情截屏定格,认为代表了我当时的心态,这是不客观的。尽管发言人面对媒体保持微笑是对人的一种尊重,也是我的习惯。但这是一次有着重大伤亡的事故发布会,我的心情始终很沉痛,至于我出现了习惯性的微笑表情,我确实没有意识到。"

虽然自己没有意识到,但网友捕捉到了,便产生了不好的社会传播和影响。在这种情况下，我自然没有理由去抱怨自己躺着中枪。举止行为是发言人修养的折射、文明的表现和态度的展示。

我与公安部前新闻发言人武和平是好朋友，我曾多次对武和平说，他的一个肢体动作让我清晰和深刻地记了十几年。那是20世纪末，我担任广州铁路公安局党组书记，一次到北京参加业务培训，武和平当时作为公安部宣教局局长应邀给我们讲课。课堂上，他做了一个交警指挥交通时常用的手势，向上高高地竖起左手，向下摆动着右手。他说，我们可以赋予这个动作一层特殊的内涵：左手手势意味着人民利益高于一切，右手手势意味着违背人民利益的行为统统靠边。当时我感受到他在向大家传递一种神圣的使命意识，以至于那个坚定而潇洒的动作深深地嵌入了我的脑海之中。我想，这应该就是肢体动作的力量。所以，在发布新闻时要注意肢体语言的运用，肢体会表达情感，肢体会传递信息，肢体会强调立场，肢体会决定成败！发言人在发布台上，轻松与紧张、高兴与忧虑、诚实与虚假、文明与粗鲁、坚定与动摇等等，都会在有意识或下意识的肢体动作中折射出来。没有肢体动作显得刻板，夸张肢体动作显得做作。很难想象发言人在发布台上正襟危坐、肢体僵硬会给人留下自信、自如的印象，同样很难想象发言人在发布台上手舞足蹈、张牙舞爪会给人留下自持、自重的印象。发言人在肢体语言的运用上终归要自然得体、恰到好处，才能塑造良好的公众形象。

四、增强广博的学识与才华

站在发布台上，整个发布是否有温度、有光芒、有气度？思想是否提升？心灵是否丰富？表达是否完整？反应是否机敏？都与发言人的学识、才华有着直接的关系。一般来说，发言人有人格魅力、有丰富学识、有人情味，会深受记者们的喜爱。而发言人深受记者们的喜爱，其说服效果就会比较好，比较容易让记者们改变态度。不是要求发言人都是作家、诗人、书法家,但是拥有更多的艺术才华不仅有利于发言人自身气质的塑造,也有益于发言人在发布信息和回答记者提问时语言技巧和魅力的发挥。

"胸藏万卷凭吞吐,腹有诗书气自华",水无积无辽阔,人不学不成才。于发言人而言,古今中外、天文地理、文学艺术,都应广泛涉猎。在求知中扩展自己的生命履历,丰富自己的内心世界,提升对自己的容颜和气质的自信力。同时,要深入体验生活实践、深刻提炼生活本真、生动表达生活意象,将见识、智慧与品质融入学习成长全过程。对新知识、新信息的不断吸纳、拥有和储备,带着一种优雅自信的精神面貌、一种从里到外的韵律,刚强不失风度,血性不乏柔情,坚韧不缺灵活,严谨不忘幽默,肃立于发布台,将获得媒体发自内心的好感和钦佩。

气质烘托台风,台风滋养气质。纵观古今中外的政治家、外交家、社会活动家,无一例外都是知识渊博、才思敏捷、口齿伶俐、用词准确、擅长表达的人。对发言人也是如此,一位有追求、有情怀、有理想、有担当且有文化的发言人,当他把自己对于一场场新闻发布的所思所想、所作所为,作为自己攀登事业高峰的一个个台阶时,这绝对具有文化积累的性质。

越是学识广泛,越会有智慧;越是有智慧,越会愿意接受有挑战性的问题;越是有挑战性的问题,越会碰撞出思想火花;越是碰撞出思想火花,越会与媒体、与社会各个层面实现双赢和多赢。

在一次与网友聊天时,有位叫"登泰山而小鲁"的网友问我:"你觉得做一名新闻发言人,需要具备哪些素质,我是大学新闻专业学生,你能提点意见吗?"

我在给了他四个方面的具体建议后,对他说:"新闻专业是一个很好的学科,如果你今后有意选择新闻发言人作为自己的职业,那么现在最重要的就是努力学习,广泛学习各方面的知识,政治、经济、文化、历史、地理、法律、国际关系等方面都要涉及,深厚而宽广的储备和积累,将为你走向发言人的讲坛铺实基础。"

从我自己来说，也努力在这方面要求自己。我有一种朴实的感觉，看的书多了，眼界开阔了，说话做事也就有了底气，应对媒体也会更得体。因此，身处纷扰的舆论圈内，我会挤时间学习，尽可能用文学、诗词、歌曲、书法来使自己的内心处于平静和充实的状态，不断增强厚积薄发的人生积淀。

特别是对于书法，我更是有着浓厚的兴趣。"言，心声也；书，心画也。"我在潜意识中感受到书法是另一种颜值，在书法实践和理论研究中不断滋补自己生命的色彩及张力。书法可以让我忘记许多烦恼，冲淡许多障碍，使我的情绪变得更欣喜和快乐。有了对书法的追求，生活变得更加精致和精彩，这些点划线条构成了自己个性修养的一部分。即使人生道路上遇到波折，也要有一种优雅，那是阅尽人生后的坦然，是饱受沧桑后的睿智，是无数沉浮后的淡泊。

80多岁的恩师、书法大家李铎先生多次邀我去他家，劝我躲开喧嚣，潜心书法艺术，并悉心传授他的书法理论观点和书写技法，使我得到了更多的艺术滋养和熏陶。在我出国的前一天晚上，老人家与我长谈，他告诉我，一个有深度的灵魂，必然要遭遇人生的磨砺。但是，一定要坚信，夕阳落下，是为了孕育另一轮更加辉煌的朝阳出现。后来他老人家知道我在华沙写了一本诗集《在诗的王国里》和两本散文集《维斯瓦河畔》《行走在亚欧大陆桥上》，先生欣然为我两本集子题写了书名。2020年9月17日，李铎先生与世长辞，我闻讯潸然泪下，当天便写了一首悼念李铎先生的小诗："浓墨重彩书韶华，德厚流光真大家。上苍垂怜应邀去，天章云锦万里霞。"表达了自己对恩师的敬仰和怀念之情。

2011年8月18日经济观察网撰文《王勇平的另一面：诗人与书法家》，文章说：

中国铁道部8月16日表示，王勇平不再担任新闻发言人，这是铁道部八年来首次更换新闻发言人。铁道部还证实,王勇平将赴波兰华沙担任铁路合作组织中方委员。

除了铁道部高官的身份,王勇平还是中国作家协会会员、中国作家协会产业代表团团长、中国铁路文联副主席、中国铁路书法家协会主席,是全国著名铁路诗人、书法家。

诗人王勇平

王勇平1973年参加工作,1978年被广州铁路工人报社招为记者,1980年开始发表作品。《广州铁道》和《人民铁道》经常刊登他的文章,其作品深受报社领导和同事们的赞扬。

王勇平一直对诗歌情有独钟。他不但用诗歌和文字点亮了生活,点缀了人生,还因为文学而收获了爱情。

在当铁路工人期间,王勇平创作出了几百首充满激情的诗歌,在诗坛引起了不小轰动,并得到了许多诗人的高度评价。此后,他还相继出版《采风集》《大地之子》等诗集。

从1992年开始,王勇平仕途平步青云,历任广铁集团公司党委宣传部副部长、部长,羊城铁路总公司党委副书记,广州铁路公安局党组书记,直到2003年上任铁道部政治部宣传部部长、新闻发言人。虽然工作越来越繁忙,但他笔耕不辍。

2007年,王勇平成为中国作家协会会员,迄今已出版了《秋山驿路》《警坛余音》《永恒的生命线》《彼岸掠影》等多部文学作品。有媒体曾评价,在王勇平所创作的散文中,有相当篇幅是写山水名胜的。借古人文化轶事,抒自己胸臆抱负。

书法家王勇平

王勇平还是书法家,闲暇之余,他的心思全都放在钻研书法艺术上,用他的话讲:"我要用书法温暖人生"。

王勇平的办公室的墙上挂了很多字画。他说:"我是一个政府部门的宣传部部长,需要负责整个行业的宣传、理论、新闻、网络、文教工作,书法艺术本身就是文化工作中的一个内容。我工作虽忙,但仍然喜欢书法。一是书法可以陶冶情操、增长学识;二是它可以表现自我、张扬个性;三是可以放松身心、自得其乐。总之,书法是锤炼精气神的艺术。"

王勇平擅长行草。在我国书法史上,行草兴于两汉,在两汉隶书定型的同时,草书、行书也开始萌发,成为书法史上一次划时代的改革与创新。业内人士评价,王勇平的行草突出点画形态,却没有点画雷同,组合运用笔法技法并不单调,整体风格浑然天成而不生拼硬凑。

我确实喜欢书法,但在职时因为忙于政务而无暇顾及。我的老同事、与我在铁道部宣传部搭班子的焦传斌像大哥一样关心和支持我,常悄悄地对我说:"你有书法天赋,就不要轻易放弃,星期天在家练字,部里有事我替你顶着。"2019年初,赋闲在家,我创作了一批扇面书法,请他指点。2月11日,他给我发回一篇文章《王勇平和他的扇面书法》(后登载在《华夏艺苑》杂志上)。文章写道:

戊戌岁末,在获赠王勇平书写的春联的同时,又见到他新制作的一批扇面,赏玩再三,不胜欣喜。

我和王勇平同志认识于20世纪90年代初,当时我们一起参加一本反映铁路文化传统建设的小册子的撰稿。短短几天的接触中,他以待人诚恳和文章的深刻生动,给大家留下了鲜明印象。后来,我们到了一个单位工作,他对我这么个年长的同事,始终关照有加。

王勇平为人好,在同事和熟识的朋友中是有口皆碑的。我们一起共事的几年,多次看到他为同事或朋友帮忙而费尽心力,而他却以助人为乐。当有人再需要帮助时,他仍是满目微笑,一口应承。我们在一起工作的同事几乎人人都曾经得到过他的帮助。王勇平又是一个多才多艺、激情奔放的人。他工作热情勤奋,敢担当,思路开阔,与人合作共事意识强,而且精力充沛,业余写诗、写散文、搞书法,歌也唱得特别的好。那些年单位里工作十分繁忙,正是由于他的为人和热情感染了大家,我们这个团队始终保持团结上进、紧张活泼的好气氛。

按王勇平自己的说法,书法,是他工作之余,陶冶性情、增长学识的载体;是放松身心、自得其乐的一种自娱方式。他纵情笔墨,完全是为抒发情感、表现自我、张扬个性,并非刻意为之。正因为如此,他才能挥毫泼墨,尽显精神,写得潇洒、写得流畅、写得激情奔放、气势磅礴。我退休时,他曾赠我一幅墨宝,写的是《周易》乾、坤两卦象辞:"天行健,君子以自强不息""地势坤,君子以厚德载物"。行草纵书,34厘米×102厘米。用笔灵活清劲、纵敛有度,结字遒美、骨力劲健,行气布局飘逸洒脱、气韵酣畅,整幅作品笔势豪放、神采飞扬,充盈着一种夺人眼目的气势。他赠我这幅字,自然有鼓励我努力不懈的意思,我装裱后悬挂在书房,不时观赏,受益匪浅。南朝书法家王僧虔《笔意赞》有言:"书之妙道,神采为上,形质次之,兼之者方可绍于古人。"王僧虔关于书法应神采为上、形神兼备的这一主张,既揭示了书法创作的原则和追求的目标,也为书法鉴赏提出了一个重要标准。从这点看,王勇平可谓深得书法之精髓。

神采,是中国艺术审美中的一个特有概念。就书法而言,它既指作品的精神风格,又是作者学识、修养、品性、才情在汉字书写艺术中的体现。古代的大书法家，必然是文人、作家，是饱读诗书的大学问家。东晋的王羲之，唐代的欧阳询、颜真卿、张旭，宋代的苏轼、黄庭坚、米芾，莫不如是。我读过王勇平的一些诗歌和散文，作者丰富的思想情感，对社会生活、人情世事的深切体验，广泛的知识面和天赋，在作品中是随处可以感觉到的。王勇平2015年底退休后，被中国传媒大学和全国领导干部媒介素养培训基地聘为特聘教授，常常应邀为全国新闻发言人培训班和各大学、党校讲课，并以他的"深厚学识、精彩授课、非凡的人格魅力深深地打动每一位学员"，2017年、2018年连续被评为"年度最受学员欢迎教师奖"。南宋严羽论诗云："夫诗有别才，非关书也……然非多读书……则不可极其致"（《沧浪诗话·诗辨》）。能写诗的人，不一定读了很多书；然而非多读书，不能使其诗达到很高境界。书法也是如此。能写字的，不一定读了很多的书；然而非多读书，其书法艺术就不可能达到很高境界。王勇平广博深厚的学识和才华，无疑对他的书法创作产生了极大的助益，是他的书法作品能够有神采、有个性、有书卷气的重要原因。

  王勇平在书法上下过很大工夫，对中国书法的传统极为尊重。他的字，在挥洒自如、尽情张扬个性的同时，又十分认真地、严谨地遵循他的老师李铎先生关于"写书法必须有出处""基本笔法不能含糊"的告诫，虽然下笔变化多端、千姿百态，却落笔不苟，字字有来历，表现出了对中国传统书法知识的深厚根底。玩赏王勇平的作品，不难看到其笔法和字形多有王羲之、智永、米芾，特别是黄庭坚草书影响的痕迹。王勇平曾自述其工作之余，把自己关在屋子里，心无旁骛、凝神聚气地领悟先人的名碑名帖，其心与古人对话，常常处于忘我状态；旅游踏访到一个地方，注意把当地的历史了解清楚，特别是对其中楹联、字画、碑文这些流传下来的文物细细品味。正因为他对前人书法下过如此苦功，又注意开阔眼界，博采众长，才能把古人和现代名家的笔法烂熟于心，融会贯通，从而在书法实践中对笔墨达成心手相应的默契与体悟，匠心独运，创作出既深得古人笔意，体现出深厚传统书法根底，又能出以己意，表现出个人特点的好作品。

王勇平的扇面也很见功力，很有品位。同样处处体现出他满怀激情的个性和他特有的学识、修养、品格、才情。扇面由于形制、大小、用途的限制，给书法创作带来了一些约束，对字数、字径、用墨、留白、题款、钤印、布局以及书写的内容，都有很高的要求。然而，艺术的形式与内容往往是相辅相成的。正如古典诗词的格律一样，正是严格的字数、句数、对仗、平仄、押韵要求，促进了诗人对字句的锤炼和作品思想内容的提炼，才得以创作出许许多多脍炙人口的名诗警句。扇面的形制和扇面书法的特殊要求，同样为王勇平的书法创作开辟了新的境界，使他的作品风格除前文提到的大气、豪迈等特点外，又常常表现出妍美、清雅的气韵。

他的一幅以王维著名的五言律诗《山居秋暝》为主要内容的扇面，上端隶体横书诗中最为人赞赏的两句："明月松间照，清泉石上流"，下端用行草小字纵书此诗全文，依折扇行路做放射形展开。上端的隶书温婉大方，珠圆玉润；下端的行草笔势稍敛，清雅劲秀。扇面布局合理，文字疏密得当，错落有致，内容与形式和谐统一。王维的《山居秋暝》于诗情画意中寄寓理想情怀，是一首含蕴丰富、旨意遥深，可令人反复吟咏，耐人寻味的好诗。作者把它制扇面，特别是突出"明月松间照，清泉石上流"的意境，使人在把玩中仿佛感觉到明月下松风徐来、清泉在石上潺潺流淌的清凉和美妙,让人心旷神怡,盎然生趣,爱不释手。

另一幅以"到清凉境,生欢喜心"为主要内容的扇面,也是难得的好作品。这幅扇面虽然布局简明,却大方、清新、美观。上端沿折扇弧边一字成行地分布着"到清凉境,生欢喜心"八个隶书大字,正中间以红色印泥钤一方篆书"平常心"的印章,内容与主题极为契合,给人以某种哲理的、禅意的启迪,意味无穷。下端一行行草书写的题款,依下方弧形边沿均匀展开,与上端的隶书遥相呼应。题款的两端,对称地各钤一方红色印章,尤为雅致。扇面的中间有意留一大片空白,显得空灵、自然、冲淡,既似予人以"清凉境""欢喜心"的遐想空间,又给人以一种悦目赏心的快感。如此佳构,看似即兴所为、妙手偶得,其实是独具匠心、极有艺术审美眼光的精心制作。

此外,他的"听雨""知足知不足,有为有不为""大道至简""澄怀观道""红旗漫卷西风"等扇面,也很有特色,一经过眼,就让人难以释手。总的看,王勇平的扇面,形式多姿多彩,有玲珑精巧、自然雅致的,有舒缓冲淡、大方美观的,各具特色。其文字,真、行、草、隶、篆书兼有。用笔精到,各臻其妙,如腾蛟起凤,尽显意趣,随形布势,适得其所。其内容丰富而精当,隽言雅韵,寓意深刻,气息高古,意境清新,既不失前人制扇旨趣,又富有现实意义,文化含量很高。

扇面书法在中国有着悠久的历史,《晋书·王羲之传》就记载有王羲之为老姥书扇的佳话,只是汉晋时代的扇面大抵为团扇。有明一代,折扇传入中国,以其收撒自如,深受贵族士大夫和一般民众欢迎而得到广泛的流行,与此同时,在扇面上题写字画也成为文人书画家的一种雅好。当今社会,空调大为普及、化妆技术几臻完美,虽然扇子本身纳凉、遮颜的功用已逐渐淡化,但是作为传统艺术奇葩的扇面书法却长盛不衰,仍然为众多的爱好者和收藏者所喜好。我认为像王勇平制作的扇面就很有味道。

70多岁的焦传斌写的这篇文章显然是很认真的,他在评论我的书法,也在评价我的人生,我很感动。虽然朋友之间的评价和欣赏往往会不自觉地渗入一些情感因子,我心里自然有数,但是我也深深感到,书法实践对人胸襟、气质的磨砺确实有着潜移默化的影响,甚至影响力还会延伸到发布台上。

2020年春,我参加中国交通运输协会迎春书画联谊活动,80多岁的铁道部原总工程师华茂昆见我在挥毫泼墨时气韵挺足,便过来拉着我的手说:"字如其人,终于理解你在'7·23'动车事故新闻发布会上那种勇气,字都写得这么有气势,性格使然啊!"

人们都喜欢说这样的话,生活不只有眼前的苟且,还有诗和远方。很多政府新闻发言人也喜欢写诗和诵诗,有时还会在发布会上用上几句诗词。北京市政府原新闻发言人王惠就很喜欢写诗,由于有诗的底蕴,她在发布台上总是那样激情飞扬、气质优雅。有一次,她对我说,发言人未必一定是诗人,但懂诗、爱诗,就一定会增强发言人的文采和气质。我很赞同她的观点,我也喜欢诗,有时还会写上一些,尽管写得不好。出过诗集,自娱自乐而已。还结交了一大帮诗友,这给我忙碌的工作和程序化的生活投入了些许诗意,也使自己在发布台上从语言到情绪不那么僵硬。

京津城际铁路通车后,中国铁路文工团党委书记赵奇克让我写一首歌词,反映京津城际铁路。赵奇克曾在铁道部政治部宣传部工作过,是我多年的老朋友,我不好拒绝,遂接受了他的邀请,很快写了《京津城际铁路之歌》歌词:

云一样轻

风一样快

昂首迈入高速时代

钢轨铺展跨越的梦想

风笛唱响奋进的豪迈

时空骤然缩短

生命延伸精彩

啊,京津城际铁路

啊,中国速度

啊,中国气派

云一样轻

风一样快

昂首跨进辉煌时代

路徽凝聚祖国的重托

双肩承载人民的期待

饱含东方情韵

描绘和谐彩带

啊,京津城际铁路

啊,中国速度

啊,中国神采

中国铁路文工团团长、中国音乐家协会副主席、著名作曲家孟卫东拿到这首歌词后,有些惊讶,感觉我当宣传部领导还懂得写歌词,立即亲自为之谱曲,在中国铁路文工团正式演唱。这首歌还在中央电视台举办的 2010 年《相信中国——走进高铁时代》"五一"大型晚会演播过。

出国前,家乡两位诗友特地从雁城衡阳来到北京为我送行,一位叫陈群洲,一位叫胡丘林。他们各带来一首诗赠送予我。陈群洲诗友这样写道:

是夜,我从互联网上读到
一位卓越新闻发言人离任的消息
我甚至没有勇气直接打扰
他实在太累了。这一刻的安宁何等宝贵
八年了,他把职业做成光芒四射的事业
在一个明亮而敏感的窗口,恪尽职守
奉献智慧与忠诚。向所有关注中国交通的人们
展示日新月异的铁路形象
我有幸结识他,感受其独特的人格魅力
除了出门偶尔坐一坐越来越快速舒适的火车
还因为艺术。感谢他忙里偷闲给我的散文集写序
给我的诗集题名,介绍我加入中国作家协会
过去,他废寝忘食地效力岗位
朋友们希望他今后有自己真正的八小时以外
还原才情并茂的作家书法家身份
也给那些对他似懂非懂的人提供机会
了解一位长时间在风口浪尖上微笑的
中国官员,丰富而激越的内心世界

胡丘林诗友的诗是这样的:

面前摆着几个普通的
可以不停碰撞的酒杯
而不是那一堆
许多人想碰又不敢随便碰的麦克风
坐着的不是那些你每次都称作记者朋友的记者
而是几个你平常几乎不称朋友的朋友
家乡的太阳近期非常炎热

但还是比那些镁光灯温柔
说了八年发言人的话
是该说说家乡话
说说个人的话了
高速运行的列车终究还要加速
而你高速运行了几十年的身体终究会要减速
其实,你也该问问村口那株老樟树是否茂盛
田里的杂交水稻干旱得是否还有收成
其实,那条2010年12月26日开通的铁路
从你家门口高速经过
父老乡亲两行铁的目光
至今没眨一下眼睛
吃了几十年的铁路饭
应该是一张铁嘴了
可是家乡的辣椒还是把你辣成了一张人嘴
在那个不用汉字的国度
一定在自己的房间练练书法
因为,集体的话不能想怎么说就怎么说
个人的字想怎么写就怎么写
如果没有墨汁
家乡的大雁带给你
即使是蘸着自己的血液
也不要让那支毛笔干涸

什么也不用说了,全在诗的韵律中。我对这两位诗友加乡友说,难得我们心灵相知,难得我们情趣相投,我到波兰后,在那个诗的王国里,一定写一本厚厚的诗集来回赠你们。虽然是当玩笑说,但后来玩笑成真,我兑现了。"衡阳雁去无留意",三年后,我带着三本在国外写的书回来了,其中便有一本诗集《在诗的王国里》。

关于这本诗集,有诺言的兑现,有情怀的释放,有异国的行吟,当然也有一定的关注和寄托。民间评论家解筱文在新浪网博客频道首页、博客中国首页、凤凰网等网站重点位置推出自己的一篇文章《王勇平:在诗的王国里放歌》:

> 拿到由线装书局 2013 年出版的王勇平先生《在诗的王国里》诗集时,距该书出版已快有一年时光。我不仅惊讶于他的勤奋和速度,更惊讶于他经历暴风骤雨之后,依然还能有一位诗人的精彩表现。
>
> 这本书所精选的 59 首诗歌,创作起始于 2011 年 10 月 17 日,至于 2012 年 12 月 20 日,是王勇平不再担任铁道部新闻发言人,远赴波兰华沙任铁路合作组织中方代表期间的思想情感的诗意凝结。
>
> 展开全书,悉心揣读。一首首精致的现代诗,泛着质朴的光泽,从维斯瓦河畔、华沙古城、扎科帕内小镇、犹太英雄纪念碑、美人鱼、梅希莱维茨基宫、西普拉特半岛等一个个景致中散播过来。肖邦、居里夫人、密茨凯维奇、切斯瓦夫、米沃什等历史文化名人辉映其间。恍惚间,被王勇平的思绪和感触引向波罗的海的那一片异域文化中。
>
> 波兰在欧洲重要的地理位置,在某种程度上导致历史上连年的战火在此纷争,几个世纪以来国家版图一再更改。在这样沉重的历史下,苦难赋予这个民族格外敏感而充沛的诗歌创作热情,产生了一大批忧患的诗人和深刻的思想家,有两位波兰诗人还荣获诺贝尔文学奖,他们给了这片土地和人民深沉的思索和对美好的期望。
>
> 置身于这深沉多姿的诗意王国中,难以想象,一个人被滔天的舆论巨浪几经淹杀,却没有机会为自己澄清和辩解,在那个远离祖国、远离亲人的异国他乡,该有怎样

的心境?《在诗的王国里》诗集以一句缺少主语的话语命名,也许隐喻了王勇平诸多难以言传的情感表达。

在诗的王国里感怀,饱含对祖国的眷恋和对亲人的思念。初到波兰的第一首诗《红地毯》的结尾就充满了对祖国的无限深情:"落在彼国的红地毯上/扯不断,那扬尘的早上/如叶子脱离树枝的一瞬/是那样的刻骨铭心"。《视频中的母亲》一诗更是将情感阀门一任打开,让人不由满眼泪光:"忽然,母亲伸出颤抖的手指/梦幻般地触摸着视频/她没有摸到自己的儿子/我却沐浴到了徐徐春风"。

在诗的王国里沉思,充满对命运沉浮的终极洞见。《冰排》以景寓情,大彻大悟地道出:"当初,张狂的坚冰/却摧枯拉朽,极盛而衰/最终没入/无边无际的波罗的海"。《西普拉特半岛》悲天悯人的呼喊:"人类经历了撕心裂肺的痛/人性的声音才更加响亮"。

在诗的王国里激荡,蕴藏着深厚的家国情怀。《永恒的小号曲》绽放着平凡生灵的伟大心声:"既然一种号曲能永恒定格/微弱的生命旋律/便升腾成一个民族的博大精深"。《华沙起义》透射出坚贞的信念:"比生命还重要/是祖国的独立/比钢铁还坚硬/是战士的躯体/这是一个民族的宣言/这是万古不灭的至理"。

莫名的感触之下,读到的是这位曾纵身于复杂舆论、复杂中国和悲壮行业的新闻发言人的异国情愫,让人清晰地感到他经年文化洗练的自然明快,以及遭受磨砺之后对人生和世界的超然品读。

百度百科中对王勇平有这样一段介绍早已印证了他的文化风采:王勇平,中国作家协会会员、中国书法家协会理事、中国铁路书法家协会主席,迄今已出版了《秋山驿路》《警坛余音》《永恒的生命线》《彼岸掠影》《大地之子》等多部文学专著。

这本诗集的旋律,时而低沉忧虑,时而平和明丽,时而高亢庄严。最后一首诗的最后一段和诗集封底折页上"信不信由你/反正我相信/在这诗的王国里/诗的温暖/诗的意象/诗的情怀/诗的力量/地久天长"的执笃诗句,读来意味深长,发人深省。

其实,他是在诗的王国里放歌,放歌一种相信的力量,一种信任的温暖。记得2010年"五一",中央电视台黄金时段推出的《相信中国——走进高铁时代》大型晚会,有这样一段旁白:"我相信是一种态度,而我们相信,就会汇聚成一种共同的动力。相信中国,我们从屈辱中走向了民族独立;相信中国,我们从贫穷中走向了富裕安康;相信中国,民族复兴将在我们的手中实现。"这段话多次在晚会中出现,旨在告诉社会相信的力量,意欲化解社会涌动的信任危机。

然而不幸的是,"7·23"动车事故一举承载了多年社会淤积情绪的宣泄,终于引燃了社会信任危机的"核弹"。2011年,种种原因所致,临危受命、仓促应战的王勇平,被舆论逼到绝地,上无法融合领导意志,下无法安抚愤怒的舆论,他应激反应的一句大实话"至于你信不信,我反正信了"正好切中当时的社会心态,但授人以柄,而遗憾地终结了政府部门新闻发言人的工作。

我想,当时他的信念除了对个人前途和命运的考虑外,更多的应该是对中国高铁事业的担忧,他可能想用自己的满腔热忱去抵挡和守护高铁事业的正常发展,但却承担了太多、太凶残的舆论讨伐。

在这样一个大数据时代,多少官员因为服饰、因为言行等被网上"人肉"后,"原形毕露",而王勇平当时在全球舆论排行中热度仅次于美国总统,多少"放大镜""显微镜"对准他实时"扫描",这种空前的舆论"大烤"非一般人想象的无情,但他却经受住了考验,这不能不说是一个奇迹。

时空淡远,从此后的中国高铁被百般诋毁,降速降标,留下无力回天的历史遗憾中,一些人,一些媒体慢慢醒悟过来,也为他经受如此的考验而心生敬意,为他鸣冤。

历史总是留有遗憾的,也正因为如此,才为后世留下无尽的谈资,镌刻下悲喜的记忆。但历史总归会还原的,终会呈现它本来的面貌,它理应是由无数个断面、无数个细节所组成的丰满全貌,而不是一个残破截面上的瞬间惨然之状。

一部王勇平八年的新闻发言史,也许就是中国铁路新世纪发展悲壮而铿锵的印证。正确解读这段历史,就是对科学发展的尊重,也是探求中国梦之旅的经验教训梳理。

追忆着昨天,遥望着未来。在诗的王国里放歌,我相信这不仅仅是王勇平在异国他乡的一种诗意吟哦,而且是一位海外游子赤子情怀下的一种宏大哲思,因为他对这片土地爱得深沉。

解筱文的文章引起很大反响,那时我还在国外,许多熟悉和不熟悉的读者把一句句温暖的问候和鼓励转到了华沙。其中南京话剧团70岁的老编剧王立信致信解筱文说:"解筱文先生:我非常尊敬王勇平先生!他有关高铁的新闻发布会,我只要看到的基本都下载了,请代为表达对他的敬意和感谢!希望能将他的新闻发布会结集出版。"接着不久,又有一位名叫"波罗的海爱乐者"的网友在评价我的博文中提到,王勇平代替这个国家说出了他应该说的话。当这个更喧嚣的时代如高铁般最终带离我们,当铁道部那浩渺的波涛依旧为这个家而呼吸,当我曾经重新认出一名诗人的心。是的,应该持续地让故国写诗,让火车头的诗歌如缪斯的最强有力的琴弦。站在天使们的一边。"

看到这些,我真的很感动。我在想,这恐怕是发言人同时又是诗人才会有的收获。

总之,新闻发言人无论是外在形象的塑造,还是内在气质的养成;无论是品行修养的完善,还是能力素质的提升;无论是心态性格的打造,还是意志毅力的磨炼,也许都在走向一个既定目标:庄严而优雅、自信而坚定地立于新闻发布台前。

后 记

2015年12月,我退休了。从1975年到2015年,我在铁路行业工作了整整40个年头。

2015年11月25日,在我即将退休的这个日子,《新京报》记者贾世煜来到我的办公室,要求对我进行采访。告别与媒体打交道的时光已经很长时间了,我不愿引起社会新的关注,而且我也不认识贾世煜记者,所以一开始我拒绝了采访。但是贾世煜就是不离开,软磨硬泡,动之以情,晓之以理,最后我决定接受专访。接下来整个采访很顺利,有问必答。很快,《新京报》编发了这篇专访:

> 60岁的王勇平退休了。退休前夕,这位曾经的铁道部新闻发言人接受了"政事儿"独家专访。这是2011年"7·23"动车事故新闻发布会后,王勇平第一次向媒体讲述发布会前后内情。一直深爱高铁事业、尊敬爱戴王老师的"高铁那些事"今日转载。
>
> 曾经深陷舆论漩涡的他,对"政事儿"最后提到的一句话是,"我尊重别人对我的各种看法。"
>
> 对话人物:王勇平,铁道部原新闻发言人。2011年在浙江温州"7·23"动车事故的新闻发布会上,曾因"至于你信不信,我反正信了"和"这是一个奇迹"两句话,成为当时网络舆论关注的焦点。

相对于四年前的那次"远离"来说,这是一次彻底的告别。

今天,60岁的王勇平退休了。从外表上看,他和四年前并没有太大变化。除了从发根爬出的几缕白色。

这位曾经的铁道部新闻发言人,谈话间仍保持平静的语气,不紧不慢,循着自己的逻辑。

11月25日,退休前夕,王勇平决定接受"政事儿"独家专访。这是2011年"7·23"动车事故新闻发布会之后,他第一次直面媒体,讲述发布会前后内情。

访谈持续了两个多小时,他没有回避任何一个问题。

政事儿:你应该马上就退休了吧?

王勇平:我已经跟组织上表明了我的观点,到点就下。我等待这一天的到来。(笑)

政事儿:去年11月底从波兰回国后,你一直担任铁路总公司文联主席的职务,这个职务符合你的意愿吗?

王勇平:到文联工作既有组织上的考虑,也有我本人的愿望。回国以后领导对我说,可以对自己的工作提出一些要求。我只剩下一年的工作时间,从内心里来说,我比较喜欢文学艺术方面的工作,领导满足了我的愿望。

政事儿:没想过要回宣传部?

王勇平:宣传部有新的部长,他的工作开展得非常好。我已经离开这个岗位三年多,从没这么想过。

政事儿:这一年来的工作和生活状态是怎样的?

王勇平:特别充实、快乐。在通过我作为文联主席提名的会上,我讲了一段话,大意是说,我只有一年的工作时间了,算起来就是三百六十多天,我要把每天都过得有意义,不虚度职业生涯的最后一站。

政事儿:跟之前变化大吗?

王勇平:不会像以前在宣传部那么忙碌了,那时候神经一直都是绷紧的。现在每天的工作就是正常上班,早晨8点上班,下午5点下班。过去在宣传部的时候,很少按时下班,基本上都是晚上八九点钟回家,有时凌晨两三点还要被叫去开会。我现在的工作不会出现这种状况了。

政事儿:退休后有什么打算?

王勇平:退休就是退下来休息,我向往着过一种云淡风轻的生活。当然,退休之后,我还会对书画、摄影、旅游这些有益于身心健康的事情保持兴趣,也会应邀从事一些讲学培训的工作。

政事儿:现在回忆2011年7月24日的那场新闻发布会,是什么样的感受?你自己怎样评价?

王勇平:关于那场发布会,社会上的评价已经很多了。我怎样评价并不重要,我只能说,我尽到了我的职责,做了我该做的事。

政事儿:当时你在发布会上的处境是怎样的?你对媒体的态度抱怨吗?

王勇平:那种处境,跟我过去任何一场发布会都不一样。当时场面比较混乱,参加发布会的媒体朋友情绪也比较激动,加上2011年新媒体刚刚兴起,我们对如何在那种舆论环境下应对突发事件还没有经验,又由于社会上很多人对高铁事业有很多不同看法,铁路自身也存在许多需要改进的地方,特别是那次事故死伤了那么多人,性质非常严重,媒体反应强烈,甚至有的媒体朋友把新闻发言人当作问责的对象,我也完全能够理解,所以不存在抱怨的问题。

政事儿:你当时了解事故的详细情况吗?

王勇平: 开发布会距离事故发生只有26个小时,事故的原因还在调查。在调查结果还没有定论的时候,谁也不知道事故的真实原因是什么。我连事故现场都没来得及去,只能公布一些当时能够掌握到的事故发生概况,以及铁路部门和当地政府及人民群众抢险的情况,更细致、更深入的情况都还不清楚。

政事儿: 面对围在台前追问的记者,你发言时的心态是什么样的?

王勇平: 对那次事故,我也非常痛心,因此我能够理解他们。追问事故的真相是记者的责任所在,作为政府部门新闻发言人,我有责任有义务去努力满足他们的知情权。而且我和大家一样,希望把事故的真相尽快搞清楚。

政事儿: 发布会后,记者不愿意离开,将你围住,你当时是什么样的情绪?

王勇平: 宣布发布会结束后,当时很多记者认为还有很多问题需要提问,于是冲到台上把我围住,有两名记者把我两只手抓得紧紧的,说不能走。我就在那种状态下继续回答他们的提问。我努力保持着自己至少是外表上的平静。

政事儿: 对于你的标志性语言"至于你信不信,我反正信了"和"这是一个奇迹"这两句话,你后悔吗?

王勇平: 从后来发生的情况看,或许换一种表达可能更好些。"至于你信不信,我反正信了",它是有语言环境的。当时网络上盛传埋车头是掩盖证据,掩盖事实。我回答说我下飞机的时候,问接机的同志为什么会发生这样的事。他们给了我一个解释,掩埋车头是为了便于继续抢险,因为当时抢险现场狭窄,有一个泥潭,必须先填埋后才有助于继续的救援。事实上,这是举世皆知的事故,任何方式也掩盖不了。其实话说到这里也就可以了,可是为了得到媒体朋友的信任,我又补充了一句,"至于你信不信,我反正信了"就是在这种情况下出现的。至于"这是一个奇迹",这个话是回答关于小伊伊的提问。提问说在铁道部停止救援后,在吊车时发现一个活着的小生命。当时列车已经经过了多次地毯性的搜救,并且生命探测仪也显示没有生命迹象了,我们不可能在还有生命的情况下停止救援。事实上,铁道部一直也没有停止搜救,即便是起吊列车的时候,也是分层起吊的,这才有可能发现幸存的小伊伊。小伊伊顽强的生命力让我感到是一种奇迹。所以我对这个问题就做了这样的答复。媒体对这个答复不满意,我认为主要还是我没说清楚。

政事儿:说这两句话的时候,你是不是生气了?

王勇平:我没有理由生气。自始至终我一直很真诚。我是在诚心诚意地回答每一个问题,只能说回答得好与不好,但是我没有拒绝任何一个问题的回答,也不会对记者的尖锐提问产生抵触。有人说我当时是一种居高临下的态度,这是误解我了。我在发布会上多次鞠躬表示道歉,这既是对死者和伤者,也是对全社会表达铁路方面的深深愧歉,包括有一位记者说他本人在车上受到惊吓,行李也找不到了,我也站起来向他深鞠一躬。我觉得我的态度还是比较诚恳、比较谦恭的。

政事儿:你在会上有短暂的保持微笑的状态,这是你的习惯吗?

王勇平:我认为当时表情始终是凝重的。至于网络将我某个瞬间说话的表情截屏定格,认为代表了我当时的心态,这是不客观的。发言人面对媒体保持微笑是一种尊重,也是我的习惯。但那是一次有着重大伤亡的事故发布会,我的心情始终很沉痛,至于我出现了习惯性的微笑表情,我确实没有意识到。媒体以此认为我漠视逝去的生命,我无法接受这种观点。

政事儿: 你有没有想过,如果那场新闻发布会重来一次,你会用什么样的表现来应对?

王勇平: 你说的是假设,历史不会重演;即使历史重演,我仍要承担我的责任,但是我会考虑得更全面、更稳妥。

政事儿: 你对那场发布会的表现打多少分?

王勇平: 这个分不应该由我来打,我只能接受评判。

政事儿: 很多人认为,尽管"7·23"动车事故发生时你是铁道部的新闻发言人,但那次发布会应该由铁道部的更高层领导来主持。

王勇平: 有这个说法。当时事故的救援、善后等相关工作繁多而复杂,铁道部领导需要集中精力去做好这些工作,处理各种各样的问题。而且在举行发布会的同时,还召开了全国铁路吸取事故教训、打好安全翻身仗的电视电话会议,都凑到一起了,所以让我先去发布。

政事儿: 是怎么决定谁去参加发布会的?

王勇平: 我下飞机后就接到上级有关部门领导的指令,要求立即召开发布会。我立即赶去向部领导汇报,当时很多情况还没有搞清楚,我们提出来能不能稍微晚一天再开发布会,但是有关部门要求当天晚上必须开,因为当时的舆论出现了很大的偏差,谣言盛行,完全可能引发严重的群体性事件。而且当天要开发布会的消息也传出去了,很多媒体在等候。所以当天不管晚到什么时候,发布会都要开。部领导问我开这个发布会有没有把握,我说我刚刚到,情况不掌握,我没有把握。过了一会儿,领导又问我究竟有没有把握,我说,我没有把握，但是领导让我上，我尽力而为。

政事儿： 你两次说了没把握，最后还是决定要你去。

王勇平： 我自己也需要一个态度。因为是新闻发言人总得有一种担当的精神在，这个时候我不去，既没有尽到新闻发言人的责任，也不符合我的性格。

政事儿： 有人说你替别人背了黑锅，你同意这个说法吗？

王勇平： 这种说法是不负责任的，我没有替谁去背黑锅。在我的主观意识当中，高铁事业的发展不会一帆风顺，遇到挫折的时候，也是需要我们付出的时候，我们必须担当我们的责任，尽管可能会付出代价。在那种特定的情况下，让新闻发言人出面也没有什么不合适的，我没感到特别的委屈。

政事儿： 那天走进会场的时候，你心里在想什么？

王勇平： 我在乘车去发布会现场的路上，一直在揣摩记者会问一些什么问题，以及如何回答这些问题。当我下车要走进发布厅的时候，门口有一位熟悉的记者朋友在等着我，见到我就拦住我说："王部长，里面太乱了，今天可能会出事，我建议你最好不要去，取消这次发布会吧。"这时站在我身后的上级部门的一位领导说，他先进去看看。过了一会儿，他出来很凝重地说，我们还是进去吧。

政事儿： 你自己会有不好的预感吗？

王勇平： 我当然会有预感。因为这个事故太重大了，舆论对铁路非常不利，我掌握的信息又非常有限，准备工作也非常仓促，再加上现场直播，我自己确实很担心，没有底气。在去发布会现场前我给家里打了个电话，因为我母亲当时住在我们家里，我跟我爱人说今天晚上可能会有一个关于事故发布会的直播节目，家里人就不要看了,特别不要让80岁的老母亲来看。我担心老人看到这个节目的时候,心里会承受不了。

政事儿: 你是怎么走出会场的?

王勇平: 在别人的帮助下挤出去的。当宣布发布会结束的时候,记者一下子围上来了。他们继续问,我继续答,同时慢慢地移动。下楼梯的时候还有一些记者追上来,后面的照相机快门声响成一片。我回身挥了下手,以示礼貌。后来这张照片被很多媒体发出来,说我告别了新闻发布会舞台,成了一张传播很广的照片,被赋予了很多的寓意。

政事儿: 你挥手告别时,有没有想到这是人生中最后一场发布会?

王勇平: 没想那么多,我当时筋疲力尽。至于人们怎么评价,来不及去想。第二天早晨起来,在大厅里遇到部领导,他说上级领导看到了发布会的现场转播,提出铁道部要表扬王勇平。我说不求有功但求无过。但后来我成为舆论的众矢之的,这也是我意想不到的。

政事儿: 接下来发生了什么?

王勇平: 舆论越炒越厉害,部领导觉得我再做新闻发言人可能不太合适了,而铁道部的新闻发布工作还要继续,就考虑对我工作进行变动。

政事儿: 那些日子你是怎么过的?

王勇平: 当时我们全家人都不涉及这个话题。不上网,不看报,把自己与外面的舆论隔绝开来。在那年10月15号去波兰之前,我有两个月办理出国手续的时间,我每天就在部里小型新闻发布会的会议室里等待。

政事儿: 你在办公室的时候上网看新闻吗?

王勇平: 基本不上网,但我知道网上都是骂声。一直到我要出国了,还有人在那儿铆足了劲骂,说绝不能放过我,不能让我跑到国外去躲起来。我哪是到外国躲起来?我是去工作的。

政事儿:后来有一些为你抱不平的声音出现。

王勇平:越到后面,理性的声音越多,客观看待这场发布会的人越来越多。当然,我还是非常欣慰的,也是非常感谢他们的。

政事儿:你是什么时候知道自己被免职的?

王勇平:铁道部党组开会的前一天晚上,大概8点钟的样子,我从办公室回去,在走廊遇到部领导。他说:"勇平,我们来谈谈你的工作问题吧。"

政事儿:当时你有心理准备吗?

王勇平:没有。他说:"现在这种情况下,你再主持铁道部的新闻发布工作不合适,但是这项工作还要继续,所以我们想给你调整一下工作。现在华沙铁路合作组织正好需要一个委员去,你看怎么样?"我说我服从组织安排。

政事儿:你当时就同意了。

王勇平:对。他说:"你还有什么条件吗?"我说没有条件。第二天党组上会的时候,就这么通过了。

政事儿:当时没有公开说过你被免职的原因。

王勇平:对,人事变动很正常,不需要什么理由。如果是因为过错变动工作,那是另外一回事。而且,部领导找我谈的时候,他也说舆论现在炒得这么厉害,但这不是我的过错。

政事儿:你们的谈话没持续多久。

王勇平:非常简短。说完之后,我当天晚上就回去收拾东西。第二天上班的时候,大家还有一些工作来向我报告,我就告诉了他们我工作调整的事情。

政事儿:离开的时候,对自己的工作会有不舍吗?

王勇平：人都是有感情的，何况我在这个岗位工作了整整八年。但是，任何一个新闻发言人的生涯都是一个阶段，既有登场，也有落幕。而且我从事这个岗位时间是比较久的，大家老看这一张面孔，审美也疲劳了。当时的那种心情，更多的是对新岗位的期待。

政事儿：在波兰期间，会有特别难熬的时候吗？

王勇平：波兰的工作和生活虽然对我也有一定的挑战性，但没什么特别难熬的。如果说有的话，就是在传统节日的时候，对于我来说，特别想念自己的母亲，她80多岁了，非常希望我早点回国。开始是打电话，后来她竟然学会了QQ视频，可以经常看见我。所以下了班之后，我回到住处的第一件事就是和母亲先视频一下。

政事儿：你回来之后，铁道部变成了铁路总公司。

王勇平：这是铁路改革的重大举措。铁道部换牌那天，我正好在白俄罗斯参加一次国际会议。那天我的心情特别复杂。你说对于铁道部没有留恋吗？不可能。我们都是这一段历史的参与者、见证者和宣传者。当然现在这种改革更适合现在的情况，有利于更好地走向市场。但毕竟我们是从那个时代走过来的。

政事儿：你恨过当时报道你的记者吗？

王勇平：我能够理解他们。每个人在做他的事情时，我想都有他的理由。问题是我们从什么角度去看。但是我们之间没有私怨，只不过是对一些事情的看法不同而已。

政事儿：作为一个新闻发言人，在发生突发事件时被推出来，你会觉得委屈吗？

王勇平：那是一种责任，既然愿意承担这种责任，就不应该考虑个人得失。

政事儿：你觉得自己是个悲剧性人物吗？

王勇平：我认为我的人生是很充实、有意义的，很有幸为高铁事业做出了微薄的贡献。我从来就没有感觉自己是悲剧人物。

政事儿：但你确实经历了挫折。有没有反思过，自己最大的缺点是什么？

王勇平：我也经常反思自己，对自己有很多不满。就那次事件来说，我对新媒体自媒体的发展情况缺乏了解，对发布过程中可能出现的状况预料不足，主观上太过自信。尤其是一些个性化的语言，在那种特殊的场合下表现是不合适的。

政事儿：你曾经在书里写道，"放下，放下，通身放下"。现在想来，你放下了吗？

王勇平：这是我对自己提出的要求，当然我也尊重别人对我的各种看法。我们确实应该放下一些包袱，比如消极的情绪、对个人名利的计较。尤其是当我们做出的努力是有价值时，我们会有更多的欣慰。今天的高铁已为老百姓带来了便利和福祉，更成为我们引以为豪的中国名片，那么我们所有的付出都是值得的。

这次采访，记者所问，个个到位；我的所答，句句坦诚。互相之间，非常默契，共同促进采访的顺利完成。贾世煜告诉我，他这篇专访稿见报后在报社获了奖。打那次采访后，我没再见到过贾世煜，但他采访我时的一切情节历历在目，毕竟这是我在岗位上最后一次接受媒体的采访。更重要的是，他很智慧，也很执着。

就在《新京报》编发了这篇专访三天后，即2015年11月30日，《环球时报》刊登了记者郭媛丹采访我的通讯《王勇平：中国高铁配称人间奇迹》，文章说：

铁道部原新闻发言人王勇平11月27日退休。这位因 2011 年"7·23"甬温线动车事故而一度引发人们关注和争议的人物,并不想再度成为"热点人物",只想过平静的生活。王勇平本月中下旬在接受《环球时报》记者多次采访时表示,"借此机会向关心爱护我的朋友表示感谢""我相信事实毕竟是事实,再暴力的攻击也改变不了事实真相,随着时间推移和许多事实真相的显现,理性声音的传递最终会到来"。每当谈到中国高铁这张"中国名片",王勇平总是十分自信。

归来:到新闻发言人培训班拿"7·23"现身说法

"7·23"甬温线特别重大铁路交通事故造成 40 人死亡,约 200 人受伤。事故发生第二天,铁道部召开新闻发布会,时任铁道部新闻发言人的王勇平主持会议并公开回应外界质疑。因发布会上说出"至于你信不信,我反正信了"和"这是一个奇迹"两句话,王勇平成为舆论漩涡中心。2011 年 8 月,王勇平离开新闻发言人岗位,赴波兰华沙任铁路合作组织中方代表。

对于那段"突如其来"的驻外生涯,王勇平告诉《环球时报》记者:"在我内心深处,一直盼望回国。越是后期,归心越强烈。"2014 年底从波兰归来,有多家媒体联系采访王勇平,都被他拒绝了。回国后,王勇平任职中国铁路文联主席兼秘书长。"为推进新闻发言人制度再做点贡献,发挥余热",他还出现在第 34 期全国新闻发言人培训班的讲台上,为来自全国各地的新闻发言人讲授《新闻发言人的责任与担当》。在《环球时报》记者问到会不会拿"7·23"新闻发布过程现身说法时,王勇平说:"当然会讲。我告诉大家,新闻发布工作是与记者直接打交道的,要善待记者、善用记者,获得双赢,要以外在形象、学识修养、情感共鸣赢得记者好感。还有,要注意记者的设伏,机警地避开媒体设下的话语埋伏,理直气'和'地否定对方不正确、不准确的观点和信息;善于运用一些正确的废话;不回答假设的问题;控制好情绪,不要被记者激怒。"

2016年的春运火车票已经开售,在王勇平担任新闻发言人的职业生涯中,每当春运开始,他总会被问到"买票难"。时至今日,当《环球时报》记者再次问到这个话题时,王勇平笑言:"过去回答这个话题确实有点勉为其难,现在这个问题比较好回答了。不过我不是以新闻发言人的身份,而是以一个铁路人的身份来谈。在春运和其他'黄金周'客运高峰期,由于客流暴增,旅客买票仍然会出现暂时的紧张状况,但与往年比起来已经好多了。此外,解决'买票难'问题的一个十分重要的原因,就是高铁业已成网并大量投入运营,发挥了铁路客运主力军作用。"

自信:中国高铁从起步到今天堪称完美

11月25日,中国总理李克强和中东欧16国领导人,从苏州登上开往上海的高速列车。王勇平说看到新闻后,心情十分高兴和振奋。他告诉《环球时报》记者:"总理此举实际上就是在向这些国家领导人发'中国名片'。中国高铁当'中国名片'说明中国高铁在中国人民心目中的分量。"

2003年中国高铁开始起步,并在随后的几年间取得很大进步。在担任铁道部新闻发言人期间,王勇平不遗余力地推介中国高铁,在不同场合不断回应外媒关于抄袭国外技术、安全性是否有保障等问题。当时的王勇平做足了功课,回答问题轻松自然。在2008年京津城际高铁开通首日,虽然现场安排有技术专家,但王勇平依旧是媒体包围的热点人物,有问必答,如果是特别技术的问题,他会推荐其他人接受采访。

时至今日,王勇平表示,当时认可和支持中国高铁的占主流,当然也有质疑,尤其是国际上一些媒体的质疑甚至诋毁,大多是来自竞争对手。王勇平说:"我在最后一次发布会上说过的'对中国高铁要有信心'已有定论。中国高铁发展的现实就是最好的回答,对当年的质疑已不需要我再说些什么了。"

"7·23"事故一度引发公众对国产高铁的担忧。事故之后,高铁"降速运行"——设计最高时速350公里的高铁,按时速300公里运行;设计最高时速250公里的高铁,按时速200公里运行。高铁全面降速运行后,争议很快伴随而来,有人认为"这是浪费",还有人"以此为证",说什么这反映出中国的高铁在高速运行状态下无法保证安全。

对于回应过无数次针对高铁质疑的王勇平而言,他的第一反应就是驳斥:"中国高铁在高速运行的状态下无法保证安全这种观点,我并没听说过,如果有的话,只能说他们的想象空间大了些。我个人认为,以中国现有的高铁技术水平,开行时速350公里就安全来说是不存在问题的。"

王勇平对中国高铁充满自信,他告诉《环球时报》记者:"中国高铁从起步至今天,站在宏观的角度看,是一个完美的过程。中国目前已经拥有全世界营业里程最长、在建规模最大的高速铁路网。日本人、法国人、德国人、美国人没做到或做得还不够的,中国人做到了;中国仅用十余年时间,就跨越了发达国家半个世纪的高速铁路发展历程,成为造福十几亿中国人以及子孙后代的业绩。将这样的辉煌成就誉为'人间奇迹'有什么不妥呢?

如果这也不能配称为奇迹的话,那么,什么才配呢?而且中国高铁早已跨越出铁路行业之外,它属于中华民族,属于中国人民,我们去宣传它为什么要低调?"王勇平说:"在高铁发展中,国外一些公司都有成功之处。与之相比,中国高铁虽然起步较晚,但发展较快。这除了中国政府的高度重视、制度优越、全国人民的大力支持外,还有一个重要的原因,就是后发优势,我们在学习借鉴别国的先进技术基础上,结合自身实际进行不断再创新,充分体现了中国人的智慧和创造精神。"

提到中国拿下印尼的高铁项目,王勇平对《环球时报》记者说:"中国高铁的胜出,符合情理,但也赢得不易。这毕竟是一场全面的竞争和较量,包括装备技术、工程造价、设计标准、建设期限等。客观地说,日本的高铁技术也是比较成熟的,是个较强的竞争对手。"王勇平表示:"中国高铁在国际上一直有较好的声誉和评价。在我工作的铁路合作组织中,有很多国家的同事到过中国,亲身体验过中国高铁的速度和舒适度。他们对中国的高铁技术很钦佩,这种共识在铁路合作组织中是不言而喻的。"

回应:"王勇平是新闻发言人高危职业代表人物"?

王勇平在"7·23"事故新闻发布会之后的"离去"更被给予一种象征意义——"王勇平"成了新闻发言人高危职业的代表人物,新闻发言人都担心会成为第二个"王勇平"。对此,王勇平回应说:"说我成为新闻发言人高危职业的代表人物,那只能说明我的功力太浅。凡是掌握了规律并按规律办事,就不会出现高危的情况。"

做过八年的新闻发言人,王勇平深知,新闻发布台风光与风险并存,任何一场新闻发布尤其是突发事件的新闻发布,会面对来自多方面的考验。作为最早的一批新闻发言人,王勇平曾在美国学习新闻发布,并写过一本书,成为当时新闻发言人交流和学习的书籍。王勇平认为,美国媒体发展较早,他们在新闻发言人职业化以及技巧手法的运用和管理程序的规范上都有独到的地方,许多地方值得借鉴,但中国的新闻发言人不能全盘照搬,"我们有我们的国情"。

"如何规避风险,有很多方法和技巧。"王勇平告诉《环球时报》记者。但他认为,必须坚持一些基本的原则,比如公开透明的原则、及时迅速的原则、客观真实的原则、真挚诚恳的原则、坚定自信的原则。他还表示,现在是一个网络世界,人人都可做新闻发布工作,王勇平认可这是现实,而且网络对新闻发言人的考验是更大了,不能否定网络在政府与民众之间架设了沟通的桥梁,新闻发言人的价值仍然存在,毕竟代表政府更具权威性。在王勇平看来,任何一个新闻发言人的生涯都属于承前启后的某个阶段,"既然有登台时,就会有谢幕时"。他相信,未来中国新闻发言人制度会越来越规范、越来越成熟,尽管要走的路还远。

与陌生的《新京报》记者贾世煜比较起来,郭媛丹算是我比较熟悉的记者了,当年她在我出国前夕曾采访过我,是我从"7·23"动车事故新闻发布会后到出国前夕这段时间里唯一采访到我的一位记者。当时她还在《法制晚报》工作,那次采访,她的提问很有切入点,既紧扣了媒体普遍关注的一些问题,也触发了我内心的情愫,我坦诚而真实地回应了当时社会的关切。对当时她采写的那篇报道,我的印象很深刻,对她的专业素质和职业操守也非常放心。所以,这次她提出对我采访,我不仅没有任何的拒绝,而且给予了积极的配合。《新京报》记者贾世煜与《环球时报》记者郭媛丹分别采写的这两篇专访,分别是我退休前最后一次接受媒体专访和退休后最先一次接受媒体专访,时隔三天,心态有些不一样,但我都比较坦然地公开地言及"7·23"动车事故,就把这两篇专访附下作为本书结束语的内容吧。

当今天把这些经历和思考整理下来时,感慨万千。时光真快,脚步匆匆,一路走来,走得并不容易,仿佛是在做梦,又仿佛是在追梦。置身于这个时代,肃立于发布台前,连成了人生一段难忘的轨迹,造就了自己真实的存在。虽然荆棘丛生,虽然风云变幻,但聊以自慰的是经受了一切考验的淬炼,不停跋涉,砥砺前行,越过坎坷,抵达梦想。便悟出一个道理:人生贵在坚持。不断地坚持,坚持到了现在。现在回看历史,一切都是如此的美好,无限风光在险峰!

要感谢许许多多朋友为此书的创作给予的支持和帮助。

感谢中国传媒大学新闻培训学院院长董关鹏为本书提供的策划和创意。在我退休后,董关鹏热情邀请我参与他们的培训团队,使我有机会与杨宇军、刘笑盈、杨文霞、王化南、王志、郭小科、侯锷、牛慧清、李颖、陈春娟、寇佳婵、翁佳、肖刚、胡敏、邹颖波、王毅晨、石柱、白如冰、舒凌云、高长宽、朱嘉、孙珺、苑博等中国传媒大学老师一同愉快地合作。董关鹏还多次鼓励我将自己在新闻发布工作中的实践和思考整理出来,从而使那些尘封已久的人和事在我的键盘敲打声中鲜活起来。成书后,他又为本书联系出版社。在与他的接触中,感觉他不仅是一位博学多才的教授专家,也是一位很有号召力、亲和力的领军人物。

感谢中国国家铁路集团公司王雄、王滨、谭小建、陈鸣、李志强,国家铁路局梁成谷,交通运输部马国栋等朋友为本书的撰写提供了大量的材料支持。他们都是当年我在铁道部政治部宣传部工作时的老同事,那些岁月,风风雨雨,我们共同走过。他们保存的有关我新闻发布和接受媒体采访的资料详细得让我吃惊和感动。

还要感谢《人民日报》记者严冰、《中国青年报》记者周伟等媒体朋友,他们得知我在撰写此书,发来了他们记忆中的各种片段,这些片段原汁原味地记载了我与他们在那段时光的工作状态。

最后,深深感谢发布台这个特殊的课堂和平台的洗礼与磨砺,感恩所有伴随着聚光灯的暖流和善意、信任和托付。尽管时间渐渐冲淡记忆,却抹不去心中那最深处的保留和不变的情怀。

新的历程需要新的发布,新的发布承载新的梦想。梦中一切的美好和追求,都将在"只争朝夕,不负韶华"的瞩望中实现!

图书在版编目(CIP)数据

发布台 / 王勇平著. --北京：中国传媒大学出版社，2021.4
ISBN 978-7-5657-2914-0

Ⅰ.①发… Ⅱ.①王… Ⅲ.①新闻公报－制度－研究－中国 Ⅳ.①G219.2

中国版本图书馆 CIP 数据核字(2021)第 055285 号

发布台
FABUTAI

著　　者	王勇平
责任编辑	张毓强
特约编辑	于水莲
封面设计	运平设计
责任印制	李志鹏
出版发行	中国传媒大学出版社
社　　址	北京市朝阳区定福庄东街1号　邮　编　100024
电　　话	86-10-65450528　65450532　传　真　65779405
网　　址	http://cucp.cuc.edu.cn
经　　销	全国新华书店
印　　刷	北京中科印刷有限公司
开　　本	880mm×1230mm　1/32
印　　张	15.25
字　　数	410 千字
版　　次	2021年4月第1版
印　　次	2021年4月第1次印刷
书　　号	ISBN 978-7-5657-2914-0/G · 2914　定　价　68.00元

本社法律顾问：北京李伟斌律师事务所　郭建平
版权所有　翻印必究　印装错误　负责调换